토플 기본서

단기 고득점 달성 전략이 있는
영단기 TOEFL WRITING

저자의 한마디

최신 트렌드를 반영, 완전히 새로워진 〈영단기 TOEFL Writing〉 개정판을 출간하며…

"토플 라이팅이 어렵다", "어떻게 시작해야 할지 모르겠다"는 많은 학습자들의 고민을 들으며 쉽고, 효율적인 토플 라이팅 학습방법을 오랜 기간 동안 꾸준히 연구해 왔습니다. 이런 노력을 통해서 만들어진 본 교재가 다른 어떠한 토플 라이팅 교재보다 쉽고 친절하게 설명되어 있는 교재라 확신합니다. 새롭게 개선된 교재 콘텐츠가 라이팅 공부에 어려움을 겪는 여러분들에게 도움이 될 거라 확신합니다.

1. 토플 라이팅을 처음 공부하는 학생들을 위한 최적화된 콘텐츠
교재만 읽어도 이해할 수 있도록 쉽고 자세하게 설명하였으며, 영작에 어려움을 겪는 분들을 위해서 **영작 연습**, 논리 만들기에 어려움을 겪는 학습자들을 위해 새로워진 **라이팅 템플릿 및 스토리라인**을 수록했습니다. 이를 통해 짧은 시간에 중급 수준의 실력을 완성하고 실전 수준으로 나아갈 수 있는 실력의 토대를 확실히 다질 수 있을 것입니다. 또한, 수십개의 다양한 주제들에 대한 **브레인스토밍 자료**를 특별부록으로 제공합니다.

2. 〈영단기 TOEFL Writing〉 개정판으로 학습 가능한 동영상 강의 제공
본 교재를 효율적으로 이용할 수 있고 이해를 돕는 인터넷 강의가 **영단기 토플 웹사이트**(eng.conects.com/toefl)에 준비되어 있습니다. 인터넷 강의에서는 교재 내용뿐만 아니라 실전 시험 대비 전략도 정리해 드립니다. 그리고 최신 경향을 반영한 추가 전략 및 자료들도 제공합니다.

3. 저자와 직접 소통 가능
교재에 대한 궁금한 점이 있으면 언제든지 **영단기 토플 웹사이트**(eng.conects.com/toefl)에서 저자에게 질문하고 답변을 받으실 수 있습니다.

〈영단기 TOEFL Writing〉 개정판이 여러분들의 미래와 꿈을 이루는 데 도움이 되는 교재가 되기를 바랍니다.

저자 **최종훈**

목차

Integrated Task 통합형 문제

Chapter 1. 통합형 문제 유형 소개
1. Overview —————————————————————————————— 024
2. Note-taking ————————————————————————————— 027
3. 통합형 답안 작성하기 ————————————————————————— 038

Chapter 2. 효과적인 답안 작성을 위한 영작 표현 익히기
1. 영작 표현 익히기 1 ————————————————————————— 066
2. 영작 표현 익히기 2 ————————————————————————— 068
3. 영작 표현 익히기 3 ————————————————————————— 070
4. 영작 표현 익히기 4 ————————————————————————— 072
5. 영작 표현 익히기 5 ————————————————————————— 074

Practice Test ———————————————————————————— 076

Independent Task 독립형 문제

Chapter 1. 독립형 문제 유형 소개
1. Overview 102
2. 독립형 문제 파악하기 108
3. Brainstorming 110

Chapter 2. 본론 쓰기 전략: 5가지 Storyline
1. Storyline 1: 취업 (job) 114
2. Storyline 2: 건강 (health) 120
3. Storyline 3: 시야 (perspective) 128
4. Storyline 4: 동기부여 (motivation) 136
5. Storyline 5: 스트레스 (stress) 146

Chapter 3. 독립형 답안 완성하기
1. 서론 쓰기 (Introduction) 154
2. 본론 쓰기 (Body) 160
3. 결론 쓰기 (Conclusion) 172

Chapter 4. 독립형 만점 전략
1. 1+1 답안 작성 방법 180
2. 추가 Storyline 정리 184

Practice Test 190

[특별부록] 독립형 출제 예상 주제 브레인스토밍 226
　　　　　(Topic 1 ~ Topic 70)

Actual Test 266

이 책의 구성 및 학습법

Integrated Task 통합형 문제

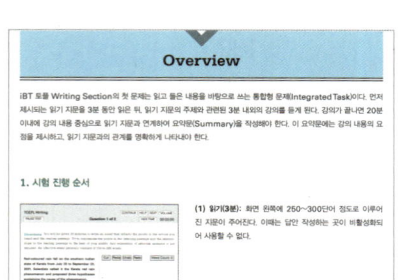

Overview

TOEFL iBT Writing 통합형 문제에 대한 학습자의 전반적인 이해를 돕기 위해 답안 작성 단계와 유의사항, 통합형 문제 유형을 소개한다.

◐ 읽기 지문과 듣기 지문의 관계가 어떠한 형태로 나오는지 예시를 통해 파악한다.

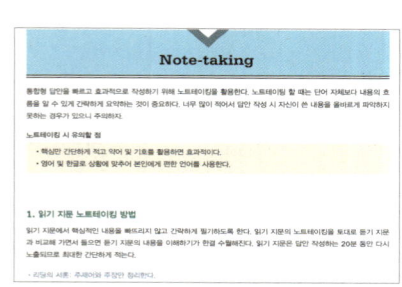

Note-taking

읽기 지문과 듣기 지문 각각의 Note-taking 전략과 구체적인 방법을 제시한다.

◐ 읽기 지문과 듣기 지문에서 꼭 필기해야 하는 부분을 구별해낼 수 있도록 충분히 연습한다.

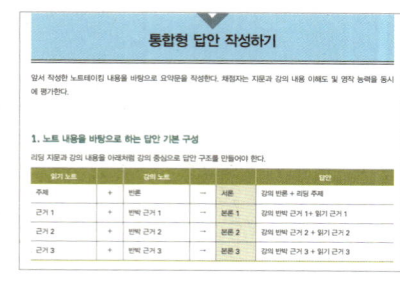

통합형 답안 작성하기

Summary(통합형 에세이) 작성 방법을 알려주고 서론과 본론을 쉽게 쓸 수 있는 템플릿과 표현을 소개한다.

◐ 서론과 본론 템플릿을 구성하는 표현들을 반드시 숙지한다. 특히, 같은 의미라도 다양하게 표현해야 좋은 점수를 받을 수 있으므로 되도록 여러 표현을 암기하도록 한다.

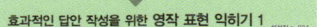

영작 표현 익히기

읽기 지문과 강의 내용을 효과적으로 통합형 답안에 포함할 수 있도록 표현을 학습한다.

◆ 필수 단어와 표현을 암기하고, 옆 페이지의 영작 연습에 있는 문장을 바로바로 영작해본다.

Practice Test

앞서 공부한 Note-taking과 표현, 템플릿을 실전 문제 풀이에 적용해 볼 수 있도록 충분한 양의 실전 문제를 제공한다.

◆ 읽기 지문과 강의에 대해 각각 Note-taking을 하고, 필수 표현들을 이용해 각 단락을 완성한다.

Independent Task 독립형 문제

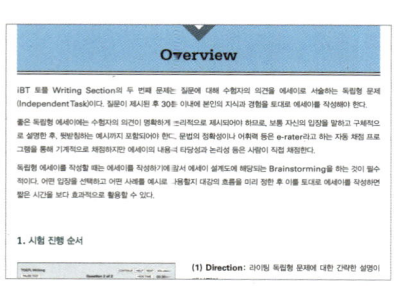

Overview

TOEFL iBT Writing 독립형 문제에 대한 학습자의 전반적인 이해를 돕기 위해 답안 작성 단계와 유의사항, 독립형 문제 유형과 에세이 기본 구조를 소개한다.

◐ 독립형 문제를 이해하고, 특히 문제의 종류를 숙지한다.

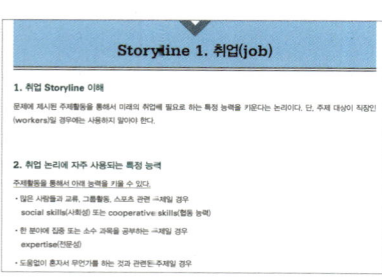

5가지 Storyline

각 Storyline의 논리적인 흐름을 이해하고 표현을 익혀 이를 적용하는 연습을 한다. Storyline별 필수 표현을 이용하면 문제와 상관없이 에세이의 절반 이상을 완성할 수 있다.

◐ Storyline별 브레인스토밍은 독립형 에세이의 공식이라 해도 과언이 아니므로 문제에 신속하게 적용할 수 있도록 완벽하게 숙지한다. 특히, 문제와 Storyline을 연결하는 연결고리를 스스로 생각해낼 수 있어야 한다.

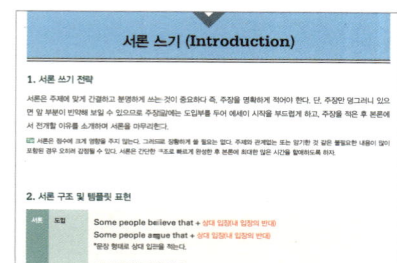

독립형 답안 완성하기

독립형 에세이 각 단락의 작성 방법을 알려주고 서론, 본론, 결론의 구조와 템플릿 표현을 소개한다.

◐ 각 단락의 구조와 템플릿 표현을 익히고, 이어지는 Writing Exercise를 통해 영작하는 연습을 한다.

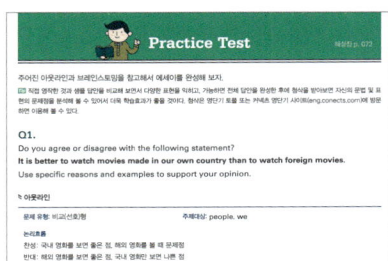

Practice Test

앞서 공부한 Storyline과 답안 쓰기를 적용해 볼 수 있도록 다양한 Storyline별로 실전 문제를 제공한다.

◐ 초반부에 있는 문제는 아웃라인과 Storyline이 모두 정리되어 있는 상태이므로 이를 기반으로 답안을 작성하는 연습만 해 본다. 후반부에 있는 문제는 Storyline도 직접 채워보면서 좀 더 심도 있는 연습을 한다.

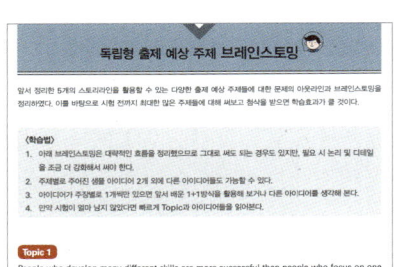

[특별부록] 독립형 출제 예상 주제 브레인스토밍

앞서 정리한 5개의 스토리라인을 활용할 수 있는 다양한 출제 예상 주제 70개를 선정하여 브레인스토밍 아이디어를 함께 제공한다. 시험 전까지 이를 바탕으로 최대한 많은 주제들에 대해 써보자.

◐ 주제별로 주어진 샘플 아이디어 2개를 바탕으로 답안을 작성해 본다. 시험이 얼마 남지 않았다면 Topic과 아이디어만 빠르게 읽어본다.

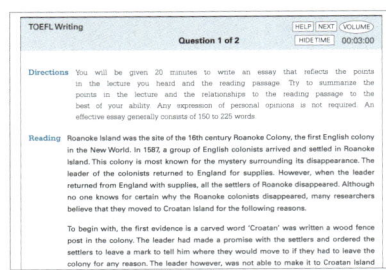

Actual Test

실제 시험 화면과 유사하게 구현하여 실전처럼 답안을 작성해 볼 수 있도록 Actual Test 1회분을 제공한다.

◐ 통합형과 독립형 문제 모두 반드시 시간을 정해 놓고 풀도록 한다.

TOEFL iBT 소개

▷ TOEFL iBT란?

TOEFL(Test of English as a Foreign Language) iBT(Internet-Based Test)는 인터넷을 기반으로 하는 시험으로, 영어가 모국어가 아닌 학생들이 대학 수업에서 읽고, 쓰고, 듣고, 말할 때 영어를 사용하고 이해하는 능력을 평가한다. TOEFL 시험은 Reading, Listening, Speaking, Writing 총 4개의 영역으로 이루어져 있으며, 4개 영역 모두 note-taking이 허용된다.

▷ iBT TOEFL의 구성

영역	문항 수	시험 소요시간	배점	
			점수 범위	수준
Reading	3-4개의 지문 각 지문당 10문항	54~72분	0-30	상 22-30 중 15-21 하 0-14
Listening	Lecture: 3-4개의 강의 　　　　각 강의당 6문항 Conversation: 2-3개 대화 　　　　각 대화당 5문항	41~57분	0-30	상 22-30 중 15-21 하 0-14
휴식: 10분				
Speaking	Integrated: 1문항 Independent: 3문항	17분	0-30	우수 26-30 양호 18-25 부족 10-17 취약 0-9
Writing	Integrated: 1문항 Independent: 1문항	50분	0-30	우수 24-30 양호 17-23 부족 1-16
		총 소요시간 약 3시간	총점 0-120점	

▶ TOEFL iBT 응시 정보

STEP 1 시험 전! – 시험 접수

접수 방법	www.ets.org 또는 www.ets.org/ko/toefl에서 온라인 등록
시험 응시료	US $210 (2021년 3월 기준)
정규 등록 마감일	시험 응시일 7일 전 (시험 응시일이 8월 13일이면 8월 6일까지 등록)
추가 등록 마감일	• 시험 응시일 4일 전 (시험 응시일이 8월 13일이면 마지막 등록 기회는 8월 9일까지) • 수수료 US $40 발생
시험 일정 조정 마감일	• 시험 응시일 4일 전 • 수수료 US $60 발생
응시료 지불 방식	• 신용/직불카드 • 미국 또는 미국령 내에 본인의 은행 계좌가 있으면, PayPal 계좌 또는 전자수표(e-check) 가능

STEP 2 시험 당일! – 시험 응시

준비물	• 공인된 신분증 (여권, 주민등록증, 운전면허증 중 택 1) • 등록 번호
입실	시험 시작 30분 전까지 시험장에 도착 (늦으면 시험에 응시할 수 없음)
입실 절차	• 체크인: 신분 확인 후 기밀 서약서 작성, 해당 고사실 입실 전 사진 촬영 및 신분 확인 • 노트 필기를 위한 용지와 필기구 제공 (시험 종료 후 반환) • 시험 관리자가 지정해 주는 자리에 착석
반입물	• 신분증만 가지고 들어갈 수 있음 • 휴대 전화와 기타 전자 기기는 허용되지 않음 • 따로 물품 보관 장소가 없는 시험장의 경우는 각 수험생의 의자 아래에 준비된 비닐 가방에 개인용품을 보관할 수 있음

STEP 3 시험 이후! – 시험 결과 확인

성적 확인	시험 응시일로부터 대략 10일 후에 온라인상에서 확인 가능
성적표 수령	우편 수령: 등록 시에 성적표 수령지를 선택하면 우편으로 성적표를 받아 볼 수 있으며, 시험 응시일 전에 선택한 최대 4개 기관으로 무료로 발송 • 성적표 다운로드: 시험 응시일로부터 대략 13일 후에 수험생의 계정에서 PDF 성적표를 다운로드할 수 있음
성적 유효 기간	시험 응시일로부터 2년간 유효 * 2019년 8월부로, 최근 2년간의 시험 성적 중 영역별 최고 점수를 합산한 성적을 인정하는 MyBest Scores 제도 시행

TOEFL iBT Writing 소개

TOEFL iBT Writing 영역은 크게 통합형 문제(Integrated Task)와 독립형 문제(Independent Task)의 두 가지 유형으로 이루어져 있다. 통합형은 학술적인 주제의 읽기 지문과 듣기 지문(강의)의 내용을 요약해서 쓰는 과제이고, 독립형은 주어진 문제에 대한 수험자의 생각을 설득력 있게 서술하는 과제이다.

▷ TOEFL iBT Writing 문제 유형

문제 유형	진행 방식	답안 작성
Integrated Task (통합형)	지문 읽기 [제한 시간: 3분] ▼ 강의 듣기 [소요 시간: 2분 내외] ▼ 요약문 쓰기	• 작성 시간: 20분 • 권장 단어 수: 150-225단어
Independent Task (독립형)	자신의 입장 정하여 에세이 쓰기	• 작성 시간: 30분 • 권장 단어 수: 최소 300단어

▷ TOEFL iBT Writing 점수 평가

Integrated Task

수험자가 요약한 내용이 읽은 지문과 들은 강의 내용에 얼마나 정확하게 부합되는지를 평가하여 채점한다. 각 점수대별 채점 기준은 다음과 같다.

[통합형 문제 채점 기준]

점수	기준
5점	A. 강의의 중요한 내용을 잘 듣고 정리해서 읽기 지문의 내용과 잘 연결되었다. B. 주제에 대해 일관되고 정확하게 정리했다. C. 약간의 문법적 실수 또는 어색한 단어의 사용이 있지만 답안을 이해하는 데는 전혀 영향이 없다.
4점	A. 강의의 대부분의 내용을 잡아냈고 읽기 지문의 내용과 연결시켜 정리했다. B. 강의의 일부 내용을 놓쳤거나 정확하지 않게 표현했지만 심각하지는 않다. C. 사소한 문법적 실수 또는 어색한 단어의 사용이 조금 있지만 전체 내용을 명확하게 보여 준다.
3점	A. 강의의 중요한 내용 몇 가지만 읽기 지문의 내용과 연결하여 정리했다. B. 전체적으로 답안이 깔끔해 보이지만 강의의 중요한 점과 읽기 지문의 중요한 점들 간의 관계가 명확하게 보이지 않는다. C. 강의의 중요한 세 개의 내용 중 하나가 빠져 있다. D. 문법적 실수 및 어색한 단어의 사용이 자주 보인다.

2점	A. 강의의 일부 내용만 포함하고 있고 많은 부분이 잘못되었다. B. 문법 및 단어 사용에 있어서 중대한 오류가 종종 보여 내용을 이해하는 데 어려움이 있다. C. 강의와 읽기 지문의 연결 관계를 잘 표현하지 못했고 누락된 내용이 많다.
1점	A. 강의의 중요한 내용들을 거의 전달하지 못한다. B. 읽기 지문의 내용도 거의 이해하지 못했다. C. 사용하는 단어의 수준이 너무 낮아서 채점자가 이해하기 힘들다.
0점	A. 단순히 읽기 지문의 내용을 베꼈거나 주제를 전혀 파악하지 못했다. B. 답란이 공백이다.

Independent Task

전반적인 글의 전개와 구성, 적절한 어휘의 선택과 명확한 문법 사용 여부가 채점의 기준이 된다. 각 점수대별 채점 기준은 다음과 같다.

[독립형 문제 채점 기준]

점수	기준
5점	A. 주제를 정확하게 파악했다. B. 분명하고 적절한 설명, 예시 및 세부 사항을 체계적이고 구체적으로 나타냈다. C. 일관성 및 통일성을 갖췄다. D. 약간의 문법적 실수가 있지만 다양한 구문, 단어 및 관용 표현을 적절히 사용했다. 글 전체를 이해하는 데 문제가 전혀 없다.
4점	A. 약간의 혹은 부분적으로 설명이 불충분하지만 주제 및 문제 출제 의도는 정확하게 파악했다. B. 분명하고 적절한 설명, 예시 및 세부 사실을 체계적으로 나타냈다. C. 약간 불필요한 내용이 있거나 논리가 부족하긴 하지만 글의 통일성 및 일관성 있다. D. 문법적 실수 및 어색한 표현 사용 등과 같은 작은 실수들이 있지만 이해하는 데에는 문제가 없다.
3점	A. 무난하게 설명, 예시 또는 세부 사항을 사용하려 노력했고 주제는 잘 파악했다. B. 내용 연결성이 좀 부족하지만 글의 통일성과 일관성은 있다. C. 의미가 애매한 표현들이 보이고 문장 구성 및 단어 선택이 조금 부족하다. D. 정확한 어법 및 어휘를 사용하려는 노력이 보이지만 실수가 약간 있다.
2점	A. 글 전체를 전개하는 데 짜임새가 떨어진다. B. 아이디어가 체계적이지 못하고 문장 간 연결성이 떨어진다. C. 주장을 뒷받침하는 예시, 설명, 세부 사항이 적절하지 못하거나 매우 부족하다. D. 어색한 단어 및 표현 사용이 많다. E. 문법 오류가 많다.
1점	A. 문제를 제대로 이해하지 못했고 글이 전혀 논리적이지 못하다. B. 세부 사항 및 예시가 거의 없거나 주제와 무관하고, 문제를 제대로 이해하지 못했다. C. 문법적 실수나 단어 사용에 있어서 너무 자주 오류가 발생해서 해석이 힘들다.
0점	A. 단순히 베낀 글이거나 주제를 전혀 이해하지 못했다. B. 주제와 상관없는 글이다. C. 답란이 공백이다.

TOEFL iBT Writing 화면구성

Integrated Task – 통합형

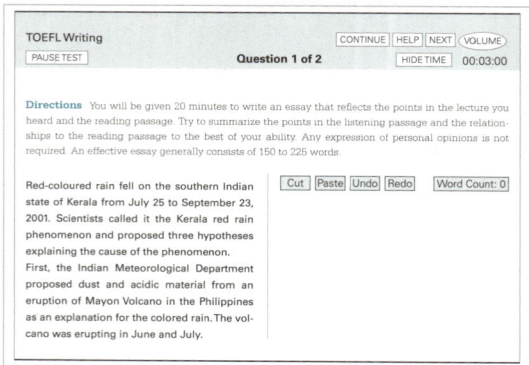

읽기 지문이 제시되는 화면

화면 왼쪽에 읽기 지문이 제시되고, 화면 상단에 3분이 카운트다운 됩니다. 이때는 답안 작성하는 곳이 비활성화되어 사용할 수 없습니다.

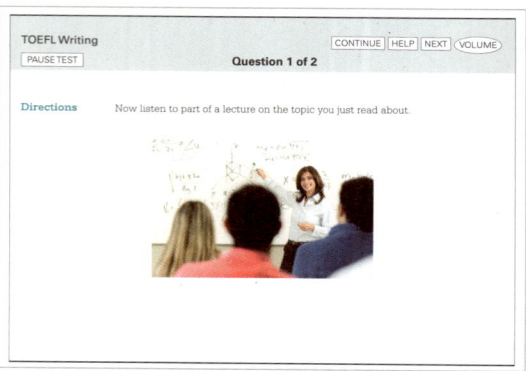

강의 들을 때 화면

강의를 들려주는 동안은 화면에 교수가 강의를 하는 사진만 나옵니다. 강의가 끝나면 다음 화면으로 넘어갑니다.

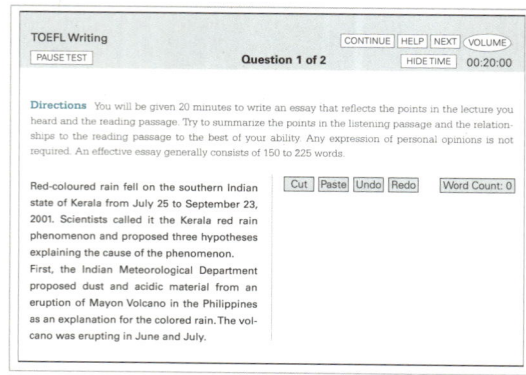

답안 작성 화면

왼쪽에는 앞서 읽은 읽기 지문이 다시 제시되고 오른쪽에 답안을 작성할 수 있는 칸이 활성화됩니다. CUT, PASTE, UNDO, REDO의 버튼을 활용할 수 있고 답안의 단어 수를 확인해 가며 쓸 수 있습니다.

Independent Task – 독립형

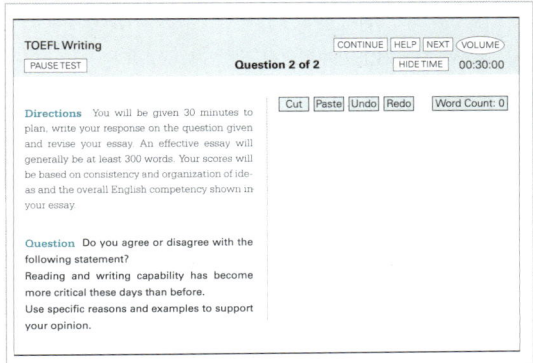

답안 작성 화면

왼쪽에 문제가 주어지고 오른쪽에 답안을 작성할 수 있는 칸이 제시됩니다. CUT, PASTE, UNDO, REDO의 버튼을 활용할 수 있고 답안의 단어 수를 확인해 가며 쓸 수 있습니다.

화면 상단 버튼 안내

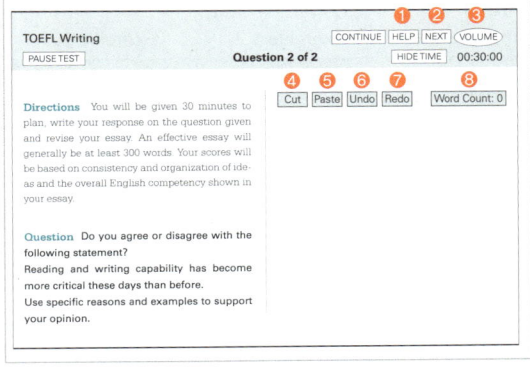

❶ 시험 진행에 대한 정보를 알 수 있습니다.

❷ 정해진 시간 내에 답안 작성을 마치고 다음으로 넘어가기를 원할 때 Next 버튼을 눌러 넘어갈 수 있습니다.

❸ 버튼을 누르면 나타나는 아이콘을 움직여 사운드의 음량을 조절할 수 있습니다.

❹ 답안 작성 시 잘라내기 기능을 사용할 수 있습니다.

❺ 답안 작성 시 붙여넣기 기능을 사용할 수 있습니다.

❻ 답안 작성 시 취소 기능을 사용할 수 있습니다.

❼ 답안 작성 시 되돌리기 기능을 사용할 수 있습니다.

❽ 작성 중인 답안의 단어 수를 확인할 수 있습니다.

학습 계획표

자신의 스케줄에 맞게 학습 계획을 선택한 후 계획을 세우면 효율적인 학습을 할 수 있습니다.
영작에 익숙하지 않으면 너무 무리해서 단기 계획을 잡기보다 차근차근 꼼꼼하게 진행하는 것이 좋습니다.

30일 학습 계획표 (꼼꼼히 준비하고 싶은 학습자)

- 기본기를 다지면서 학습하기에 좋은 학습 계획
- 하루 학습 분량을 통합형, 독립형으로 나누어 이틀에 걸쳐서 진행할 경우 60일 계획으로 진행 가능합니다.

	Day 1	Day 2	Day 3	Day 4	Day 5
통합형	Overview	Note-taking(리딩) Writing Exercise 1~3	Note-taking(리딩) Writing Exercise 4~6	Note-taking(리스닝) Writing Exercise 1~3	Note-taking(리스닝) Writing Exercise 4~6
독립형	Overview	독립형 주제(문제) 파악하기, Brainstorming	Storyline 1, Writing Exercise	Storyline 2, Writing Exercise	Storyline 2, Writing Exercise
	Day 6	**Day 7**	**Day 8**	**Day 9**	**Day 10**
통합형	통합형 답안 작성하기	Writing Exercise 1	Writing Exercise 2	Writing Exercise 3	Writing Exercise 4
독립형	Storyline 3, Writing Exercise	Storyline 3, Writing Exercise	Storyline 4, Writing Exercise	Storyline 4, Writing Exercise	Storyline 4, Writing Exercise
	Day 11	**Day 12**	**Day 13**	**Day 14**	**Day 15**
통합형	Writing exercise 5	Writing exercise 6	영작 표현 익히기 1	영작 표현 익히기 2	영작 표현 익히기 3
독립형	Storyline 5, Writing Exercise	Storyline 5, Writing Exercise	서론 쓰기, Writing Exercise	본론 쓰기, Writing Exercise 1,2	본론 쓰기, Writing Exercise 3,4
	Day 16	**Day 17**	**Day 18**	**Day 19**	**Day 20**
통합형	영작 표현 익히기 4	영작 표현 익히기 5	Practice Test Q1	Practice Test Q2	Practice Test Q3
독립형	결론 쓰기, Writing Exercise	1+1 답안 작성 방법, 추가 스토리라인	Practice test Q1	Practice test Q2	Practice test Q3
	Day 21	**Day 22**	**Day 23**	**Day 24**	**Day 25**
통합형	Practice test Q4	Practice test Q5	Practice test Q6	Practice test Q7	Writing Exercise 1 (복습) 답안 완성하기
독립형	Practice test Q4	Practice test Q5	Practice test Q6	Practice test Q7	Practice test Q8
	Day 26	**Day 27**	**Day 28**	**Day 29**	**Day 30**
통합형	Writing Exercise 2 (복습) 답안 완성하기	Writing Exercise 3 (복습) 답안 완성하기	Writing Exercise 4 (복습) 답안 완성하기	Writing Exercise 5 (복습) 답안 완성하기	Actual test
독립형	Practice test Q9	Practice test Q10	Practice test Q11	[부록] 예상 주제 브레인스토밍	Actual test

20일 학습 계획표 (단기간에 준비하고 싶은 학습자)

- 1~2개월 내에 시험을 볼 예정인 학습자를 위한 플랜
- 하루 학습 분량을 통합형, 독립형으로 나누어 이틀에 걸쳐서 진행할 경우 40일 계획으로 진행 가능합니다.

	Day 1	Day 2	Day 3	Day 4	Day 5
통합형	Overview, Note-taking(리딩)	Note-taking(리스닝)	통합형 답안 작성하기	Writing Exercise 1	Writing Exercise 2
독립형	Overview	독립형 주제(문제) 파악하기, Brainstorming	Storyline 1,2	Storyline 3,4	Storyline 5, 서론 쓰기, Writing Exercise 1~4
	Day 6	**Day 7**	**Day 8**	**Day 9**	**Day 10**
통합형	Writing Exercise 3	Writing Exercise 4	Writing Exercise 5	Writing Exercise 6	영작 표현 익히기 1,2
독립형	본론 쓰기, Writing Exercise 1,2	Writing Exercise 3,4	결론 쓰기, Writing Exercise 1~4	1+1 답안 작성 방법, 추가 스토리라인	Practice test Q1,2
	Day 11	**Day 12**	**Day 13**	**Day 14**	**Day 15**
통합형	영작 표현 익히기 3,4	영작 표현 익히기 5	Practice test Q1	Practice test Q2	Practice test Q3
독립형	Practice test Q3	Practice test Q4	Practice test Q5	Practice test Q6	Practice test Q7
	Day 16	**Day 17**	**Day 18**	**Day 19**	**Day 20**
통합형	Practice test Q4	Practice test Q5	Practice test Q6	Practice test Q7	Actual test
독립형	Practice test Q8	Practice test Q9	Practice test Q10	Practice test Q11	Actual Test

학습 계획표 활용 방법

1) 학습하는 날은 정해진 공부할 양을 반드시 지켜 주시기 바랍니다.
2) 통합형 템플릿 및 독립형 Storyline은 암기하도록 노력합니다.
3) 영작 후 모범답안과 다를 경우 궁금한 점은 '영단기 토플 웹사이트 〉 최종훈 강사 〉 질문거 시판'에 남겨 주시면 됩니다.
   (답안과 다른 영작을 했어도 같은 의미일 수 있습니다.)
4) 교재 내용에서 이해가 안 가는 부분도 위 '질문게시판'을 통해서 질문 가능합니다.
5) 최대한 학습 계획을 완료한 후, 즉 교재 내용을 충분히 학습한 후 실제 토플 시험을 봅니다.

TOEFL Writing
Diagnostic Test

TOEFL Writing

PAUSE TEST

Writing Section Directions

Make sure your headset is on.

Click on the volume icon on the top right hand corner of the screen to adjust the volume.

When the volume indicator appears, move the arrow up or down to change the volume.

Click on the volume icon again to close the volume control.

You will be able to adjust the volume during any part of the test.

In this section you will be tested on your ability to use writing as a means to communicate in an academic environment. You will have two writing tasks.

For the first task, a reading passage will be shown and a listening passage will follow. Afterwards, you will write an essay based on the information from the reading and listening passages.

For the second task, you will write an essay based on your personal experiences and knowledge.

You will now hear the directions for the first task.

Task 1

TOEFL Writing

Question 1 of 2

HELP | NEXT | VOLUME
HIDE TIME | 00:03:00

Directions You will be given 20 minutes to write an essay that reflects the points in the lecture you heard and the reading passage. Try to summarize the points in the lecture and the relationships to the reading passage to the best of your ability. Any expression of personal opinions is not required. An effective essay generally consists of 150 to 225 words.

Reading Global warming has become a hot topic among environmentalists and governments alike. While there are many proposed methods of reducing the carbon in our atmosphere and its effects on temperatures, one method that has gained notoriety is increasing phytoplankton – plant plankton – through introducing iron to the upper ocean. The intended effect is the reduction of carbon dioxide by means of absorption through the stimulated boom of phytoplankton. However, some scientists warn of the negative consequences of using iron fertilization.

First, an experiment conducted using this method did not show any meaningful results. In an experiment to see the effects of iron fertilization, a 900-square-kilometer portion of the Atlantic Ocean was fertilized with iron sulfate. The results showed an increase in phytoplankton numbers but did not show any meaningful reduction or absorption of carbon dioxide. The researchers had concluded that much of the increased plankton was consumed by zooplankton before having any noticeable impact on carbon dioxide levels.

Second, this method will harm the local fishing industry. A phytoplankton boom may also trigger the increase in toxic plankton. These toxic plankton release a neurotoxin known as domoic acid, which is responsible for human illnesses such as shellfish poisoning. When the toxic plankton is consumed by fish or left on the skin of fish, humans are at risk of consuming these dangerous toxins. When an outbreak occurs, people may be hesitant to buy fish and, in turn, this will hurt the fishing industry.

Finally, this method can damage the ocean's ecosystem. Increases in phytoplankton can also trigger a boom of certain ocean species. A change in one species adversely affects another further up the food chain. An increase in jellyfish population due to the boom of phytoplankton can easily lead to the decrease in fish populations. With the unknown risk of damaging the ocean's biology, it is better to be concerned with reducing carbon output rather than focusing on absorbing it to fight global warming.

Listening Now listen to part of a lecture on the topic you just read about. 🔊 **MP3 01**

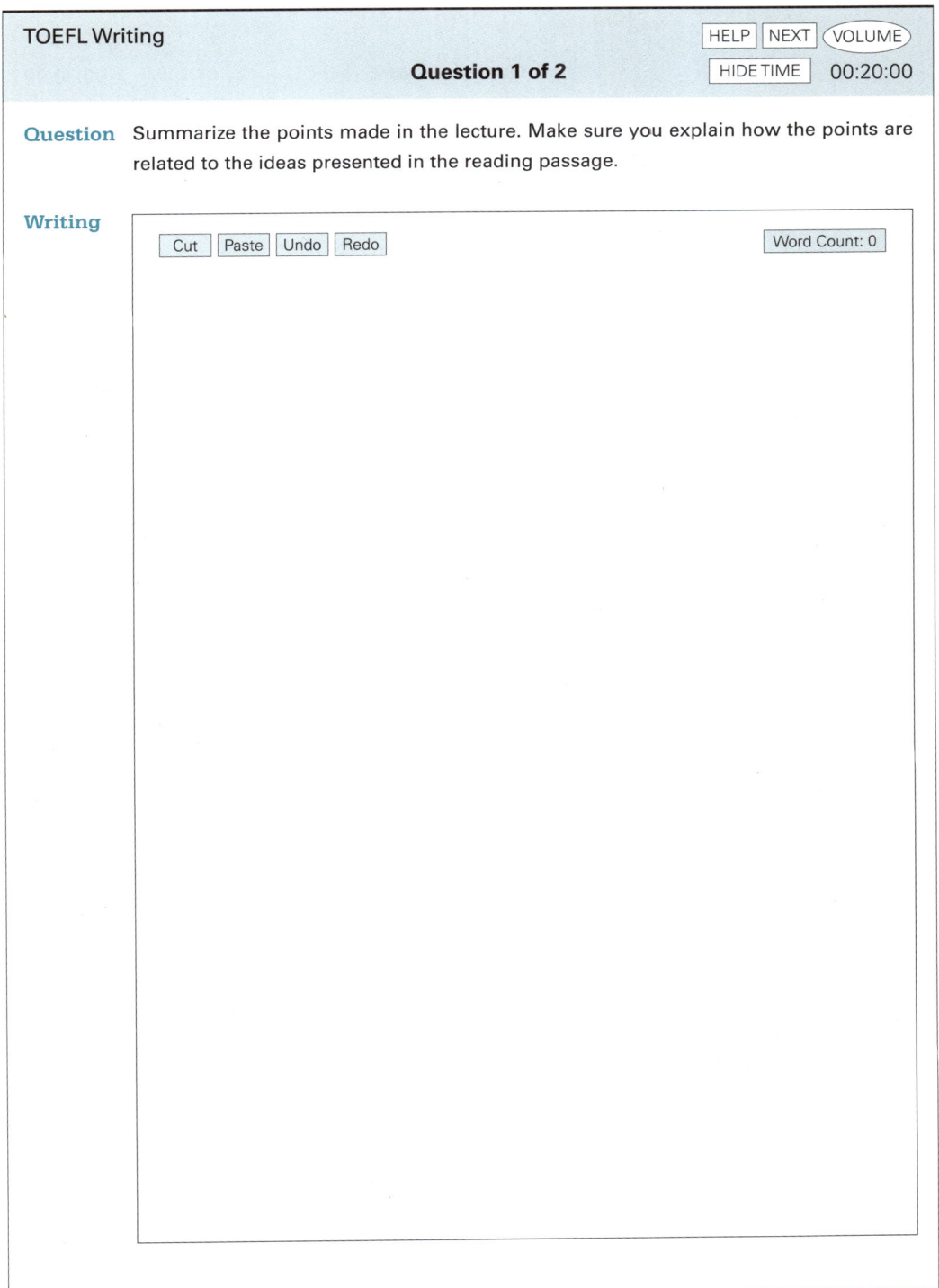

TOEFL Writing	HELP	NEXT	VOLUME
Question 2 of 2	HIDE TIME	00:30:00	

Directions You will be given 30 minutes to plan, write your response on the question given and revise your essay. An effective essay will generally be at least 300 words. Your scores will be based on consistency and organization of ideas and the overall English competency shown in your essay.

Question Do you agree or disagree with the following statement?
High school students should be required to play sports.
Use specific reasons and details to support your opinion.

Integrated Task

통합형 문제

Chapter 1

통합형 문제 유형 소개

· Overview

· Note-taking

· 통합형 답안 작성하기

Overview

iBT 토플 Writing Section의 첫 문제는 읽고 들은 내용을 바탕으로 쓰는 통합형 문제(Integrated Task)이다. 먼저 제시되는 읽기 지문을 3분 동안 읽은 뒤, 읽기 지문의 주제와 관련된 3분 내외의 강의를 듣게 된다. 강의가 끝나면 20분 이내에 강의 내용 중심으로 읽기 지문과 연계하여 요약문(Summary)을 작성해야 한다. 이 요약문에는 강의 내용의 요점을 제시하고, 읽기 지문과의 관계를 명확하게 나타내야 한다.

1. 시험 진행 순서

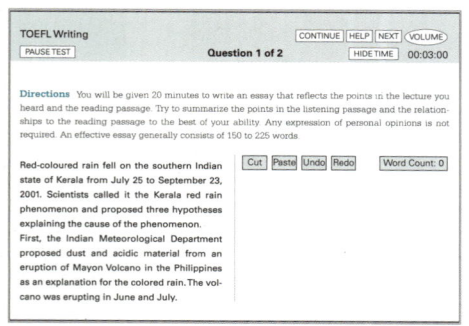

(1) 읽기(3분): 화면 왼쪽에 250~300단어 정도로 이루어진 지문이 주어진다. 이때는 답안 작성하는 곳이 비활성화되어 사용할 수 없다.

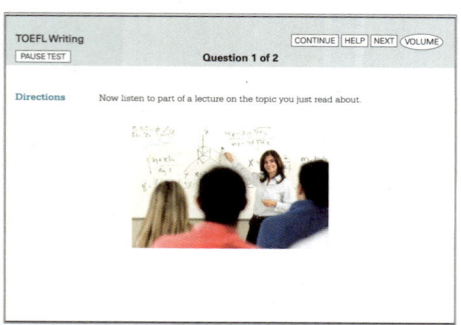

(2) 듣기(약 2분): 읽기 지문과 동일한 주제에 대한 다른 의견을 강의 형태로 들려준다. 주제 관련 사진이나 단어를 화면에 표시해 주는 경우가 있으므로 들을 때 화면을 주시해야 한다.

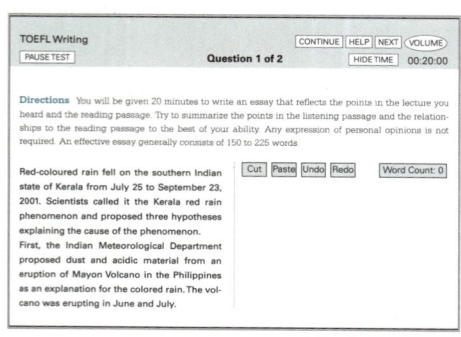

(3) 쓰기(20분): 요약문을 작성하는 시간이다. 화면 왼쪽에 읽기 지문을 다시 보여주며, 오른쪽에 답안을 작성하면 된다. 남은 시간 및 작성 중인 답안의 단어 수를 실시간으로 화면 오른쪽 상단에 표시해 준다.

2. 통합형 질문 형태

> Summarize the points made in the lecture being sure to explain how they cast doubt on specific points made in the reading passage.
> 강의의 요점을 요약하고 읽기에서 이루어진 특정 요점에 대해 어떻게 의문을 제기하는지 반드시 설명하십시오.

강의에서 읽기 지문의 내용에 대해 어떠한 의문을 가지고 있는지를 설명하는 답안을 작성해야 한다.

3. 답안 작성 단계

읽기와 듣기 시간을 제외하고 20분이 별도로 주어지며 150~225단어 정도의 분량으로 작성하라고 화면에 표시된다.

| 1단계: Note-taking 내용 정리 약 3분 | 읽기 지문과 강의에서 필기한 내용을 정리해 요약문의 대략적인 구조(뼈대)를 잡는다. |

| 2단계: 요약문 쓰기 약 15분 | 1단계에서 정리한 내용을 바탕으로 강의 내용을 읽기 지문의 내용과 연관시켜 요약문 형태로 작성한다. |

| 3단계: 수정 약 2분 | 작성한 답안을 다시 읽어보면서 검토 및 수정한다. 시간이 많지 않으므로 문법 및 오타 위주로 점검한다. |

4. 답안 작성 시 유의사항

- 읽기 지문에서 3가지 아이디어가 제시되고 강의에서는 읽기 지문의 아이디어에 대해 각각 순서대로 다른 의견을 말한다.
- 단어 수는 크게 점수에 영향을 주지 않으므로 꼭 150~225단어를 맞출 필요는 없다. 더 길게 작성해도 전혀 감점되지 않는다.
- 채점 시에도 요약의 정확성과 명확성만을 고려하며, 독립형 문제와는 달리 문장력과 어휘력은 크게 점수에 영향을 주지 않는다.
- 통합형 답안을 작성할 때는 읽기 지문과 강의 내용의 핵심을 간략하게 Note-taking 하는 것이 필수적이다.
- 답안을 쓰는 동안 읽기 지문이 화면에 다시 나타나지만 시간상 지문을 다시 읽기보다는 Note-taking 한 내용을 토대로 요약 에세이를 작성하는 것이 좋다.

5. 통합형 문제 유형

읽기 지문과 강의의 주요 근거는 각 3개씩이고 강의에서는 리딩의 순서대로 반박하거나 다른 의견을 말한다. 또한 아래 3가지 형태의 '읽기 지문 — 강의' 관계가 있다.

• 이론 — 반박

〈예시〉 주제: **Toucan Bill**(큰부리새의 부리)의 역할

읽기 지문: 이론		강의: 반박
1. 무기로 사용된다.	↔	1. 부리가 너무 약해서 무기로 사용될 수 없다.
2. 위장하기 위해 사용된다.	↔	2. Toucan이 모여 살고 시끄럽기 때문에 위장하는 습관이 있다고 보기 어렵다.
3. 체온조절을 위해 사용된다.	↔	3. 추운 밤에 큰 부리가 열을 많이 방출한다. 그래서, 부리가 체온조절에 오히려 방해된다.

• 장점 — 반박

〈예시〉 주제: **Solar Energy**

읽기 지문: 장점		강의: 반박
1. 환경 친화적이다.	↔	1. 설치를 위해 많은 공간을 차지하고 숲을 파괴한다.
2. 무한으로 사용 가능하다.	↔	2. 태양광에 필수 구성요소인 배터리를 만드는 데 필요한 재료들이 한정적이다.
3. 산이나 선박에서도 사용 가능하다.	↔	3. 장비가 민감해서 고장 날 수 있고 전문가를 불러 수리하는 데 오래 걸릴 수 있다.

• 단점 — 반박

〈예시〉 주제: 화성으로의 여행

읽기 지문: 단점 또는 문제점		강의: 반박 또는 해결방법
1. 여행에 필요한 물, 음식, 산소를 저장할 공간이 많이 필요하다.	↔	1. 수경재배 방식을 이용하면 공간 절약 가능하다.
2. 무중력 환경에서 오래 생활하면 건강에 좋지 않다.	↔	2. 주기적인 운동과 필요한 영양소 섭취를 통해서 해결 가능하다.
3. 태양방사선에 오래 노출되면 위험하다.	↔	3. 태양방사선은 간헐적으로 발생하므로 경고가 있을 때만 우주선 내 안전공간으로 대피하면 된다.

Note-taking

통합형 답안을 빠르고 효과적으로 작성하기 위해 노트테이킹을 활용한다. 노트테이팅 할 때는 단어 자체보다 내용의 흐름을 알 수 있게 간략하게 요약하는 것이 중요하다. 너무 많이 적어서 답안 작성 시 자신이 쓴 내용을 올바르게 파악하지 못하는 경우가 있으니 주의하자.

노트테이킹 시 유의할 점

- 핵심만 간단하게 적고 약어 및 기호를 활용하면 효과적이다.
- 영어 및 한글로 상황에 맞추어 본인에게 편한 언어를 사용한다.

1. 읽기 지문 노트테이킹 방법

읽기 지문에서 핵심적인 내용을 빠뜨리지 않고 간략하게 필기하도록 한다. 읽기 지문의 노트테이킹을 토대로 듣기 지문과 비교해 가면서 들으면 듣기 지문의 내용을 이해하기가 한결 수월해진다. 읽기 지문은 답안 작성하는 20분 동안 다시 노출되므로 최대한 간단하게 적는다.

- 리딩의 서론: 주제어와 주장만 정리한다.

〈지문〉
Many vertebrates, humans and animals alike, need to sleep to stay alive. The function and effects of sleep has puzzled scientists for decades. However, there are **three plausible theories** that attempt **to explain the purpose of sleep**.

> **Note-taking**
>
> 주제: purpose of sleep: 3 theories

- 리딩의 각 본론: 근거 키워드 및 세부사항을 간단하게 적는다. 일반적으로 각 본론 요지는 첫 문장에 나온다.

〈지문〉
The first theory says that **sleep is needed for memory retention**. We go through many experiences in our daily lives and sleeping offers an opportunity to organize these events in our brain. One of the main stages of deep sleep is called the "rapid eye movement," or REM stage. In a study done on the effects of REM sleep, the subjects who had **more time in REM sleep showed better memory retrieval**. This shows that sleep plays an important role in memory functions.

> **Note-taking**
>
> 근거 1: memory retention
> 세부사항: REM → memory ↑

Writing Exercise

해설집 p. 006

다음 읽기 지문을 읽고 노트를 완성해 보자.

Q1.

Many vertebrates, humans and animals alike, need to sleep to stay alive. The function and effects of sleep has puzzled scientists for decades. However, there are three plausible theories that attempt to explain the purpose of sleep.

The first theory says that sleep is needed for memory retention. We go through many experiences in our daily lives and sleeping offers an opportunity to organize these events in our brain. One of the main stages of deep sleep is called the "rapid eye movement," or REM stage. In a study done on the effects of REM sleep, the subjects who had more time in REM sleep showed better memory retrieval. This shows that sleep plays an important role in memory functions.

Another theory is that sleep helps conserve energy. Many animals sleep during periods when they are forced to be inactive. A good example is animals that sleep at night. These animals sleep when it is dark because they need sunlight to look for food. The same goes for nocturnal animals. They sleep during the day too and are very active at night. This has led to the belief that animals and humans sleep during periods when they do not have to move to save up energy for when they need it.

The last theory states that the function of sleep is to remove toxins. All living cells produce toxins as a result of metabolism. Like all cells, toxins called free radicals are produced as a result of metabolic functions of the brain. Sleeping allows for the brain to remove these toxins. In a study done on sleep, the level of free radicals dropped in subjects as a result of sleep. This is good evidence for the role that sleep plays in removing harmful toxins in the brain.

Note-taking

읽기 노트

주 제: purpose of sleep

근거 1: _____
- rapid eye movement (REM)
- more REM sleep → better memory retrieval

근거 2: _____
- sleep at night — when inactive
- save up energy

근거 3: _____
- metabolism toxins
- sleeping remove toxins

Q2.

The woolly mammoth was the last species of mammoths that lived in North America and parts of Eurasia during the Paleolithic era. Their appearance is similar to that of modern elephants in that they are equipped with long curved tusks and long noses. The remains of the last known species were dated to around 11,000 years ago. It is unclear as to what caused the extinction of the mammoth, but some paleontologists believe that the mass extinction of the mammoth was a result of overhunting by humans.

First, improvements in weapons led to the overhunting of the woolly mammoth. Humans who inhabited North America started hunting at the end of the Paleolithic era as they gained the ability to produce stone tools and to control fire. Hunting became a crucial element in hunter-gatherer societies beginning about 11,000 years ago. This is consistent with the period in which mammoth populations are known to have declined. As hunting became more commonplace to the human population, the number of woolly mammoths would have decreased rapidly.

Second, the woolly mammoth was not scared by humans, so they were easily hunted. The mammoths were large enough that no predators could attack a fully-grown woolly mammoth. In order to successfully kill an animal, hunters must get close enough to the enemy to attack it. Without predators, the mammoths were largely oblivious of human hunters in their habitats. Because the mammoths were easy to approach, human hunters would have only hunted the mammoths.

Finally, the size of the woolly mammoth made them attractive targets. Woolly mammoths became extinct at a time when mammals became smaller. Smaller mammals were more adept at hiding, and thus, were a less attractive target for hunters. On the other hand, the woolly mammoth, with its incredibly large size, would have been much easier to spot when searching for food.

Note-taking

읽기 노트

주 제: woolly mammoth extinction — overhunting by human

근거 1: _____
- stone tools + control fire started hunting
- hunter-gatherer society

근거 2: _____
- no predators
- oblivious of human hunters

근거 3: _____
- smaller mammal — adept at hiding
- mammoth — easier to spot

Q3.

The bonobo is a great ape commonly found in the Congo Basin, Central Africa. Bonobos are very similar to chimpanzees, which are close relatives but can be identified by their pink lips and longer black hair atop their heads. Although very similar, it is generally accepted by scientists that bonobos are less aggressive than chimpanzees.

First, bonobos are less aggressive toward strangers. Results from a controlled experiment conducted inside a zoo support this claim. Scientists found that bonobos treat strangers as members of their group while chimpanzees treat others as an outside rival. When a new companion was locked out of his enclosure, the bonobo opened its door to share a meal. On the other hand, chimps tended to hoard their food and protect their meals. These results would seem to indicate that bonobos are a much less aggressive species.

Second, bonobos seem to show less aggression when hunting. Chimpanzees are known to hunt in groups while Bonobos hunt alone. Although both primates are risk-averse, meaning they do not take unnecessary risks, being in a group setting makes it easier to be more violent. Bonobos are less likely to be aggressive because they cannot take on large risks due to their tendency to hunt alone.

Finally, the social structure of bonobos seems to discourage aggression. The social hierarchy of bonobos is not only dominated by females but is also very weak. This is why attacks among male bonobos to gain status as the leader are uncommon. On the other hand, chimpanzees live in a male-dominated society in which males fight with each other to become the superior leader.

Note-taking

읽기 노트

주제: bonobos — less aggressive than chimpanzees

근거 1: strangers — less aggressive
- _____
- _____

근거 2: hunting
- _____
- _____

근거 3: social structure
- _____
- _____
- _____

Q4.

William Shakespeare (1564-1616) is widely regarded as one of the greatest playwrights of Britain. Many of his plays are still performed today and have been adapted into Hollywood movies. However, there are not many records of Shakespeare's personal life. For a long time, people assumed that the plays were his. However, there is good reason to believe that Shakespeare did not actually write some of his plays.

First, Shakespeare who belonged to the middle class did not get enough education, so he could not write in the extensive vocabulary in his plays. Shakespeare was brought up in an illiterate household. Both of Shakespeare's parents and his sisters are known to have signed their names with a mark. Moreover, there is no documentary proof of Shakespeare's education from any schools established within 1 kilometer of his childhood home.

Second, the names used in his title pages for his plays are inconsistent with his surviving signatures. The surname he used for his non-literary documents differ from the ones used in his supposed plays. A hyphenated surname such as "Shake-speare" appears on the pages of his plays. This type of hyphenated naming was actually used as fictional descriptive names in plays, suggesting that the names that appeared on the plays were actually pen-names.

Lastly, any public mourning of Shakespeare's death was not recorded. Shakespeare died on April 23, 1616 in Stratford, but the public did not know that he died. There are no records of any tributes to Shakespeare by his fellow actors and writers at his time of death. It was not until seven years later in 1623 that a funeral message praising Shakespeare appeared.

Note-taking

읽기 노트

주 제: Shakespeare — write X some of his plays

근거 1: middle class & X education → extensive vocab in plays X
- _____
- _____

근거 2: signatures — inconsistent
- _____
- _____

근거 3: death — public mourning X
- _____
- _____

Q5.

The Gamburtsev Mountains are a mountain range that lie deeply buried in East Antarctica. This mountain range sits below the highest point on the East Antarctic Ice sheet. Even though this range was discovered over 50 years ago, little is known about the origins and age of the mountains which are as large as the European Alps. Some theories have been proposed to explain how this expansive mountain range was formed.

First, the mountain range is likely to be a result of hotspots. Although volcanoes usually form around the boundary of tectonic plates, hotspots are volcanoes not associated with plate boundaries. Magma, or molten rock, is sometimes forced through the Earth's crust. Over time this molten rock cools on top of each other, forming a mountain. Many mountains such as those in Hawaii were formed this way.

Second, plate movement could have created the Antarctic mountains. When different tectonic plates which make the Earth's crust collide or separate with each other, mountains are created. Plate collisions push or fold the land up creating elevated areas. Also, a process called rifting occurs when tectonic plates are pulled apart from each other. Once a large section of crust is forced apart, it can cause another section to rise, forming mountains. The mountain range is very similar to the European Alps which was a mountain belt formed around boundaries.

Finally, it is highly possible that the mountains were formed by glaciers. Experts believe that Antarctica was in a polar position and hence, the central point of ephemeral ice sheets, ice that forms and melts on a seasonal basis. Rivers created by icemelt and moving glaciers could have carved out the valleys and small peaks that create the appearance of the Gamburtsev range.

Note-taking

읽기 노트

주 제: _____

근거 1: _____
- _____
- _____

근거 2: _____
- _____
- _____

근거 3: _____
- _____
- _____

Q6.

Electronic medical records, patients' data on computers, are being considered as replacements for conventional, paper-based recording methods. It is possible to consolidate millions of paper documents into one computer system. Electronic medical records promise to bring a number of benefits compared to paper-based records.

First, using electronic records promises to bring a number of economic benefits. Electronic records allow health care providers to save a lot of their costs related to the storing and transferring of paper-based records. Using a single computer to store all the information from documents instead of large rooms filled with file cabinets allows hospitals to use the space for other uses such as hospital rooms or extra office space. Without the need to transfer papers, hospitals will also save on costs related to sending and receiving documents to various organizations. Doctors simply have to send an email instead of mailing patient records to their peers.

Second, using electronic records can prevent mistakes. Doctors are very busy and do not have the time to carefully write a patient's symptoms and treatment. As a result, the handwriting of doctors is often illegible and can be easily misinterpreted by other doctors, nurses, and pharmacologists. The information can lead to the wrong prescription or treatment when guessing what the letters mean. Electronic records, which are all typed, assure health care professionals that all the relevant information can be clearly understood.

Finally, the use of electronic medical records can aid medical research. The medical records stored in computers can be moved to a central database where research labs can easily search millions of patient records to find relevant patients. A similar method of making an electronic database for academic articles has largely been successful. Not only has searching for articles become more convenient, but the numbers of articles students are able to access has also increased. Electronic records make the research process more convenient and efficient.

Note-taking

읽기 노트

주 제: _____

근거 1: _____
- _____
- _____

근거 2: _____
- _____
- _____

근거 3: _____
- _____
- _____

2. 듣기 노트테이킹 방법

들은 내용을 많이 적겠다고 욕심을 부리면, 오히려 뒤에 나오는 내용들을 모두 놓칠 수 있다. 듣기에 방해가 되지 않으면서 효율적으로 적는 것이 중요하다. 노트테이킹을 할 때는 본인이 이해한 내용을 더 잘 기억하기 위해 필기하는 것임을 명심해야 한다.

통합형 강의(듣기)의 특징

> 도입(서론)은 읽기 지문의 반대하는 내용이므로 중요하지 않다. 본론부터 리딩의 내용에 대해 어떤 다른 의견을 내는지 집중해서 듣는다. 강의자가 때때로 예시나 실험 결과를 이용하는 경우가 있으니 유념해서 듣는다.

• 강의 서론: 강의자 입장만 파악하자.

〈강의 내용〉
Well, your reading certainly talks about some compelling theories about the role of sleep. However, **the theories are not that convincing**. Each of the theories that are mentioned in the reading passage has limitations in truly explaining the purpose of sleep.

Note-taking
- 주제: Reading X

• 강의의 각 본론: 반론과 세부사항을 적는다. 읽기 지문에 어떻게 반박하는지와 강의에서 언급된 예시, 부연설명 또는 연구결과를 함께 간략하게 정리한다.

〈강의 내용〉
First, the point made about memory retention. Although it is true to a certain extent that REM sleep helps our memory, the reading fails to mention that **there are people who function perfectly well without REM sleep**. You see, there are people who take drugs that prevent them from getting REM sleep. Yet, they have no problem memorizing things in their daily lives. If sleep were needed for memory functions, it would not make sense for these people to have the ability to remember things. So, it would be hard to view sleep as something that is needed to help memory functions.

Note-taking
- 근거 1: memory retention X
- 세부사항: people w/o REM → no problem memorizing

Writing Exercise

해설집 p. 010

다음 강의를 듣고 노트를 완성해 보자.

Q1. 🔊 MP3 02
Listen to the lecture.

Note-taking

강의 노트

반 론: purpose of sleep — Reading ✗

근거 1: _____
- people w/o REM → no problem memorizing

근거 2: _____
- conserve energy — when resting + awake
- sleep — extra energy ✗

근거 3: _____
- study → abnormal circumstance normal cycle ✗
- study → cause more toxin removed

Q2. 🔊 MP3 03
Listen to the lecture.

Note-taking

강의 노트

반 론: woolly mammoth — Reading ✗

근거 1: _____
- became warmer food scarcer
- climate change mammoth population ↓

근거 2: _____
- sign of storing meat ✗ hunting ✗
- nomadic hunt, eat right away

근거 3: _____
- many small birds — extinct
- live in extreme environment attractive target ✗

Q3. 🔊 MP3 04

Listen to the lecture.

Note-taking

강의 노트

반 론: bonobos — Reading X

근거 1: strangers — less aggressive X
- _____
- _____
- _____

근거 2: less aggressive in hunting X
- _____
- _____

근거 3: social structure X
- _____
- _____

Q4. 🔊 MP3 05

Listen to the lecture.

Note-taking

강의 노트

반 론: Shakespeare — Reading X

근거 1: Reading 1 X
- _____
- _____

근거 2: Reading 2 X
- _____
- _____

근거 3: Reading 3 X
- _____
- _____

Q5. 🔊 MP3 06

Listen to the lecture.

Note-taking

강의 노트

반 론: Gamburtsev Mountains, a mountain range — Reading X

근거 1: _____
  - _____

근거 2: _____
  - _____
  - _____

근거 3: _____
  - _____

Q6. 🔊 MP3 07

Listen to the lecture.

United States Privacy Act

Note-taking

강의 노트

반 론: electronic medical records — Reading X

근거 1: _____
  - _____
  - _____

근거 2: _____
  - _____

근거 3: _____
  - _____
  - _____

통합형 답안 작성하기

앞서 작성한 노트테이킹 내용을 바탕으로 요약문을 작성한다. 채점자는 지문과 강의 내용 이해도 및 영작 능력을 동시에 평가한다.

1. 노트 내용을 바탕으로 하는 답안 기본 구성

리딩 지문과 강의 내용을 아래처럼 강의 중심으로 답안 구조를 만들어야 한다.

읽기 노트		강의 노트			답안
주제	+	반론	→	서론	강의 반론 + 리딩 주제
근거 1	+	반박 근거 1	→	본론 1	강의 반박 근거 1 + 읽기 근거 1
근거 2	+	반박 근거 2	→	본론 2	강의 반박 근거 2 + 읽기 근거 2
근거 3	+	반박 근거 3	→	본론 3	강의 반박 근거 3 + 읽기 근거 3

2. 서론 쓰기

Summary(통합형 에세이) 서론에서는 요약문의 전반적인 개요만 정리하면 되기 때문에 본론에 비해 중요도가 낮다. 또한 길게 적을 필요도 없으므로 대표적인 표현을 통째로 암기해서 사용해도 괜찮다.

서론 공략 포인트!

> 내용을 요약하는 것이 Summary의 목적이므로 서론을 장황하게 쓸 필요가 없다. 굳이 서론을 적지 않아도 점수에는 큰 영향을 주지 않기 때문에 표현 및 문법 오류만 없게 작성하면 된다.

• **서론 표현 및 템플릿(Template)**

서론

1) 주제어만 이용해서 쓰는 방법

The lecturer objects to the points mentioned in the reading passage made about [주제어]. The speaker states that the notions in the passage have flaws.
강의자는 [주제어]와 관련하여 읽기 지문에서 언급한 의견들에 반대한다. 화자는 지문의 생각들에 결함이 있다고 말한다.

2) 주제 문장을 이용해서 쓰는 방법

While the author of the reading passage argues that [주제 문장], the lecturer opposes the reading's assertion with different views.
리딩 지문의 작가는 [주제 문장]이라고 주장하는 반면에 강의자는 리딩의 주장을 몇 가지 다른 입장을 가지고 반대한다.

• 통합형 서론 쓰기 예시

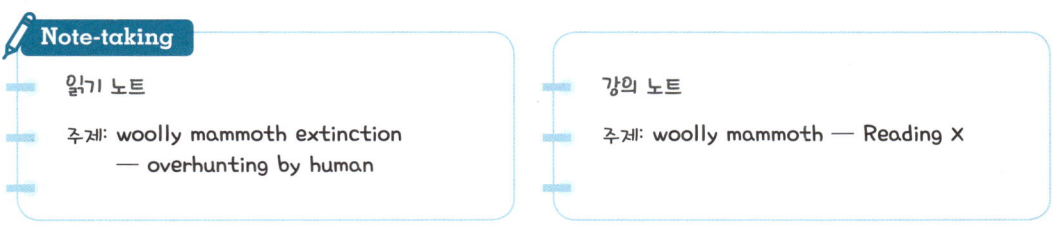

Note-taking

읽기 노트
주제: woolly mammoth extinction
— overhunting by human

강의 노트
주제: woolly mammoth — Reading X

1) 주제어만 이용해서 서론 쓰기

> **The lecturer objects to the points mentioned in the reading passage made about** the woolly mammoth. **The speaker states that the notions in the passage have flaws.**

강의자는 털 메머드와 관련하여 읽기 지문에서 언급한 의견들에 반대한다. 화자는 지문의 생각들에 결함이 있다고 말한다.

2) 주제 문장을 이용해서 서론 쓰기

> **While the author of the reading passage argues that** overhunting by humans caused the mass extinction of the woolly mammoth, **the lecturer opposes the reading's assertion with different views.**

리딩 지문의 작가는 인간에 의한 과도한 사냥이 털 메머드의 집단 멸종을 야기했다고 주장하는 반면에 강의자는 리딩의 주장을 몇 가지 다른 입장을 가지고 반대한다.

• 서론에서 활용 가능한 다른 표현들

The lecturer **objects to** ~   강의자는 ~에 반대한다
= refutes / challenges / contests / disproves / rebuts

The lecturer objects to **the points** mentioned ~   강의자는 ~에서 언급된 요점들에 반대한다.
= opinions / facts / ideas / concepts

~ in the passage have **flaws**.   지문의 ~에는 결함이 있다.
= issues / problems / errors

3. 본론 쓰기

본론은 Summary(통합형 에세이)의 핵심이므로 듣기 지문에서 나온 내용을 최대한 많이 반영해야 한다. 기본 템플릿을 활용하면 보다 용이하게 체계적인 답안을 완성할 수 있다.

본론 공략 포인트!

통합형 점수에는 어휘력이나 문장력이 크게 영향을 주지 않으므로 paraphrasing에 크게 신경 쓸 필요는 없다. 듣기 지문에서 나온 요점들을 요약하고, 읽기 지문과의 관계를 잘 정리하면 된다.

• **본론 표현 및 템플릿(Template)**

답안 작성 시 아래 템플릿처럼 동의어 표현을 다양하게 사용하여 반복의 느낌을 피한다.

본론 1

First of all, the speaker argues that + 강의 반박 근거 1
첫 번째로, 화자는 강의 반박 근거 1을 주장한다

This casts doubt on the author's claim that + 읽기 근거 1
이것은 작가의 주장 읽기 근거 1에 의구심을 제기한다

본론 2

Second, the lecturer points out that + 강의 반박 근거 2
두 번째로, 강의자는 강의 반박 근거 2를 지적한다

This goes against the writer's view that + 읽기 근거 2
이것은 작가의 입장 읽기 근거 2를 반대한다

본론 3

Finally, the professor contends that + 강의 반박 근거 3
마지막으로, 교수는 강의 반박 근거 3을 주장한다

This is in direct opposition to the author's assertion that + 읽기 근거 3
이것은 작가의 주장 읽기 근거 3에 정면으로 반하는 것이다.

• 통합형 본론 쓰기 예시

Note-taking

읽기 노트

근거 1: improvement in weapons
- stone tools + control fire started hunting
- hunter-gatherer society

강의 노트

근거 1: weapon X
- became warmer food scarcer
- climate change mammoth population ↓

본론 쓰기

> **First of all, the speaker argues that** the weather became warmer and food was scarce, so the change in climate contributed to the decrease in the number of mammoths. **This casts doubt on the author's claim that** improvements in weapons led to the overhunting of mammoths.

첫 번째로, 화자는 날씨가 따뜻해지고 식량이 부족해서 기후 변화가 매머드 개체수의 감소에 기여했다고 주장한다. 이것은 무기의 개선이 매머드의 남획을 초래했다는 저자의 주장에 의구심을 제기한다.

• 본론에서 활용 가능한 다른 표현들

〈강의 요약 부분〉

First of all = First / To begin with
Second = Secondly / Moreover / In addition
Finally = Lastly

claims that = says / mentions / asserts / argues / maintains that

〈읽기 지문 요약 부분〉

This **counters** ~   이것은 ~에 반박한다
   = contradicts / refutes

The author's **claim** that   ~라는 작가의 주장은
   = argument / explanation

4. 통합형 답안 과정별 샘플

1단계: 리딩 지문 읽기 및 노트테이킹 (3분)

> Amtrak is a government funded railway system in the United States. It has been providing transportation by train for years to citizens. However, critics have said that Amtrak has been ineffective and should be owned by a private company. These critics have mentioned some explanations in support of the privatization of Amtrak.
>
> The first reason is that Amtrak is supported by the government, and this is unfair to privately owned transportation companies such as airlines. Train tickets are cheaper because the government supports Amtrak. Airline tickets cannot be lowered because the government does not support the cost of airplane tickets. This is unfair competition since airlines have to compete with non-supported ticket prices.
>
> Second, Amtrak does not make a profit because some routes cross less populated areas. This is because Amtrak offers transportation to even citizens that live in remote places. Amtrak loses a lot of money on some of its routes: over a hundred dollars are lost per passenger in some routes. These losses accumulate to hundreds of millions of dollars yearly. If Amtrak were owned by a private company, it would become profitable by cutting unprofitable routes.
>
> Finally, the government should invest in developing other methods of transportation. Only a few people use Amtrak as a method of transportation: less than 1% of intercity transportation is achieved by train. Most people rely on privately owned cars for intercity transportation. The government should allocate its funding to maintain and improve highways for faster intercity travel.

지문 해석: 해설집 p. 018

Note-taking

읽기 노트

주 제: Amtrak → privatized

근거 1: unfair to private airlines
- train ticket — gov't support cheap
- airline ticket — support X lowered X

근거 2: profit X
- offers in remote places loses money
- if owned by a private company — cut routes profit

근거 3: only a few people use
- most people own car
- allocate funds — improve highways faster travel

2단계: 강의 듣기 및 노트테이킹 🔊 MP3 08

Sure, there has been a lot of criticism about the railway system in the States. So, should Amtrak be owned by private companies? The simple response is "No."

About the first suggestion — airline companies not getting government support. Well, this is simply not the truth. The government supports airlines in many ways. Air traffic control towers, you know the large towers you see in airports, are all built by the government. It trains all the officers in these air traffic control towers. Also weather satellites, which are absolutely needed to fly planes, and used by all commercial airlines, are all funded by the government. The truth is no private transportation company could exist without the help of the government.

Next, cutting the routes that are not profitable. The critics who are saying this are simply missing the point. The purpose of Amtrak is to provide railway transportation to its citizens, and privatizing Amtrak goes against this purpose. It should not matter where people live, Amtrak should offer a way to travel from one place to another. Citizens who live in remote locations have the same rights as citizens who live in populated cities.

Finally, relocating funds to improve the highway system — the reason why people do not use Amtrak is simply because it is outdated. The train is not popular because it is slow and inefficient, leading people to use their cars. But if the government invested in the train system, it could offer faster transportation, and more people would use trains. Japan and Europe have successfully offered high speed trains, and now a lot of people are using trains to travel from city to city. The government should follow this example and invest more money on improving the train system.

지문 해석: 해설집 p. 018

Note-taking

강의 노트

반론: Amtrak → privatized _ X

근거 1: unfair X
- gov't supports airlines air traffic control tower + train officers + weather satellites

근거 2: profit — X important
- purpose of Amtrak — provide public transportation
- people from remote locations — have same rights

근거 3: reasons — X use
- Amtrak — outdated slow + inefficient
- invest in train — faster transportation use trains ↑
- Japan + Europe — high speed trains ppl use trains ↑

3단계: 통합형 답안 작성 (20분)

> Summarize the points made in the lecture being sure to explain how they cast doubt on specific points made in the reading passage.

Note-taking

읽기 노트

주 제: Amtrak → privatized	Amtrak 민영화해야 한다
근거 1: unfair to private airlines - train ticket — gov't support cheap - airline ticket — support X lowered X	민간 항공사들에게 불공평함 - 정부 지원받는 기차 요금 더 저렴 - 항공료는 지원이 없어서 낮출 수 없음
근거 2: profit X - offers in remote places loses money - if owned by a private company — cut routes profit	이익을 내지 못함 - 외딴 지역 운행 손해 야기 - 민영화하면 손실 노선을 정리
근거 3: only a few people use - most people own car - allocate funds — improve highways faster travel	소수의 사람들만 이용 - 대부분 차량 이동 - 고속도로 개선에 지원해야 함

강의 노트

반 론: Amtrak → privatized _ X	Amtrak 민영화 반대
근거 1: unfair X - gov't supports airlines air traffic control tower + train officers + weather satellites	불공평 하지 않음 - 정부가 항공사들에 관제탑, 운영요원, 기상위성 지원을 하고 있음
근거 2: profit — X important - purpose of Amtrak — provide public transportation - people from remote locations — have same rights	이익이 중요하지 않음 - Amtrak 목적은 공공 교통 제공 - 외딴 지역 사람들도 동일하게 교통을 이용할 권리가 있음
근거 3: reasons — X use - Amtrak — outdated slow + inefficient - invest in train — faster transportation use trains ↑ - Japan + Europe — high speed trains ppl use trains ↑	이용하지 않는 이유 - 느리고 비효율적 - 빠른 기차에 투자 필요 - 일본, 유럽 고속열차 이용객 증가

답안(Summary)

서론
The lecturer objects to the points mentioned in the reading passage made about 주제어 Amtrak. The speaker states that the notions in the passage have flaws.

강의자는 암트랙에 대해 읽기 지문에 언급된 주장들에 반대한다. 화자는 지문의 주장들에 결함이 있다고 말한다.

본론 1
강의 근거 1 **First of all, the speaker argues that** the government provides various support so that airlines can exist. The government provides air traffic control towers and weather satellites, both of which are needed to fly. 읽기 근거 1 **This casts doubt on the author's claim that** government support is unfair to privately owned transportation companies like airlines.

첫째, 강의자는 정부가 항공사들이 존속될 수 있도록 다양한 지원을 한다고 주장한다. 정부는 비행에 필요한 관제탑과 기상 위성을 모두 제공한다. 이것은 정부 지원이 항공회사와 같은 민간 운송기업에게 불공평하다는 작가의 주장에 의구심을 제기한다.

본론 2
강의 근거 2 **Second, the lecturer points out that** Amtrak was established to provide transportation for the people. However, cutting unprofitable lines that reach remote locations goes against its purpose. 읽기 근거 2 **This goes against the writer's view that** Amtrak provides routes to remote places, so it losses a lot of money.

둘째, 강의자는 암트랙은 국민들을 위해 교통을 제공하기 위해 설립되었다고 지적한다. 하지만 외딴 지역에 가기 때문에 이익 창출이 되지 않는 노선을 폐지하는 것은 그 목적에 반대된다. 이것은 암트랙이 외딴 곳에 노선을 제공하기 때문에 많은 손실을 보고 있다는 글쓴이의 견해에 반대된다.

본론 3
강의 근거 3 **Finally, the professor contends that** instead of investing on highways for cars, the government can invest on Amtrak. The outdated Amtrak is slow and inefficient, but with investment, more intercity transportation can be achieved. 읽기 근거 3 **This is in direct opposition to the author's assertion that** the government should allocate funding to improve the highway system that more people use.

마지막으로, 교수는 정부가 차량을 위한 고속도로에 투자를 하기보다는, 암트랙에 투자할 수 있다고 주장한다. 노후된 암트랙은 느리고 비효율적이지만, 투자가 된다면 더 많은 도시간 이동을 달성할 수 있다. 이것은 정부가 더 많은 사람들이 이용하는 고속도로 시스템을 개선하는 데 기금을 할당해야 한다는 필자의 주장에 정면으로 반하는 것이다.

Writing Exercise

해설집 p. 018

리딩 지문을 읽고 강의를 들은 후 주어진 빈칸을 채워 Note-taking과 통합형 답안을 완성해 보자.

Q1.

Toucans are a species of birds that live in the tropics of the Americas. One of the defining features of this bird is its exceptionally large and long bill that is 1/3 of its whole size. The purpose of having such an abnormal feature is still puzzling, but scientists have come up with three theories to explain the purpose of such a bill.

Firstly, the large bill can be used as a weapon. The toucan's bill has a serrated edge like a saw. It is highly likely that the bill can be used as a weapon to protect itself against predators. The toucan would be able to use its large and sharp bill to attack an enemy in case of danger. It would make sense to use its bill to protect itself in an environment full of predators.

Secondly, the beautiful colors of the bill can be used as a means of camouflage. The colors of the bill resemble the vegetation that is common in toucan habitats. Along with the feathers, the colors of the bill and the shades of sunlight, the bill can be used as effective camouflage protection. The large and colorful bill would be exceptionally useful when concealing itself from predators.

Lastly, the large bill can be used for cooling the bird itself. The bill can be used to release heat. In a tropical area where temperatures are very high, the bill provides a large surface area through which toucans can release heat. The bill contains many blood vessels where blood flows to give off heat like a radiator. This can explain why the bill gives off so much heat.

Listen to the lecture. MP3 09

Note-taking

읽기 노트

주 제: purpose of toucan bill

근거 1: _____
   - serrated edge protect against predators

근거 2: _____
   - colors of the bill — resemble vegetation

근거 3: _____
   - bill — large surface area release heat
   - many blood vessels — give off heat

강의 노트

반 론: purpose of toucan bill — Reading X

근거 1: _____
- hollow bone, weak
- battle — hard bone → toucan X

근거 2: _____
- small flocks, loud noises hide X
- bills to hide understand X

근거 3: _____
- other birds — large bill X → problem X
- hide bills at night managing body heat X

통합형 답안(Summary)

서론

주제어 활용 ▶ The lecturer objects to _____
the toucan bill. The speaker states that _____
_____.

본론 1

강의 근거 1 _____ a toucan bill is hollow and weak, so it cannot be used to fight. In order to uses the bill when fighting, it should be composed of hard bones. 읽기 근거 1 _____
_____ a toucan uses its bill as a weapon.

본론 2

강의 근거 2 _____

toucans live in groups and make loud noises, so predators can easily find them. Thus, it is hard to understand the camouflage theory. **읽기 근거 2** _____

_____ a toucan uses its bill which has the beautiful colors to camouflage itself.

본론 3

강의 근거 3 _____

many birds having small beaks control their body heat well in a tropical forest, so the large bill is not used to release heat. Also, toucans have difficulty controlling their body temperature at night due to their large bills. **읽기 근거 3** _____

_____ the bill is used to lower body temperature in a hot tropical area.

Q2.

Angkor is a region of Cambodia that served as the capital of the Khmer Empire, which flourished from the 9th to 15th centuries. Scientists have concluded that Angkor was the largest preindustrial city in the world. Yet, during the early 1400s the population declined and this ultimately led to the collapse of this once great kingdom. Some scholars have come up with three reasons that can explain the decline in Angkor.

The first reason why Angkor was abandoned is foreign invasion. Angkor was a very wealthy metropolitan city with a great system of roads and canals that linked it to its urban core. This naturally attracted many invaders, and ultimately the Ayutthaya Kingdom, one of the invaders, occupied the city. With the city occupied, the once flourishing city was abandoned, leading to the population decline.

Second, a religious change in the city also was a major factor in the decline. The predominant religion changed from Hinduism to Buddhism. Based on Hinduism, the state religion, a number of temples were built in Angkor. However, the religious conversion to Buddhism greatly decreased the importance of the temples. Naturally, people would no longer have to be near these temples and the population would have declined in the area.

Third, scholars believe that a long drought caused the collapse of Angkor. Recent archaeological studies of tree rings revealed that a great drought had occurred in the Angkor region in the early 1500s. A long drought would have caused the canals and reservoirs to run dry ending the expansion of available farmland. With not enough food to support the massive population, people would have had to move to other areas to find food.

Listen to the lecture. MP3 10

Note-taking

읽기 노트

주 제: Angkor — collapse

근거 1: _____
- wealthy city — attracted invaders
- Ayutthaya Kingdom — occupied city abandoned

근거 2: _____
- Hinduism — temples
- Buddhism — importance of temples ↓ → people out

근거 3: _____
- great drought canals — dry
- enough food X move to other areas

강의 노트

반 론: Angkor collapse — Reading X

근거 1: _____
- invader — keep people → economy OK
- Ayutthaya Kingdom — keep population

근거 2: _____
- many religions — co-existed
- religion — always changed before
- temples — great role X

근거 3: _____
- more severe drought b/f collapse
- survive with irrigation

통합형 답안(Summary)

서론

주제어 활용 The lecturer objects to _____ the collapse of Angkor. The speaker states that _____
_____

본론 1

강의 근거 1 _____ the invaders did not drive all the people out because they wanted to recover and maintain the economy.

읽기 근거 1 _____, since Angkor was wealthy, which drew invaders, the city was abandoned by foreign invasion.

본론 2

> 강의 근거 2 _____

many religions existed together, and the state religion always changed. Also, the temples were not important. 읽기 근거 2 _____

_____ the main religion changed from Hinduism to Buddhism and this led to the population decrease in Angkor.

본론 3

> 강의 근거 3 _____ a more severe drought happened long before the collapse, but the people overcame it with irrigation techniques. Thus, a drought could not cause the collapse. 읽기 근거 3 _____

_____ a long drought contributed to the collapse of Angkor.

Q3.

In the Eastern regions of the United States, bat populations have decreased substantially. In 2006, a distinctive fungal growth around the nose, mouth and wings of North American bats was identified. The "white nose syndrome" can spread throughout caves and mines and is potentially threatening the existence of certain bat species. While no one is exactly sure as to what caused the spread of this disease, experts are considering three ways to address the problem related to white nose syndrome.

The first option is to close caves to explorers. The fungus which causes the disease can only be transmitted through direct contract. It is possible that explorers carry the fungus on their clothes or equipment and spread the disease to other uncontaminated caves or mines. In order to stop this fungus from spreading further, experts believe in keeping all but essential human activity out of caves.

The second option is to heat caves. The fungus can only grow in temperatures ranging from 4 to 15°C, so it disappears in temperatures above 20°C. In fact, the disease affects hibernating bats to wake up and to become too active. Thus, one way to prevent the fungus is to increase cave temperatures above 20°C. Scientists can protect bats by heating caves to the point in which the fungus cannot survive.

The third option is to study bat populations in Europe to develop a vaccine. Scientists have discovered that European bats are healthy despite the occurrence of white nose syndrome. They believe that the fungus originated in Europe and native bats developed immunity, so by studying European bats, scientists can develop a vaccine for white nose syndrome and stop its spread.

Listen to the lecture. MP3 11

Note-taking

읽기 노트

주 제: bats — white nose syndrome

근거 1: close caves to explorers
- _____
- _____

근거 2: heat caves
- _____
- _____

근거 3: study bat population in Europe
- _____
- _____

강의 노트

반 론: Solutions for bats — Reading X

근거 1: closing caves X
- _____
- _____

근거 2: heating caves X
- _____
- _____

근거 3: studying bats X
- _____
- _____

통합형 답안(Summary)

서론

주제어 활용 The lecturer objects to the points mentioned in the reading passage made about _____. The speaker states that _____
_____

본론 1

강의 근거 1 _____
white nose syndrome can spread between bats without human interaction. Thus, closing caves cannot stop this problem. **읽기 근거 1** This casts doubt on the author's claim that _____
_____

본론 2

> 강의 근거 2 _____

heating caves will prevent bats from hibernating and kill all the bats. 읽기 근거 2 This goes against the writer's view that _____

본론 3

> 강의 근거 3 _____

studying the bats will take too much time because a lot of research is needed. On the other hand, the disease is spreading fast. 읽기 근거 3 This is in direct opposition to the author's assertion that _____

Q4.

Gastornis are extinct flightless birds that lived during the Cenozoic era. These types of birds are classified by their large height which can reach upwards of two meters as well as their massive skulls with huge beaks attached to them. Evidence from fossil remains has made some paleontologists believe that Gastornis are carnivorous birds.

One reason why scientists believe that Gastornis are meat-eating birds is due to the overall appearance. These species have an upright body position as well as larger skulls than other known herbivorous birds. Herbivorous birds have small, delicate head structures which always lets them eat small seeds or leaves. Also, the fossils of Gastornis closely resemble those of terror birds which are carnivorous flightless birds and were extinct during the Cenozoic era.

Moreover, the Gastornis have a huge and sharp beak useful to eat meat. The different size and tip of the beak may indicate a different diet. Experts believe that the large and sharp bill can be used to cut through meat and break the bones of small animals. Therefore, it seems natural that the monstrous birds would have prey on small mammals.

The final piece of evidence comes from Gastornis' feet. Paleontologists have found that their feet have strong tendons which connects muscle to bone and withstands tension. This indicates that Gastornis have strong feet capable of grasping moving prey. Also, the footprint of the Gastornis measures over 25 centimeters. The length of the toes is long enough to grasp.

Listen to the lecture. 🔊 MP3 12

Note-taking

읽기 노트

주 제: Gastornis — carnivorous

근거 1: overall appearance
- _____
- _____

근거 2: larger bills
- _____

근거 3: feet
- _____
- _____

강의 노트

반 론: Gastornis — carnivorous X

근거 1: overall appearance X
- _____
- _____

근거 2: larger bills X
- _____
- _____
- _____

근거 3: feet X
- _____
- _____

통합형 답안(Summary)

서론

> **주제어 활용** The lecturer objects to the points mentioned in the reading passage made about _____. The speaker states that _____
> _____

본론 1

> **강의 근거 1** _____ the body structure of Gastornis resembles that of plant-eating birds. Moreover, many birds having upright positions are herbivorous. **읽기 근거 1** This casts doubt on the author's claim that _____
> _____

본론 2

> **강의 근거 2** _____
>
> Gastornis have straight bills unlike meat-eating birds having curved ones. Furthermore, they have jaw muscles which are similar to those of herbivorous birds. **읽기 근거 2** This goes against the writer's view that _____
>
> _____

본론 3

> **강의 근거 3** _____
>
> carnivorous birds have long, curved talons, but Gastornis have small, short claws like plant-eating birds. **읽기 근거 3** This is in direct opposition to the author's assertion that _____
>
> _____
>
> _____

Q5.

The world currently receives power for most its energy needs from the use of fossil fuels. However, numerous problems associated with using fossil fuels have led people to look towards using alternative sources of energy. One such energy source that harnesses the sun's energy is solar power. There are several advantages that make solar energy a much better alternative to fossil fuels.

First, solar energy is more environmentally friendly than fossil fuels. Solar energy does not expel harmful pollution, which contributes directly to global warming into the atmosphere the way fossil fuels do. However, burning fossil fuels in some sort of power plant to provide energy releases a great deal of toxic chemicals into the air. This is one of the greatest disadvantages of using fossil fuels. Therefore, solar energy is cleaner and can be harvested without causing any damage to the environment.

Second, solar power is an unlimited energy source. Sunlight is plentiful. If a whole year's worth of sunlight were harnessed fully, it would be enough to power earth for several thousands of years at its current energy requirement levels. On the other hand, fossil fuels are a very limited resource that must be mined and extracted from deep within the earth. Some critics have mentioned that it is not possible to collect sunlight in very cloudy days or during nighttime, but the excess energy can be stored within batteries that store energy during the day for use in times when direct sunlight is unavailable.

Finally, solar power can also be used in very remote destinations, such as on ships or on mountains. Connecting these areas to a national power grid is prohibitively costly and therefore not logical. Since solar energy uses solar panels to harness energy, people in remote areas can generate their own power independently.

Listen to the lecture. 🔊 MP3 13

Note-taking

읽기 노트

주 제: solar power — advantages

근거 1: environmentally friendly
- solar energy — harmful pollution ✗
- fossil fuels — toxic chemicals

근거 2: _____
- _____
- _____
- _____

근거 3: _____
- _____
- _____

강의 노트

반 론: solar power — disadvantages

근거 1: environmentally friendly X
- solar panels — need a lot of land
- harm forest + animal habitat

근거 2: _____
- _____
- _____

근거 3: _____
- _____
- _____

통합형 답안(Summary)

서론

주제어 활용 _____

본론 1

강의 근거 1 _____

solar energy requires a lot of land for solar panels, so it can damage forests or animal habitats.

읽기 근거 1 _____

본론 2

> 강의 근거 2 _____

materials needed to make the batteries for solar power are limited in supply. Also, they are mined from the ground like fossil fuels. 읽기 근거 2 _____

본론 3

> 강의 근거 3 _____

solar panels are complicated and sensitive, and a technician is required when they malfunction. Thus, if a solar energy system breaks in a remote location, it will take much time to fix it. 읽기 근거 3 _____

Q6.

Since our successful voyage to the moon during the 1970s and 80s, our next step into exploring space has been traveling to Mars. Unlike the trip to the moon, the distance to Mars is much further. There are a number of problems that we must solve in order to make the voyage possible.

First, there is a problem with space required for food and supplies. The total trip to mars can take up to two years. Two years' worth of food, water and oxygen will take up too much space. The supplies are important for astronauts to survive. However, the distance to Mars is over 150 times the distance to the moon, so it is difficult to have the necessary capacity in a spacecraft to hold all the supplies to sustain crews for a trip that long.

Second, space is a zero-gravity environment which is quite different from what we are used to on the earth. Long stays in zero gravity can have negative effects on the human body. The reduction of muscle mass and bone density are the main health problems that can occur. Thus, astronauts will not be able to reach Mars until these health issues are taken care of.

Third, space radiation is a major threat to astronauts. The radiation coming from the sun is very dangerous. The earth's magnetic field protects us from the deadly radiation, but there is no protection for interplanetary travel. In order to protect astronauts, a shield is necessary, but having a shield large enough to protect the space craft is impossible. Current technology is not sufficient enough to make a shield light enough for a space vehicle.

Listen to the lecture. 🔊 MP3 14

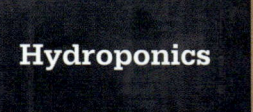

Hydroponics

Note-taking

읽기 노트

주 제: traveling to Mars — problems

근거 1: _____
 - _____
 - _____

근거 2: _____
 - _____
 - _____

근거 3: _____
 - _____
 - _____

강의 노트

반 론: traveling to Mars — solutions

근거 1: supplies OK
- hydroponics — growing plant in water
- _____

근거 2: zero gravity OK
- regular exercise prevent muscle mass loss
- _____

근거 3: space radiation OK
- radiation — constant X
- _____

통합형 답안(Summary)

서론

주제어 활용

본론 1

강의 근거 1

hydroponics can help to grow plants, to recycle water, and to get oxygen from the plants. Thus, the issue related to food and supplies can be solved. **읽기 근거 1**

본론 2

강의 근거 2 _____

doing exercise regularly enables astronauts to prevent the loss of muscles. Also, taking vitamins and calcium helps them to keep their bone density. 읽기 근거 2 _____

본론 3

강의 근거 3 _____ the radiation does not occur often. The astronauts can go to a small shelter only when the radiation is a problem. Also, by installing the small shelter, a large heavy shield is not necessary.

읽기 근거 3 _____

Integrated Task

통합형 문제

Chapter 2

효과적인 답안 작성을 위한 영작 표현 익히기

· 영작 표현 익히기 1

· 영작 표현 익히기 2

· 영작 표현 익히기 3

· 영작 표현 익히기 4

· 영작 표현 익히기 5

효과적인 답안 작성을 위한 영작 표현 익히기 1

읽기 지문 및 강의 내용을 효과적으로 통합형 답안에 포함할 수 있도록 표현들을 알아 두어야 한다. 이 학습을 통해서 리딩 내용 요약 시 도움이 되고 강의 내용을 단어 위주로 띄엄띄엄 들었을 때 그것들을 효과적으로 연결하여 적절한 의미의 문장을 만들 수 있다.

1. 필수 단어
통합형 답안에는 동일한 의미의 문장이더라도 다양하게 표현하는 것이 좋다. 따라서, 다음 단어들을 가급적이면 겹치지 않게 사용해야 한다.

01 주장
claim, assertion, point, argument, reason, statement, opinion

02 연구, 실험, 조사
research(불가산 명사), an experiment, a study, excavations, a survey, observations

03 ~와 관련된, ~에 관한
related to, relating to, in relation to, regarding, about, concerning, on the subject of, pertaining to

04 (~는) 틀렸다, 사실이 아니다
(is/are) wrong, incorrect, mistaken, erroneous, false, flawed, untrue

05 ~을 증명하다
prove, show, indicate, illustrate, tell

06 반대되는 것, 다른 것
something else, otherwise, the opposite, an opposing view, another story

2. 강의 내용 주장 정리

01 ~에 관한 주장은 틀렸다고 주장한다
e.g.) First, the lecturer asserts that **the claim related to** strangers **is wrong**.
첫 번째로, 강의자는 낯선 동물과 관련된 주장은 틀렸다고 주장한다.

3. 강의 내용 근거 정리

01 ~에 대한 연구 결과는 반대 입장/다른 것을 증명한다
e.g.) **The results from an observation related to** female bonobos **prove otherwise**.
암컷 보노보에 대한 연구 결과는 다른 것을 증명한다.

02 ~(은)는 반대 입장/다른 것을 보여준다
e.g.) Animals in the wild **indicate an opposing view**.
야생의 동물들은 반대 입장을 증명한다.

Tip 위 문장의 밑줄 친 부분은 앞서 나온 필수 단어를 이용해 다양하게 표현될 수 있다.

영/작/연/습

괄호 안에 주어진 단어를 활용하여 우리말 문장을 영작해 보자.

01_ 우선, 강의자는 사고와 관련된 주장은 틀렸다고 주장한다. (an accident)

02_ 그 종과 관련된 연구결과는 그렇지 않다는 것을 증명한다. (the species)

03_ 이것은 그 모든 포유동물들이 우연히 바다에 가기는 어렵다는 주장에 반대된다. (by accident)

04_ 두 번째, 화자는 해류와 관련된 주장은 틀렸다고 말한다. (currents)

05_ 해류와 관련된 연구결과는 반대 입장(다른 것)을 주장한다. (currents)

06_ 이것은 해류 때문에 동물들이 마다가스카르에 도달할 수 없었다는 필자의 견해에 반대된다. (Madagascar, reach)

07_ 마지막으로, 교수는 영양과 관련된 주장은 틀렸다고 언급한다. (nourishment)

08_ 수경재배는 반대 입장을 보여준다. (hydroponics)

09_ 이것은 포유류는 그 여정에서 생존할 수 없었을 것이라는 필자의 주장과 정반대이다. (the journey)

10_ 포유류에 대한 연구결과는 다른 것을 증명한다. (mammals)

Tip 본인이 작성한 문장이 답안과 달라도 옆 페이지에 있는 동의어를 사용했다면 문제가 되지 않는다.

효과적인 답안 작성을 위한 영작 표현 익히기 2

해설집 p. 034

1. 필수 단어

01 좋은 증거, 충분한 증거
good / solid / clear / compelling / conclusive / sufficient + evidence / proof / support

02 ~을 살펴보다, 분석하다
take a look at, look at, analyze, scrutinize

03 ~을 증명하다
prove, validate, verify, substantiate

2. 강의 내용 주장 정리

01 ~(은)는 좋은 증거가 아니다, 그 학설을 증명해 주지 못한다
e.g.) First, the lecturer asserts that social status **is not good evidence**.
첫째, 강의자는 사회적 직위는 좋은 증거가 아니라고 주장한다.

e.g.) Second, the lecturer claims that signatures **do not prove the theory**.
둘째, 강의자는 서명은 그 학설을 증명해주지 못한다고 주장한다.

3. 강의 내용 근거 정리

01 ~ 때문에 증거를 조금 더 면밀히 살펴봐야 한다
e.g.) **We need to take a look at the proof more carefully because of** patrons.
후원자 때문에 우리는 증거를 조금 더 면밀히 살펴봐야 한다.

02 비록 —가 ~이더라도 반대 의견을 입증하는 증거가 있다
e.g.) **Even though** people did not know that Shakespeare had died, **there is proof to verify an opposing view**.
셰익스피어가 죽었다는 것을 사람들이 몰랐었다 하더라도 반대 의견을 입증하는 증거가 있다.

4. 읽기 지문과의 관계 정리

01 이는 ~(이)가 좋은 증거라는 주장을 반박한다
e.g.) **This counters the claim that** social status **is compelling proof**.
이는 사회적 지위가 좋은 증거라는 주장을 반박한다.

02 이는 ~가 그 주장을 증명할 수 있다는 필자의 주장에 정면으로 반대된다
e.g.) **This is in direct opposition to the author's argument that** signatures **can verify the claim**.
이는 서명이 그 주장을 증명할 수 있다는 필자의 주장에 정면으로 반대된다.

영/작/연/습

괄호 안에 주어진 단어를 활용하여 우리말 문장을 영작해 보자.

01_ 첫째, 강의자는 화석의 외형은 좋은 증거가 아니라고 주장한다. (appearance)

02_ 다른 날지 못하는 새들 때문에 증거를 조금 더 면밀히 살펴야 한다. (flightless)

03_ 이것은 외형이 충분한 증거라는 주장과 반대된다.

04_ 둘째, 화자는 그 부리는 학설(이론)을 증명할 수 없다고 말한다. (bill)

05_ 비록 Gastornis가 큰 부리를 가지고 있더라도 반대 의견을 입증하는 증거가 있다.

06_ 이는 부리가 주장을 증명할 수 있다는 필자의 주장과 반대된다.

07_ 마지막으로, 교수는 발이 좋은 증거가 아니라고 언급한다. (feet)

08_ 발자국은 그 반대임을 보여준다. (footprint)

09_ 발톱들 때문에 우리는 증거를 조금 더 면밀히 살펴봐야 한다. (claws)

10_ 이것은 발이 충분한 증거라는 저자의 주장과 정반대이다.

효과적인 답안 작성을 위한 영작 표현 익히기 3

해설집 p. 034

1. 필수 단어

01 결과
consequence, result, outcome, product

02 ~을 설명하다
explain, describe, address

03 (~는) 사실이다
(is /are) true, correct, accurate

04 그렇지 않다
This is not the case, It is not so.

2. 강의 내용 주장 정리

01 ~와 관련된 가설은 —를 설명할 수 없다고 주장한다

e.g.) **First, the lecturer asserts that the theory regarding** hotspots **cannot explain** how the Gamburtsev range was made.

우선, 강의자는 hotspots와 관련된 가설은 어떻게 Gamburtsev 산맥이 만들어졌는지를 설명할 수 없다고 주장한다.

3. 강의 내용 반박 근거 정리

01 만약 그 가설이 사실이라면 ~해야 한다. 하지만 사실은 그렇지 않다.

e.g.) **If the theory were true**, hotspots **would have to** be found. **However, this is not the case**.

만약에 가설이 사실이라면 hotspots가 발견되어야 한다. 하지만 사실은 그렇지 않다.

4. 읽기 지문과의 관계 정리

01 ~와 관련된 주장이 맞다는 주장을 반박한다

e.g.) **This counters the claim that the assertion related to** volcanic activity **is correct**.

이는 화산 활동과 관련된 주장이 옳다는 주장을 반박한다.

영/작/연/습

괄호 안에 주어진 단어를 활용하여 우리말 문장을 영작해 보자.

01_ 우선 강의자는 무기와 관련된 가설은 어떻게 toucan이 그것의 부리를 사용하는지 설명할 수 없다고 주장한다. (its bill)

02_ 만약 가설이 사실이라면 부리는 딱딱한 뼈로 만들어져야 한다. 하지만 그렇지 않다.

03_ 이것은 무기와 관련된 주장이 맞다는 주장을 반박한다. (weapons)

04_ 둘째, 화자는 색과 관련된 주장은 틀렸다고 말한다.

05_ toucan의 부리가 초목과 비슷한 색을 가지기는 했지만, 반대 의견을 입증하는 증거가 있다. (vegetation)

06_ toucan이 내는 소리는 반대 입장(다른 것)을 증명한다.

07_ 이것은 toucan이 숨기 위해 부리를 사용한다는 글쓴이의 견해에 반대된다. (hide)

08_ 마지막으로, 교수는 몸을 식히는 것과 관련된 주장은 어떻게 부리가 사용되는지 설명할 수 없다고 언급한다. (cooling)

09_ 만약 주장이 사실이라면, 다른 새들도 부리가 커야 한다. 하지만 그렇지 않다.

10_ 이것은 toucan이 몸을 식혀야 하기 때문에 부리가 크다는 필자의 주장과 정면으로 반대된다.

효과적인 답안 작성을 위한 영작 표현 익히기 4
해설집 p. 035

1. 필수 단어

01 (~는) 좋다
   (is /are) good, beneficial, helpful, positive, advantageous, useful, valuable

02 장점
   benefit, advantage
   positive / good / beneficial + aspect

03 ~에 도움이 되지 않다
   (do / does) not help / make + N(명사) + better / easier / beneficial

04 문제
   problem, complication, issue, concern

05 ~을 방지하다, 막다
   prevent, stop

2. 듣기 지문의 반박 근거 정리

01 –는 ~의 이점이 아니다, 보기보다 좋지 않다
   e.g.) Using a single computer **is not a benefit of** electronic medical records.
   컴퓨터 한 대를 사용하는 것은 전자 의료 기록의 이점이 아니다.
   e.g.) Using a single computer **is not as beneficial as it sounds**.
   컴퓨터 한 대를 사용하는 것은 보기보다 좋지 않다.

02 –는 ~에 도움이 되지 않는다
   e.g.) Electronic medical records **does not help** medical research.
   전자 의료 기록은 의료 연구에 도움이 되지 않는다.

03 –는 ~와 관련된 문제의 해결책은 아니다
   e.g.) Electronic records **are not a solution to the problem regarding** illegible handwriting.
   전자 기록은 알아 보기 힘든 손글씨와 관련된 문제의 해결책은 아니다.

04 –는 ~를 방지할 수 없다
   e.g.) Using electronic records **cannot prevent** the handwriting of doctors **from being** misinterpreted.
   전자 기록을 사용하는 것은 의사들의 손글씨가 잘못 이해되는 것을 방지할 수 없다.

   Tip 배운 표현과 단어를 적절히 활용하면 듣기에서 잘 듣지 못했더라도, 몇 가지 문장을 더 적을 수 있다.

영/작/연/습

괄호 안에 주어진 단어를 활용하여 우리말 문장을 영작해 보자.

01_ 첫째, 강의자는 맛에 관한 주장은 틀렸다고 주장한다. (taste)

02_ 과학적인 증거는 다르다는 것을 보여준다.

03_ 이것은 로컬푸드가 더 맛있다는 주장과 반대된다. (local foods)

04_ 둘째, 화자는 환경에 관한 주장은 사실이 아니라고 말한다.

05_ 로컬푸드를 먹는 것은 환경이 파손되는 것을 방지할 수 없다. (being damaged)

06_ 최적화된 환경은 반대 의견을 증명한다. (optimized)

07_ 이것은 로컬푸드는 환경에 더 긍정적인 영향을 미친다는 글쓴이의 견해와 반대된다.

08_ 마지막으로, 교수는 지역 경제와 관련된 주장은 틀렸다고 언급한다. (the local economy)

09_ 슈퍼마켓은 반대 입장을 보여준다 (supermarkets)

10_ 이것은 로컬푸드가 지역 경제를 위해 더 좋다는 필자의 주장과 정반대이다.

효과적인 답안 작성을 위한 영작 표현 익히기 5

해설집 p. 035

1. 필수 단어

01 문제
problem, issue, complication, setback, concern

02 문제를 해결하다
solve a problem, There is a solution to the problem.

03 (단점보다) 더 많다, (단점을) 보완하다
outweigh, negate (the negative effects)

04 단점
a negative effect, a negative consequence, an adverse effect

05 (~는) 무시해도 된다
(is / are) irrelevant, negligible, ignored

2. 듣기 지문의 반박 근거 정리

01 ~은 문제가 되지 않는다, ~를 문제로 보기는 어렵다
e.g.) Using a lot of water **is not a problem**.
많은 물을 사용하는 것은 문제가 되지 않는다.
e.g.) **It is difficult to view** the substantial initial investment **as an issue**.
많은 초기 투자금을 문제로 보기는 어렵다.

02 ~은 무시해도 된다
e.g.) The risk **is irrelevant**.
위험부담은 무시해도 된다.

03 ~의 장점이 단점보다 더 많다, ~의 장점이 단점을 보완한다
e.g.) **The benefits of** requiring carbon dioxide **outweigh the negative consequences**.
이산화탄소를 필요로 하는 것의 장점들은 단점들보다 더 많다.
e.g.) **The advantages of** algae **negate the negative consequences**.
조류의 장점이 그 단점들을 보완한다.

04 ~(과)와 관련된 문제에 대한 해결책이 있다, ~(과)와 관련된 문제는 해결될 수 있다
e.g.) **There is a solution to the problem regarding** land and water.
토지와 물과 관련된 문제에 대한 해결책이 있다.
e.g.) **The problem related to** carbon dioxide **can be solved**.
이산화탄소와 관련된 문제는 해결될 수 있다.

영/작/연/습

괄호 안에 주어진 단어를 활용하여 우리말 문장을 영작해 보자.

01_ 첫째, 강의자는 농해충과 관련된 주장은 틀렸다고 주장한다. (agricultural pests)

02_ 프레리 독의 장점들은 단점을 보완한다. (prairie dogs)

03_ 이것은 프레리 독이 농해충이라는 주장에 반대된다.

04_ 둘째, 화자는 그 중요성과 관련된 주장은 사실이 아니라고 말한다. (significance)

05_ 환경적 영향의 결여(부족)는 문제로 보기 어렵다. (the lack of environmental impact)

06_ 먹이 사슬에서 그들의 위치는 무시해도 된다. (the food chain)

07_ 이것은 프레리 독이 생태학적으로 중요하지 않다는 글쓴이의 견해에 반대된다. (ecologically significant)

08_ 마지막으로, 교수는 건강과 관련된 주장은 틀렸다고 언급한다.

09_ 벼룩들은 문제가 아니다. (fleas)

10_ 이것은 프레리 독이 심각한 건강상의 위협이라는 필자의 주장과 정반대이다. (health threat)

Integrated Task

통합형 문제

Practice Test

Practice Test

해설집 p. 036

리딩 지문을 읽고 강의를 들은 후 주어진 빈칸을 채워 Note-taking과 통합형 답안을 완성해 보자.

Q1.

Prairie dogs are a small rodent species that live in the prairies (grasslands) of the United States in Colorado, Texas and Utah. The population of prairie dogs was once over one billion and was possibly the most abundant mammal in North America. Some experts believe that prairie dogs should be removed with several reasons.

First, farmers have agreed with prairie dog removal because they consider the animals agricultural pests. The main food source for prairie dogs is grass. Prairie dogs compete with cattle and other livestock that feed on grass. Prairie dogs live in groups making burrows and eat the grass. Farmers have always stated that prairie dogs eat all the grass and cause massive economic damages.

Second, prairie dogs are not significant in the ecosystem. Grass eaters and herbivores like prairie dogs do not have a large impact and thus, should be excluded from protection. On the other hand, animals higher in the food chain—meat-eating animals such as wolves and bears—have a much bigger impact on the ecosystem because they control the number of animals through hunting for prey.

Lastly, many have argued that prairie dogs are a serious health threat to humans. Like many wild rodents, prairie dogs carry dangerous and an infectious disease which can be transmitted to humans. Fleas that feed on infected prairie dogs will become a transmitter of the disease. Any human who is bitten by a flea will become infected. Therefore, by getting rid of prairie dogs, humans can be safe from the disease.

Listen to the lecture. MP3 15

Note-taking

읽기 노트

주 제: prairie dogs — should be removed

근거 1: _____
 - _____
 - _____

근거 2: _____
 - _____
 - _____

근거 3: _____
 - _____
 - _____

강의 노트

반 론: prairie dogs - Ok

근거 1: agricultural pests X
- _____
- _____

근거 2: significant in ecosystem
- _____
- _____

근거 3: health threat X
- _____
- _____

통합형 답안(Summary)

서론

| 주제어 활용 | _____ |

본론 1

| 강의 근거 1 | _____ these days cattle eat cattle feeds instead of grass. Also, prairie dogs digging burrows make the soil fertile. |
| 읽기 근거 1 | _____ |

본론 2

강의 근거 2 _____ the burrows prairie dogs make become habitats for small animals and insects. In addition, prairie dogs can be prey for large animals. **읽기 근거 2** _____
_____
_____

본론 3

강의 근거 3 _____ fleas on prairie dogs are unlikely to infect people. Also, very few people have been infected with the infectious disease. **읽기 근거 3** _____
_____
_____

Q2.

Monte Verde is an archaeological site in southern Chile and is considered to be a valuable archaeological source to prove one of the very first settlements in the Americas. The remains found in the site were dated to 14,800 years ago, but the actual date is a somewhat controversial issue. Skeptics have raised doubt about the accuracy of the dating. They claim that humans started to settle in Monte Verde much later.

First, stone tools such as spear tips and arrowheads were not found during the excavations. However, most settlements 14,000 years ago were hunter-gatherer societies that required hunting tools. Without sharp tools to hunt large animals, it was impossible to survive. Thus, critics argue that if people inhabited Monte Verde, the evidence of hunting tools need to be found.

Second, critics also believe that the archaeological site has been damaged by farming. Most of the current residents near Monte Verde are farmers. Soil is constantly damaged and contaminated by farming activity. Critics point out that the remains and artifacts in Monte Verde would have been mixed with more recent artifacts and remains. So, archaeologists are unlikely to properly analyze the artifacts due to the risk of contamination and inconsistent samples.

Finally, traces of bitumen, a sticky, black, and liquid form of petroleum, were found on the site. Bitumen interferes with the dating process based on radiocarbon dating which determines the exact age. However, radiocarbon age affected by bitumen will always be greater than the actual age of the specimen. Therefore, critics claim that the accuracy of the remains in Monte Verde is not convincing due to bitumen.

Listen to the lecture. 🔊 MP3 16

Note-taking

읽기 노트

주 제: Monte Verde — settle much later

근거 1: _____
- _____

근거 2: _____
- _____
- _____
- _____

근거 3: _____
- _____
- _____

강의 노트

반 론: Monte Verde — Ok

근거 1: without stone tools — survived
- _____
- _____

근거 2: farming — X affect
- _____

근거 3: bitumen — OK
- _____
- _____

통합형 답안(Summary)

서론

주제어 활용
_____

본론 1

강의 근거 1 _____, perhaps, the ancient people in Monte Verde lived on vegetables. Also, at that time, they hunted small animals with simple stones. **읽기 근거 1** _____

본론 2

> **강의 근거 2** _____ farmers have damaged the layers close to the surface only. Deeper layers where the remains were found have not been affected by agricultural activity. **읽기 근거 2** _____
>
> _____
> _____

본론 3

> **강의 근거 3** _____ some specimens collected in the site were not affected by bitumen. Also, not only radiocarbon dating but also other dating methods were used to date the remains. **읽기 근거 3** _____
>
> _____
> _____

Q3.

Artificial reefs, man-made underwater structures made to promote marine life, are now being used to promote marine diversity in a generally featureless bottom. It is possible to create habitats, hiding places, and mating grounds for marine life using decommissioned ships, tires, concrete blocks and other manmade objects. Creating artificial reefs is advantageous for a number of reasons.

First, artificial reefs are more likely to improve marine life. Marine biologists can place certain objects that are favorable to certain species of fish to control the overall marine ecosystem. Species that require small holes and crevices can have a place to hide and protect themselves from predators when favorable structures are sunken. Since fish have more places to gather and reproduce, artificial reefs can increase certain fish populations.

Moreover, artificial reefs can bring a number of benefits to local tourism. Local governments can create their own private artificial reefs in select locations away from natural reefs. The governments can manage and prevent overfishing by allotting certain locations to fishing tourists. Tourists can be sure that there will be enough fish to catch in the locations given by government supported tour boats.

Finally, artificial reefs can help in the recycling of waste on land. Many of the manmade objects used to create artificial reefs such as old tires are very large objects that would otherwise be placed in landfills. The materials used for artificial reefs must be anti-corrosive. As a result, since the materials do not decay in landfills, making artificial reefs is a very effective method to dispose of large waste on land.

Listen to the lecture. MP3 17

Note-taking

읽기 노트

주 제: artificial reef — advantageous

근거 1: _____
- _____
- _____

근거 2: _____
- _____
- _____
- _____

근거 3: _____
- _____
- _____

강의 노트

반 론: artificial reef — bad

근거 1: marine life — negative
- _____

근거 2: benefits to local tourism — x
- _____
- _____
- _____

근거 3: recycle large waste — negative
- _____
- _____
- _____

통합형 답안(Summary)

서론

> 주제어 활용 _____
> _____
> _____

본론 1

> 강의 근거 1 _____, since artificial reefs attract many fish, fishermen can catch more fish there. However, this will decrease the number of fish in the sea. 읽기 근거 1 _____
> _____
> _____

본론 2

> 강의 근거 2 _____ artificial reefs are dangerous to locals and tourists because their boats can collide with the reefs. Besides, divers can be harmed by fishing nets. 읽기 근거 2 _____
>
> _____
>
> _____

본론 3

> 강의 근거 3 _____ the tires used to make artificial reefs are moved by storms and these tires can damage the habitat of marine life. Also, the government should spend a lot of money cleaning the tires in the coastline.
> 읽기 근거 3 _____
>
> _____

Q4.

In prehistoric times, there existed huge insects and animals including plant-eating dinosaurs. Not all prehistoric animals were so gigantic, but still it seems that many actually were. These days, many scientists try to find out why many prehistoric animals and insects had large bodies in the past. Some of the experts argue that there are three possible reasons for this.

To begin with, there was a higher oxygen level in the past and this made the large body sizes of prehistoric creatures. Fossil records have preserved a spectacular record of giant insects and arthropods from the Carboniferous. During this period in Earth's history oxygen levels were up to 50% higher than they are today, with oxygen making up something like 31% of the atmosphere, compared to today's more modest 21%. And this contributed to the large size of the creatures.

The second point is that there were plentiful plants as food sources, which was helpful for the animals' growth. In the past, the amount of food per land was significantly higher compared to nowadays. As everyone knows, food resources are closely related to the growth and size of all creatures. Back then, the land was not densely populated and the mammals and insects could have continued their lives without worries of hunger. This may have led them to grow larger.

Lastly, one of the biggest reasons that made prehistoric creatures big is a warmer climate than today. Under the warm and suitable weather, the animals may have been able to go around various places to find new food resources. In addition, a constant amount of sunlight must have activated the cells inside their bodies, so the animals grew bigger than today's animals.

Listen to the lecture. 🔊 MP3 18

Note-taking

읽기 노트

주 제: reasons for huge insects and animals in prehistoric times

근거 1: _____
  - _____

근거 2: _____
  - _____
  - _____

근거 3: _____
  - _____
  - _____

강의 노트

반 론: Reading — wrong

근거 1: oxygen — x
- _____
- _____
- _____

근거 2: plentiful plants (food) — x
- _____
- _____

근거 3: a warmer climate → bad
- _____
- _____

통합형 답안(Summary)

서론

주제어 활용 _____

본론 1

강의 근거 1 _____ the oxygen level was lower than today because oxygen producers were not sufficient. Also, the relationship between oxygen and prehistoric animals' growth has not been proven. **읽기 근거 1** _____

본론 2

| 강의 근거 2 | _____ most plants at that time did not provide enough nutrients for the animals. Probably, only a small number of plant species gave them nutrients for their growth. 읽기 근거 2 _____
_____
_____ |

본론 3

| 강의 근거 3 | _____ prehistoric animals had to lower their body temperature to breathe comfortably. Hot weather caused them to be exhausted and to consume more energy. 읽기 근거 3 _____
_____
_____ |

Q5.

Phoenicia was an ancient civilization that existed from 1550 to 300 BC and was centered on the Mediterranean coastline. Phoenicians were competent sailors and created a vast trading system using their ships. According to a Greek historian, these great sailors sailed around Africa starting from the Red Sea and returned to the Mediterranean at the request of the Egyptian King, Necho II. However, many researchers consider this as a myth and say that Phoenicians could not have actually circumnavigated Africa.

First of all, the technology used in Phoenician ships was not advanced enough to circumnavigate Africa. At that time, most Phoenician ships were small man-powered sailing vessels, so they could not have survived the harsh currents and storms while passing the Cape of Good Hope, a place near the far south end of Africa.

Second, Egyptians started building a canal to link the Mediterranean to the Red Sea at a time when Phoenicians were known to circumnavigate Africa. This means that building a water way to directly enter the Mediterranean was underway. Thus, King Necho II did not need to ask Phoenicians to go around the African continent. Considering the construction of the canal, sailing across the African continent had no practical purpose.

Finally, Phoenicians probably created the story of circumnavigating Africa in order to increase their credibility as sailors. Back then, they were excellent sea traders and they would have wanted to gain a great reputation as sailors from other Mediterranean countries. Considering that most of their wealth was centered on sea trade, it is highly likely that Phoenicians fabricated the journey story to increase their credibility as sailors.

Listen to the lecture. MP3 19

Note-taking

읽기 노트

주 제: Phoenicians — sailed around Africa X

근거 1: _____
   - _____

근거 2: _____
   - _____

근거 3: _____
   - _____

강의 노트

반 론: Reading — wrong

근거 1: technology of ship — X problem
- _____

근거 2: reading — X
- _____
- _____

근거 3: reading — X
- _____
- _____

통합형 답안(Summary)

서론

주제어 활용 _____
_____
_____

본론 1

강의 근거 1 First of all, the speaker says that the claim about the technology used in Phoenician ships is wrong. _____
_____

읽기 근거 1 _____
_____

본론 2

> 강의 근거 2 Second, the lecturer points out that the assertion regarding a canal is mistaken.

> 읽기 근거 2

본론 3

> 강의 근거 3 Finally, the professor contends that the opinion concerning creating the story is flawed.

> 읽기 근거 3

Q6.

The Lascaux cave paintings are a famous set of cave paintings located in southwestern France. It is known that the art is dated between 17,000 and 15,000 BCE. They are made up of images of animals and a human. These paintings were most likely made by hunter-gatherers that lived in the area. Also, many experts believe that these Lascaux cave paintings were created in order to ensure successful hunting by the hunter-gatherers.

First of all, the paintings do not show trees and mountains but usually depict the large animals that were targeted by typical hunter-gatherers such as cattle and bison. A number of researchers say that, by drawing a picture of these animals on the walls, the hunter-gatherers may have believed that they would have greater success at catching them. Thus, these paintings may have served as a sort of ritual and religious belief for successful hunting.

The second theory is that a person in the paintings seems to hunt because he is wearing an animal head. This is a hunting strategy in order not to be detected by animals when hunting. This painting shows a possible hunting strategy that prehistoric hunter-gatherers had used. If this is the case, then drawing the hunters on the wall may have also believed to bring more successful hunts.

Finally, one of the leading French scholars of prehistoric art argues that the hunter-gatherers believed that the Stone Age art at Lascaux had magical power for successful hunting. Back then, the prehistoric artists tried to make animals affected by magic by creating their drawings and paintings of animals and thus they believe that they could achieve dominance over animals. In other words, those who drew the cave paintings of wounded animals wanted this type of the imagined hunting scene to happen actually.

Listen to the lecture. 🔊 MP3 20

Note-taking

읽기 노트

주 제: Lascaux cave paining — successful hunting

근거 1: _____

- _____

근거 2: _____

- _____

근거 3: _____

- _____
- _____

강의 노트

반 론: Reading - wrong

근거 1: reading - X
- _____
- _____

근거 2: reading - X
- _____
- _____
- _____

근거 3: reading - X
- _____
- _____

통합형 답안(Summary)

서론

| 주제어 활용 | _____ |

본론 1

| 강의 근거 1 | First of all, the speaker says that the claim about the large animals is wrong. |

| 읽기 근거 1 | _____ |

본론 2

강의 근거 2 Second, the lecturer points out that the assertion regarding wearing an animal head is mistaken.

읽기 근거 2

본론 3

강의 근거 3 Finally, the professor contends that the opinion concerning magical power is flawed.

읽기 근거 3

Q7.

Algae fuel, also called algal biofuel, is made by cultivating and processing algae. This energy source has been advocated by many environmentalists as an alternative to diesel fuel made with fossil fuels. This method of using algae that grow in water can be used to make alternative fuels. However, many people are skeptical about the energy source and its usefulness.

First, cultivating significant amounts of algae to make biofuels would waste a tremendous amount of water and land for farming activity. Most algae farms rely on open pond systems where an artificial water reserve is made to grow algae. This not only takes up a lot of land, but also as much as 3,000 liters of water which are required to produce a single liter of fuel. Switching to Algae fuel on a large scale requires considerable use of our areas and water for farming.

Second, the production of algal biofuel is very expensive. The equipment used to cultivate and refine algae relies on new technologies, which, in turn, are very costly to manufacture. Installing cultivation ponds and refinement factories would require a substantial initial investment by energy companies and the government. Therefore, cultivating algae for energy is too risky due to high initial capital and uncertain fuel prices.

Finally, algae fuel has a negative effect on the environment. This is because both the production of algae and use of algal biofuel emits a great amount of carbon dioxide into the atmosphere. In the process of producing fertilizers for the algae growth, petroleum is used and carbon dioxide emissions are released. Besides, algal fuel releases carbon dioxide when it is burned for fuel. Thus, algal fuel has no environmental advantage over conventional fuels, and rather they can worsen air pollution and global warming.

Listen to the lecture. MP3 21

Note-taking

읽기 노트

주 제: algae fuel - usefulness ✗

근거 1: _____
- _____
- _____

근거 2: _____
- _____
- _____

근거 3: _____
- _____
- _____

강의 노트

반 론: Reading - wrong

근거 1: reading - X
- _____
- _____

근거 2: reading - X
- _____
- _____

근거 3: reading - X
- _____

통합형 답안(Summary)

서론

| 주제어 활용 | _____ |

_____

_____

본론 1

| 강의 근거 1 | First of all, the speaker says that the claim about water and land is wrong. |

_____

_____

| 읽기 근거 1 |

_____

_____

_____

본론 2

강의 근거 2 Second, the lecturer points out that the assertion regarding cost is mistaken.

읽기 근거 2

본론 3

강의 근거 3 Finally, the professor contends that the opinion concerning the environment is flawed.

읽기 근거 3

Memo

Independent Task

독립형 문제

Chapter 1

독립형 문제 유형 소개

- Overview
- 독립형 문제 파악하기
- 브레인스토밍(Brainstorming)

Overview

iBT 토플 Writing Section의 두 번째 문제는 질문에 대해 수험자의 의견을 에세이로 서술하는 독립형 문제 (Independent Task)이다. 질문이 제시된 후 30분 이내에 본인의 지식과 경험을 토대로 에세이를 작성해야 한다.

좋은 독립형 에세이에는 수험자의 의견이 명확하게 논리적으로 제시되어야 하므로, 보통 자신의 입장을 말하고 구체적으로 설명한 후, 뒷받침하는 예시까지 포함되어야 한다. 문법의 정확성이나 어휘력 등은 e-rater라고 하는 자동 채점 프로그램을 통해 기계적으로 채점하지만 에세이의 내용적 타당성과 논리성 등은 사람이 직접 채점한다.

독립형 에세이를 작성할 때는 에세이를 작성하기에 앞서 에세이 설계도에 해당되는 Brainstorming을 하는 것이 필수적이다. 어떤 입장을 선택하고 어떤 사례를 예시로 사용할지 대강의 흐름을 미리 정한 후 이를 토대로 에세이를 작성하면 짧은 시간을 보다 효과적으로 활용할 수 있다.

1. 시험 진행 순서

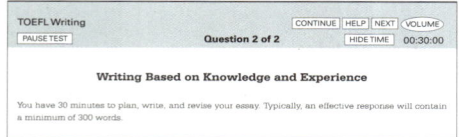

(1) Direction: 라이팅 독립형 문제에 대한 간략한 설명이 제시된다.

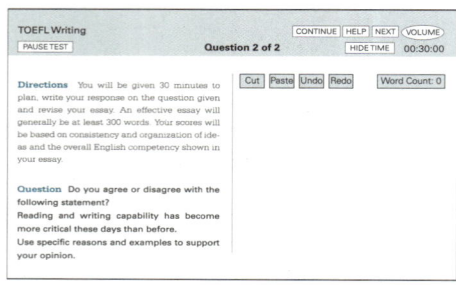

(2) 쓰기(30분): 에세이 작성. 화면 왼쪽에 1개의 주제가 계속해서 표시된다. 오른쪽 화면에 답안을 작성한다. 남은 시간 및 작성 중인 답안의 단어 수를 실시간으로 화면 오른쪽 상단에 표시해 준다.

2. 시험 시간 및 단어 수

- 에세이 작성 시간: 30분
  30분이 되면 마무리 버튼을 누르지 않아도 자동으로 저장되고 ETS 서버로 전송된다.
- 에세이 작성 분량: 최소 300단어 이상
  에세이에 들어갈 모든 요소를 충족시켰다면 300단어가 훨씬 넘어도 상관없다.

3. 답안 작성 단계

주제가 표시됨과 동시에 30분이 카운트다운 되므로 시험 시간을 효율적으로 활용하는 것이 중요하다.

| 1단계: 문제 파악
약 1분 | 질문(명제)의 요지를 정확하게 파악해야 한다. 특히, 문제 유형과 대상을 우선 확인해야 한다. |

| 2단계: Brainstorming
약 5분 | 주제에 대해 자신의 입장을 선택하고 구체적인 이유와 예시를 떠올려 글의 기본적인 구조를 잡는다. |

| 3단계: Essay 작성
약 22분 | Brainstorming에서 정리한 아이디어와 논리를 바탕으로 답안을 타이핑한다. |

| 4단계: 검토 및 수정
약 2분 | 작성한 에세이를 다시 읽어 보고 검토한다. 내용 수정보다는 문법적 오류 등 형식적인 요소를 중점적으로 빠르게 확인한다. |

4. 답안 작성 시 유의점

- 영어 타자 속도가 느릴 경우 답안 작성 시 마음만 급해 오타가 많이 발생하므로 영어 타자 연습을 평소에 해야 한다.
- 반드시 300단어 이상으로 써야 하며 이보다 적게 적을 경우 논리 및 디테일이 부족해질 수 있다.
- 400단어 이상으로 글의 양이 많아져도 점수에 전혀 영향을 주지 않는다.
- 미국인 채점자들을 설득시키고 그들이 이해할 수 있는 내용을 적어야 한다. 지나치게 한국적인 내용은 지양해야 한다. (예: 입시학원 문화, 한국 연예인, 정치인을 논하지 말 것)
- 지나치게 독창적, 창의적인 글 보다는 설득력 있고 논리의 일관성이 있는 글을 써야 고득점이 나온다.

5. 독립형 문제 유형

01 | 찬성/반대 type

Do you agree or disagree with the following statement?
We should always be polite to others.
Use specific reasons and examples to support your opinion.

다음 진술에 동의하는가 동의하지 않는가?

우리는 항상 남들에게 예의 있어야 한다.

구체적인 이유와 예시를 사용해서 당신의 의견을 뒷받침하시오.

02 | 비교/선호형

Some people think that a school should start the day at an early time in the morning. However, others think that the school should start the day at later time.
Which one do you prefer?
Use specific reasons and examples to support your opinion.

어떤 사람들은 학교가 이른 아침에 하루를 시작해야 한다고 생각한다. 하지만, 다른 사람들은 학교가 늦은 시간에 하루를 시작해야 한다고 생각한다.

당신은 어떤 것을 선호하는가?

구체적인 이유와 예시를 사용해서 당신의 의견을 뒷받침하시오.

03 | 3지선다형 (3개 중 하나 선택)

Which of the following is the most important thing that a country leader has to do?
1) creating more jobs for unemployed workers
2) increasing agricultural productivity and lowering the food price
3) offering more affordable houses
Use specific reasons and examples to support your opinion.

다음 중 국가 지도자가 해야 할 가장 중요한 것은 무엇인가?

1) 실업자를 위한 일자리를 더 창출하는 것

2) 농업 생산성을 향상시키고 식품 가격을 낮추는 것 (식료품 가격 안정)

3) 저렴한 주택을 더 많이 공급하는 것 (주택문제 해결)

구체적인 이유와 예시를 사용해서 당신의 의견을 뒷받침하시오.

6. 독립형 에세이 기본구조

서론	도입	상대 입장으로 소개하거나 주제를 설명한다.
	주장 (나의 의견)	자신의 입장을 명시한다. (간단히 한 문장으로)
	근거 소개	에세이를 이끌어 갈 두 가지 이유를 간단히 소개한다.

Tip 서론의 근거(이유)는 지나치게 일반적이면 본론 내용이 산만해질 수 있으니 주의하자.
　예1) ~하는 것은 효과적이다/효율적이다 → 어떤 점에 효과적인지/효율적인지 소개해야 함
　예2) ~하는 것은 이익이 된다 → 어떤 점에 이익이 되는지 써야 함

본론 1	첫 번째 이유	첫 번째 근거(이유)를 소개한다.
	설명	첫 번째 근거(이유)를 뒷받침할 설명(일반적이고 관행적인 것)을 제시한다.
	예시	위 근거와 관련된 사례를 적는다.

Tip 설명 부분의 논리는 채점자(미국인)가 이해할 수 있는 설명을 해야 하고 근거를 뒷받침하는 내용 위주로만 일관성 있게 써야 한다. 근거와 관계 없는 불필요한 내용을 많이 적으면 감점이 될 수 있다.

본론 2	두 번째 이유	두 번째 근거(이유)를 소개한다.
	설명	두 번째 근거(이유)를 뒷받침할 설명(일반적이고 관행적인 것)을 제시한다.
	예시	주로 개인의 구체적 경험이나 인용을 들어 예시를 적는다.

결론	재주장	나의 의견을 다시 정리한다.
	근거 요약	본론에서 소개한 근거(이유) 두 개를 다시 요약한다.

Tip 서론과 결론은 크게 점수에 영향을 주지 않으므로 복잡하지 않은 표현으로 빠르게 작성한다. 최대한 많은 시간을 본론 두 개를 작성하는 데 투자하자. 이때 좋은 논리와 표현을 많이 사용하도록 해야 한다.

7. 독립형 샘플 답안을 통한 구조 이해

주제 :
Do you agree or disagree with the following statement?
It is better to eat at home than to eat out.
집에서 먹는 것이 외식하는 것보다 좋다.

주장: 외식이 더 좋다
이유 1 : 시간 절약
• 재료 사고, 요리하고, 설거지 하는 힘든 시간을 들이지 않고 간단히 기다렸다가 먹을 수 있다.
이유 2: 가족관계 강화
• 가족구성원이 함께 소통하는 소중한 시간이 될 수 있다.

아래 답안을 통해 실제 시험 시 **들여쓰기 사용 유무**와 **Enter 사용(줄 바꿈) 위치 및 사용법**을 확인하자.

[서론]

> **도입** ▶ Some people argue that preparing meals at home is better than eating in a restaurant or at a food stand. **주장(나의 의견)** ▶ However, I strongly believe that eating out is more beneficial. **근거 소개** ▶ This is because it can save time and enhance family relationships. 줄바꿈 ——

— 모든 문단에 들여쓰기는 하지 않는다.

— **Enter를 두 번 클릭**해서 문단과 문단 사이에 한 줄을 비우도록 한다.

어떤 사람들은 집에서 식사를 준비하는 것이 식당이나 음식 판매대에서 먹는 것보다 낫다고 주장한다. 하지만, 나는 외식이 더 이롭다고 강하게 믿는다. 왜냐하면 그것이 시간을 절약하고 가족 관계를 강화할 수 있기 때문이다.

[본론 1]

> **첫 번째 이유** ▶ First of all, eating at a food stand or restaurant is time-efficient. **설명** ▶ To be specific, when eating out, the only thing we have to do is to wait for nicely cooked dishes. On the other hand, when we cook at home, we have to spend much time buying ingredients, cooking, and washing the dishes. **예시** ▶ For example, when I was in college, I often ate at a Chinese restaurant near my house because I had a lot of homework and impending projects. Thanks to the restaurant, I ate a wide variety of dishes that I could not cook at home and the meals cooked by professional chefs were usually ready in a few minutes. 줄바꿈 ——

— 외식이 시간을 절약해 준다는 첫 번째 이유 다시 소개

— 왜 외식이 시간 효율적인지 설명
이때, 개인 경험이나 한국적인 내용은 넣지 않는다.

— 바쁜 생활속에 외식을 통해서 시간을 절약한 경험

— **Enter를 두 번 클릭**해서 문단과 문단 사이에 한 줄을 비우도록 한다.

우선 음식 판매대나 식당에서 먹는 것은 시간 효율적이다. 구체적으로 말하면, 외식을 할 때, 우리가 유일하게 해야 할 일은 멋지게 요리된 요리를 기다리는 것이다. 반면 집에서 요리를 할 때는 재료 구입, 요리, 설거지에 많은 시간을 할애해야 한다. 예를 들면, 내가 대학에 다닐 때 숙제와 임박한 프로젝트가 많아서 집 근처 중식당에서 자주 식사를 했다. 레스토랑 덕분에 집에서 요리할 수 없는 다양한 요리를 먹었고, 전문 요리사들이 만드는 그 음식들은 보통 몇 분 만에 준비됐다.

[본론 2]

> 두 번째 이유 **In addition**, eating out allows family members to have quality time together. 설명 **To explain**, dining at a restaurant can be a special occasion that brings busy family members together in one place, actively promotes interaction among them, and makes family memories together. On the contrary, having meals at home prevents family members from paying undivided attention to one another due to several disturbing factors such as annoying phone calls, television noise, and unexpected visitors. 예시 **For instance**, my family members who are always busy for their own chores make an appointment to have dinner at quiet restaurants every Saturday. Through having this meaningful bonding time together, my family can be close each other by talking about their interesting day's events, sharing problems and worries at work or school, and giving sincere and heartwarming advice to one another. 줄바꿈

- 외식이 가족 관계 개선에 도움이 된다는 두 번째 이유 다시 소개
- 왜/어떻게 외식이 가족 관계를 강화해 주는지 설명
- 외식을 통해서 가족관계가 좋아진 경험 묘사
- **Enter**를 **두 번 클릭**해서 문단과 문단 사이에 한 줄을 비우도록 한다.

게다가, 외식하는 것은 가족 구성원들이 함께 좋은 시간을 보낼 수 있게 해 준다. 설명을 하자면, 식당에서 식사하는 것은 바쁜 가족 구성원들을 한 곳에 모이게 하고, 그들 사이의 상호작용을 적극적으로 장려하며, 가족 추억을 함께 만드는 특별한 계기가 될 수 있다. 반면에, 집에서 식사를 하는 것은 시끄러운 전화 소리, 텔레비전 잡음 그리고 예상치 못한 방문객과 같은 여러 가지 방해 요인으로 인해 가족 구성원들이 서로 관심을 기울이지 못하게 한다. 예를 들어, 항상 집안일로 바쁜 우리 가족은 토요일마다 조용한 레스토랑에서 저녁을 먹기로 약속을 잡는다. 이렇게 의미 있는 유대감을 쌓는 시간을 통해 우리 가족은 흥미로운 하루의 일에 대해 이야기하고, 직장이나 학교에서 문제점과 고민을 나누며, 서로에게 성실하고 따뜻한 조언을 해줌으로써 친해질 수 있다.

[결론]

> 재주장 **In conclusion, it seems to me that** having a meal in a restaurant is better than eating at home 근거 요약 **because** eating out helps us to save time and creates meaningful family moments.

- 다시 한번 외식이 더 낫다고 주장한다.
- 본론에서 언급한 이유 두 가지 요약

결론적으로, 외식하는 것이 시간을 절약하고 의미 있는 가족의 순간을 만들어 주기 때문에 집에서 식사하는 것보다 식당에서 식사하는 것이 더 낫다고 나는 생각한다.

- 위 샘플 답안처럼 꼼꼼하게 논리를 만들고 영작하기에는 쉽지 않고 시간이 많이 걸릴 수 있다. 그러므로 효과적으로 브레인스토밍 전략을 짜는 것이 중요하며 다양한 주제들로 연습해 보아야 한다.
- 본론은 일반적으로 두 개를 쓰며 한 개를 쓸 경우 고득점이 힘들고 세 개를 쓸 경우 시간이 초과될 수 있으니 주의해야 한다.
- 위 답안 속 볼드체(진하게 표시된 표현)들은 템플릿 표현이고 더 다양한 표현들이 이후 교재 내용에서 소개될 예정이다.

독립형 주제(문제) 파악하기

시험 볼 때 주제를 보고 해석만 한 후 바로 브레인스토밍하게 되면 체계적이고 꼼꼼한 논리를 만들 수가 없고 최악의 경우 주제에서 벗어난 글을 쓰는 경우가 있다. 그러므로 우선 문제를 정확하게 파악하는 것이 매우 중요하다. 문제 파악은 **문제 유형 확인, 대상 파악, 논리 흐름 잡기**의 3단계로 구성된다.

1. 문제 유형 확인하기

찬반, 비교(선호), 3지선다 유형 중 어떤 것인지를 확인한다. 문제가 비교(선호)형이나 3지선다 유형일 경우 반드시 글 중간에 상대 입장과 비교하는 표현이 들어가야 한다는 점을 숙지해야 한다.

01 | 찬반형

We should always be polite to others.
우리는 항상 남들에게 예의 있어야 한다.

02 | 비교(선호)형

Some people think that a school should start the day at an early time in the morning. However, others think that a school should start the day at later time.
Which one do you prefer?

어떤 사람들은 학교가 이른 아침에 하루를 시작해야 한다고 생각한다. 하지만, 다른 사람들은 학고가 늦은 시간에 하루를 시작해야 한다고 생각한다. 당신은 어떤 것을 선호하는가?

03 | 3지선다형

Which of the following is the most important thing that a country leader has to do?
1) creating more jobs for unemployed workers
2) increasing agricultural productivity and low the food price
3) offering more affordable houses
Use specific reasons and examples to support your opinion.

다음 중 국가 지도자가 해야 할 가장 중요한 것은 무엇인가?
1) 실업자를 위한 일자리를 더 창출하는 것
2) 농업 생산성을 향상시키고 식품 가격을 낮추는 것 (식료품 가격 안정)
3) 저렴한 주택을 더 많이 공급하는 것 (주택문제 해결)
구체적인 이유와 예시를 사용해서 당신의 의견을 뒷받침하시오.

2. 대상 파악하기

문제 주제의 대상의 나이, 직업 등을 파악한다. 관련 내용이 없다면 대상으로 we, people을 사용한다. 본론에서 예시를 적을 때 대상을 상기한다. 이때, 주제에 'You'가 적혀 있더라도 '당신'이 아닌 '여러분'의 의미로 해석한 후 대상으로 we, people을 사용해야 한다. 절대로 답안에 'You'와 관련된 표현은 사용하지 않는다(you, your, yours 등).

주제 1: We should always be polite to others.
  대상 → we, people

주제 2: Some people think that a school should start the day at an early time in the morning. However, others think that the school should start the day at later time.
  대상 → 초등학생~고등학생 (대학생은 일반적으로 시간표를 직접 짜기 때문에 대상에서 제외한다)

주제 3: Which of the following is the most important thing that a country leader has to do?
  1) creating more jobs for unemployed workers
  2) increasing agricultural productivity and low the food price
  3) offering more affordable houses
  대상 → 국민들(또는 we, people), 정부, 대통령

3. 논리 흐름 정하기

주장 및 아이디어를 정하기 전에 주제에 대한 대략적인 논리 흐름을 가늠해 본다.

주제 1: We should always be polite to others.
  논리 흐름
  1) 찬성: 항상 예의 있으면 좋은 점 & 무례할 경우 문제점
  2) 반대: 때때로 무례할 수 밖에 없는 이유 & 항상 예의를 신경 쓸 때 안 좋은 점

주제 2: Some people think that a school should start the day at an early time in the morning. However, others think that a school should start the day at later time.
  논리 흐름
  1) 일찍 등교 선택: 일찍 등교 장점 & 늦게 등교 단점
  2) 늦게 등교 선택: 일찍 등교 단점 & 늦게 등교 장점

주제 3: Which of the following is the most important thing that a country leader has to do?
  1) creating more jobs for unemployed workers
  2) increasing agricultural productivity and low the food price
  3) offering more affordable houses
  논리 흐름
  1) 1번 선택: 일자리 제공이 가장 중요한 이유
  2) 2번 선택: 식료품 물가 안정이 가장 중요한 이유
  3) 3번 선택: 주거 문제 해결이 가장 중요한 이유

Tip 3지선다 유형일 때 상대 입장과 비교하기 어려울 경우 서론과 결론에서 상대 입장 2개를 언급만 해 주고 본론에서는 자신의 입장 중심으로 써도 크게 감점되지는 않는다.

Brainstorming

문제를 파악했다면 입장을 정하고 브레인스토밍을 해야 한다. 독립형 문제에서는 영작 능력도 중요하지만 주어진 시간 안에 신속하게 논리적이고 일관성 있는 에세이를 완성하는 능력이 매우 중요하다. 아무리 많은 표현을 알고 있더라도 그것을 에세이에 논리적으로 녹여내지 못한다면 사용한 표현들이 무용지물이 된다. 따라서 에세이 구성의 뼈대를 생각해 내는 브레인스토밍 훈련이 필수적이다.

1. 일반적인 Brainstorming 방식

주장을 먼저 선택하고 이를 뒷받침하는 이유와 예시를 생각해 내는 방식이다. 일반적이고 보편적인 방법이지만 주장을 떠올려 놓고 막상 이를 뒷받침할 적당한 이유(근거)가 생각이 나지 않을 수 있고 이유가 떠올라도 그것을 뒷받침할 충분한 설명과 예시가 떠오르지 않아 시간이 지체되어 위험할 수 있다. 하고 싶은 말이 영어 표현으로 떠오르지 않으면 당황해서 속절없이 시간을 보낼 수도 있다. 독립형 답안 작성 시간 30분은 생각보다 매우 짧다.

주제: High school students should travel abroad.
　　　고등학생들은 해외 여행을 해야 한다.

Step 1	주장 정하기 (서론)	찬성 고등학생들은 해외 여행을 해야 한다.	
Step 2	이유 생각하기 (본론)	왜…? 스트레스 해소되니까…. 여행이 어떻게 스트레스 해소에 도움이 되는가? 영어로 어떻게 설명하지?	→ 여기서부터 어려움
Step 3	예시 생각하기 (본론)	어떤 상황을 구체적으로 적어야 하나?	→ 적절한 상황을 만드는 것이 어렵다

설령 위 논리를 만들었다 하더라도 두 번째 본론 만들기에서 막힐 수 있다. 그러므로, 이 방식은 영어식 논리에 익숙하고 능숙하게 영작할 수 있는 학생들에게만 적절하다.

2. Storyline을 사용하는 방식

토플 라이팅 독립형 문제는 주제는 다양하지만 비슷한 논리를 사용하는 경우가 많다. 독립형 주제별로 자주 사용되는 공통 논리 흐름을 모아서 만든 반 완성 에세이 본론이 Storyline이다. 일반적으로 '라이팅 템플릿'이라고도 불린다. Storyline을 숙지한 후 주제별로 적절한 표현들을 추가하거나 바꿔가면서 답안을 완성하면 영어 에세이 쓰기에 익숙하지 않더라도 빠르고 효율적으로 토플 라이팅을 정복할 수 있다.

- Storyline을 활용하는 것의 장점
  ① Brainstorming 시간 절약
  ② 일관성 있는 논리 완성 (미리 체계적으로 정리된 논리 사용)
  ③ 답안 작성 시간 절약 (주제별로 바뀌고 추가되는 표현만 신경 쓰면 된다.)
  ④ 다양한 표현 사용 및 문법 오류 감소
  ⑤ 글 양에 대한 걱정을 줄임

본 교재에서는 독립형에서 가장 자주 사용되는 다섯 가지의 Storyline을 소개할 예정이다. 한 문제당 5개 중 2개씩을 활용해서 답안을 완성하게 될 것이다.

- **5가지 Storyline**

> **Storylines**
> • 취업 – '주제활동'을 통해서 취업에 필요한 능력을 키움
> • 건강 – '주제활동'을 통해서 스트레스 받게 되어 건강에 좋지 않음
> • 시야 – '주제활동'을 통해서 시야가 넓어짐
> • 동기부여 – '주제활동'을 통해서 동기부여가 됨(공부, 일을 열심히 하게 됨)
> • 스트레스 – '주제활동'을 통해서 스트레스를 해소할 수 있음

Storyline 활용 예시: 시야, 스트레스

주제: **High school students should travel abroad.**
　　고등학생들은 해외 여행을 해야 한다.

Step 1	주장 정하기 (서론)	**찬성** 고등학생들은 해외 여행을 해야 한다.
Step 2	이유 생각하기 (본론)	• 시야 Storyline **해외 여행을 하며** 다양한 것들에 노출된다. 이를 통해 현대 사회에 필요한 다양한 관점을 익히게 된다. → 볼드체를 제외한 나머지 대부분은 암기해서 쓰게 되는 표현이다. • 스트레스 Storyline **해외 여행**을 통해서 힘든 현실에서 잠시 벗어나 휴식을 취할 수 있다.
Step 3	예시 생각하기 (본론)	시야와 스트레스 storyline에 있는 예시를 활용하여 완성한다.

- **Storyline 사용 시 주의할 점**
  ① Storyline의 논리 흐름을 정확하게 이해하지 못하고 사용할 경우 더 어색한 논리가 될 수 있으니 주의해야 한다.
  ② 주제별로 응용을 충분히 해 주어야 한다. 단순히 Storyline을 활용한 1-2개 에세이를 기계적으로 암기해서 쓸 경우 크게 감점될 수 있다.
  ③ Storyline이 대다수의 토플 라이팅 주제에 사용될 수 있으나, 100% 모든 주제에 활용될 수 있는 것은 아니다. 그러므로 본 교재를 통한 영작 연습 및 라이팅 표현 암기를 통해서 Storyline을 활용하기 어려운 주제가 나와도 답안을 작성할 수 있는 내공을 키워야 한다.

- **Storyline 사용 FAQ**

Q1. Storyline을 암기해서 쓰면 다른 학생들 답안과 비슷해서 off topic 또는 크게 감점되지 않나요?
A: NO. 주제별로 스스로 영작해야 하는 부분이 중간중간 있고 그 부분의 표현은 개인별로 매우 다르다. Storyline을 암기해서 낮은 점수가 나왔다고 주장하는 학생들은 모두 잘못된 논리를 선택했거나 주제별 응용을 올바르게 하지 않았기 때문이다.

Q2. Storyline 표현을 반드시 100% 똑같이 써야 하나요?
A: YES and NO. 영작에 자신감이 부족하거나 문법 실수가 많은 학생들은 응용하기보다는 그대로 쓰는 것이 더 좋다. 변형을 원할 경우 Storyline의 문장 의미는 그대로 두고 중간중간의 표현을 동의어로 바꾸거나 구조를 조금 변형하는 것은 상관없다. 이 교재에서는 Storyline별로 다양한 표현도 다루고 있다.

Q3. Storyline을 사용하면 몇 점을 받을 수 있나요? 30점도 나오나요?
A: 점수는 몇 점 이상이라고 정의 내리기 어려울 정도로 천차만별이다. 물론 30점 만점도 가능하다. 확실한 것은 토플 점수가 빠르게 필요하거나 영어실력이 다소 부족한 학생일 경우 Storyline을 활용하는 학습법이 20점 이상을 받는 데 가장 시간 효율적이라는 것이다.

Independent Task

독립형 문제

Chapter 2

본론(Body) 쓰기 전략
- 5가지 Storyline -

· Storyline 1. 취업 (job)

· Storyline 2. 건강 (health)

· Storyline 3. 시야 (perspective)

· Storyline 4. 동기부여 (motivation)

· Storyline 5. 스트레스 (stress)

Storyline 1. 취업 (job)

1. 취업 Storyline 이해
문제에 제시된 주제활동을 통해서 미래의 취업에 필요로 하는 특정 능력을 키운다는 논리이다. 단, 주제 대상이 직장인 (workers)일 경우에는 사용하지 말아야 한다.

2. 취업 논리에 자주 사용되는 특정 능력
주제활동을 통해서 아래 능력을 키울 수 있다.

- 많은 사람들과 교류, 그룹활동, 스포츠 관련 주제일 경우
  social skills(사회성) 또는 cooperative skills(협동 능력)

- 한 분야에 집중 또는 소수 과목을 공부하는 주제일 경우
  expertise(전문성)

- 도움없이 혼자서 무언가를 하는 것과 관련된 주제일 경우
  problem-solving skills(문제 해결 능력), independence(독립심)

- 다른 문화를 접하는 활동, 해외여행, 예술활동 관련 주제일 경우
  cultural competence(타 문화 이해력)

- 무언가를 맡아서 하는 주제일 경우
  a sense of responsibility(책임감)

- 여러가지 일을 동시에 해야 하는 것과 관련된 주제일 경우
  time-management skills(시간 관리 능력)

- 기타 능력들
  organizational skills(정리하는/조직하는 능력), multi-tasking skills(다중 처리 능력), creativity(창의성)

3. Storyline 흐름 정리

이유(근거)	주제활동 → 취업에 도움이 된다.
설명	**주제활동을 통해** → 회사에서 필요한 **특정 능력**을 키울 수 있다. → 요즘 회사들이 그런 능력을 필요로 한다.
예시	아버지 회사에서 면접 시 **특정 능력**을 중요하게 본다.

4. Storyline 표현 정리

아래 내용들이 본론 1개를 구성하게 된다.

이유(근거)	**주제활동** is helpful for one's future career. 주제활동을 하면 미래의 취업에 도움이 된다.
설명	**주제활동을 하면, 주제대상** can(will) develop **특정 능력**. As modern society has become increasingly competitive and globalized, today's companies are looking for employees having such qualities. Therefore, these are important to fight for jobs in highly competitive labor markets. ↳ 앞서 정리한 능력들 중 주제에 맞게 선택해서 사용 **주제활동을 하면 주제대상이 특정 능력을** 키울 수 있다(키울 것이다). 현대 사회가 점점 더 경쟁적이고 세계화됨에 따라, 오늘날의 회사들은 그러한 자질을 가진 직원들을 찾고 있다. 그러므로, 이것들은 경쟁이 치열한 노동 시장에서 일자리를 위해 싸우는 데 중요하다. ↳ '그러한 자질'은 앞에서 말한 특정 능력을 지칭함
예시	My father, the CEO of a company in Korea often tells me that a job interview is the most important component in employing people. In the interview, he and other interviewers mainly look at the applicants' passion and **특정 능력**. This means that **주제활동** is a sure way for people, especially **주제대상** to prepare for the future. ↳ 대상이 없으면 'especially +명사' 삭제 ↳ '설명' 단락에서 말한 능력 한국의 한 회사의 최고 경영자인 나의 아버지는 종종 나에게 면접이 사람들을 고용하는 데 가장 중요한 요소라고 말한다. 면접에서, 그를 비롯한 면접관들은 지원자들의 열정과 **특정 능력**을 주로 살펴본다. 이것은 **주제활동을 하는 것**이 사람들, 특히 **주제대상**이 미래를 대비하는 확실한 방법이라는 것을 의미한다.

5. Storyline 적용

주제: High school students should travel abroad.
  고등학생들은 해외 여행을 해야 한다.

주장 정하기: 찬성 → 고등학생들이 해외 여행을 해야 한다.

◈ Brainstorming

이유(근거)	**해외 여행을 하면** 미래 취업에 도움된다.
설명	**다른 나라에서 다양한 문화를 직접 접하며** → 회사에서 필요한 **cultural competence**를 키울 수 있다. → 요즘 회사들이 그런 능력을 필요로 한다.
예시	아버지 회사에서 면접 시 **타 문화 이해력**을 중요하게 여긴다.

Chapter 2. 본론(Body) 쓰기 전략

Sample Writing

이유(근거)	**First of all**, **traveling abroad** is helpful for one's future career. └─→ 본론 2에서는 In addition 사용 첫 번째로, 해외 여행은 미래 취업에 도움이 된다.
설명	└─→ 본론 2에서는 To explain 사용 **To be specific, if high school students visit other countries and experience different cultures in person, they will develop cultural competence.** As modern society has become increasingly competitive and globalized, today's companies are looking for employees having such qualities. Therefore, these are important to fight for jobs in highly competitive labor markets. 구체적으로 말하면, 고등학생들이 다른 나라를 방문해 서로 다른 문화를 직접 체험한다면 타 문화 이해력(문화적 역량)을 키울 수 있을 것이다. 현대 사회가 점점 더 경쟁적이고 세계화됨에 따라, 오늘날의 회사들은 그러한 자질을 가진 직원들을 찾고 있다. 그러므로, 이것들은 경쟁이 치열한 노동 시장에서 일자리를 위해 싸우는 데 중요하다.
예시	└─→ 본론 2에서는 For instance 사용 **For example**, my father, the CEO of a company in Korea, often tells me that a job interview is the most important component in employing people. In the interview, he and other interviewers mainly look at the applicants' passion and **the ability to understand another culture**. This means that **traveling to another country** is a sure way for people, especially **high school students**, to prepare for the future. 예를 들어, 한국의 한 회사의 최고 경영자인 나의 아버지는 종종 나에게 면접이 사람들을 고용하는 데 가장 중요한 요소라고 말한다. 면접에서 그를 비롯한 면접관들은 지원자들의 열정과 다른 문화를 이해하는 능력을 주로 살펴본다. 이것은 다른 나라로 여행하는 것이 사람들, 특히 고등학생들이 미래를 대비하는 확실한 방법이라는 것을 의미한다.

6. 브레인스토밍 예시

주제별로 취업 Storyline을 어떻게 응용할 수 있는지 알아보자.

Q1
Some people say that college students should study many lessons during a semester, but others say that it is better for the students to take three or four lessons. Which one do you think is better?

어떤 사람들은 대학생들이 한 학기 동안 많은 수업을 공부해야 한다고 말하지만, 다른 사람들은 학생들이 서너 개의 수업을 듣는 것이 더 낫다고 말한다. 어느 것이 더 낫다고 생각하는가?

3~4개의 수업 듣기 선택

근거(이유)	**3~4개 수업 듣기** → 미래 취업에 도움된다.
설명	**흥미 있는 분야의 소수 과목들을 집중해서 들으면** → 회사에서 필요한 **expertise**를 키울 수 있다. → 요즘 회사들이 그런 능력을 필요로 한다.
예시	아버지 회사에서 면접 시 **전문성**을 중요하게 여긴다.

Q2
Some people believe that, after school, children should spend spare time doing homework or participating in planned activities. However, others say that they should be given more time to do whatever they want.

어떤 사람들은 방과 후에 아이들이 남는 시간을 숙제나 계획된 활동을 하는 데 보내야 한다고 믿는다. 하지만, 다른 사람들은 그들이 원하는 것을 할 수 있는 시간이 더 주어져야 한다고 말한다.

≋ 원하는 것을 하는 시간이 늘어야 한다.

근거(이유)	하고 싶은 것을 하면 → 미래 취업에 도움된다.
설명	그것을 하기 위해 스스로 계획하고 정보를 찾고 시행착오를 겪으며 → 회사에서 필요한 **problem-solving skills**을 키울 수 있다. → 요즘 회사들이 그런 능력을 필요로 한다.
예시	아버지 회사에서 면접 시 **문제 해결 능력(독립심)**을 중요하게 여긴다.

Q3
Taking online classes is better than traditional classes in school.

온라인 수업을 듣는 것이 학교에서 진행하는 전통적인 수업보다 더 좋다.

≋ 반대: 학교에 가서 수업을 듣는 것이 더 좋다.

근거(이유)	학교에서 수업을 듣는 것 → 미래 취업에 도움된다.
설명	다른 학생들 및 선생님들과 직접 소통하고 토론하며 → 회사에서 필요한 **social skills**를 키울 수 있다. → 요즘 회사들이 그런 능력을 필요로 한다.
예시	아버지 회사에서 면접 시 **사회성**을 중요하게 여긴다.

Writing Exercise

취업 Storyline 응용 표현 및 예상 주제들에 실제로 사용되는 표현이므로 아래 영작을 반드시 연습하고 필요한 표현들은 암기하는 것이 좋다.

01_ 만약 그들이 관심 있는 과목들에 집중하면, 그들은 전문성을 키우게 될 것이다.

02_ 만약 그들이 관심 있는 분야에 집중하면, 그들은 전문성을 키우게 될 것이다.

03_ 만약 그들이 다양한 예술작품들을 감상하면, 그들은 타 문화 이해력을 키울 것이다.

*예술작품: an artwork

04_ 만약 아이들이 결정하기 위해 혼자 정보를 찾고 그것을 분석하면, 그들은 문제 해결 능력을 키울 것이다.

*찾다: search for   *분석하다: analyze

05_ 만약 학생들이 스스로 계획하고 그것을 실행하면, 그들은 독립심을 키울 것이다.

*실행하다: execute

06_ 만약 아이들이 다른 사람들에게 도움을 요청하고 그들과 소통한다면, 그들은 사회성을 발전시킬 것이다.

*A에게 B를 요청하다: ask A for B

07_ 만약 아이들이 시행착오와 함께 해결방법을 알아낸다면, 그들은 문제 해결 능력을 키울 것이다.

*알아내다: figure out   *시행착오: trial and error

08_ 만약 그들이 자신의 의견을 내 보고 타인을 설득하는 연습을 하면, 그들은 토론 능력을 키울 것이다.

*연습하다: practice + Ving   *설득하다: persuade   *토론 능력: discussion skills

09_ 그 게임들 속 어려움들을 이겨내며, 그들은 문제 해결 능력을 향상시킬 것이다.

*이겨내다, 극복하다: overcome

10_ 애완동물에게 먹이를 주고, 목욕시키고, 산책시킴으로써, 그들은 책임감을 키울 것이다.

*먹이를 주다: feed   *목욕시키다: bath + 명사   *산책시키다: walk + 명사

11_ 숙제와 집안일을 함께 함으로써, 그들은 시간 관리 능력을 키울 것이다.

_____

*~함으로써: by + Ving   *집안일: household chores

12_ 다른 직업과 성격을 가진 사람들과 교류함으로써, 그들은 사회성을 키울 것이다.

_____

13_ 만약 그들이 한 번에 여러 가지 것들을 하면, 그들은 다중 처리 능력을 키울 것이다.

_____

*한 번에: at once   *다중 처리 능력: multi-tasking skills

14_ 만약 그들이 주기적으로 방을 치우면, 그들은 정리하는 능력을 키울 것이다.

_____

*방을 치우다: tidy up a room   *주기적으로: regularly

15_ 만약 학생들이 농구나 야구 같은 team sports를 즐기면, 그들은 협동심을 키우게 될 것이다.

_____

16_ 학교에서 만날 수 없는 사람들과 교류함으로써, 그들은 사회성을 발달시킬 것이다.

_____

17_ 다양한 문화를 직접 접함으로써, 우리는 타 문화 이해력을 키울 것이다.

_____

*직접: in person

18_ 만약 우리가 항상 솔직하면, 다른 사람들이 우리를 신뢰할 것이다. 그래서, 우리는 그들과 잘 교류할 수 있고 사회성을 키울 것이다.

_____

*신뢰하다: trust

19_ 친구들과 놀면서, 아이들은 그들과 의견을 공유하고 협동하므로 그들은 사회성과 협동심을 키울 것이다.

_____

*협동하다: cooperate with

20_ 일반적으로, 재미있는 사람은 친구가 많아서 그 또는 그녀와 어울리며 우리는 사회성을 키울 것이다.

_____

*~와 어울리다: socialize with

21_ 남들과 다르게 생각하고 행동하면서, 우리는 창의성을 키울 것이다.

_____

22_ 부모님과 주기적으로 식사하면서, 우리는 예의와 매너를 배운다.

_____

Storyline 2. 건강 (health)

1. 건강 Storyline 이해

주제관련 활동 때문에 스트레스를 받아서 건강이 나빠진다는 논리이다. 5개 storyline 중 유일하게 부정적인 논리이고 주로 상대의 입장을 비판할 때 사용한다.

2. 스트레스를 받는다는 표현을 쓰기 전에 반드시 스트레스를 야기하는 감정이나 상황을 써야 한다.

자주 사용되는 상황 및 감정
- 갈등 → a conflict
- 불만족을 느낌 → feel unhappy
- 부담감, ~해야 한다는 압박감을 느낌 → feel pressure/feel pressured to V
- 불안함을 느낌 → feel anxious
- 실망감을 느낌 → feel disappointed
- 외로움을 느낌 → feel lonely
- 혼란스러움을 느낌 → feel confused

3. Storyline 흐름 정리

이유(근거)	주제활동 → stressful하고 건강 문제를 야기한다.
설명	주제관련활동 → 기분 나쁜 상황 or 나쁜 감정을 느낌 → 스트레스 증가 → 스트레스는 면역 체계를 약화시켜 질병을 야기한다.
예시	의사인 삼촌의 많은 환자들의 **주제관련활동 때문에 스트레스를 받고** 이에 따른 질병으로 고통받고 있다. (또는 본인이나 가족 구성원 중 한 명이 주제관련상황 때문에 스트레스 받아서 건강이 나빠진 경험을 넣어도 된다.)

4. Storyline 표현 정리

아래 내용들이 본론 1개를 구성하게 된다.

이유(근거)	**주제관련활동(상대 입장 활동) is too stressful, and this contributes to health problems.** 주제관련활동은 너무 스트레스를 받아서, 건강 문제의 원인이 된다.
설명	주제관련활동 → 나쁜 상황 또는 나쁜 감정 발생 → 이 부분은 채점자가 공감할 수 있도록 구체적으로 적으면 좋다. This situation will stress **주제대상** out. In fact, stress is one of the primary factors of illnesses because it weakens the ability of the immune system in fighting diseases. **주제활동을 하면 나쁜 상황 or 감정을 느끼게 된다.** 이 상황은 **주제대상**을 스트레스 받게 할 것이다. 사실 스트레스는 질병과 싸우는 면역체계의 능력을 약화시키기 때문에 질병의 주요 요인 중 하나이다.
예시	My uncle, a doctor at a general hospital in a city, sometimes tells me that many of his patients suffer adverse health effects from stress. In particular, **주제관련상황을 겪거나 / 나쁜 감정을 느끼는 사람들** come to him for stress-related ailments and disorders. → 앞의 '설명' 단락에서 언급된 상황이나 감정을 넣으면 된다. They generally have headaches, obesity, or insomnia. In this sense, **주제활동** is unhealthful for **주제대상** (또는 내 입장 관련 활동 is healthful for **주제대상**). 도시에 있는 종합병원의 의사인 나의 삼촌은 때때로 그의 환자들 중 많은 사람이 스트레스로 인한 건강상의 부작용을 겪는다고 말한다. 특히 **주제관련상황을 겪거나 / 나쁜 감정을 느끼는 사람들**이 스트레스와 관련된 질환과 장애로 인해 그에게 오는 경우가 많다. 그들은 일반적으로 두통, 비만, 또는 불면증을 가지고 있다. 이런 점에서 볼 때, **주제관련활동은 (상대 입장 활동)** 건강에 좋지 않다.

5. Storyline 적용

주제: All university students should be required to take basic science courses.
　　　모든 대학생들은 기초 과학 수업들을 들어야 한다.

주장 정하기: 반대 → 모든 대학생이 기초 과학 수업을 들을 필요는 없다.

≽ Brainstorming

이유(근거)	기초 과학 수업을 들으면 stressful하고 건강 문제를 야기한다.
설명	전공이 과학 or 공학이 아닌 많은 학생들은 흥미 X → 학교에 불만족을 느낌 → 스트레스 증가 → 스트레스는 면역 체계를 약화시켜 질병을 야기한다.
예시	의사인 삼촌의 많은 환자들이 스트레스로 고통받고 있다. → 이런 점에서 볼 때 **강제로 기초 과학 수업 듣는 것은** unhealthful하다.

Sample Writing

이유(근거)	**First of all**, **taking the required science classes** is too stressful **for college students**, and this contributes to health problems. → 본론 2에서는 In addition 사용 첫 번째로, 필수 과학 수업들을 듣는 것은 대학생들에게 스트레스를 주고, 이것이 건강 문제를 야기한다.
설명	→ 본론 2에서는 To explain 사용 **To be specific**, probably, many students who do not major in science or engineering will not be interested in the courses. If they are pushed to study **the unwanted subjects, they will be unhappy at school.** This situation will stress **them** out. In fact, stress is one of the primary factors of illnesses because it weakens the ability of the immune system in fighting diseases. 구체적으로 말하면, 아마도, 과학이나 공학을 전공하지 않는 많은 학생들은 이 과목에 관심이 없을 것이다. 그들이 원하지 않는 과목들을 공부하도록 강요된다면, 그들은 학교생활에 불만족을 느낄 것이다. 이 상황은 그들에게 스트레스를 줄 것이다. 사실 스트레스는 질병과 싸우는 면역 체계의 능력을 약화시키기 때문에 질병의 주요 요인 중 하나이다.
예시	→ 본론 2에서는 For instance 사용 **For example**, my uncle, a doctor at a general hospital in a city, sometimes tells me that many of his patients suffer adverse health effects from stress. In particular, **students who are not satisfied with their studies** come to him for stress-related ailments and disorders. They generally have headaches, obesity, or insomnia. In this sense, **taking science classes by force** is unhealthful for **college students who do not study science as a major**. 예를 들어, 도시에 있는 종합병원의 의사인 나의 삼촌은 때때로 그의 환자들 중 많은 사람이 스트레스로 인한 건강상의 부작용을 겪는다고 말한다. 특히 공부에 만족하지 못하는 학생들이 스트레스 관련 질환과 장애로 그를 찾아온다. 그들은 일반적으로 두통, 비만, 불면증을 가지고 있다. 이런 점에서 볼 때, 과학 수업을 강제로 듣는 것은 과학을 전공으로 공부하지 않는 대학생들의 건강에 좋지 않다.

6. 브레인스토밍 예시

주제별로 건강 Storyline을 어떻게 응용할 수 있는지 알아보자.

Q1
Some people say that students should study many lessons during a semester, but others say that it is better for students to take three or four lessons. Which one do you think is better?

어떤 사람들은 학생들이 한 학기 동안 많은 수업을 공부해야 한다고 말하지만, 다른 사람들은 학생들이 서너 개의 수업을 듣는 것이 더 낫다고 말한다. 어느 것이 더 낫다고 생각하는가?

≋ 3~4개의 수업 듣기 선택

근거(이유)	많은 수업을 듣는 것 → 스트레스를 유발한다 + 건강 문제를 야기한다
설명	더 많은 과제 및 시험 때문에 부담감을 느낌 → 스트레스 증가 → 스트레스는 면역 체계를 약화시켜 질병을 야기한다.
예시	의사인 삼촌의 많은 환자들이 스트레스로 고통받고 있다. → 이런 점에서 볼 때 많은 수업을 듣는 것은 **unhealthful**하다.

Q2
Some people believe that, after school, children should spend spare time doing homework or participating in planned activities. However, others say that they should be given more time to do whatever they want.

어떤 사람들은 방과 후에 아이들이 남는 시간을 숙제나 계획된 활동을 하는 데 보내야 한다고 믿는다. 하지만, 다른 사람들은 그들이 원하는 것을 할 수 있는 시간이 더 주어져야 한다고 말한다.

≋ 원하는 것을 하는 시간이 늘어야 한다.

근거(이유)	정해진 활동만 하는 것 → 스트레스를 유발한다 + 건강 문제를 야기한다
설명	숙제나 계획된 활동 중 일부는 흥미롭지 않으므로 그것들을 억지로 하면 삶에 불만족을 느낌 → 스트레스 증가 → 스트레스는 면역 체계를 약화시켜 질병을 야기한다.
예시	의사인 삼촌의 많은 환자들이 스트레스로 고통받고 있다. → 이런 점에서 볼 때 **정해진 과제나 활동만 하는 것은 unhealthful**하다.

Q3
Taking online classes is better than traditional classes in school.

온라인 수업을 듣는 것이 학교에서 진행하는 전통적인 수업보다 더 좋다.

≋ 찬성: 온라인 수업을 듣는 것이 더 좋다.

근거(이유)	학교 가는 것 → 스트레스를 유발한다 + 건강 문제를 야기한다
설명	교통 비용 발생 + 온라인에 비해 비싼 교육비에 부담을 느낌 (또는 짜여진 스케줄을 반드시 따라야 함 + 지나친 경쟁 → 인간관계 문제 야기) → 스트레스 증가 → 스트레스는 면역 체계를 약화시켜 질병을 야기한다.
예시	의사인 삼촌의 많은 환자들이 스트레스로 고통받고 있다. → 이런 점에서 볼 때 **학교에서 수업을 듣는 것은 unhealthful**하다.

Writing Exercise

해설집 p. 055

건강 Storyline 응용 표현 및 예상 주제들에 실제로 사용되는 표현이므로 아래 영작을 반드시 연습하고 필요한 표현들은 암기하는 것이 좋다.

Tip 건강 논리에서 자주 사용되는 표현들

- ~를 느끼다 → feel, be동사, get, become
  feel pressure, pressured to 동사원형, alone, anxious, confused, unsatisfied, unhappy, tired(exhausted)
- ~를 야기하다 → cause, create
  cause / create conflicts
- ~에 어려움을 겪는다 → a hard time, difficulty, trouble
  have a hard time Ving / have difficulty Ving / have trouble Ving

01_ 학생들은 더 많은 과제를 하고 더 많은 시험에 대비해야 한다는 것에 부담을 느낄 것이다.

*~해야 한다는 부담을 느끼다: be pressured toV

02_ 만약 우리가 많은 직업 경험을 하면, 평생 직업을 선택할 때 우리는 혼란을 느낄 것이다.

03_ 만약 학생들이 학교 시설을 운영하는 것에 강제로 참여한다면, 그들은 학교생활에 불만족을 느낄 것이다.

*학교 시설: school facilities

04_ 아이들은 이미 필수과목들 때문에 바빠서, 음악과 미술 수업의 과제들이 그들을 지치게 만들 것이다.

*필수과목: mandatory subjects

05_ 만약 아이들이 중요한 결정들을 혼자 할 경우, 그들은 결과에 대한 확신이 없을 것이고 불안할 것이다.

*확신이 없다: be uncertain about

06_ 만약 그들이 다른 의견들을 가지면, 그들은 그룹 안에서 갈등에 직면할 것이다.

*직면하다: face

07_ 그들은 매일 학교에 가는 것에 부담을 느끼고, 교우와의 치열한 경쟁과 갈등에 직면할 것이다.

*치열한 경쟁: severe competition

08_ 만약 부모들이 학습방식에 대한 다른 의견들을 가지면, 부모와 자식들 사이에 갈등이 발생할 것이다.

*학습방식: learning style

09_ 조부모들은 손주들의 상황을 잘 이해하지 못할 것이므로, 그들은 손주들에게 유용한 조언을 할 가능성이 낮다.

*~할 가능성이 낮다: be less likely toV

10_ 아이들은 이미 학업 때문에 바빠서, 그들은 애완동물에게 먹이를 주고, 씻기고, 산책시키는 것에 부담을 느낄 것이다.

11_ 학생들은 잠 부족과 traffic jam으로부터 고통을 겪을 것이다.

*~의 부족: lack of 명사

12_ 만약 학생들이 관심 없는 책들을 강제로 읽게 되면 그들은 그 책들을 읽는 것에 부담을 느끼게 될 것이다, 비록 그들의 선생님이 그 책들을 선택했다 하더라도.

*강제로 ~하다: be forced toV

13_ 책이 너무 많기 때문에, 학생들이 선생님 도움없이 좋은 책을 고르는 것에 어려움을 겪을 것이다.

14_ 동생에게 시달리면 학생들은 매우 지칠 것이다.

*~에 시달리다: be harassed by 명사

15_ 만약 선생님들이 구식 수업자료 및 수업방식을 사용한다면, 그들의 학생들은 학교생활에 불만족할 것이다.

*구식 수업자료: outdated class materials   *수업방식: a teaching method

16_ 선생님들은 불안할 것이고 학생들의 성적을 올려야 한다는 압박을 느낄 것이다

*학생들의 성적을 올리다: raise students' grades

17_ 만약 교수들이 학생들 및 수업에 거의 신경 쓰지 않으면 교육의 질은 떨어지게 되어서, 학생들은 학교 생활에 불만을 가지게 될 것이다.

*~에 거의 신경 쓰지 않다: pay little attention to 명사

18_ 만약 학교 시설들이 너무 오래되면, 학생들은 불편할 것이고 학교 생활에 불만족할 것이다.

* 불편한: inconvenient

19_ 적은 월급을 받는 사람들은 집세 및 생활비 때문에 불안할 것이다.

*적은 월급을 받는 사람들: people with low salaries   *집세: rent fees

20_ 만약 학생들이 미래를 위한 계획과 목표가 없다면, 그들은 불안할 것이다.

21_ 만약 학생들이 공부할 수 있는 장소가 너무 적으면, 그들은 학교생활에 불만을 느낄 것이다.

22_ 유니폼이 없으면, 사람들은 매일 무엇을 입을지 걱정한다.

*~에 대해 걱정하다: worry about   *무엇을 입을지: what to wear

23_ 만약 사람들이 솔직하지 않으면, 인간관계에서 갈등을 피할 수 없을 것이다.

*피할 수 없는: unavoidable

24_ 만약 사람들이 의료비 지불하는 것에 부담을 가지면, 그들은 불안한 삶을 살 것이다.

*의료비: medical expenses   *불안한 삶을 살다: live an unstable life

25_ 만약 정부가 환경에 거의 신경 쓰지 않으면, 사람들은 오염으로 고통받게 될 것이다.

26_ 만약 리더가 멤버들의 얘기를 듣지 않으면, 이 멤버들은 불만족하고 그 리더에게 실망하게 될 것이다.

*~의 얘기를 듣다: listen to + 사람   *~에 실망하다: be disappointed in 명사

27_ 만약 리더가 자신의 실수를 인정하지 않으면, 그 멤버들은 불만족하고 그 리더에게 실망하게 될 것이다.

*인정하다: admit

28_ 만약 리더가 결정할 때 지나치게 신중하면, 그 멤버들은 목표와 계획이 없어서 불안할 것이다.

*결정할 때: in decision making   *신중한: careful

29_ 충분한 돈을 벌지 않으면, 사람들은 상당한 임대료 부담과 높은 생활비에 직면할 가능성이 더 높다.

* ~할 가능성이 더 높다: be more likely toV   *임대료 부담: rent burden   *높은 생활비: high cost of living

30_ 만약 교사들이 최신 지식 없이 강의를 한다면, 그들은 학생들의 관심을 끄는 데 어려움을 겪을 것이다.

*최신 지식: updated knowledge   *관심을 끌다: draw one's attention

31_ 그들의 평가들은 정확하고 상세할 가능성이 떨어지는데, 왜냐하면 그들이 그 모든 수업들을 듣는 것이 아니라 한 두 번 수업을 관찰하기 때문이다.

*평가: assessment   *상세한: detailed   *A가 아니라 B이다: not A but B   *관찰하다: monitor(observe)

32_ 그 평가받은 교사는 그 결과들에 불만족할 것이고 심지어 그것들에 대해 항의할 것이다.

* 항의하다: make complaints

Storyline 3. 시야 (perspective)

1. 시야 Storyline 이해
주제관련 활동을 통해서 다양한 것들에 노출되어(또는 다양한 것을 경험하게 되어) 시야가 넓어진다는 논리이다. 시야 storyline은 예시에서 응용해야 하는 부분이 많으니 유의하자.

2. 시야 Storyline을 활용할 수 있는 주제
- 다양한 정보, 지식에 노출될 수 있는 주제(인터넷, social media, TV 등)
- 다른 곳으로 여행, 이사, 이동하는 것 관련
- 다양한 사람들과 교류할 수 있는 활동 관련(클럽, 봉사활동, 큰 파티 등)
- 다양한 경험을 할 수 있는 활동 관련

3. Storyline 흐름 정리

이유(근거)	**주제활동** → **주제대상**이 시야를 넓힐 수 있다.
설명	**주제활동을 통해** 다양한 ideas & thoughts에 노출됨 → 세계화 시대에 요구되는 지적 성장 경험하고 다양성을 존중하게 된다.
예시 (3단계로 완성)	1단계: 내가 **주제관련 활동**을 했음 (과거) + 시점 2단계: 그래서 몰랐던 **프랑스 문화 or 지역문화**를 알게 됨 (또는 몰랐던 무언가를 알게 되었다고 적을 것) 3단계: **구체적으로 어떤 활동을 통해서 알게 되었는지 적을 것 (2~3개 활동)**

4. Storyline 표현 정리

아래 내용들이 본론 1개를 구성하게 된다.

이유(근거)	**주제활동 enables 주제대상 to broaden their(our) perspectives.** → their/our는 주제 대상에 따라 결정한다. 주제활동은 주제대상이 그들(우리들)의 시야를 넓히는 것을 가능하게 한다.
설명	**주제대상** can be exposed to the different ideas and thoughts that they(we) have never known before **through 주제활동(명사 또는 by V-ing)**. Consequently, they(we) will experience intellectual growth and respect the diversity, which is required in an era of globalization. → ~을 통해서: through 명사 / ~을 함으로써: by V-ing 주제대상이 주제활동을 통해(주제활동을 함으로써) 이전에 전혀 몰랐던 아이디어와 생각들에 노출될 수 있다. 결과적으로, 그들(우리들)은 세계화 시대에 요구되는 지적 성장을 경험하고 다양성을 존중하게 된다.
예시	**과거 어떤 시점에 주제 관련 활동을 함.** As a result, I understood and learned about a variety of cultural things such as **French(또는 local)** music, food, and clothing. The reason was that **주제 관련 구체적인 활동 2~3개를 했기 때문에.** → 주로 이 두 가지 문화 중 하나를 선택하게 된다. 다른 것을 알게 되었다고 할 경우 표현을 많이 바꾸어야 하니 신중하자. 과거 어떤 시점에 주제 관련 활동을 했다. 그 결과, 나는 프랑스(또는 현지의) 음악, 음식, 의복들과 같은 다양한 문화적인 것들을 이해하고 접하게 되었다. 그 이유는 주제 관련 구체적인 활동 2~3개를 했기 때문이다.

5. Storyline 적용

주제: High school students should travel abroad.

고등학생들은 해외 여행을 해야 한다.

주장 정하기: 찬성 → 해외 여행을 해야 한다.

❦ Brainstorming

근거(이유)	**해외 여행을 하면** 고등학생들의 시야가 넓어진다.
설명	**다른 나라들을 방문함으로써** 다양한 ideas & thoughts에 노출됨 → 세계화 시대에 요구되는 지적 성장 경험하고 다양성을 존중하게 된다.
예시	1단계: 내가 고등학교 졸업 후 **프랑스로 1달 간 여행** 2단계: 그래서 몰랐던 **프랑스 문화**를 알게 됨 3단계: 내가 직접 프랑스 사람들의 삶을 보고, 유명한 장소들에 가고, 전통공연을 즐겼기 때문에

Sample Writing

근거(이유)	→ 본론 2에서는 In addition 사용 **First of all, traveling abroad enables high school students to broaden their perspectives.** 첫 번째로, 해외 여행하는 것은 고등학생들이 그들의 시야를 넓히는 것을 가능하게 한다.
설명	→ 본론 2에서는 To explain 사용 **To be specific, they** can be exposed to the different ideas and thoughts that they have never known before **by visiting some countries.** Consequently, they will experience intellectual growth and respect the diversity, which is required in an era of globalization. 구체적으로 말하자면, 몇몇 나라들을 방문함으로써 그들이 이전에 결코 몰랐던 다른 아이디어들과 생각들에 노출될 수 있다. 결과적으로, 그들은 세계화 시대에 요구되는 지적 성장을 경험하게 되고 다양성을 존중하게 될 것이다.
예시	→ 본론 2에서는 For instance 사용 **For example, when I was in high school, I traveled to France for one month.** As a result, I understood and learned about a variety of cultural things such as **French** music, food, and clothing. The reason was that **I saw French people's lives in person, visited some famous places, and enjoyed traditional performances.** 예를 들어, 나는 고등학교 때, 프랑스로 1달 간 여행했다. 그 결과, 나는 다양한 문화적인 것들 가령 프랑스 음악, 음식, 그리고 의복을 이해하고 알게 되었다. 그 이유는 내가 직접 프랑스 사람들의 삶을 보고, 유명한 장소들에 가고, 전통공연을 즐겼기 때문이다.

6. 브레인스토밍 예시

주제별로 시야 Storyline을 어떻게 응용할 수 있는지 알아보자.

Q1
It is better to watch movies made in our own country than to watch foreign movies.
국내 영화를 보는 것이 해외 영화를 보는 것보다 낫다.

≋ 반대: 해외 영화를 보는 것이 낫다.

근거(이유)	해외 영화를 보면 우리의 시야가 넓어진다.
설명	해외 콘텐츠를 통해서 → 다양한 ideas & thoughts에 노출됨 → 세계화 시대에 요구되는 지적 성장 경험하고 다양성을 존중하게 된다.
예시	1단계: 내가 작년에 프랑스 영화들을 시청 2단계: 그래서 몰랐던 프랑스 문화를 이해하고 알게 됨 3단계: 그 영화들이 프랑스에서 사람들의 삶, 유명한 장소, 전통공연들을 다루었기 때문에

Q2
Children should not be allowed to use social networking services.

아이들은 소셜네트워킹 서비스를 이용하면 안 된다.

≥ 반대: 소셜네트워킹 서비스를 사용하는 것은 좋다.

근거(이유)	**social media** → 아이들 시야가 넓어진다
설명	**social media**를 통해서 → 다양한 **ideas & thoughts**에 노출됨 → 세계화 시대에 요구되는 지적 성장 경험하고 다양성을 존중하게 된다.
예시	1단계: 내가 고등학교 다닐 때 **social media**를 통해 프랑스 사람들과 소통 2단계: 그래서 **프랑스 문화**를 이해하고 알게 됨 3단계: 프랑스 사람들과 사진, 동영상, 그 관련 정보를 **social network**를 통해서 공유했기 때문에

Q3
A college should spend more money supporting social activities than improving a school cafeteria.

대학은 학교 식당을 개선하는 것보다 사회활동을 후원하는 것에 돈을 더 써야 한다.

≥ 찬성: 사회활동에 좀 더 투자하는 것 선택

근거(이유)	**사회활동에 투자** → 학생들 시야가 넓어진다
설명	**다양한 학생들과 교류하며** → 다양한 **ideas & thoughts**에 노출됨 → 세계화 시대에 요구되는 지적 성장 경험하고 다양성을 존중하게 된다.
예시	1단계: 내가 대학교 다닐 때 교내 **rock climbing club** 가입 2단계: 그래서 몰랐던 **지역 문화**를 이해하고 알게 됨 3단계: 한국 다른 지역 출신의 **club** 친구들과 의견을 공유하고, 점심 먹고, 한국의 유명한 산을 함께 등반했기 때문에

Writing Exercise

해설집 p. 057

시야 Storyline 응용 표현 및 예상 주제들에 실제로 사용되는 표현이므로 아래 영작을 반드시 연습하고 필요한 표현들은 암기하는 것이 좋다.

Tip 시야 논리에서 자주 사용되는 '다양한'이라는 의미의 표현들

- various, different, diverse, a variety of, multiple, many + 복수 명사
- a variety of + 복수 명사 또는 불가산 명사

01_ 시민들은 이전에 몰랐던 다른 아이디어와 생각들에 노출될 수 있다. 왜냐하면 우주개발이 과학, 의학, 교육 등 다양한 분야에 영향을 주기 때문에.

* 우주개발: space development   *다양한 분야: various fields   *의학: medical science

02_ 과거와 달리 정보 기술 발전 덕분에, 요즘 사람들은 많은 새로운 정보와 지식에 노출될 수 있다.

*덕분에: thanks to   *요즘 사람들: people these days

03_ 과거와 달리, 요즘 아이들은 컴퓨터, TV, 스마트폰을 통해 이전에 몰랐던 다양한 아이디어나 생각에 스스로 노출될 수 있다.

*요즘 아이들: children these days

04_ 내가 고등학교 다닐 때, 나는 필수 과목뿐 아니라 프랑스어 수업도 들었다.

*필수과목들: mandatory classes

05_ 그 이유는, 그 수업이 프랑스 사람의 삶, 유명한 장소들, 전통공연들을 다루었기 때문이다.

06_ 작년에 그래픽 디자이너인 누나가 암벽 등반을 배웠다.

*암벽 등반: rock climbing

07_ 그 이유는, 그녀가 한국 다른 지역 출신의 새로운 사람들과 의견을 공유하고 함께 등산을 했기 때문이다.

*의견을 공유하다: share opinions

08_ 내가 대학교 다닐 때, 나는 식당, 컴퓨터 가게, 백화점에서 아르바이트를 해 봤다.

09_ 그 이유는, 내가 한국 다른 지역 출신의 새로운 사람들과 의견을 공유하고 함께 일 했기 때문이다.

10_ 나는 고등학교 때, 미술 수업을 들었다.

11_ 그 이유는, 내가 프랑스 그림이나 조각들을 보고 그것에 대한 설명을 들었기 때문이다.

*조각: a sculpture   *설명을 듣다: listen to an explanation

12_ 나는 고등학교 때, Facebook을 통해 프랑스 사람들과 소통했다.

*Facebook을 통해: through Facebook

13_ 그 이유는, 내가 프랑스 사람들과 사진, 동영상, 관련정보를 그 소셜 미디어를 통해서 공유했기 때문이다.

*관련정보: relevant information

14_ 나는 대학교 때, 여름방학 동안 프랑스로 여행 갔다.

15_ 그 이유는, 내가 지역 주민들과 얘기하고, 국립박물관들도 가고, 전통공연들을 봤기 때문이다.

*지역 주민: local people   *국립박물관: a national museum

16_ 나는 대학교 때, 프랑스어 수업을 교양과목으로 방학 동안 들었다.

*교양과목: an elective course

17_ 나는 고등학교 때, 시골에서 도시로 이사했다.

*A에서 B로 이사하다: move from A to B

18_ 그 이유는, 내가 한국 다른 지역 출신의 새로운 친구들과 의견을 공유하고 함께 공부했기 때문이다.

19_ 나는 고등학교 때, 종종 NASA website에 방문했다.

*종종: often

20_ 그 결과, 내가 우주비행사들의 식사, 취미, 일과 같은 우주에서의 삶에 대한 다양한 것들을 이해하고 알게 되었다.

*우주비행사: an astronaut   *식사: a meal

21_ 그 이유는, 그 웹사이트가 관련 사진들, 짧은 영상들, 및 글들을 제공했기 때문이다.

*관련된: relevant   *짧은 영상들: video clips

22_ 나는 대학교 때, 프랑스 출신의 친구들과 종종 시간을 보냈다.

23_ 그 이유는, 내가 그들과 의견을 공유하고, 점심을 먹고, 영화를 봤기 때문이다.

24_ 나는 대학교 때, 종종 교내 큰 파티에 참여했었다.

* (대학의) 교내: on campus

25_ 그 이유는, 내가 한국 다른 지역 출신의 새로운 사람들과 얘기하고 함께 파티 음식을 즐겼기 때문이다.

26_ 나는 웹사이트들을 방문하고 프랑스 문화와 관련된 앱들을 사용하기 위해 스마트폰을 종종 사용했다.

*-하기 위해 ~를 사용하다: use 명사 to 동사원형

27_ 그 이유는, 그 웹사이트들과 앱들이 프랑스 사람들의 생활, 유명한 장소, 전통 음식들을 보여주었기 때문이다.

*전통음식들: traditional dishes

28_ 만약 내가 스마트폰을 사용하지 않았다면 나는 그 나라에 대한 이해가 부족했을 것이다.

*부족: a lack of   *이해: understanding

29_ 나는 고등학교 때, 처음으로 프랑스로 여행을 갔다.

30_ 만약 내가 프랑스로 여행가지 않았다면, 나는 그 나라에 대한 이해가 부족했을 것이다.

31_ 그 이유는, 내가 한국의 다른 지역들에 사는 인터넷 사용자들과 얘기하고 내 의견을 공유했기 때문이다.

* 인터넷 사용자들: Internet users

32_ 인터넷이 없었더라면, 나는 이 사회에 대한 이해가 부족했을 것이다.

* (과거에) ~가 없었더라면: Had it not been for 명사

Storyline 4. 동기부여 (motivation)

1. 동기부여 Storyline 이해

5개 Storyline 중 가장 자주 사용되며 주제관련 활동을 통해서 긍정적인 자극을 받아 일 또는 공부를 열심히 하게 된다는 논리이다.

2. 동기부여 Storyline은 반드시 설명 부분에 긍정적인 자극을 주는 촉진제를 언급해야 한다.

주제 대상이 일 또는 공부를 열심히 하도록 하는 촉진제

- 예술활동, 다양한 정보(아이디어)에 노출되며
    → **get an inspiration**(또는 **innovative idea**) 영감(또는 혁신적인 아이디어)을 얻음

- 경쟁 관련, 많은 사람들과 어울리며
    → **feel competitive, compare oneself to others** 경쟁심을 느끼거나, 스스로를 다른 사람과 비교

- 무언가 스스로 해낼 때, 어려운 것을 해결하면서
    → **have positive tension, feel a sense of achievement** 긍정적 긴장감, 성취감을 느낌

- 충분한 휴식, 수면을 취하면
    → **get energized(refreshed)** 에너지를 얻음(상쾌해 짐)

- 조언, 충고
    → **get advice, accept criticism** 조언을 얻음, 비평을 받아들임

- 그룹활동 및 회사에서
    → **feel important, a sense of belonging** 중요한 존재라고 느낌, 소속감을 느낌

- 재정적으로, 직업, 또는 자연 및 주변환경이 안정적일 때
    → **feel stable** 안정감을 느낌

3. Storyline 흐름 정리

이유(근거)	주제활동 → 동기가 부여된다(일 또는 학습 의욕을 높여준다)
설명	주제활동 → 자극이 되는 상황을 겪음(또는 감정적으로 자극 받음) → 이런 점이 촉진제가 됨 → 그래서 일 또는 공부를 열심히 하게 됨
예시 (3단계로 완성)	1단계: **일 또는 공부에** 게으르고 흥미를 잃었던 brother 2단계: **주제활동을** 한 이래로 변화하게 됨 + 일 또는 공부를 열심히 하게 됨 3단계: **변화된 이유**(설명에서 언급한 자극 상황을 넣을 것)

4. Storyline 표현 정리

아래 내용들이 본론 1개를 구성하게 된다.

이유(근거)	주제활동 can increase **one's** motivation **in life**. ↳ 또는 주제대상's ↳ 주제 대상에 따라 **in school**(학교에서) 또는 **at work**(직장에서) 사용 가능 주제활동은 한 사람의 삶에 있어서 동기부여를 줄 수 있다(의욕을 높여준다).
설명	자극이 되는 상황(또는 자극 받음). This can be a facilitator which motivates **them**(또는 **us**) to improve ourselves. **They**(또는 **We**) will make more effort, concentrate more, and feel more responsible for what **they**(또는 **we**) do. Therefore, this aspect can lead to better outcomes **at work or school**. ↳ 주저 대상에 따라 달라짐 ↳ 직장 관련 주제이면 work만, 학교 관련 주제이면 school만 쓸 것 자극이 되는 상황(또는 자극 받음). 이점이 그들을(우리를) 스스로 발전할 수 있게 동기부여 한다. 그들은(우리는) 그들이(우리가) 하는 것에 대해 더 많이 노력하고, 더 많이 집중하고, 더 책임의식을 가지게 된다. 그러므로, 이런 측면이 **직장이나 학교에서** 더 좋은 결과들로 이끌 수 있다.
예시	My brother, 학생(직장인), used to be lazy and lost interest in **his studies(work)**. ↳ 주제 대상에 따라 설정 ↳ '학업'은 항상 studies(복수형) 사용 However, since he 주제활동(과거시제), he has changed little by little. He started to spend more time **studying(working)** and had enthusiasm for his **learning(job)**. This was because 어떤 자극을 받아 변화한 것인지(어떤 자극이 되는 상황을 겪었길래) 적을 것 ↳ '설명' 단락에서 언급한 자극과 일치해야 함 학생인(직장인인) 내 남동생은 한때 게으르고 **공부에(일에)** 흥미를 잃었었다. 그러나 그가 **주제활동**을 한 이래로, 그는 조금씩 변했다. 그는 **공부하는 것에(일하는 것에)** 더 많은 시간을 쓰기 시작했고 **학업에(일에)** 열정을 가지게 되었다. 그 이유는 어떤 자극을 받아 변화한 것인지(어떤 자극이 되는 상황을 겪었는지) 적을 것

5. Storyline 적용

주제: It is better for high school students to learn by listening to lectures than by having discussions with their classmates.

  고등학생들은 반 친구들과 토론을 하는 것보다 강의를 들으면서 배우는 것이 더 좋다.

주장 정하기: **토론식 수업 선택**

≋ Brainstorming

근거(이유)	**토론식 수업 참여** → 학생들을 동기부여 시킬 수 있다
설명	더 뛰어난 친구들과 의견을 공유하며 경쟁심을 느낌 → 이런 점이 촉진제가 됨 → 그래서 **공부를 열심히** 하게 됨
예시	1단계: 게으르고 공부에 흥미를 잃었던 **brother(고등학생)** 2단계: **economics** 토론 수업에 참여한 이래로 변화하게 됨 + **공부를 열심히** 하게 됨 3단계: 더 많은 지식을 가진 다른 친구들을 보며 경쟁심을 느꼈기 때문

Sample Writing

근거(이유)	▸ 본론 2에서는 In addition 사용 **First of all**, **participating in a discussion class can increase high school students' motivation in school**. 첫째로, 토론 수업에 참여하는 것은 고등학생들을 학교에서 동기부여 되도록 해준다.
설명	▸ 본론 2에서는 To explain 사용 **To be specific**, high school students would feel competitive, sharing ideas with more capable students. This can be a facilitator which motivates **them** to improve **themselves**. **They** will make more effort, concentrate more, and feel more responsible for what **they** do. Therefore, this aspect will lead to better outcomes **at school**. 구체적으로 말하자면, 고등학생들은 더 능력 있는 학생들과 아이디어를 공유하면서 경쟁심을 느낄 것이다. 이것은 그들이 스스로를 개선하도록 동기를 부여하는 촉진제가 될 수 있다. 그들은 더 많은 노력을 하고, 더 집중하며, 그들이 하는 일에 더 많은 책임감을 느낄 것이다. 그러므로, 이러한 측면은 학교에서 더 나은 결과를 이끌어 낼 것이다.
예시	▸ 본론 2에서는 For instance 사용 **For example**, my brother, **a high school student**, used to be lazy and lost interest in **his studies**. However, since **he had some discussions with other students in an economics class**, he has changed little by little. He started to spend more time studying and had enthusiasm for his learning. **This was because he felt competitive with the friends who had more knowledge than he did.** 예를 들어, 고등학생인 내 남동생은 한때 게으르고 공부에 흥미를 잃었었다. 하지만, 경제학 수업에서 다른 학생들과 몇몇 토론을 한 이래로, 그는 조금씩 변화했다. 그는 공부에 더 많은 시간을 쓰기 시작했고 학습에 열정을 가지게 되었다. 그 이유는 그가 더 많은 지식을 가진 그 친구들을 보며 경쟁심을 느꼈기 때문이다.

6. 브레인스토밍 예시

주제별로 동기부여 Storyline을 어떻게 응용할 수 있는지 알아보자.

Q1
We should accept criticism in order to succeed.

우리는 성공하기 위해서 비판을 받아들여야 한다.

찬성: 비판을 받아들여야 한다.

근거(이유)	**비판 수용** → 사람의 삶에 있어서 동기부여 해준다.
설명	**자신의 약점을 정확하게 파악할 수 있다.** → 이런 점이 촉진제가 됨 → 그래서 **일 또는 공부를 열심히 하게 됨**
예시	1단계: 게으르고 **일에 흥미를 잃었던 brother(직장인)** 2단계: **동료들의 비판을 수용한** 이래로 변화하게 됨 + 일을 열심히 하게 됨 3단계: **자신의 말투 및 시간관리에 문제가 있었던 것을 알게 되었기** 때문에

Q2
Some people think that a school should start the day at an early time in the morning. However, others think that the school should start the day at later time. Which one do you prefer?

어떤 사람들은 학교가 이른 아침에 하루를 시작해야 한다고 생각한다. 하지만, 다른 사람들은 학교가 늦은 시간에 하루를 시작해야 한다고 생각한다. 당신은 어떤 것을 선호하는가?

늦게 등교 선택

근거(이유)	늦게 등교 → 학생들이 학교에서 동기부여 되도록 해준다.
설명	충분함 잠을 통해 **energetic**해 질 수 있다. → 이런 점이 촉진제가 됨 → 그래서 **일**을 열심히 하게 됨
예시	1단계: 게으르고 공부에 흥미를 잃었던 **brother**(고등학생 _ 항상 잠이 부족했음) 2단계: **늦게 등교한** 이래로 변화하게 됨 + 공부를 열심히 하게 됨 3단계: 충분한 잠 덕분에 에너지를 충전했기 때문에

Q3
It is better for people to get a high paying job with more work than getting a low paying job with a lot of time off.

휴가가 많은 저임금 직장보다는 일을 많이 하는 고임금 일자리를 얻는 것이 낫다.

찬성: 고임금 일자리 선택

근거(이유)	월급을 많이 받는 것 → 사람의 삶에 있어서 동기부여 해준다.
설명	높은 월급 + 높아진 생활수준 → 성취감을 느낌 → 이런 점이 촉진제가 됨 → 그래서 일을 열심히 하게 됨
예시	1단계: 게으르고 **일**에 흥미를 잃었던 **brother**(고등학교 선생님_월급에 만족하지 못했음) 2단계: 월급을 더 받는 **private tutor**가 된 이래로 변화하게 됨 + 일을 열심히 하게 됨 3단계: 휴가 갈 수 없을 정도로 바빴지만, 학자금 대출 갚고 새로운 차를 구입하며 성취감 느꼈기 때문에

Writing Exercise

해설집 p. 059

동기부여 Storyline 응용 표현 및 예상 주제들에 실제로 사용되는 표현들이므로 아래 영작을 반드시 연습하고 필요한 표현들은 암기하는 것이 좋다. 동기부여 Storyline은 가장 자주 사용되기 때문에 연습해야 할 양도 많다.

Tip 동기부여 논리에서 자주 사용되는 표현들

- 영감을 주다: give an inspiration 또는 inspire + 사람
- 성취감을 주다: give a sense of achievement 또는 make + 사람 + feel successful

01_ 다양한 것을 경험함으로써, 학생들은 그들이 진짜로 하고 싶은 것을 깨닫고 영감을 얻을 것이다.

_____

*깨닫다: realize

02_ 재교육을 통해서, 선생님들은 새로운 지식을 습득하고 교육을 위한 영감을 찾을 것이다.

_____

*재교육: retraining

03_ 우주에 대한 새로운 경험들을 하고 지식을 얻으면서, 사람들은 영감을 얻을 것이다.

_____

*새로운 경험을 하다: have a new experience

04_ 더 쉽게 예술 작품들을 즐기며, 시민들은 삶을 위한 영감을 얻을 것이다.

_____

*더 쉽게: more easily

05_ 그룹 내에서 다양한 아이디어를 공유함으로써, 그들은 영감과 혁신적인 아이디어들을 얻을 것이다.

_____

*혁신적인: innovative

06_ 결정(과정)에 참여함으로써, 그들이 소속감을 가지게 되고 그룹에서 필요한 존재라고 느낄 것이다.

_____

*필요한 존재라고 느끼다: feel needed

07_ 멤버들은 그 리더를 좀 더 신뢰하고 존경할 것이다. 이런 점이 촉진제가 되어 그들이 스스로 발전하도록 동기부여 한다.

_____

*신뢰하다: trust

08_ 만약 리더가 빠르게 결정하면 멤버들이 분명한 목표와 계획을 세우게 된다.

_____

*빠르게 결정하다: make a decision fast(quickly)

09_ 학생들은 본인 스스로를 다른 사람들과 비교하게 될 것이고, 만약 누군가가 자신들보다 나으면 학생들은 경쟁심을 느낄 것이다.

*A와 B를 비교하다: compare A to B

10_ 그들은 그들의 손주들에게 다양한 경험들과 지혜로부터 오는 현명한 조언을 해줄 수 있다.

*지혜: a wisdom

11_ 집안일을 끝내면서, 아이들은 성취감을 느끼고 가족 안에서 필요한 존재라는 것을 느끼게 될 것이다.

*집안일: household work   *가족 안에서: in the family

12_ 충분한 잠을 자는 것이 아이들을 좀 더 energetic하게 만들어 준다.

*충분한 잠을 자다: get enough sleep

13_ 동생을 돌보며 아이들은 성취감을 느끼고 가족 안에서 필요한 존재라고 느낄 것이다.

*돌보다: care for 또는 take care of

14_ 성과급이 선생님들 사이에 경쟁을 만들 것이다.

*성과급: merit pay

15_ 만약 교수들이 가르치는 것에 좀 더 신경 쓰면, 강의와 수업자료들이 좀 더 효과적일 것이고, 학생들은 학업에 흥미를 가질 것이다.

*~에 더 신경 쓰다: pay more attention to 명사

16_ 더 나은 교육 시설은 학습 효율과 학생들의 학업에 대한 흥미를 높여준다.

*교육 시설: educational facilities   *흥미를 높이다: increase interest

17_ 대학생들은 고마움을 느낄 것이고 아르바이트보다 공부하는 것에 좀 더 집중할 수 있을 것이다.

*고마움을 느끼다: feel thankful   *~에 좀 더 집중하다: focus more on

18_ 시민들은 질병 및 의료비에 대한 걱정을 안 해도 되고 삶에 안정감을 느끼게 된다.

*~에 대해 걱정하지 않아도 된다: do not have worry about   *의료비: medical expenses

19_ 국민들은 공해 및 질병에 대한 걱정을 안 해도 되고 삶에 안정감을 느끼게 된다.

*국민들: the people

20_ 시민들은 범죄에 대한 걱정을 안 해도 되고 삶에 안정감을 느끼게 된다.

*범죄: a crime

21_ 만약 국가가 더 많은 집을 짓고, 충분한 food를 공급하고, 많은 일자리를 창출한다면, 시민들은 삶에 있어서 안정될 것이다.

*많은 일자리를 창출하다: create many job opportunities

22_ 선의의 거짓말이 친구가 용기를 가지게 할 것이다.

*선의의 거짓말: a white lie   *용기를 가지다: be encouraged

23_ 목표를 달성할 더 높은 가능성 때문에, 우리는 좀 더 자신감을 느끼게 될 것이다.

*높은 가능성: high possibility   *자신감을 가지다: feel confident

24_ 높은 봉급이 우리가 강한 성취감을 느끼게 하고 우리의 생활수준을 높여준다.

*강한 성취감: a strong sense of achievement   *생활수준: standard of living

25_ 새로운 기술들의 기능들이 우리가 좀 더 편리하게 공부나 일을 할 수 있게 한다.

*새로운 기술: a new technology   *기능: a function   *편리하게: conveniently

26_ 그가 컴퓨터 회사뿐만 아니라 박물관에서도 아르바이트 한 이래로, 그는 조금씩 변했다.

*아르바이트 하다: do a part-time job(work as a part-time job)

27_ 그가 교내식당을 관리하는 것에 관여한 이래로, 그는 조금씩 변했다.

*교내식당을 관리하는 것: managing the cafeteria (on campus)   *관여하다: get involved in

28_ 그가 방과 후 관심있는 컴퓨터 프로그래밍을 배운 이래로,

*컴퓨터 프로그래밍: computer programming   *방과 후: after school

29_ 그가 political science와 economics 같은 토론식 수업을 들은 이래로,

___

*토론식 수업: a discussion class

30_ 그가 30년간 선생님이었던 할아버지의 조언을 들은 이래로,

___

31_ 그가 욕실 청소와 빨래 같은 집안일을 한 이래로,

___

*욕실 청소: cleaning a bathroom

32_ 그가 바쁜 부모님 대신 동생을 돌본 이래로,

___

*~대신: instead of

33_ 그가 정부에 의해 주최된 그 재교육에 참여한 이래로,

___

*주최하다: host

34_ 그가 대학과 전공을 선택하기 위해 담임 선생님 조언을 받은 이래로,

___

35_ 그가 학생들에게 교복 입는 것을 요구하는 학교로 전학간 이래로,

___

*~에게 ~하는 것을 요구하다: require 명사 to V   *교복: a school uniform

36_ 그가 국가 장학금을 받은 이래로,

___

*국가 장학금: a government scholarship

37_ 그가 국립 박물관에서의 미술 전시회를 간 이래로,

___

*미술 전시회: an art exhibition

38_ 그가 정부에서 투자한 우주 관련 TV 다큐멘터리들을 본 이래로

___

*투자하다: fund

39_ 그가 정부가 환경을 잘 보존한 시골로 이사한 이래로,

___

*보존하다: preserve

40_ 정부가 더 많은 경찰들을 고용하고 감시카메라를 설치한 이래로,

*감시카메라: a security camera

41_ 그의 boss가 그를 중요한 회의에 참석시킨 이래로,

42_ 그가 항상 자신의 실수를 인정하는 새로운 boss를 만난 이래로,

*인정하다: admit

43_ 그가 자신의 이해수준에 맞는 수업들을 들은 이래로,

*이해수준에 맞다: suitable for one's understanding(level)

44_ 그의 회사가 복지와 의료에 좀 더 투자한 이래로,

*복지: welfare   *의료: medical care

45_ 그 이유는 그가 새로운 art앱 개발에 대한 영감을 얻었기 때문이다.

*~하는 것에 대한 영감을 얻다: be inspired to V

46_ 그 이유는 그가 스스로 관련 정보를 찾고 스스로 결정한 것에 대한 책임감을 느꼈기 때문이다.

*~에 대한 책임감을 느끼다: feel a sense of responsibility for 명사 또는 Ving

47_ 그 이유는 그가 자신보다 열심히 하는 다른 학생들에게 경쟁심을 느꼈기 때문이다.

*더 열심히: harder

48_ 그 이유는 할아버지가 그에게 효과적인 공부법과 시간관리요령을 알려주셨기 때문이다.

*효과적인 공부법: an effective learning method

49_ 그 이유는 그가 그의 수업방식이 구식임을 깨닫고 새로운 수업방식들을 접했기 때문이다.

*구식인: outdated   *접하다: learn about

50_ 그 이유는 더 빠른 컴퓨터 및 더 큰 모니터가 그를 새로운 앱을 만들도록 자극했기 때문이다.

*~가 ~하도록 자극하다: stimulate 명사 to V

51_ 그 이유는 그가 새로운 시설에 만족하고 공부에 집중할 수 있었기 때문이다.

52_ 그 이유는 그 tutor가 그를 공부습관 및 시간관리에 대한 문제점들을 깨닫도록 도왔기 때문이다.

*~에 대한 문제점: a problem with

53_ 그 이유는 그가 옷에 대해 걱정 할(신경 쓸) 필요가 없었고 소속감을 가지게 되었기 때문이다.

54_ 그 이유는 그가 TV shows나 PC games로부터 유혹을 극복했기 때문이다.

*극복하다: overcome   *유혹: temptation

55_ 그 이유는 그 부모들의 feedback을 통해 그가 수업자료와 강의에 문제가 있다는 것을 깨달았기 때문이다.

56_ 그 이유는 그가 의료비를 걱정할 필요가 없었고 이런 점이 삶에 안정(감)을 가져다 주었기 때문이다.

*가져다 주다: bring   *안정(감): stability

57_ 그 이유는 그가 깨끗한 공기를 마시며 (건강이) 좋아졌고 refreshed 되었기 때문이다.

*깨끗한 공기를 마시다: breathe fresh air

58_ 그 이유는 그 리더가 그에게 솔직하게 얘기하고 유용한 조언을 해 주었기 때문이다.

*솔직하게: honestly   *유용한: useful

59_ 그 이유는 그가 그 선수들의 hustle plays와 fantastic performances를 보며 자극받았기 때문이다.

60_ 그 이유는 그 애니메이션이 그에게 범죄자들이 벌을 받고 열심히 일한 사람들이 보상을 받는 것을 보여줬기 때문이다.

*벌을 받다: be punished   *보상받다: be rewarded

Storyline 5. 스트레스 (stress)

1. 스트레스 Storyline 이해
주제관련 활동을 통해서 스트레스를 해소하게 된다는 논리이다. 주제활동은 반드시 채점자(미국인)가 이해할 수 있는 즐거운 활동이어야 한다.

2. 스트레스 Storyline 사용 시 주의할 점

- 독립형 주제에 자주 사용되는 즐거운 활동을 활용할 것
  여행, 게임, 스포츠, TV 시청, 예술 작품 감상, social media 등

- 스트레스를 덜 받는 논리에는 사용할 수 없음
  학교에서 배우는 과목수가 줄면 스트레스 덜 받음(이런 논리에 사용 불가)

- 예시를 시야 및 동기부여 Storyline처럼 짜임새 있고 구체적으로 적어야 함

- 건강 Storyline과 구분할 것
  건강 Storyline → 주제활동으로 스트레스 받음(부정적)
  스트레스 Storyline → 주제활동으로 스트레스 해소(긍정적)

3. Storyline 흐름 정리

이유(근거)	주제활동 → 스트레스 해소를 가능하게 한다.
설명	**주제활동** → 마음의 휴식, 정화 → 복잡한 문제들에 대한 해결방법을 가져다 줄 수 있음 → 그러므로 **주제활동이** 힘든 현실에서 벗어나는 최고의 방법이다.
예시 (3단계로 완성)	1단계: **많은 일 또는 과제 때문에** 스트레스 받은 my sister + 시점 　　　　　└→ 주제대상에 따라 달라짐 2단계: **주제활동을 해서** 스트레스 받은 것으로부터 잠시 벗어남 3단계: 어떤 점이 즐거웠나? (구체적으로 즐거웠던 상황 설명 필요)

4. Storyline 표현 정리

아래 내용들이 본론 1개를 구성하게 된다.

이유(근거)	**주제활동** allows **주제대상** to alleviate stress. 주제활동은 주제대상이 스트레스를 완화시킬 수 있게 해준다.
설명	**주제관련활동** can help **주제대상** to relax and clear **their(our) mind**. This brings a new solution to perplexing and stressful problems **at work or school**. Therefore, **주제활동** is one of the best and most effective ways to escape from the harsh reality. *(→ 주제 대상에 따라 달라짐)* **주제관련활동**은 주제대상이 휴식을 취하고 마음을 정화시키도록 도울 수 있다. 이 점이 **직장이나 학교에서** 복잡하고 스트레스 야기하는 문제들에 대한 새로운 해결방법을 가져온다. 그러므로, **주제활동**은 힘든 현실에서 벗어나는 가장 좋고 효과적인 방법들 중 하나이다.
예시	My sister was extremely exhausted and stressed due to excessive **homework in school(work in the workplace)**. However, after she **주제활동(과거시제)**, she had a brief moment of relief from her stressful **schoolwork(work)**. Specifically speaking, **구체적으로 어떤 점이 즐거웠는지 설명.** 내 여동생(누나)는 과도한 **숙제(일)** 때문에 매우 지치고 스트레스 받았었다. 그러나 그녀가 **주제활동**을 한 이후, 그녀는 스트레스 받는 **학업(일)**로부터 잠시 휴식을 취할 수 있었다. 구체적으로 말하면, **구체적으로 어떤 점이 즐거웠는지 설명.**

5. Storyline 적용

주제: Children should be required to learn art and music in school.
　　아이들은 학교에서 미술과 음악을 배우도록 요구되어야 한다.

Tip children 관련 주제는 주제대상을 고등학생까지 고려할 수 있다.

주장 정하기: 미술과 음악을 배워야 한다 (찬성)

≷ Brainstorming

근거(이유)	학교에서 미술, 음악 즐기는 것 → 아이들이 스트레스 해소하도록 한다.
설명	작품 감상, 그림 그리기, 악기 연주 → 마음의 휴식, 정화 → 복잡한 문제들에 대한 해결방법을 가져옴 → 그러므로 미술, 음악과 시간 보내는 것은 힘든 현실에서 벗어나는 최고의 방법
예시	1단계: 작년에 **고등학교에서 많은 과제 때문에** 스트레스 받은 my sister 2단계: **음악 수업에 참여하며** → 스트레스 받은 것으로부터 잠시 벗어남 3단계: 좋은 음악 듣고, 바이올린을 연주하고, 노래했다.

Sample Writing

근거(이유)	┌─── 본론 2에서는 In addition 사용 **First of all**, **enjoying art and music in school** allows **children** to alleviate stress. 첫째로, 학교에서 미술과 음악을 즐기는 것은 아이들이 스트레스를 완화시킬 수 있게 한다.
설명	┌─── 본론 2에서는 To explain 사용 **To be specific**, **appreciating works, drawing a painting, and playing a musical instrument** can help **children** to relax and clear **their** mind. This brings a new solution to perplexing and stressful problems **at school**. Therefore, **spending time on art and music** is one of the best and most effective ways to escape from the harsh reality. 구체적으로 말하면, 작품을 감상하고, 그림을 그리고, 악기를 연주하는 것은 아이들이 긴장을 풀고 마음을 맑게 하는 데 도움을 줄 수 있다. 이것은 학교에서 복잡하고 스트레스를 주는 문제에 대한 새로운 해결책을 가져다 준다. 그러므로 미술과 음악에 시간을 보내는 것은 힘든 현실에서 벗어날 수 있는 가장 좋고 효과적인 방법 중의 하나이다.
예시	┌─── 본론 2에서는 For instance 사용 **For example**, last year, my sister was extremely exhausted and stressed due to excessive **homework in high school**, However, after **she participated in a music class**, she had a brief moment of relief from her stressful **schoolwork**. Specifically speaking, **she listened to good music, played the violin, and sang a song, which made her feel better.** 예를 들어, 작년에 my sister는 고등학교 때 과도한 숙제로 극도로 지치고 스트레스를 받았다. 그러나, 음악 수업에 참여한 후 스트레스를 많이 받는 학교 공부에서부터 잠시나마 휴식의 시간을 가졌다. 구체적으로 말하면, 그녀는 좋은 음악을 듣고 바이올린을 연주하며 노래를 불렀고, 이점이 그녀를 기분 좋도록 만들었다.

6. 브레인스토밍 예시

주제별로 스트레스 Storyline을 어떻게 응용할 수 있는지 알아보자.

Q1
Children should not be allowed to use social networking services.
아이들이 소셜네트워킹 서비스를 사용하면 안 된다.

반대: 소셜네트워킹 서비스를 사용하는 것은 좋다.

근거(이유)	**social media** → 아이들이 스트레스 해소하도록 한다.
설명	**social media** 사용 → 마음의 휴식, 정화 → 복잡한 문제들에 대한 해결방법을 가져옴 → 그러므로 **social media** 사용이 힘든 현실에서 벗어나는 최고의 방법
예시	1단계: 작년에 **고등학교에서 많은 과제 때문에** 스트레스 받은 my sister 2단계: **Facebook**을 하며 → 스트레스 받은 것으로부터 잠시 벗어남 3단계: 웃기는 동영상들, 좋은 문구들, 아름다운 사진들을 공유했다.

Q2
It is important for people to have family meals together regularly?

가족이 함께 규칙적으로 식사하는 것은 중요하다.

≋ **찬성: 가족이 함께 식사해야 한다.**

근거(이유)	**가족과 식사** → 우리가 스트레스 해소하도록 한다.
설명	**밥 먹으며 좋은 대화 + 고민 공유** → 마음의 휴식, 정화 → 복잡한 문제들에 대한 해결방법을 가져옴 → 그러므로 **가족과 함께 식사하는 것**이 힘든 현실에서 벗어나는 최고의 방법
예시	1단계: 작년에 **고등학교에서 많은 과제 때문에** 스트레스 받은 my sister 2단계: **주말에 가족들과 함께 외식** → 스트레스 받은 것으로부터 잠시 벗어남 3단계: 재미있었던 일들을 얘기하며 웃고, 학교에서의 고민들 부모님과 공유했다.

Q3
Children can benefit from taking care of pets.

아이들은 애완동물을 돌보는 것으로부터 이익을 얻을 수 있다.

≋ **찬성: 아이들은 애완동물을 키워야 한다.**

근거(이유)	**애완동물과 시간 보내기** → 아이들이 스트레스 해소하도록 한다.
설명	**애완동물들과 놀며** → 마음의 휴식, 정화 → 복잡한 문제들에 대한 해결방법을 가져옴 → 그러므로 **애완동물 키우는 것**이 힘든 현실에서 벗어나는 최고의 방법
예시	1단계: 작년에 **고등학교에서 많은 과제 때문에** 스트레스 받은 my sister 2단계: **강아지를 키움** → 스트레스 받은 것으로부터 잠시 벗어남 3단계: 함께 산책하고, 달리고, 공 던지기 놀이하면서 기분이 좋아졌다.

Writing Exercise

해설집 p. 063

스트레스 Storyline 응용 표현 및 예상 주제들에 실제로 사용되는 표현들이므로 아래 영작을 반드시 연습하고 필요한 표현들은 암기하는 것이 좋다. 특히 예시 부분에서 구체적으로 말하는 부분의 영작 연습이 중요하다.

01_ 정부 투자가 시민들이 쉽게 예술품을 감상할 수 있게 한다. 이 점이 그들 마음의 긴장을 풀어주고 정화시킨다.

*정부 투자: the government investment

02_ 국립공원이나 자연보호구역 같은 잘 보존된(깨끗한) 환경에서 시간을 보내는 것은

*잘 보존된: well-preserved   *자연보호구역: nature reserve

03_ 우리를 크게 웃게 만드는 재미있는 친구들과 시간을 보내는 것은

*~를 크게 웃게 만들다: make 명사 laugh out loud

04_ 가족들과 즐거운 대화를 하고 고민을 공유하는 것은

*고민을 공유하다: share worries

05_ 구체적으로 말하면, 그녀가 그 수업에서 바이올린을 연주하고 친구들과 함께 노래했다.

*바이올린을 연주하다: play the violin

06_ 구체적으로 말하면, 그녀는 그녀가 좋아하는 팀을 응원하고 간식을 먹었다.

*~를 응원하다: cheer for 명사

07_ 구체적으로 말하면, 그들이 이기기 위해 서로 협동하고, 응원하고, 함께 간식을 먹었다.

*협동하다: cooperate   *간식: snacks

08_ 구체적으로 말하면, 그녀가 유머, 좋은 글, 웃기는 사진들을 다른 사람들과 공유했다.

*글: an article

09_ 구체적으로 말하면, 그녀는 그 강아지를 산책시키고, frisbee를 던지고, 함께 달렸다.

10_ 구체적으로 말하면, 그녀는 맛있는 지역음식들을 먹어보고, 쇼핑하고, 버스투어를 즐겼다.

*지역음식들: local foods(dishes)   *버스투어: a bus tour

11_ 구체적으로 말하면, 그녀가 그 음악에 맞추어 춤추고, 뛰고, 노래를 불렀다.

_____

*음악에 맞추어: along with music

12_ My sister는 농구 팀(클럽)에 가입했다(들어갔다).

_____

* 가입하다: join

13_ My sister는 국립박물관으로 현장학습을 갔다.

_____

*현장학습 가다: go on a field trip

14_ 구체적으로 말하면, 그녀가 놀라운 작품들을 감상하고, 멋진 전통 공연들을 보았다.

_____

*놀라운: amazing   *벗어나다: escape +명사

15_ My sister는 도시에 있는 multiplex 영화관에 친구들과 갔다.

_____

16_ 구체적으로 말하면, 그녀가 그들과 블록버스터 영화를 보고, snack과 아이스크림을 먹었다.

_____

*블록버스터 영화: a blockbuster movie

17_ My sister는 정부가 후원하는 rock 콘서트에 갔다.

_____

*후원하다: sponsor 명사

18_ 구체적으로 말하면, 그녀가 아름다운 풍경을 감상하고, 깨끗한 공기를 마시고, 평화로운 환경에서 시간을 보냈다.

_____

*아름다운 풍경: a beautiful sight   *평화로운 환경: a peaceful environment

19_ 구체적으로 말하면, 그녀가 학교에서 재미있었던 일을 얘기하고, 걱정들을 공유했다.

_____

*~에 대해 얘기하다: talk about 명사

20_ My sister는 출시되자마자 새로운 스마트폰을 구입했다.

_____

*출시되다: be launched   *~하자마자: as soon as

21_ 구체적으로 말하면, 그녀가 그 스마트폰으로 좋아하는 음악 듣고, 웃기는 동영상 보고, mobile game을 했다.

_____

Chapter 2. **본론(Body) 쓰기 전략**

Independent Task

독립형 문제

Chapter 3

독립형 답안 완성하기

- 서론 쓰기 (Introduction)
- 본론 쓰기 (Body)
- 결론 쓰기 (Conclusion)

서론 쓰기 (Introduction)

1. 서론 쓰기 전략

서론은 주제에 맞게 간결하고 분명하게 쓰는 것이 중요하다 즉, 주장을 명확하게 적어야 한다. 단, 주장만 덩그러니 있으면 앞 부분이 빈약해 보일 수 있으므로 주장 앞에는 도입부를 두어 에세이 시작을 부드럽게 하고, 주장을 적은 후 본론에서 전개할 이유를 소개하며 서론을 마무리한다.

Tip 서론은 점수에 크게 영향을 주지 않는다. 그러므로 장황하게 쓸 필요는 없다. 주제와 관계없는 또는 암기한 것 같은 불필요한 내용이 많이 포함된 경우 오히려 감점될 수 있다. 서론은 간단한 구조로 빠르게 완성한 후 본론에 최대한 많은 시간을 할애하도록 하자.

2. 서론 구조 및 템플릿 표현

서론	도입	Some people believe that + 상대 입장(내 입장의 반대) Some people argue that + 상대 입장(내 입장의 반대) *문장 형태로 상대 입장을 적는다. 어떤 사람들은 [상대 입장]을 믿는다. 어떤 사람들은 [상대 입장]을 주장한다.
	주장 (나의 의견)	However, contrary to this idea, it seems to me that + 내 입장(주장) However, contrary to this opinion, I strongly believe that + 내 입장(주장) *문장 형태로 내 입장을 적는다. 하지만, 이런 아이디어와 달리, 내가 보기에는 [내 입장]. 하지만, 이런 의견과 달리 나는 강하게 믿는다 [내 입장].
	근거 소개	The concepts of Storyline 1 and Storyline 2 will support my argument. *스토리라인 명칭을 본론에 전개할 순서대로 적는다. The reason is that + 문장 형태로 2개의 근거 소개 *이 방식은 스토리라인을 활용하지 않을 때 사용하며 문장 형태로 근거 2개를 소개한다. [Storyline 1]과 [Storyline 2]의 개념이 내 주장을 뒷받침할 것이다. 그 이유는 [문장 형태로 2개의 근거 소개].

자신의 주장을 적을 때 주제(문제)에 사용된 표현을 그대로 쓰면 안 된다는 강박관념을 가질 필요는 없다. 중복을 피하기 위해 변경하다 어색한 표현이나 틀린 문법을 쓰게 되면 오히려 감점이 될 수 있다. 영작에 자신 없다면 틀린 표현을 적지 않는 것이 우선이므로 주제(문제) 표현을 최대한 활용한다.

3. 서론 쓰기 예시

Do you agree or disagree with the following statement?
High school students should travel abroad.
Use specific reasons and examples to support your opinion.

아래의 명제에 찬성하는가, 반대하는가? **고등학생들은 해외여행을 해야 한다.** 구체적인 이유와 예시를 활용해서 자신의 의견을 뒷받침하시오.

아웃라인

문제 유형: 찬반형　　　　　　　　　　**주제대상:** 고등학생

논리흐름
찬성: 해외여행의 장점
반대: 고등학교 때 해외여행 할 필요 없는 이유 & 해외여행 단점

주장: 고등학교 때 해외여행 가야 한다(찬성)

근거 1: 해외여행을 가면 시야가 넓어진다.
근거 2: 해외여행을 통한 경험이 미래 취업에 도움된다.

Sample Writing

서론	도입	**Some people believe that** high school students do not have to travel around the world. 어떤 사람들은 고등학생들이 세계를 여행할 필요가 없다고 믿는다.
	주장 (나의 의견)	**However, contrary to this idea, it seems to me that** they should go on a trip to another country. 하지만, 이런 생각과는 달리, 나는 그들이 다른 나라로 여행을 해야 할 것 같다.
	근거 소개	**The concepts of** a perspective **and** job **will support my argument.** 시야와 취업의 개념이 나의 주장을 뒷받침할 것이다.

Tip 다섯 개의 스토리라인들 중
시야(a perspective), 취업(a job)은 가산명사
동기부여(motivation), 건강(health), 스트레스(stress)는 불가산명사라는 점을 기억하자!

Writing Exercise

해설집 p. 065

각 문제에 대해 주어진 아웃라인을 참고하여 서론을 완성해 보자.

Q1.
Do you agree or disagree with the following statement?
Children should not be allowed to use social networking services.
Use specific reasons and examples to support your opinion.

아웃라인

문제 유형: 찬반형 **주제대상:** children(고등학생까지 가능)

논리흐름
찬성: 소셜네트워크의 문제점
반대: 소셜네트워크의 장점

주장: social networking service를 사용하는 것은 좋다(반대).

근거 1: social media를 사용하면 아이들 시야가 넓어진다.
근거 2: social media를 통해 아이들이 스트레스를 해소할 수 있다.

Writing

서론	도입	_____ children should not access social networking services. 어떤 사람들은 아이들은 소셜네트워크 서비스에 접근하면 안 된다고 믿는다.
	주장 (나의 의견)	_____ _____ using social media is beneficial to children. 하지만, 이런 아이디어와 반대로, 내가 보기에 소셜미디어를 사용하는 것은 아이들에게 유익하다.
	근거 소개	_____ _____ 시야와 스트레스의 개념이 내 주장을 뒷받침할 것이다.

Tip 미국에서 SNS라는 표현은 잘 사용하지 않는다. 대신 social media, social network, a social network service 같은 표현을 활용하자.

Q2.

Some people say that students should study many lessons during a semester, but others say that it is better for students to take three or four lessons.

Which one do you think is better? Use specific reasons and examples to support your opinion.

아웃라인

문제 유형: 비교(선호)형 **주제대상**: students(일반적으로 초등학생에서 고등학생까지)

논리흐름
3~4개 수업: 3~4개 수업의 장점 & 많은 수업 들을 때 문제점
많은 수업: 많은 수업 들을 때 장점 & 3~4개 수업의 문제점

주장: 3~4개의 수업만 들어야 한다.

근거 1: 많은 수업을 듣는 것은 stressful하고 건강에 좋지 않다.
근거 2: 3~4개의 수업에 집중하면 미래 취업에 도움된다.

Writing

서론	도입	Some people believe that _____ 어떤 사람들은 학생들은 가능한 많은 수업을 들어야 한다고 믿는다.
	주장 (나의 의견)	However, contrary to this idea, it seems to me that _____ 하지만, 이런 아이디어와 반대로, 내가 보기에 3개 또는 4개의 수업을 듣는 것이 더 낫다.
	근거 소개	_____ 건강과 취업의 개념이 내 주장을 뒷받침할 것이다.

Tip 대학생 관련 주제일 경우 a college, a university, college students 또는 university students 같은 표현이 문제에 들어가 있다. 만약 students만 적혀 있다면 초등학생~고등학생으로 봐야 한다.

Q3.
Do you agree or disagree with the following statement?
It is better for people to get a high paying job with more work than getting a low paying job with a lot of time off.
Use specific reasons and examples to support your opinion.

> *Tip* 문제에서 'Do you agree or disagree ~'라고 묻더라도 주제에 비교급 표현이 있거나 의미상 A와 B중 선택하는 것이라면 문제 유형을 비교(선호)형이라고 봐야 한다.

⪢ 아웃라인

| 문제 유형: 비교(선호)형 | 주제대상: people, we, workers |

논리흐름
찬성: 일이 많더라도 월급이 많을 때 좋은 점, 소득이 적을 때 문제점
반대: 월급이 적어도 휴가가 많으면 좋은 점, 바쁘고 일이 많을 때 문제점

주장: 일이 많아도 고소득 직업이 더 좋다.

근거 1: 월급이 많으면 동기부여 된다.
근거 2: 소득이 적으면 스트레스 받아 건강에 좋지 않다.

⪢ Writing

서론	도입	
		어떤 사람들은 사람들이 자유시간이 많은 낮은 봉급의 직업을 선택해야 한다고 믿는다.
	주장 (나의 의견)	하지만, 이런 생각과 달리 내가 보기에는 비록 사람들이 충분한 휴가를 가질 수 없더라도, 높은 임금을 받는 직업을 갖는 것이 더 낫다.
	근거 소개	동기부여와 건강의 개념이 내 주장을 뒷받침할 것이다.

> *Tip* 위와 같은 비교(선호)형 주제에서 주장(나의 의견)에 비교급 표현을 쓰면 더 효과적이다.

Q4.
Which of the following is the most important thing that a country leader has to do?
1) creating more jobs for unemployed workers
2) increasing agricultural productivity and low the food price
3) offering more affordable houses
Use specific reasons and examples to support your opinion.

아웃라인

문제 유형: 3지선다   주제대상: 국민들(we, people), 정부, 또는 대통령

논리흐름
1번 선택: 실업 문제를 해결하면 좋은 점 & 실업 문제가 지속될 때 문제점
2번 선택: 식료품 물가가 안정되면 좋은 점 & 물가가 오를 때 문제점
3번 선택: 주택 문제 해결되면 좋은 점 & 주택 문제가 해결되지 않을 때 문제점

주장: 1번 선택(일자리 제공)

근거 1: 일자리가 부족하면 국민들이 스트레스 받고 건강에 좋지 않다.
근거 2: 일자리가 제공되면 국민들이 동기부여 된다.

Writing

서론	도입	
		어떤 사람들은 국가 지도자의 첫 번째 임무는 식량 가격을 안정시키거나 가난한 사람들을 위해 더 많은 집을 제공하는 것이라고 믿는다.
	주장 (나의 의견)	
		그러나 이런 생각과는 달리 내가 보기에 지도자는 먼저 실업에 신경을 써야 한다.
	근거 소개	
		건강과 동기부여의 개념이 내 주장을 뒷받침할 것이다.

Tip 3지선다 유형에서는 서론에 상대 입장 2개를 소개한다. 이때 두 입장은 or로 연결한다.

본론 쓰기 (Body)

1. 본론 쓰기 전략

본론은 에세이의 핵심이므로 다양한 어휘와 표현을 사용해서 논리적으로 써야 한다. 앞에서 공부한 5개 스토리라인을 활용하면 보다 쉽게 쓸 수 있다. 본론 작성 시 다루고 있는 주제에서 벗어나는 내용을 적어서는 안 된다. 스토리라인을 사용하지 않을 경우 아래 템플릿과 어떤 내용이 들어가는지를 살펴보고 주제별로 스스로 전체 논리 및 표현을 만들어 본다.

> **Tip** 본론에서 점수가 나온다고 해도 과언이 아니므로 본론에 주장(입장)을 뒷받침하는 탄탄한 이유/근거와 예시가 제시되어야 한다. 스토리라인에만 의존하지 말고 주제별로 응용하는 부분에 많은 신경을 써야 한다.

2. 본론 구조 및 템플릿 표현

본론		
	근거(이유)	**본론 1:** First / Firstly / First of all / To begin with, + 근거(이유) 1 소개 **본론 2:** In addition / Moreover / Also, + 근거(이유) 2 소개 *각 본론의 첫 문장이므로 근거는 간단하게 소개한다. 첫 번째로, [근거(이유) 1 소개] 게다가, [근거(이유) 2 소개]
	설명	To be specific / To explain, + 근거 뒷받침 설명 This is mainly because + 근거 뒷받침 설명 This is due to the fact that + 근거 뒷받침 설명 *채점자 미국인이 이해할 수 있는 설명을 넣어야 하며 개인의 경험이나 연구결과는 예시에만 넣는다. 구체적으로 말하자면/설명하자면, [근거 뒷받침 설명] 주된 이유는, [근거 뒷받침 설명] 이것은 ~라는 사실 때문이다. [근거 뒷받침 설명]
	예시	For example / For instance, + 근거 관련 예시(경험 or 연구결과) According to + 연구결과 *국가명 및 미국 도시명을 제외한 고유명사 사용 시 간단한 설명을 추가해야 하며 한국인들만 이해할 수 있는 고유명사를 사용할 경우에는 특히 주의하자. 예를 들어, [근거 관련 예시(경험 or 연구결과)] ~에 따르면, [연구결과]

3. 본론 쓰기 예시

Do you agree or disagree with the following statement?
High school students should travel abroad.
Use specific reasons and examples to support your opinion.

아래의 명제에 찬성하는가, 반대하는가? **고등학생들은 해외여행을 해야 한다.** 구체적인 이유와 예시를 활용해서 자신의 의견을 뒷받침하시오.

나의 주장: 찬성

〈본론 1〉 시야 Storyline

≋ Brainstorming

근거(이유)	해외여행을 하면 고등학생들 시야가 넓어진다
설명	다른 나라들을 방문함으로써 다양한 ideas & thoughts에 노출됨 → 세계화 시대에 요구되는 지적 성장 경험하고 다양성을 존중하게 된다
예시	1단계: 내가 고등학교 졸업 후 프랑스로 1달 간 여행 2단계: 그래서 몰랐던 프랑스 문화를 알게 됨 3단계: 내가 직접 프랑스 사람들의 삶을 보고, 유명한 장소들 가고, 전통공연을 즐겼기 때문에

≋ Sample Writing

본론 1	근거(이유)	**First of all**, **traveling abroad** enables **high school students** to broaden **their** perspectives. 첫 번째로, 해외 여행하는 것은 고등학생들이 그들의 시야를 넓히는 것을 가능하게 한다.
	설명	**To be specific, they** can be exposed to the different ideas and thoughts that they have never known before **by visiting some countries**. Consequently, they will experience intellectual growth and respect the diversity, which is required in an era of globalization. 구체적으로 말하자면, 몇몇 나라들을 방문함으로써 그들이 이전에 결코 몰랐던 다른 아이디어들과 생각들에 노출될 수 있다. 결과적으로, 그들은 세계화 시대에 요구되는 지적 성장을 경험하게 되고 다양성을 존중하게 될 것이다.
	예시	**For example, when I was in high school, I traveled to France for one month**. As a result, I understood and learned about a variety of cultural things such as **French** music, food, and clothing. The reason was that **I saw French people's lives in person, visited some famous places, and enjoyed traditional performances**. 예를 들어, 나는 고등학교 때, 프랑스로 1달 간 여행했다. 그 결과, 나는 다양한 문화적인 것들 가령 프랑스 음악, 음식, 그리고 의복을 이해하고 알게 되었다. 그 이유는 내가 직접 프랑스 사람들의 삶을 보고, 유명한 장소들에 가고, 전통공연을 즐겼기 때문이다.

〈본론 2〉 취업 Storyline

❧ Brainstorming

근거(이유)	해외여행을 하면 미래 취업에 도움된다
설명	다른 나라에서 다양한 문화를 직접 접하며 → 회사에서 필요한 **cultural competence**를 키울 수 있음 → 요즘 회사들이 그런 능력을 필요로 한다
예시	아버지 회사에서 면접 시 **타 문화 이해력**을 중요하게 여김

❧ Sample Writing

본론 2	근거(이유)	**In addition**, **traveling abroad** is helpful for one's future career. 게다가, 해외 여행은 미래 취업에 도움이 된다.
	설명	**To explain**, **if high school students visit other countries and experience different cultures in person, they will develop cultural competence**. As modern society has become increasingly competitive and globalized, today's companies are looking for employees having such qualities. Therefore, these are important to fight for jobs in highly competitive labor markets. 설명하자면, 고등학생들이 다른 나라를 방문해 서로 다른 문화를 직접 체험한다면 타 문화 이해력(문화적 역량)을 키울 수 있을 것이다. 현대 사회가 점점 더 경쟁적이고 세계화됨에 따라, 오늘날의 회사들은 그러한 자질을 가진 직원들을 찾고 있다. 그러므로, 이것들은 경쟁이 치열한 노동 시장에서 일자리를 위해 싸우는 데 중요하다.
	예시	**For instance**, my father, the CEO of a company in Korea, often tells me that a job interview is the most important component in employing people. In the interview, he and other interviewers mainly look at the applicants' passion and **the ability to understand another culture**. This means that **traveling to another country** is a sure way for people, especially **high school students**, to prepare for the future. 예를 들어, 한국의 한 회사의 CEO인 나의 아버지는 종종 나에게 면접이 사람들을 고용하는 데 가장 중요한 요소라고 말한다. 면접에서 그를 비롯한 면접관들은 지원자들의 열정과 다른 문화를 이해하는 능력을 주로 살펴본다. 이것은 다른 나라로 여행하는 것이 사람들, 특히 고등학생들이 미래를 대비하는 확실한 방법이라는 것을 의미한다.

4. 본론 작성 시 주의할 점

주제에 맞는 storyline 선택 및 적절한 storyline을 선택 후 논리에 맞게 표현을 추가하거나 변형하는 것도 매우 중요하다. 이 두 조건이 맞지 않을 경우 크게 감점될 수 있다는 점을 명심해야 한다. 아래 잘못된 사례들을 참고하자.

Case 1. 적절하지 않은 storyline 선택
주제: 대학생들이 봉사활동을 해야 하는가?
첫 번째 아이디어: 봉사활동을 하면 스트레스가 풀린다.

근거(이유)	**First of all**, **participating in volunteer work** allows **college students** to alleviate stress.
설명	**To be specific**, **volunteering** can help the students to relax and clear their mind. This brings a new solution to perplexing and stressful problems at school. Therefore, **joining a volunteering program** is one of the most effective ways to escape from the harsh reality.

봉사활동은 스트레스를 해소하기 위한 활동이 아니므로 storyline을 잘 활용했더라도 아이디어 선택 및 논리 적절성에서 크게 감점된다.

Case 2. storyline 응용 부족
주제: 대학생들이 봉사활동을 해야 하는가?
두 번째 아이디어: 봉사활동을 하면 취업에 도움된다.

근거(이유)	**In addition**, **getting involved in volunteering** is helpful for **college students'** future career.
설명	**To explain**, **they will develop social skills**. As modern society has become increasingly competitive and globalized, today's companies are looking for employees having such qualities. Therefore, these are important to fight for jobs in highly competitive labor markets.

설명 부분에서 단순히 '사회성을 키운다'는 표현으로는 논리가 턱없이 부족하다. 왜 or 어떻게 봉사활동을 통해서 사회성을 키울 수 있는지를 다음과 같이 충분하게 설명해야 한다. "봉사활동은 그들이 캠퍼스에서 만날 수 없는 다양한 사람들과 교류할 수 있게 해준다. 그래서 그들은 사회성을 기를 것이다."
영작 표현은 아래의 샘플 답안을 참고하자.

≋ Sample Writing

근거(이유)	**In addition**, **getting involved in volunteering** is helpful for **college students'** future career.
설명	**To explain**, **volunteering enables them to interact with various people whom they cannot meet on campus, so they will develop social skills**. As modern society has become increasingly competitive and globalized, today's companies are looking for employees having such qualities. Therefore, these are important to fight for jobs in highly competitive labor markets.

Writing Exercise

해설집 p. 066

주어진 Brainstorming을 참고하여 본론을 완성하세요.

Q1.
Do you agree or disagree with the following statement?
Children should not be allowed to use social networking services.
Use specific reasons and examples to support your opinion.

나의 주장: 반대

〈본론 1〉 시야 Storyline

≋ Brainstorming

근거(이유)	social media → 아이들 시야가 넓어진다.
설명	social media를 통해서 → 다양한 ideas & thoughts에 노출됨 — 세계화 시대에 요구되는 지적 성장 경험하고 다양성을 존중하게 된다.
예시	1단계: 내가 고등학교 다닐 때 social media를 통해 프랑스 사람들과 소통 2단계: 그래서 프랑스 문화를 이해하고 알게 됨 3단계: 프랑스 사람들과 사진, 동영상, 그 관련정보를 social network를 통해서 공유했기 때문

≋ Writing

본론 1	근거(이유)	_____, using a social network enables _____ to broaden _____ perspectives. 첫 번째로, 소셜네트워크를 이용하는 것은 아이들이 그들의 시야를 넓히는 것을 가능하게 한다.
	설명	_____, _____ can be exposed to the different ideas and thoughts that _____ have never known before by interacting with other social media users. Consequently, _____ will experience intellectual growth and respect the diversity, which is required in an era of globalization. 구체적으로 말하자면, 다른 소셜미디어 사용자들과 교류함으로써 그들이 이전에 결코 몰랐던 다른 아이디어들과 생각들에 노출될 수 있다. 결과적으로, 그들은 세계화 시대에 요구되는 지적 성장을 경험하게 되고 다양성을 존중하게 될 것이다.
	예시	_____, when I was in high school, I communicated with French people through social media. _____, I understood and learned about a variety of cultural things such as French music, food, and clothing. _____ I shared pictures, video clips, and the relevant information with French social media users. 예를 들어, 나는 고등학교 때 프랑스 사람들과 소셜미디어를 통해서 의사소통했다. 그 결과, 나는 다양한 문화적인 것들 가령 프랑스 음악, 음식, 그리고 의복을 이해하고 알게 되었다. 그 이유는 내가 사진들, 동영상들, 그리고 그 관련 정보들을 프랑스 소셜미디어 사용자들과 공유했기 때문이다.

〈본론 2〉 스트레스 Storyline

Brainstorming

근거(이유)	**social media** → 아이들이 스트레스 해소하도록 한다.
설명	**social media** 사용 → 마음의 휴식, 정화 → 복잡한 문제들에 대한 해결방법을 가져옴 → 그러므로 **social media** 사용이 힘든 현실에서 벗어나는 최고의 방법
예시	1단계: 작년에 **고등학교에서 많은 과제 때문에** 스트레스 받은 **my sister** 2단계: **Facebook을** 하며 → 스트레스 받은 것으로부터 잠시 벗어남 3단계: 웃기는 동영상들, 좋은 문구들, 아름다운 사진들을 친구들과 공유했다.

Writing

본론 2

근거(이유)

_____, visiting social networking sites allows _____ _____ to alleviate stress.

게다가, 소셜네트워크 사이트에 방문하는 것은 아이들이 스트레스를 완화시킬 수 있게 한다.

설명

_____, using social media can help _____ to relax and clear _____ mind. This brings a new solution to perplexing and stressful problems _____. Therefore, spending time on social media is one of the best and most effective ways to escape from the harsh reality.

설명하자면, 소셜미디어를 이용하는 것은 아이들이 긴장을 풀고 마음을 맑게 하는 데 도움을 줄 수 있다. 이것은 학교에서 복잡하고 스트레스를 주는 문제에 대한 새로운 해결책을 가져다 준다. 그러므로 소셜미디어에 시간에 시간을 보내는 것은 힘든 현실에서 벗어날 수 있는 가장 좋고 효과적인 방법 중의 하나이다.

예시

_____, last year, my sister was extremely exhausted and stressed due to excessive homework in high school. _____, after she spent her spare time on Facebook, she had a brief moment of relief from her stressful schoolwork. _____, she shared funny video clips, good articles, and beautiful pictures with her friends, which made her feel better.

예를 들어, 작년에 나의 여동생은 고등학교 때 과도한 숙제로 극도로 지치고 스트레스를 받았다. 그러나, 그녀가 Facebook에 남는 시간을 보낸 후 스트레스를 많이 받는 학교 공부로부터 잠시나마 기분전환의 시간을 가졌다. 구체적으로 말하면, 그녀는 웃기는 동영상, 좋은 글, 아름다운 사진들을 그녀의 친구들과 공유했고, 이점이 그녀를 기분 좋게 만들었다.

Q2.
Some people say that students should study many lessons during a semester, but others say that it is better for students to take three or four lessons. Which one do you think is better?
Use specific reasons and examples to support your opinion.

나의 주장: 3~4개 수업 듣기 선택

〈본론 1〉 취업 Storyline

﹩ Brainstorming

근거(이유)	3~4개 수업 듣기 → 미래 취업에 도움된다.
설명	흥미 있는 분야의 소수 과목들을 집중해서 들으면 → 회사에서 필요한 **expertise**를 키울 수 있음 → 요즘 회사들이 그런 능력을 필요로 한다.
예시	아버지 회사에서 면접 시 **전문성**을 중요하게 여김

﹩ Writing

본론 1	근거(이유)	First of all, studying three or four lessons is helpful for students' future career. 첫 번째로, 3~4개 과목을 공부하는 것은 학생들의 미래 취업에 도움이 된다.
	설명	To be specific, if students attend several classes that they are interested in, they will develop their expertise. _____ _____ _____ 구체적으로 말하자면, 만약 학생들이 그들의 관심있는 몇개의 수업을 듣는다면 그들은 전문성을 발전시킬 것이다. 현대 사회가 점점 더 경쟁적이고 세계화됨에 따라, 오늘날의 회사들은 그러한 자질을 가진 직원들을 찾고 있다. 그러므로, 이것들은 경쟁이 치열한 노동 시장에서 일자리를 위해 싸우는 데 중요하다.
	예시	For example, _____ _____ _____ In the interview, he and other interviewers mainly look at the applicants' passion and expert knowledge. This means that focusing on three or four subjects that students like is a sure way for people, especially students, to prepare for the future. 예를 들어, 한국의 한 회사의 CEO인 나의 아버지는 종종 나에게 면접이 사람들을 고용하는 데 가장 중요한 요소라고 말한다. 면접에서 그를 비롯한 면접관들은 지원자들의 열정과 전문지식을 주로 살펴본다. 이것은 3~4개의 학생들이 좋아하는 수업에 집중하는 것이 사람들, 특히 학생들이 미래를 대비하는 확실한 방법이라는 것을 의미한다.

〈본론 2〉 건강 Storyline

Brainstorming

근거(이유)	많은 수업 듣기 → 스트레스를 많이 받게 한다. + 건강 문제를 야기한다.
설명	더 많은 과제 및 시험 때문에 부담감 → 스트레스 증가 → 스트레스는 면역체계를 약화시켜 질병을 야기한다.
예시	의사인 삼촌의 많은 환자들이 스트레스로 고통받고 있다. → 이런 점에서 볼 때 **많은 수업을 듣는 것은 unhealthful**하다.

Writing

본론 2

근거(이유)

In addition, taking many classes is too stressful for students, and this contributes to health problems.

게다가, 많은 수업을 듣는 것은 학생들이 스트레스를 많이 받게 하고 이점이 건강 문제를 야기한다.

설명

To explain, if students participate in a number of courses, they will be pressured to take care of more homework and exams. This situation will stress students out. _____

_____

설명하자면, 만약 학생들이 많은 수업들에 참여한다면, 그들은 더 많은 숙제와 시험을 신경 써야 한다는 압박을 느낄 것이다. 이런 상황이 그 대학생들을 스트레스 받게 할 것이다. 사실, 스트레스는 질병의 주된 요소들 중 하나인데 왜냐하면 그것이 질병에 대항할 때 면역체계의 능력을 약화시키기 때문이다.

예시

For instance, _____

_____

In particular, students who have so many assignments to do come to him for stress-related ailments and disorders. They generally have headaches, obesity, or insomnia. In this sense, taking many classes is unhealthful for students.

예를 들어, 도시에 있는 종합병원의 의사인 나의 삼촌은 때때로 그의 환자들 중 많은 사람이 스트레스로 인한 건강상의 부작용을 겪는다고 말한다. 특히 과제가 너무 많은 학생들이 스트레스 관련 질환과 장애로 그를 찾아온다. 그들은 일반적으로 두통, 비만, 불면증을 가지고 있다. 이런 점에서 볼 때, 많은 수업을 듣는 것은 학생들의 건강에 좋지 않다.

Q3.
Do you agree or disagree with the following statement?
It is better for people to get a high paying job with more work than getting a low paying job with a lot of time off.
Use specific reasons and examples to support your opinion.

나의 주장: 고소득 직업 선택

〈본론 1〉 동기부여 Storyline

≷ Brainstorming

근거(이유)	월급을 많이 받는 것 → 한 사람의 삶에 있어서 동기부여 해준다.
설명	높은 월급 + 높아진 생활수준 → 성취감을 느낌 → 이런 점이 촉진제가 됨 → 그래서 **일을 열심히 하게 됨**
예시	1단계: 게으르고 일에 흥미를 잃었던 **brother**(고등학교 선생님, 월급에 만족하지 못했음) 2단계: 월급을 더 받는 **private tutor**가 된 이래로 변화하게 됨 + **일을 열심히 하게 됨** 3단계: 휴가 갈 수 없을 정도로 바빴지만, 돈을 많이 벌고 새 집을 사며 성취감 느꼈기 때문에

≷ Writing

본론 1	근거(이유)	First of all, _____ 첫 번째로, 고소득 직업을 가지는 것은 삶에 동기부여 되도록 해준다.
	설명	To be specific, _____ This can be a facilitator which motivates us to improve ourselves. We will make more effort, concentrate more, and feel more responsible for what we do. Therefore, this aspect will lead to better outcomes at work. 구체적으로 말하자면, 높은 봉급은 생활 수준을 향상시키고 우리가 성취감을 느끼게 할 수 있다. 이것은 우리가 스스로를 개선하도록 동기를 부여하는 촉진제가 될 수 있다. 우리는 더 많은 노력을 하고, 더 집중하며, 우리들이 하는 일에 더 많은 책임감을 느낄 것이다. 그러므로, 이러한 측면은 직장에서 더 나은 결과를 이끌어 낼 것이다.
	예시	For example, my brother, a high school teacher, used to be lazy and lost interest in his job because he was dissatisfied with pay. However, since he quit the job and became a private tutor who was paid more, he has changed little by little. He started to spend more time working and had enthusiasm for his work. This was because _____ 예를 들어, 고등학교 선생님인 나의 형은 한때 게으르고 그의 직업에 흥미를 잃었었다. 왜냐하면 그가 임금에 만족하지 못했기 때문이다. 그렇지만, 그 일을 그만두고 월급을 더 받는 개인과외 강사가 된 이래로, 그는 조금씩 변화했다. 그는 일에 더 많은 시간을 쓰기 시작했고 그의 일에 열정을 가지게 되었다. 그 이유는 나의 오빠가 비록 휴가를 계획할 수 없을 정도로 바빴지만, 훨씬 더 많은 돈을 벌고 새 집을 사면서 성취감을 느꼈기 때문이다.

〈본론 2〉 건강 Storyline

≋ Brainstorming

근거(이유)	저소득 직업 → 스트레스를 많이 받게 한다. + 건강 문제를 야기한다.
설명	아무리 더 많은 휴가가 있어도 돈이 적으면 → 월세 부담 + 높은 생활비에 직면 → 스트레스 증가 → 스트레스는 면역체계를 약화시켜 질병을 야기한다.
예시	의사인 삼촌의 많은 환자들이 스트레스로 고통받고 있다. → 이런 점에서 볼 때 **저소득 직업을 선택하는 것은 unhealthful**하다.

≋ Writing

본론 2

근거(이유)

In addition, _____
_____

게다가, 저소득 직업을 가지는 것은 스트레스를 많이 받게 하고 이점이 건강문제를 야기한다.

설명

To explain, _____
_____
_____

They will feel unstable, and this situation will stress them out. In fact, stress is one of the primary factors of illnesses because it weakens the ability of the immune system in fighting diseases.

설명하자면, 충분한 돈이 없다면, 사람들은 더 많은 휴식을 가질 수 있음에도 불구하고 임대료 부담과 높은 생활비에 직면하게 될 것이다. 그들은 불안정함을 느낄 것이고, 이 상황은 그들을 스트레스 받게 할 것이다. 사실, 스트레스는 질병의 주된 요소들 중 하나이다. 왜냐하면 그것이 질병에 대항할 때 면역체계의 능력을 약화시키기 때문이다.

예시

For instance, my uncle, a doctor at a general hospital in a city, sometimes tells me that many of his patients suffer adverse health effects from stress.
_____
_____

They generally have headaches, obesity, or insomnia. In this sense, selecting a low wage job is unhealthful.

예를 들어, 도시에 있는 종합병원의 의사인 나의 삼촌은 때때로 그의 환자들 중 많은 사람들이 스트레스로 인한 건강상의 부작용을 겪는다고 말한다. 특히, 재정적인 문제를 다루는 데 어려움을 겪는 사람들이 그를 찾아온다. 그들은 일반적으로 두통, 비만, 불면증을 가지고 있다. 이런 점에서 볼 때, 저소득 직업을 선택하는 것은 건강에 좋지 않다.

Q4.
Which of the following is the most important thing that a country leader has to do?
1) creating more jobs for unemployed workers
2) increasing agricultural productivity and low the food price
3) offering more affordable houses
Use specific reasons and examples to support your opinion.

나의 주장: 1번 일자리 제공 선택

〈본론 1〉 건강 Storyline

≷ Brainstorming

근거(이유)	직업을 얻기 어려우면 → 스트레스를 많이 받게 한다. + 건강문제를 야기한다.
설명	정부의 지원없이 일자리 얻기 어려움 + 안정된 수입 없으면 → 월세 지불 및 식료품 사는 데 부담을 느끼게 됨 → 스트레스 증가 → 스트레스는 면역체계를 약화시켜 질병을 야기한다.
예시	의사인 삼촌의 많은 환자들이 스트레스로 고통받고 있다. → 이런 점에서 볼 때 실업자들의 건강을 고려할 때 국가 리더는 먼저 더 많은 일자리를 제공해야 한다.

≷ Writing

본론 1	근거(이유)	First of all, having difficulty getting a job is too stressful, and this contributes to health problems. 우선, 일자리 얻는 데 어려움을 겪는 것은 스트레스를 많이 받게 하고 이것이 건강문제를 야기한다.
	설명	To be specific, without government support, it is difficult for most people to find a suitable job. Besides, without a stable job, unemployed workers will feel pressure when they have to pay rent and buy food items(또는 groceries). 구체적으로 말하자면, 정부의 지원 없이는 대부분의 사람들이 적합한 직업을 찾기가 어렵다. 게다가 안정적인 일자리가 없으면 실직자들은 임대료를 내고 식료품을 사야 할 때 부담을 느낄 것이다. 이 상황은 그들을 스트레스 받게 할 것이다. 사실, 스트레스는 질병의 주된 요소들 중 하나인데 왜냐하면 그것이 질병에 대항할 때 면역체계의 능력을 약화시키기 때문이다.
	예시	For example, my uncle, a doctor at a general hospital in a city, sometimes tells me that many of his patients suffer adverse health effects from stress. In particular, people who have a hard time finding a job come to him for stress-related ailments and disorders. They generally have headaches, obesity, or insomnia. 예를 들어, 도시에 있는 종합병원의 의사인 나의 삼촌은 때때로 그의 환자들 중 많은 사람들이 스트레스로 인한 건강상의 부작용을 겪는다고 말한다. 특히, 일자리 찾는 데 어려움을 겪는 사람들이 그를 찾아온다. 그들은 일반적으로 두통, 비만, 불면증을 가지고 있다. 그런 의미에서, 실업자들의 건강을 고려했을 때, 한 나라의 지도자는 우선 더 많은 일자리 기회를 창출해야 한다.

〈본론 2〉 동기부여 Storyline

❧ Brainstorming

근거(이유)	일자리 제공 → 실업자들의 삶에 있어서 동기부여 해준다.
설명	직업을 얻는 것 → 주거비 및 식비 부담을 줄임 → 실업자들 & 가족들이 안정감을 느끼게 함 → 이런 점이 촉진제가 됨 → 그래서 일 또는 공부를 열심히 하게 됨
예시	1단계: 일자리 얻기가 어려워서 삶에 희망이 없었던 **brother** 2단계: **대통령이 실업자들을 지원한** 이래로 변화하게 됨 + **일**을 열심히 하게 됨 3단계: 더 이상 생활비 부담을 느끼지 않고 안정된 삶을 살게 되었기 때문

❧ Writing

본론 2	근거(이유)	In addition, giving more job opportunities can increase citizens' motivation in life. 게다가, 더 많은 일자리를 제공하는 것은 국민들이 삶에 동기부여 되도록 해준다.
	설명	To explain, getting a job makes them and their family feel stable because they can reduce the burden of housing and food cost. This can be a facilitator which motivates the workers and their family members to improve themselves. _____ _____ _____ 설명하자면, 직업을 얻는 것이 그들과 그들의 가족이 안정감을 느끼게 하는데 왜냐하면 그들이 주거와 식비 부담을 줄일 수 있기 때문이다. 이것은 근로자들과 그들의 가족 구성원들로 하여금 스스로를 개선하도록 동기를 부여하는 촉진제가 될 수 있다. 그들은 더 많은 노력을 하고, 더 집중하며, 그들이 하는 일에 더 많은 책임감을 느낄 것이다. 그러므로, 이러한 측면은 직장이나 학교에서 더 나은 결과를 이끌어 낼 것이다.
	예시	For instance, _____ _____ _____ _____ He started to spend more time working and had enthusiasm for his job. This was because my brother was no longer concerned about the financial burden from living expenses and he became stable in life. 예를 들어, 나의 형은 직장을 구하는 데 어려움을 겪었기 때문에 희망 없이 살곤 했다. 하지만 대통령이 자신을 포함한 실업자를 지원하면서부터 조금씩 변했다. 그는 일을 하며 더 많은 시간을 쓰기 시작했고 그의 일에 열정을 가지게 되었다. 그 이유는 나의 형이 더 이상 생활비로 인한 경제적 부담에 대해 걱정하지 않았고 삶에 안정감을 가지게 되었기 때문이다.

결론 쓰기 (Conclusion)

1. 결론 쓰기 전략

결론은 본론의 내용을 요약하는 부분과 다시 한번 주장을 강조하는 부분으로 구성된다. 아래의 Type A와 Type B 중 본인이 원하는 것을 선택해서 사용하면 된다.

> Tip 결론은 에세이의 완결성을 보여주기 때문에 완성하는 것이 원칙이다. 하지만, 독립형 답안에서 중요도가 적은 부분이므로 시간이 부족해서 완성하지 못해도 크게 감점되지는 않는다.

2. 결론 구조 및 템플릿 표현

Type A (스토리라인을 활용하는 경우)

결론	상대 입장	Admittedly, some might argue that + 상대 입장 *상대 입장을 문장 형태로 넣는다. 인정하건대, 어떤 사람들은 [상대 입장]을 주장할 수도 있다.
	요약 및 재주장 (내 입장)	Nevertheless, based on the ideas related to Storyline 1 and Storyline 2, we can conclude that + 재주장 (내 입장). *본론에서 사용한 스토리라인 2개를 순서대로 다시 언급하고, 내 주장을 문장 형태로 넣는다. 그럼에도 불구하고 [Storyline 1]과 [Storyline 2]에 관련된 아이디어를 기반으로, 우리는 결론 내릴 수 있다 [내 주장].

Type B (스토리라인을 활용하지 않을 경우)

결론	재주장 (내 입장)	In conclusion, it is clear to me that + 재주장 (내 입장) *내 주장을 다시 문장 형태로 넣는다. 결론적으로, 나에게 [재주장(내 입장)]은 분명하다.
	요약	This is because + 근거 2개 요약 *본론에서 사용한 스토리라인 2개를 순서대로 문장 형태로 다시 정리한다. 이유는, [근거 2개 요약].

> Tip 서론에서의 상대 입장 및 재주장 표현을 바꾸어서 쓰는 것이 더 좋다. 단, 시간이 너무 부족하면 그대로 써서 결론 내용을 채우는 것도 방법이다.

3. 결론 쓰기 예시

Do you agree or disagree with the following statement?
High school students should travel abroad.
Use specific reasons and examples to support your opinion.

아웃라인

주장: 고등학교 때 해외여행 가야 한다. (찬성)

근거 1: 해외여행을 가면 시야가 넓어진다.
근거 2: 해외여행을 통한 경험이 미래 취업에 도움된다.

Sample Writing

결론	상대 입장	**Admittedly, some might argue that** high school students do not need to travel to other countries. 인정하건대, 어떤 사람들은 고등학생들이 다른 나라로 여행할 필요가 없다고 주장할지도 모른다.
	요약 및 재주장 (내 입장)	**Nevertheless, based on the ideas related to** a perspective **and** job, **we can conclude that** the students have to go on an international trip. 그럼에도 불구하고, 시야와 취업 관련된 아이디어를 기반으로 우리는 그 학생들이 해외여행을 가야 한다고 결론 내릴 수 있다.

Writing Exercise

해설집 p. 070

주어진 아웃라인을 참고하여 결론을 완성하세요.

Q1.
Do you agree or disagree with the following statement?
Children should not be allowed to use social networking services.
Use specific reasons and examples to support your opinion.

아웃라인

주장: social networking service를 사용하는 것은 좋다 (반대).

근거 1: social media를 사용하면 아이들 시야가 넓어진다.
근거 2: social media를 통해 아이들이 스트레스를 해소할 수 있다.

Writing

결론	상대 입장	Admittedly, some might argue that _____ 인정하건대, 어떤 사람들은 아이들이 소셜미디어를 이용하면 안 된다고 주장할지도 모른다.
	요약 및 재주장 (내 입장)	Nevertheless, based on the ideas related to _____ and _____, we can conclude that _____ _____. 그럼에도 불구하고, 시야와 스트레스 관련된 아이디어를 기반으로 우리는 소셜네트워크를 이용하는 것이 그들에게 좋다고 결론 내릴 수 있다.

Q2.
Some people say that students should study many lessons during a semester, but others say that it is better for students to take three or four lessons. Which one do you think is better?
Use specific reasons and examples to support your opinion.

아웃라인

주장: 3~4개의 수업만 들어야 한다.

근거 1: 많은 수업을 듣는 것은 stressful하고 건강에 좋지 않다.

근거 2: 3~4개의 수업에 집중하면 미래 취업에 도움된다.

Writing

결론	상대 입장	Admittedly, some might argue that _____ _____. 인정하건대, 어떤 사람들은 많은 수업을 듣는 것이 학생들에게 도움이 된다고 주장할지도 모른다.
	요약 및 재주장 (내 입장)	Nevertheless, based on the ideas related to _____ and _____, we can conclude that _____ _____. 그럼에도 불구하고, 건강과 취업 관련된 아이디어를 기반으로 우리는 3~4개의 수업을 듣는 것이 더 유익하다고 결론 내릴 수 있다.

Q3.
Do you agree or disagree with the following statement?
It is better for people to get a high paying job with more work than getting a low paying job with a lot of time off.

아웃라인

주장: 일이 많아도 고소득 직업이 더 좋다.

근거 1: 월급이 많으면 동기부여 된다.

근거 2: 소득이 적으면 스트레스 받아 건강에 좋지 않다.

Writing

결론	상대 입장	
		인정하건대, 어떤 사람들은 많은 자유시간이 많은 돈보다 더 가치 있다고 주장할지도 모른다.
	요약 및 재주장 (내 입장)	
		그럼에도 불구하고, 동기부여와 건강 관련된 아이디어를 기반으로 우리는 일이 많은 고임금 직업을 선택하는 것이 더 유익하다는 결론을 내릴 수 있다.

Q4.
Which of the following is the most important thing that a country leader has to do?
1) creating more jobs for unemployed workers
2) increasing agricultural productivity and low the food price
3) offering more affordable houses
Use specific reasons and examples to support your opinion.

≋ 아웃라인

주장: 1번 선택(일자리 제공)

근거 1: 일자리가 부족하면 국민들이 스트레스 받고 건강에 좋지 않다.

근거 2: 일자리가 제공되면 국민들이 동기부여 된다.

≋ Writing

결론	상대 입장	인정하건대, 어떤 사람들은 국가의 리더는 농업 생산성을 늘리거나 국민들에게 가격이 알맞은 집을 제공해야 한다고 주장할지도 모른다.
	요약 및 재주장 (내 입장)	그럼에도 불구하고, 건강과 동기부여 관련된 아이디어를 기반으로 우리는 리더가 고용률을 높이는 것을 최우선으로 중점을 두어야 한다고 결론 내릴 수 있다.

Independent Task

독립형 문제

Chapter 4

독립형 문제 만점 전략

· 1 + 1 답안 작성 방법

· 추가 Storyline 정리

1+1 답안 작성 방법

독립형 문제를 보고 주장에 대한 아이디어 두 개가 떠오르지 않을 경우 난감할 수 있다. 특히 내 주장 및 상대 입장에 대한 아이디어가 각각 한 개씩만 생각나는 경우가 종종 있다. 이런 상황을 대비해서 만든 방법이 1+1 답안이다. 물론 기존에 공부한 Storyline을 활용할 수 있고 스스로 논리를 만들어야 하는 경우에도 사용할 수 있다.

1. 1+1 답안이란?

① 상대 아이디어 한 개 + 내 아이디어 1개를 섞어서 쓰는 방법
② 본론 1: 상대 아이디어 + 본론 2: 내 아이디어를 넣음
③ 본론 2(내 아이디어) 선택 기준: 더 잘 쓸 수 있는 또는 더 길게 쓸 수 있는 논리
④ 3지선다 유형에서는 사용 불가! (찬반 / 비교(선호)형 주제에서만 가능)
⑤ 기존의 템플릿과 크게 차이 없음, 스토리라인은 그대로 사용
⑥ 기존의 방식과 비교했을 때 점수 차이 거의 없음

2. 1+1 방식 템플릿

서론	도입	Some people believe that + 상대 입장(내 입장의 반대)
	주장	However, contrary to this idea, it seems to me that + 내 입장(주장)
	근거 소개	X 본론 1에 상대 입장의 근거가 들어가기 때문에 쓰지 않는다.
본론 1		Admittedly(인정하건대), + 상대 근거(나머지 본론 표현은 동일)
본론 2		However(그렇지만), + 내 근거(나머지 본론 표현은 동일)
결론		On balance(모든 것을 감안할 때), some might argue that 상대 입장. However, based on the idea related to 내 근거만 요약, we can conclude that 내 주장(재주장).

Tip 만약 상대 근거 1개 + 내 근거 2개를 활용할 경우(총 본론 3개) 본론 3을 Finally,로 시작해서 완성하면 되고 결론에서 내 근거 2개를 요약하면 된다.

3. 1+1 방식 샘플 답안

Do you agree or disagree with the following statement?
We should accept criticism in order to succeed.
Use specific reasons and examples to support your opinion.

아웃라인

문제 유형: 찬반형	주제대상: we, people

논리흐름
찬성: 비판을 받아들이면 좋은 점, 비판을 무시했을 때 문제점
반대: 모든 비판을 받아들일 때 문제점

주장: 비판을 받아들여야 한다.(찬성)

상대 입장 근거: 모든 비판을 받아들이면 건강에 좋지 않다.
내 입장 근거: 비판을 받아들이면 우리 삶에 동기부여 된다.

〈본론 1: 상대 입장〉 건강 Storyline

근거(이유)	모든 비판을 경청하면 → stressful하고 건강문제를 야기한다.
설명	사람들이 지적하는 실수들이 다르면 우리는 혼란을 느끼고 그 모든 것을 개선해야 한다는 부담 느낌 → 스트레스 증가 → 스트레스는 면역체계를 약화시켜 질병을 야기한다.
예시	의사인 삼촌의 많은 환자들이 스트레스로 고통받고 있다. → 이런 점에서 볼 때 **비판을 받아들이는 것은** unhealthful하다.

〈본론 2: 내 입장〉 동기부여 Storyline

근거(이유)	**비판 수용** → 한 사람의 삶에 동기부여 해준다.
설명	**다른 사람들의 객관적 판단을 통해 우리의 약점을 파악할 수 있다.** → 이런 점이 촉진제가 됨 → 그래서 일 또는 공부를 열심히 하게 됨
예시	1단계: 게으르고 일에 흥미를 잃었던 brother(직장인) 2단계: **동료들의 비판을 수용한 이래로 변화하게 됨** + 일을 열심히 하게 됨 3단계: 자신의 의사소통 및 시간 관리에 문제가 있었던 것을 알게 되었기 때문에

서론	도입	**Some people believe that** it is unnecessary to take all criticism of others.
	주장	**However, contrary to this idea, it seems to me that** accepting criticism is a key factor for success.

[도입] 어떤 사람들은 다른 사람들의 모든 비판을 받아들이는 것은 불필요하다고 믿는다. [주장] 하지만, 이런 생각과는 달리 내가 보기엔 비판을 받아들이는 것은 성공의 중요한 요소이다.

본론 1 (상대 입장)	근거	**Admittedly**, listening to all negative feedback is too stressful, and this contributes to health problems.
	설명	**To be specific**, if our mistakes (that) people point out are different, we will be confused and pressured to improve all of them. This situation will stress us out. In fact, stress is one of the primary factors of illnesses because it weakens the ability of the immune system in fighting diseases.
	예시	**For example**, my uncle, a doctor at a general hospital in a city, sometimes tells me that many of his patients suffer adverse health effects from stress. In particular, people who cannot deal with many comments at work or school come to him for stress-related ailments and disorders. They generally have headaches, obesity, or insomnia. In this sense, embracing criticism at all times is unhealthful for us.

[상대 근거] 인정하건대, 모든 부정적인 피드백을 경청하는 것은 너무 스트레스를 받고, 이것은 건강 문제를 야기한다. [설명] 구체적으로 말하자면, 만약 사람들이 지적하는 우리의 실수들이 다르면, 우리는 혼란스러울 것이고 그 모든 것들을 개선해야 한다는 압박을 받게 된다. 이 상황은 우리에게 스트레스를 줄 것이다. 사실 스트레스는 질병과 싸우는 면역체계의 능력을 약화시키기 때문에 질병의 주요 요인 중 하나이다. [예시] 예를 들어, 도시에 있는 종합병원의 의사인 나의 삼촌은 때때로 그의 환자들 중 많은 사람들이 스트레스로 인한 건강상의 부작용을 겪는다고 말한다. 특히 직장이나 학교에서 많은 지적들을 감당할 수 없는 사람들이 스트레스 관련 질환과 장애로 그를 찾아온다. 그들은 일반적으로 두통, 비만, 불면증을 가지고 있다. 이런 의미에서 항상 비판을 수용하는 것은 건강에 좋지 않다.

However, taking criticism can increase one's motivation in life.

To explain, we can identify our weaknesses through others' objective judgement. This can be a facilitator which motivates us to improve ourselves. We will make more effort, concentrate more, and feel more responsible for what we do. Therefore, this aspect will lead to better outcomes at work or school.

For instance, my brother, an office worker, used to be lazy and lost interest in his job. However, since he listened to coworkers' comments on his work, he has changed little by little. He started to spend more time working and had enthusiasm for his job. This was because he found out that he had some problems with communication and time management.

[내 근거] 그렇지만, 비판을 받아들이는 것은 한 사람이 삶에 동기부여 되도록 해준다. [설명] 설명하자면, 우리는 다른 사람의 객관적인 판단을 통해 우리의 약점을 확인할 수 있다. 이것은 우리가 스스로를 개선하도록 동기를 부여하는 촉진제가 될 수 있다. 우리는 더 많은 노력을 하고, 더 집중하며, 우리가 하는 일에 더 많은 책임감을 느낄 것이다. 그러므로, 이러한 측면은 직장이나 학교에서 더 나은 결과를 이끌어 낼 것이다. [예시] 예를 들어, 회사원인 내 남동생은 한때 게으르고 일에 흥미를 잃었었다. 그렇지만, 그가 그의 일에 대한 동료들의 의견을 들은 이후로, 그는 조금씩 달라졌다. 그는 일하는 것에 더 많은 시간을 쓰기 시작했고 직업에 열정을 가지게 되었다. 그 이유는 그는 그가 의사소통과 시간 관리에 약간의 문제가 있다는 것을 알게 되었기 때문이다.

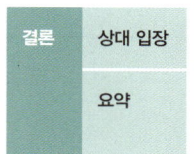

On balance, some might argue that receiving all criticism is too stressful.

However, based on the idea related to motivation, **we can conclude that** accepting negative comments is beneficial.

[상대 입장] 모든 것을 감안할 때, 몇몇 사람들은 모든 비판을 받아들이는 것은 너무 스트레스를 야기한다고 주장할 수도 있다. [요약] 그러나 동기부여와 관련된 아이디어들을 기반으로 우리는 부정적인 견해들을 받아들이는 것이 유익하다는 결론을 내릴 수 있다.

추가 Storyline 정리

앞서 공부한 5개의 Storyline으로 대다수의 독립형 주제들은 해결 가능하다. 그러나 아주 가끔 적용이 안 되는 주제들이 있어서 이를 대비한 추가 Storyline 2개를 정리해 본다.

대체에너지(alternative energy)

1. 대체에너지 Storyline 이해

주제활동을 통해서(또는 주제활동 때문에) 대체에너지를 사용했을 때의 장점 또는 단순히 대체에너지를 사용했을 때의 장점을 적는다.

2. 대체에너지를 사용했을 때 좋아질 수 있는 것들

- energy crisis(에너지 위기) 해결
- 화석 연료 절약 및 보존
- 자원 난개발 방지, 환경보호
- 오염물질 감소(특히 공기오염 문제 해결)

3. Storyline 흐름 정리

근거(이유)	주제에 따라서 표현이 달라짐
설명	주제활동 → solar & wind energy 사용 촉진 → 화석 연료 사용 감소 → energy crisis 해결 + 자원 난개발 방지
예시	solar 에너지로 온수를 사용해서 화석 연료 사용을 줄였던 경험

4. Storyline 표현 정리

아래 내용들이 본론 1개를 구성하게 된다.

근거(이유)	주제에 따라서 표현이 달라짐
설명	**주제활동 때문에 solar and wind 에너지를 사용하면, we(또는 they) will no longer depend on fossil fuels which are disappearing. Moreover, this effort can be one of the solutions to the global energy crisis and over-exploitation of natural resources.** 우리는(또는 그들은) 더 이상 사라지고 있는 화석 연료에 의존하지 않을 것이다. 게다가, 이 노력은 세계적인 에너지 위기와 천연자원의 과도한 착취를 해결할 해결책 중 하나가 될 수 있다.
예시	**주제 관련 이유(상황) 때문에 my family started to use solar energy to heat up water. As a result, we were able to reduce the oil and natural gas consumption. Using the eco-friendly energy enabled us to use hot water without gas all day long and we saved money which would have been wasted in continuing to pay for gas.** 우리 가족은 물을 데우기 위해 태양열 에너지를 사용하기 시작했다. 결과적으로 우리는 석유와 천연가스의 사용을 줄일 수 있었다. 친환경 에너지를 사용하는 것은 우리들에게 하루 종일 가스 없이도 따뜻한 물을 사용하게 했고 우리는 계속해서 가스 요금을 지불하는 데 낭비했을 돈을 절약했다.

대중교통(public transportation)

1. 대중교통 Storyline 이해

주제활동을 통해서(또는 주제활동 때문에) 대중교통을 이용했을 때 장점 또는 단순히 대중교통을 더 이용했을 때 장점을 적는다.

2. 대중교통을 더 많이 이용했을 때 좋아질 수 있는 것들

- 공기오염 문제 해결
- 화석 연료 절약 및 보존
- energy crisis(에너지 위기) 해결

3. Storyline 흐름 정리

근거(이유)	주제에 따라서 표현이 달라짐
설명	**주제활동 → 대중교통 이용 증가 → 자동차 수 감소 → 배기가스 감소 + 에너지 보존**
예시	**부산에서 주제관련 상황 때문에 → 대중교통 이용 증가 → 도로 위 차량 감소 → 공기오염 문제 해결에 기여(주제에 따라 "화석 연료 소비 감소" 추가)**

4. Storyline 표현 정리

아래 내용들이 본론 1개를 구성하게 된다.

근거(이유)	주제에 따라서 표현이 달라짐
설명	**주제활동 때문에**, people will ride public transportation rather than to drive. Thus, this can decrease the number of cars on the road, reduce car emissions, and preserve the energy resources.
	사람들은 운전을 하기 보다는 대중교통을 탈 것이다. 그래서 이것은 도로 위의 자동차의 수를 줄이고, 자동차 배기가스를 줄이고, 에너지 자원을 보존할 수 있다.
예시	**주제 관련 이유(상황) 때문에** a substantial number of people driving to work stopped driving and began to take the bus and subway. This movement contributed to a decrease in petroleum consumption, decreased carbon monoxide emissions, and reduced other hazardous air pollutants at a great rate.
	출근하는 상당수의 운전자들이 운전을 멈추고 버스와 지하철을 타기 시작했다. 이러한 움직임은 석유 소비량 감소, 일산화 탄소 배출 감소, 기타 유해 대기 오염물질의 큰 감소에 기여했다.

추가 Storyline 활용 브레인스토밍 예시

Q. Young people today are more likely to give time and energy to improve the world than young people were in the past.

오늘날 젊은 사람들은 세상을 개선하기 위해 과거의 젊은 사람들보다 더 많은 시간과 에너지를 사용한다.

아웃라인

문제 유형: 비교(선호)형   주제대상: **young people**

논리흐름
찬성: 요즘 젊은이들이 세상을 개선하기 위해 더 노력하는 것(더 노력할 수 있는 이유)
반대: 과거 젊은이들이 세상을 위해 더 노력했던 것(더 노력할 수 있었던 이유)

주장: 요즘 젊은이들이 더 많은 시간과 에너지를 투자

근거 1: 요즘 젊은이들이 더 대체에너지를 이용하고 있음 → 에너지 위기 해결
근거 2: 요즘 젊은이들이 더 대중교통을 이용함 → 공기오염 감소에 기여

〈본론 1〉 대체에너지 Storyline

근거(이유)	요즘 젊은이들이 대체에너지 사용을 통해 **energy crisis** 해결 중
설명	과거에 비해 요즘 청년들이 더 **solar & wind energy** 사용 → 화석 연료 사용 감소 → energy crisis 해결 + 자원 난개발 방지
예시	대학생인 형(동생)의 제안으로 **solar** 에너지로 온수를 사용해서 화석 연료 사용을 줄였던 경험

〈본론 2〉 대중교통 Storyline

근거(이유)	요즘 젊은이들이 대중교통 이용을 통해 공기오염 문제 해결 중
설명	과거에 비해 더 많은 젊은이들이 대중교통 이용 → 자동차 수 감소 → 배기가스 감소 + 에너지 보존
예시	**5년 전, 부산에서 대학생들 및 고등학생들이 대중교통 이용 campaign** 시작 — 대중교통 이용 증가 → 도로 위 차량 감소 — 공기오염 문제 해결에 기여

Tip 문제에 the past가 나왔을 경우, 너무 가까운 과거 또는 너무 먼 과거보다 50년 전 정도로 생각해서 브레인스토밍하면 된다.

추가 Storyline 활용 샘플 문제와 답안

Q. Since environmental issues are very complex, individuals cannot solve the problems.

환경적인 문제들은 매우 복잡하기 때문에, 개개인이 그 문제들을 해결할 수 없다.

≋ 아웃라인

문제 유형: 찬반형   **주제대상:** we, people, individuals

논리흐름
찬성: 개인들이 환경문제를 해결할 수 없는 이유, 정부나 기업(단체)이 해결해야 하는 이유
반대: 개인들이 환경문제 해결에 기여할 수 있는 방법 (또는 이유)

주장: 개인들이 환경문제 해결에 기여할 수 있다. (반대)

근거 1: 개인들이 대체에너지를 이용 → 환경보호
근거 2: 개인들이 대중교통 이용 → 공기오염 해결

〈본론 1〉 대체에너지 Storyline

근거(이유)	**개인들의** 대체에너지 사용 → 환경보호
설명	**과거에 비해 요즘 청년들이 더 solar & wind energy 사용** → 화석 연료 사용 감소 → energy crisis 해결 + 자원 난개발 방지
예시	**대학생인 형(동생)의 제안으로** solar 에너지로 온수를 사용해서 화석 연료 사용을 줄였던 경험

〈본론 2〉 대중교통 Storyline

근거(이유)	**개인들의** 대중교통 이용 → 공기오염 해결에 기여
설명	**많은 사람들이** 대중교통 이용 → 자동차 수 감소 → 배기가스 감소 + 에너지 보존
예시	**5년 전, 부산에서 시민들이 대중교통 이용 campaign 시작** → 대중교통 이용 증가 → 도로 위 차량 감소 → 공기오염 문제 해결에 기여

Sample Writing

서론	도입	Some people believe that environmental problems are so complicated that individuals cannot solve them.
	주장	However, contrary to this idea, it seems to me that the issues can be solved with individual effort.
	근거 소개	The concepts of alternative energy and public transportation will support my argument.

[도입] 어떤 사람들은 환경문제가 너무 복잡해서 개인이 해결할 수 없다고 믿는다. [주장] 하지만, 이런 생각과는 달리 내가 보기엔 개인의 노력으로 그 문제는 해결될 수 있다. [근거 소개] 대체 에너지와 대중교통의 개념이 나의 주장을 뒷받침할 것이다.

본론 1	근거	First of all, utilizing alternative energy sources is a way we can do for environmental protection.
	설명	To be specific, if individuals increase the use of renewable energy sources ranging from solar to wind, they will no longer depend on fossil fuels which are disappearing. Moreover, this effort can be one of the solutions to the global energy crisis and over-exploitation of natural resources.
	예시	For example, three years ago, my family started to use solar energy to heat up water. As a result, we were able to reduce the oil and natural gas consumption. Using the eco-friendly energy enabled us to use hot water without gas all day long and we saved money which would have been wasted in continuing to pay for gas.

[근거(이유)] 우선, 대체 에너지원을 활용하는 것이 환경보호를 위해 우리가 할 수 있는 방법이다. [설명] 구체적으로 말하자면, 만약 개인들이 태양열에서 풍력에 이르는 재생 가능한 에너지원의 사용을 증가시키면, 그들은 더 이상 사라지고 있는 화석 연료에 의존하지 않을 것이다. 게다가, 이 노력은 세계적인 에너지 위기와 천연자원의 과도한 착취를 해결할 해결책 중 하나가 될 수 있다. [예시] 예를 들어, 3년 전, 우리 가족은 온수 사용을 위해 태양열 에너지를 사용하기 시작했다. 결과적으로 우리는 석유와 천연가스의 사용을 줄일 수 있었다. 친환경 에너지를 사용하는 것은 우리들에게 하루 종일 가스 없이도 따뜻한 물을 사용하게 했고 우리는 계속해서 가스 요금을 지불하는 데 낭비했을 돈을 절약했다.

본론 2	근거	In addition, using public transportation is another way we can do to reduce air pollution.
	설명	To explain, if individuals ride public transportation rather than to drive, this will decrease the number of cars on the road, reduce car emissions, and preserve the energy resources.
	예시	For instance, five years ago, in Busan, a city of Korea, the citizens started a campaign promoting public transportation to clean the air of the city. A substantial number of people driving to work stopped driving and began to take the bus and subway. This movement contributed to a decrease in petroleum consumption, decreased carbon monoxide emissions, and reduced other hazardous air pollutants at a great rate.

[근거(이유)] 게다가, 대중교통을 이용하는 것은 대기 오염을 줄이기 위해 우리가 할 수 있는 또 하나의 방법이다. [설명] 설명하자면, 만약 개인이 운전하는 것보다 대중교통을 이용한다면, 이것은 도로 위의 자동차의 수를 줄이고, 자동차 배기가스를 줄이고, 에너지 자원을 보존할 것이다. [예시] 예를 들어, 5년 전, 한국의 도시인 부산에서 시민들은 도시의 공기를 깨끗하게 하기 위해 대중교통을 홍보하는 캠페인을 시작했다. 상당수의 운전자들이 운전을 멈추고 버스와 지하철을 타기 시작했다. 이러한 움직임은 석유 소비량 감소, 일산화탄소 배출 감소, 기타 유해 대기 오염물질의 큰 감소에 기여했다.

결론	상대 입장	Admittedly, some might argue that individuals cannot possibly solve environmental problems.
	요약	However, based on the ideas related to alternative energy and public transportation, we can conclude that individuals can contribute to the environmental protection.

[상대 입장] 인정하건대, 몇몇 사람들은 개인들은 도저히 환경문제를 해결할 수 없다고 주장할 수도 있다. [요약] 그러나 대체에너지와 대중교통 관련된 아이디어들을 기반으로 개인들은 환경보호에 기여할 수 있다는 결론을 내릴 수 있다.

Independent Task

독립형 문제

Practice Test

Practice Test

해설집 p. 072

주어진 아웃라인과 브레인스토밍을 참고해서 에세이를 완성해 보자.

Tip 직접 영작한 것과 샘플 답안을 비교해 보면서 다양한 표현을 익히고, 가능하면 전체 답안을 완성한 후에 첨삭을 받아보면 자신의 문법 및 표현의 문제점을 분석해 볼 수 있어서 더욱 학습효과가 좋을 것이다. 첨삭은 영단기 토플 또는 커넥츠 영단기 사이트(eng.conects.com)에 방문하면 이용해 볼 수 있다.

Q1.
Do you agree or disagree with the following statement?
It is better to watch movies made in our own country than to watch foreign movies.
Use specific reasons and examples to support your opinion.

아웃라인

문제 유형: 비교(선호)형	주제대상: people, we

논리흐름
찬성: 국내 영화를 보면 좋은 점, 해외 영화를 볼 때 문제점
반대: 해외 영화를 보면 좋은 점, 국내 영화만 보면 나쁜 점

주장: 해외 영화를 봐야 한다.

근거 1: 해외 영화를 보면 시야가 넓어진다.
근거 2: 해외 영화를 보면 취업에 도움이 된다.

Brainstorming

〈본론 1〉 시야 Storyline

근거(이유)	국내 영화와 달리 해외 영화를 보면 우리들 시야가 넓어진다.
설명	해외 영화를 통해 → 우리는 다양한 생활방식들 & 관습들에 노출됨 → 세계화 시대에 요구되는 지적 성장 경험하고 다양성을 존중하게 된다.
예시	1단계: 내가 작년에 프랑스 영화들을 시청 2단계: 그래서 몰랐던 프랑스 문화를 이해하고 알게 됨 3단계: 그 영화들이 프랑스에서 사람들의 삶, 유명한 장소, 전통공연들을 다루었기 때문에

〈본론 2〉 취업 Storyline

근거(이유)	해외 영화를 보면 → 미래 취업에 도움된다.
설명	그 영화를 통해서 국내 영화가 줄 수 없는 다양한 문화들을 접할 수 있음 → 회사에서 필요한 cultural competence를 키울 수 있음 → 요즘 회사들이 그런 능력을 필요로 한다.
예시	아버지 회사에서 면접 시 문화 이해력(문화적 역량)을 중요하게 여김

독립형 답안(Essay)

서론

도입	
주장	
근거 소개	

본론 1

근거(이유)	
설명	To be specific, we can be exposed to the different lifestyles and customs that we have never known before through the foreign content. Consequently, we will experience intellectual growth and respect the diversity, which is required in an era of globalization.
예시	For example, when I was in high school, I watched French films. As a result, _____ _____ The reason was that the movies dealt with French people's lives, some famous places, and traditional performances.

Tip 설명 부분에 'the different ideas and thoughts' 대신 주제에 따라 위 답안처럼 'the different lifestyles and customs(다른 생활방식들과 관습들)'를 사용할 수 있다.

본론 2

근거(이유)
_____
_____

설명 To explain, compared to domestic films, the movies help us to experience and understand other cultures, so we will develop cultural competence. As modern society has become increasingly competitive and globalized, today's companies are looking for employees having such qualities. Therefore, these are important to fight for jobs in highly competitive labor markets.

예시
_____

In the interview, he and other interviewers mainly look at the applicants' passion and the ability to understand another culture. This means that enjoying foreign movies is a sure way for people to prepare for the future.

결론

상대 입장 Admittedly, some might argue that enjoying domestic movies is better.

요약 및 재주장 (내 입장)
_____
_____
_____

Tip 시야 표현으로 outlook(불가산), 취업 표현으로 employment 또는 career(불가산)도 사용 가능하다.

Q2.

Do you agree or disagree with the following statement?

Taking online classes is better than traditional classes in school.

Use specific reasons and examples to support your opinion.

≋ 아웃라인

문제 유형: 비교(선호)형 　　　　　　　 주제대상: students

논리흐름
찬성: 온라인 수업 들으면 좋은 점, 학교를 다닐 때 문제점
반대: 학교에서 수업 들으면 좋은 점, 온라인 수업의 문제점

주장: 학교에서 공부해야 한다.

근거 1: 학교에서 수업 들으면 학생들이 동기부여 된다.
근거 2: 학교에서 수업 들으면 취업에 도움된다.

≋ Brainstorming

〈본론 1〉 동기부여 Storyline

근거(이유)	학교에서 수업 듣는 것 → 학생들을 동기부여 시킬 수 있다.
설명	온라인 수업과 달리 학교에서 다른 학생들과 자신을 비교하며 경쟁심을 느끼게 한다. → 이런 점이 촉진제가 됨 → 그래서 공부를 열심히 하게 됨
예시	1단계: 게으르고 공부에 흥미를 잃었던 brother(고등학생) → homeschooling 했음 2단계: 등교하고 다른 학생들과 수업 들으며 변화하게 됨 + 공부를 열심히 하게 됨 3단계: 열심히 공부하는 급우들을 보며 경쟁심을 느꼈기 때문

〈본론 2〉 취업 Storyline

근거(이유)	학교에서 수업을 듣는 것 → 미래 취업에 더 도움된다.
설명	온라인 수업과 비교했을 때 다른 학생들 및 선생님들과 직접 소통 및 토론 가능하게 함 → 회사에서 필요한 social skills을 키울 수 있음 → 요즘 회사들이 그런 능력을 필요로 한다.
예시	아버지 회사에서 면접 시 사회성을 중요하게 여김

독립형 답안(Essay)

서론

도입

주장 (나의 의견)

근거 소개

본론 1

근거(이유)

설명 To be specific, unlike online classes, it enables students to compare themselves with other students who have more knowledge or study harder, so they will feel competitive. This can be a facilitator which motivates them to improve themselves. They will make more effort, concentrate more, and feel more responsible for what they do. Therefore, this aspect will lead to better outcomes at school.

예시 For example, my brother, a high school student, used to be lazy and lost interest in his studies when he homeschooled by taking online classes. However, since he went to school and take classes with other students, he has changed little by little.

This was because he felt competitive with the classmates studying hard and having passion in what they did.

본론 2

근거(이유)

설명
To explain, compared to online courses, it enables students to directly socialize with other students or teachers who have different personalities, characteristics, and interests, so they will develop social skills.

예시
For instance, my father, the CEO of a company in Korea often tells me that a job interview is the most important component in employing people. In the interview, he and other interviewers mainly look at the applicants' passion and interpersonal skills. This means that studying in the classroom is a sure way for people, especially students, to prepare for the future.

결론

상대 입장

요약 및 재주장 (내 입장)

Q3.
Some people believe that, after school, children should spend spare time doing homework or participating in planned activities. However, others say that they should be given more time to do whatever they want. Which one do you prefer?

Use specific reasons and examples to support your opinion.

≋ 아웃라인

문제 유형: 비교(선호)형 　　　　　　　　주제대상: students

논리흐름
찬성: 계획된(정해진) 활동을 하면 좋은 점, 스스로 하고 싶은 것을 할 때 문제점
반대: 스스로 하고 싶은 것을 하면 좋은 점, 정해진 것만 했을 때 문제점

주장: 하고 싶은 것을 하는 시간이 더 주어져야 한다.

근거 1: 정해진 활동만 하면 건강에 좋지 않다.
근거 2: 하고 싶은 것을 하면 취업에 도움된다.

≋ Brainstorming

〈본론 1〉 건강 Storyline

근거(이유)	정해진 활동만 하는 것 → stressful하고 건강 문제를 야기한다.
설명	그 활동들 중 일부는 흥미롭지 않으므로 그것들을 억지로 하면 삶에 불만족을 느낌 → 스트레스 증가 → 스트레스는 면역체계를 약화시켜 질병을 야기한다.
예시	의사인 삼촌의 많은 환자들이 스트레스로 고통받고 있다. → 이런 점에서 볼 때 정해진 과제, 활동만 하는 것은 unhealthful하다.

〈본론 2〉 취업 Storyline

근거(이유)	더 많은 자유시간을 가지는 것 → 미래 취업에 도움된다.
설명	자신이 하고 싶은 것을 계획하고 실행하면서 시행착오를 겪게 된다. → 회사에서 필요한 problem-solving skills을 키울 수 있음 → 요즘 회사들이 그런 능력을 필요로 한다.
예시	아버지 회사에서 면접 시 문제해결능력(독립심)을 중요하게 여김

Tip 비교(선호)형 주제여도 상대 입장을 비판하는 '건강 Storyline'을 사용할 경우 그 본론 전체가 비교하는 것이 되므로 따로 상대 입장과 비교하는 표현을 각 본론에 넣을 필요는 없다.

독립형 답안(Essay)

서론

도입
Some people believe that children have to do activities organized by their schools or their parents.

주장 (나의 의견)
However, contrary to this idea, it seems to me that spending more time doing what they want is better.

근거 소개
The concepts of health and a job will support my argument.

본론 1

근거(이유)

설명

예시
For example, my uncle, a doctor at a general hospital in a city, sometimes tells me that many of his patients suffer adverse health effects from stress. In particular, students who are pushed to do homework and study come to him for stress-related ailments and disorders. They generally have headaches, obesity, or insomnia. In this sense, making children do planned activities is unhealthful for them.

본론 2

근거(이유)

설명

예시
For instance, my father, the CEO of a company in Korea often tells me that a job interview is the most important component in employing people. In the interview, he and other interviewers mainly look at the applicants' passion and problem-solving skills. This means that having more time to do interesting things is a sure way for people, especially children, to prepare for the future.

결론

상대 입장
Admittedly, some might argue that children should engage in planned activities after school.

요약 및 재주장 (내 입장)
However, based on the ideas related to health and career, we can conclude that having more freedom after school is more beneficial for them.

Q4.
Do you agree or disagree with the following statement?
All university students should be required to take basic science courses.
Use specific reasons and examples to support your opinion.

≋ 아웃라인

| 문제 유형: 찬반형 | 주제대상: 대학생 |

논리흐름
찬성: 대학생들이 기초과학 수업을 들으면 좋은 점
반대: 강제로 기초과학 수업 들을 때 문제점, 전공 공부에만 집중하면 좋은 점

주장: 모든 대학생이 기초 과학 수업을 들 필요 없다. (반대)

근거 1: 강제로 들으면 건강에 좋지 않다.
근거 2: 전공에 집중하면 취업에 도움된다.

≋ Brainstorming

〈본론 1〉 건강 Storyline

근거(이유)	기초과학 수업을 들으면 → stressful하고 건강문제를 야기한다.
설명	전공이 과학 or 공학이 아닌 많은 학생들 흥미 X → 학교생활에 불만족을 느낌 → 스트레스 증가 → 스트레스는 면역체계를 약화시켜 질병을 야기한다.
예시	의사인 삼촌의 많은 환자들이 스트레스로 고통받고 있다. → 이런 점에서 볼 때 강제로 과학 수업 듣는 것은 unhealthful하다.

〈본론 2〉 취업 Storyline

근거(이유)	전공에 집중 → 미래 취업에 도움된다.
설명	기초과학 수업 같은 교양과목들보다 전공에 더 많은 시간을 쓰면 → 회사에서 필요한 expertise를 키울 수 있음 → 요즘 회사들이 그런 능력을 필요로 한다.
예시	아버지 회사에서 면접 시 전문성을 중요하게 여김

독립형 답안(Essay)

서론

도입
Some people believe that all college students should take basic science courses.

주장 (나의 의견)
However, contrary to this idea, it seems to me that attending the science classes is unnecessary to many of them.

근거 소개
The concepts of health and a job will support my argument.

본론 1

근거(이유)
First of all, taking the required science classes is too stressful for college students, and this contributes to health problems.

설명
To be specific, probably, many students who do not major in science or engineering are not interested in the courses. If they are pushed to study the unwanted subjects, they will feel unhappy in school. This situation will stress them out. In fact, stress is one of the primary factors of illnesses because it weakens the ability of the immune system in fighting diseases.

예시

본론 2

근거(이유)

In addition, focusing on major courses is helpful for one's future career.

설명

To explain, if undergraduates spend more time on their fields than elective courses like a science class, they will develop expertise. As modern society has become increasingly competitive and globalized, today's companies are looking for employees having such qualities. Therefore, these are important to fight for jobs in highly competitive labor markets.

예시

결론

상대 입장

요약 및 재주장 (내 입장)

Q5.
Do you agree or disagree with the following statement?
Children can benefit from taking care of pets.
Use specific reasons and examples to support your opinion.

⋛ 아웃라인

문제 유형: 찬반형	주제대상: children

논리흐름
찬성: 애완동물을 키우면 좋은 점
반대: 애완동물 키울 때 문제점

주장: 애완동물 키우는 것은 아이들에게 유익하다. (찬성)

근거 1: 애완동물과 시간 보내면 스트레스 해소된다.
근거 2: 애완동물을 키우면 취업에 도움된다.

⋛ Brainstorming

〈본론 1〉 스트레스 Storyline

근거(이유)	애완동물과 시간 보내기 → 아이들이 스트레스 해소하도록 한다.
설명	애완동물들과 놀며 → 마음의 휴식, 정화 → 복잡한 문제들에 대한 해결방법을 가져옴 → 그러므로 애완동물 키우는 것이 힘든 현실에서 벗어나는 최고의 방법
예시	1단계: 작년에 고등학교에서 많은 과제 때문에 스트레스 받은 my sister 2단계: 강아지를 키움 → 스트레스 받은 것으로부터 잠시 벗어남 3단계: 공원에서 함께 놀고, 산책하면서 기분이 좋아졌다.

〈본론 2〉 취업 Storyline

근거(이유)	애완동물 키우기 → 미래 취업에 도움된다.
설명	스스로 밥 주고, 씻기면서 → 회사에서 필요한 책임감을 키울 수 있음 → 요즘 회사들이 그런 능력을 필요로 한다.
예시	아버지 회사에서 면접 시 책임감을 중요하게 여김

독립형 답안(Essay)

서론

도입
Some people believe that taking care of pets does not benefit children.

주장 (나의 의견)
However, contrary to this idea, it seems to me that looking after pets is beneficial to children.

근거 소개
The concepts of stress and a job will support my argument.

본론 1

근거(이유)
First of all, having a dog or cat allows children to alleviate stress.

설명

예시
For example, last year, my sister was extremely exhausted and stressed due to excessive homework in high school, However, after she raised a male puppy, she had a brief moment of relief from her stressful schoolwork. Specifically speaking, she played with him and took him for a walk in the park, which made her feel better.

본론 2

근거(이유): In addition, owning a pet is helpful for one's future career.

설명:

예시: For instance, my father, the CEO of a company in Korea often tells me that a job interview is the most important component in employing people. In the interview, he and other interviewers mainly look at the applicants' passion and a sense of responsibility. This means that having a pet is a sure way for people, especially children, to prepare for the future.

결론

상대 입장:

요약 및 재주장 (내 입장):

Q6.
Do you agree or disagree with the following statement?
Children should be required to learn art and music in school.
Use specific reasons and examples to support your opinion.

⋛ 아웃라인

문제 유형: 찬반형	주제대상: children

논리흐름
찬성: 미술과 음악을 배우면 좋은 점
반대: 미술과 음악을 배울 필요 없는 이유

주장: 아이들은 미술과 음악을 배워야 한다. (찬성)

근거 1: 미술과 음악을 즐기면 스트레스를 해소할 수 있다.
근거 2: 미술과 음악을 배우면 시야를 넓힐 수 있다.

⋛ Brainstorming

⟨본론 1⟩ 스트레스 Storyline

근거(이유)	학교에서 미술과 음악 즐기는 것 → 아이들이 스트레스 해소하도록 한다.
설명	작품 감상, 그림 그리기, 악기 연주 → 마음의 휴식, 정화 → 복잡한 문제들에 대한 해결방법을 가져옴 → 그러므로 미술, 음악과 시간 보내는 것 → 힘든 현실에서 벗어나는 최고의 방법
예시	1단계: 작년에 고등학교에서 많은 과제 때문에 스트레스 받은 my sister 2단계: 음악 수업에 참여하며 → 스트레스 받은 것으로부터 잠시 벗어남 3단계: 좋은 음악 듣고, 바이올린을 연주하고, 노래했다.

⟨본론 2⟩ 시야 Storyline

근거(이유)	미술과 음악을 배우면 아이들 시야가 넓어진다.
설명	다양한 예술 작품들을 통해 → 아이들이 다양한 아이디어와 생각에 노출됨 → 세계화 시대에 요구되는 지적 성장 경험하고 다양성을 존중하게 된다.
예시	1단계: 내가 고등학교 때 미술 수업을 들었음 2단계: 그래서 몰랐던 프랑스 문화를 이해하고 알게 됨 3단계: 그 수업들이 프랑스 사람들의 삶, 유명한 장소, 전통공연들을 보여주는 작품들을 다루었기 때문에

독립형 답안(Essay)

서론

도입	Some people believe that not every child has to take art and music lessons.
주장 (나의 의견)	However, contrary to this idea, it seems to me that learning art is necessary to children.
근거 소개	The concepts of stress and a perspective will support my argument.

본론 1

근거(이유)	
설명	
예시	

본론 2

근거(이유) In addition, learning art and music enables children to broaden their perspectives.

설명 To explain, they can be exposed to the different ideas and thoughts that they have never known before through various art works and pieces of music. Consequently, they will experience intellectual growth and respect the diversity, which is required in an era of globalization.

예시 For instance, when I was in high school, I took art classes. As a result, I understood and learned about a variety of cultural things such as French music, food, and clothing. The reason was that the courses dealt with the art works which showed French people's lives, some famous places, and traditional performances.

결론

상대 입장 _____
_____

요약 및 재주장 (내 입장) _____
_____

Tip 스트레스 storyline 사용 시 'stress' 표현 외에 'mental health(불가산)' 표현도 활용할 수 있다.

Q7.
Do you agree or disagree with the following statement?
It is better for high school students to learn by listening to lectures than by having discussions with their classmates.
Use specific reasons and examples to support your opinion.

≋ 아웃라인

문제 유형: 비교(선호)형   주제대상: 고등학생

논리흐름
찬성: 강의식 수업의 장점(교사 중심 수업), 토론식 수업의 단점
반대: 토론식 수업의 장점(학생 중심 수업), 강의식 수업의 단점

주장: 토론식 수업이 더 좋다.

근거 1: 토론에 참여하면 미래 취업에 도움된다.
근거 2: 토론 수업은 학생들에게 동기부여 시킨다.

≋ Brainstorming

〈본론 1〉 취업 Storyline

근거(이유)	수업에서 토론 참여 → 미래 취업에 도움된다.
설명	본인의 의견 표현 분명하게 하고 타인을 설득하는 연습을 하게 됨 → 회사에서 필요한 discussion skills을 키울 수 있음 → 요즘 회사들이 그런 능력을 필요로 한다.
예시	아버지 회사에서 면접 시 토론 능력을 중요하게 여김

〈본론 2〉 동기부여 Storyline

근거(이유)	토론식 수업 참여 → 학생들을 동기부여 시킬 수 있다.
설명	더 뛰어난 친구들과 의견을 공유하며 경쟁심을 느낌 → 이런 점이 촉진제가 됨 → 그래서 공부를 열심히 하게 됨
예시	1단계: 게으르고 공부에 흥미를 잃었던 brother(고등학생) 2단계: economics 토론 수업에 참여한 이래로 변화하게 됨 + 공부를 열심히 하게 됨 3단계: 더 많은 지식을 가진 다른 친구들을 보며 경쟁심을 느꼈기 때문

독립형 답안(Essay)

서론

- 도입
- 주장
- 근거 소개

본론 1

근거(이유): First of all, participating in a class discussion is helpful for one's future career.

설명: To be specific, high school students can practice expressing their opinions clearly and persuading others, so they will develop discussion skills. As modern society has become increasingly competitive and globalized, today's companies are looking for employees having such qualities. Therefore, these are important to fight for jobs in highly competitive labor markets.

예시: For example, my father, the CEO of a company in Korea often tells me that a job interview is the most important component in employing people. In the interview, he and other interviewers mainly look at the applicants' passion and discussion skills because his company often holds meetings to come up with new ideas or make important decisions. This means that having class-discussions with other students is a sure way for people, especially high school students, to prepare for the future.

Tip 위 예시에서 "discussion skills because ~"에서 because 이하 구문은 왜 면접에서 토론 능력을 주로 보는지 이유를 설명하고 있다. 이 방식은 필요 시 다른 능력을 가지고 쓸 때도 사용할 수 있다.

본론 2

- 근거(이유)
- 설명
- 예시

결론

- 상대 입장: Admittedly, some might argue that high school students have to take a lecture and take a note in class.

- 요약 및 재주장 (내 입장): However, based on the ideas related to career and motivation, we can conclude that communicating and sharing ideas with their classmates during class is better for them.

Q8.
Some people think that a school should start the day at an early time in the morning. However, others think that the school should start the day at later time. Which one do you prefer?
Use specific reasons and examples to support your opinion.

아웃라인

문제 유형: 비교(선호)형   주제대상: 초등학생~고등학생

논리흐름
찬성: 늦게 등교 장점, 일찍 등교 단점
반대: 늦게 등교 단점, 일찍 등교 장점

주장: 늦게 등교하는 것이 더 좋다.

근거 1: 일찍 등교하면 건강에 좋지 않다.
근거 2: 늦게 등교하면 학생들이 동기부여 된다.

Tip 이 주제에서 'later time'은 오후나 저녁때를 의미하는 것이 아니라 오전 10시 정도라고 보면 된다. 반대로 이른 등교 시간은 오전 7~8시 정도이다. 만약 등교가 오후 시간이라면 주제에 "in the afternoon" 같은 표현이 있어야 한다.

Brainstorming

〈본론 1〉 건강 Storyline

근거(이유)	일찍 등교하면 → 학생들에게 stressful하고 건강문제를 야기한다.
설명	늦는 것에 대한 걱정하는 학생들은 충분한 잠을 자지 못하고 아침을 거르게 된다. → 학교에서 매우 피곤함 → 스트레스 증가 → 스트레스는 면역체계를 약화시켜 질병을 야기한다.
예시	의사인 삼촌의 많은 환자들이 스트레스로 고통받고 있다. → 이런 점에서 볼 때 일찍 등교하는 것은 unhealthful하다.

〈본론 2〉 동기부여 Storyline

근거(이유)	늦게 등교 → 학생들이 학교에서 동기부여 되도록 해준다.
설명	충분함 잠을 통해 energetic해 질 수 있다. → 이런 점이 촉진제가 됨 → 그래서 일을 열심히 하게 됨
예시	1단계: 게으르고 공부에 흥미를 잃었던 brother(고등학생 _ 항상 잠이 부족했음) 2단계: 학교가 늦게 시작한 이래로 변화하게 됨 + 공부를 열심히 하게 됨 3단계: 충분한 잠 덕분에 좀 더 힘이 났기 때문에

독립형 답안(Essay)

서론

도입	Some people believe that schools should start early in the morning.
주장 (나의 의견)	However, contrary to this idea, it seems to me that starting school later is more beneficial to students.
근거 소개	The concepts of health and motivation will support my argument.

본론 1

근거(이유)	
설명	
예시	

본론 2

근거(이유)

설명

예시

결론

상대 입장: Admittedly, some might argue that an early school start time is beneficial to students.

요약 및 재주장 (내 입장): However, based on the ideas related to health and motivation, we can conclude that going to school later is much better for them.

Q9.
Do you agree or disagree with the following statement?
A college should spend more money supporting social activities than improving a school cafeteria.
Use specific reasons and examples to support your opinion.

≋ 아웃라인

문제 유형: 비교(선호)형	**주제대상:** 대학생, 대학

논리흐름
찬성: 사회활동에 투자했을 때 좋은 점
반대: 학교식당에 투자했을 때 좋은 점

주장: 사회활동에 투자하는 것이 더 좋다.

근거 1: 사회활동 투자가 학생들 시야가 넓어지는 데 도움
근거 2: 사회활동 투자가 학생들 스트레스 해소에 도움

Tip 이 주제에서 social activities는 학생회, 동아리활동, 스포츠, 봉사활동 등을 말한다.

≋ Brainstorming

〈본론 1〉 시야 Storyline

근거(이유)	학교식당 개선하는 것과 달리 사회활동에 투자 → 학생들 시야가 넓어진다.
설명	다양한 학생들과 교류하면서 → 다양한 ideas & thoughts에 노출됨 → 세계화 시대에 요구되는 지적 성장 경험 + 다양성을 존중
예시	1단계: 내가 대학교 다닐 때 교내 rock climbing club 가입 2단계: 그래서 몰랐던 지역 문화를 이해하고 알게 됨 3단계: 한국 다른 지역 출신의 club 친구들과 의견을 공유하고, 점심 먹고, 유명한 산들을 함께 등반했기 때문에

〈본론 2〉 스트레스 Storyline

근거(이유)	
설명	
예시	1단계: 2단계: 3단계:

독립형 답안(Essay)

서론

도입	
주장	
근거 소개	

본론 1

근거(이유)	First of all, investing in social activities enables college students to broaden their perspectives unlike improving a school cafeteria.
설명	To be specific, they can be exposed to the different ideas and thoughts that they have never known before by interacting with a variety of students doing the same social activities. Consequently, they will experience intellectual growth and respect the diversity, which is required in an era of globalization.
예시	For example, when I was in college, I spent my spare time in a rock climbing club on campus. As a result, I understood and learned about a variety of cultural things such as local music, food, and clothing. The reason was that I shared my opinions with friends who were from different regions in Korea, had meals, and climbed famous mountains in Korea together.

본론 2

근거(이유)

설명

예시

결론

상대 입장: Admittedly, some might argue that a college has to invest in a school cafeteria first.

요약 및 재주장 (내 입장): However, based on the ideas related to outlook and mental health, we can conclude that a university should spend more money on social activities for its students.

Q10.
Do you agree or disagree with the following statement?
It is important for people to have family meals together regularly.
Use specific reasons and examples to support your opinion.

≽ 아웃라인

문제 유형: 찬반형 　　　　　　　　주제대상: we, people

논리흐름
찬성: 가족과 함께 식사하면 좋은 이유
반대: 가족과 함께 주기적으로 식사하기 힘든 이유, 함께 주기적으로 식사할 때 문제점

주장: 가족과 주기적으로 함께 식사해야 한다. (찬성)

근거 1: 가족과 함께 식사하면서 스트레스 해소
근거 2: 주기적인 가족 식사가 취업에 도움

≽ Brainstorming

〈본론 1〉 스트레스 Storyline

근거(이유)	가족과 식사 → 우리가 스트레스 해소하도록 한다.
설명	밥 먹으며 좋은 대화 + 고민 공유 → 마음의 휴식, 정화 → 복잡한 문제들에 대한 해결방법을 가져옴 → 그러므로 가족과 함께 식사하는 것이 힘든 현실에서 벗어나는 최고의 방법
예시	1단계: 작년에 고등학교에서 많은 과제 때문에 스트레스 받은 my sister 2단계: 토요일마다 가족들과 함께 외식 → 스트레스 받은 것으로부터 잠시 벗어남 3단계: 학교에서의 고민을 부모님과 공유하고 따뜻한 조언을 들었다.

〈본론 2〉 취업 Storyline

근거(이유)	
설명	
예시	

독립형 답안(Essay)

서론

도입	
주장 (나의 의견)	
근거 소개	

본론 1

근거(이유)	First of all, having a meal together allows us to alleviate stress.
설명	To be specific, we can have meaningful conversations and share worries with our family members in the good atmosphere, which helps us to relax and clear our mind. This brings a new solution to perplexing and stressful problems at work or school. Therefore, having a family meal is one of the best and most effective ways to escape from the harsh reality.
예시	For example, last year, my sister was extremely exhausted and stressed due to excessive homework in high school, However, after she had family dinner in a restaurant every Saturday, she had a brief moment of relief from her stressful schoolwork. Specifically speaking, she shared problems and worries at school, and got sincere and heartwarming advice from my parents, which made her feel better.

본론 2

근거(이유)

설명

예시

결론

상대 입장

요약 및
재주장
(내 입장)

Q11.
Do you agree or disagree with the following statement?
We should accept criticism in order to succeed.
Use specific reasons and examples to support your opinion.

> Tip 주제에서 succeed, successful, success와 같은 '성공' 관련 표현이 나오더라도 그 의미가 너무 포괄적이므로 크게 연연할 필요 없다.

≋ 아웃라인

문제 유형: 찬반형 　　　　　　　　주제대상: we, people

논리흐름
　찬성: 비판을 받아들이면 좋은 점, 비판을 무시했을 때 문제점
　반대: 모든 비판을 받아들일 때 문제점

주장: 비판을 받아들여야 한다. (찬성)

근거 1: 비판을 무시하면 좋은 의도로 비판한 사람들의 건강에 좋지 않음
근거 2: 비판을 받아들이면 우리 삶에 동기부여 된다.

≋ Brainstorming

〈본론 1〉 건강 Storyline

근거(이유)	
설명	
예시	

〈본론 2〉 동기부여 Storyline

근거(이유)	
설명	
예시	1단계: _____ 2단계: _____ 3단계: _____

독립형 답안(Essay)

서론

- 도입
- 주장
- 근거 소개

본론 1

- 근거(이유)
- 설명
- 예시

본론 2

근거(이유)	
설명	
예시	

결론

상대 입장	
요약 및 재주장 (내 입장)	

Memo

Independent Task

독립형 문제

특별 부록

독립형 출제 예상 주제 브레인스토밍

· Topic 1 ~ Topic 70

독립형 출제 예상 주제 브레인스토밍

앞서 정리한 5개의 스토리라인을 활용할 수 있는 다양한 출제 예상 주제들에 대한 문제의 아웃라인과 브레인스토밍을 정리하였다. 이를 바탕으로 시험 전까지 최대한 많은 주제들에 대해 써보고 첨삭을 받으면 학습효과가 클 것이다.

〈학습법〉
1. 아래 브레인스토밍은 대략적인 흐름을 정리했으므로 그대로 써도 되는 경우도 있지만, 필요 시 논리 및 디테일을 조금 더 강화해서 써야 한다.
2. 주제별로 주어진 샘플 아이디어 2개 외에 다른 아이디어들도 가능할 수 있다.
3. 아이디어가 주장별로 1개씩만 있으면 앞서 배운 1+1방식을 활용해 보거나 다른 아이디어를 생각해 본다.
4. 만약 시험이 얼마 남지 않았다면 빠르게 Topic과 아이디어들을 읽어본다.

Topic 1

People who develop many different skills are more successful than people who focus on one skill only.
한 가지 기술에만 집중하는 사람보다 다양한 다른 기술들을 발전시키는 사람들이 더 성공적이다.

아웃라인
문제 유형: 비교(선호)형 / 대상: we, people

Brainstorming _ 한 가지 기술

1. '취업'
근거: 한 가지 기술 → 취업에 도움됨
설명: 한 가지 분야에 집중 → 회사에서 필요한 expertise를 키울 수 있음 → 요즘 회사들이 그런 능력을 필요로 한다
예시: 아버지 회사에서 면접 시 전문성을 중요하게 여김

2. '건강'
근거: 다양한 다른 기술 → too stressful
설명: 더 많은 시간과 노력 필요 → 더 부담스러움 → 스트레스 up! → 스트레스가 면역체계를 약화시켜 질병 야기
예시: 의사인 삼촌의 환자들이 스트레스 때문에 고통받는 케이스

Topic 2

Young people should try many different kinds of jobs or career before they decide the long-term career of their life.

젊은 사람들은 그들의 삶에서 장기적인 직업을 결정하기 전에 다양한 종류의 직업을 경험해봐야 한다.

아웃라인
문제 유형: 찬반형 / 대상: young people

| Brainstorming _ 반대: 한 개의 직업 |

1. '취업'
근거: 한 개의 직업 위주 → 취업에 도움됨
설명: 한 가지 분야에 집중 → 회사에서 필요한 expertise를 키울 수 있음 → 요즘 회사들이 그런 능력을 필요로 한다
예시: 아버지 회사에서 면접 시 전문성을 중요하게 여김

2 '건강'
근거: 다양한 직업 경험 → too stressful
설명: 더 많은 시간과 노력 필요 + 혼란을 느낄 수 있음 → 스트레스 up! → 스트레스가 면역체계를 약화시켜 질병 야기
예시: 의사인 삼촌의 환자들이 스트레스 때문에 고통받는 케이스

Topic 3

At some universities, students take part in making decisions about the issues that affect daily life of everyone on campus, such as how many hours that the libraries should be open each day or what kinds of food should be served in the cafeteria. But at some universities, experts are hired to make these decisions, students almost never involved. Which approach do you prefer and why?

어떤 대학들에서는, 학생들이 일자 별로 도서관이 몇 시간 개방되어야 하는지 혹은 학생 식당에서 어떠한 종류의 음식이 제공되어야 하는지에 대한 사안처럼 교내의 모든 사람들의 일상에 영향을 미치는 사안들에 대한 결정을 내리는 데 참여한다. 하지만 어떤 대학들에서는 이러한 결정을 내리기 위한 전문가들이 고용되어 있어 학생들은 거의 관여하지 않는다. 어떤 방법을 선호하고 이유는 무엇인가?

아웃라인
문제 유형: 비교(선호)형 / 대상: 대학생

| Brainstorming _ 결정 참여 X |

1. '취업'
근거: 전공 공부에 집중 → 취업에 도움됨
설명: 공부 외 다른 것들 신경 쓰지 않고, 한 가지 분야에 집중 → 회사에서 필요한 expertise를 키울 수 있음
　　　→ 요즘 회사들이 그런 능력을 필요로 한다
예시: 아버지 회사에서 면접 시 전문성을 중요하게 여김

2 '건강'
근거: 학교 시설 운영을 신경 쓰는 것 → too stressful
설명: 전공과 관계없는 + 관심 없는 시설 운영 결정에 참여 → 시간 낭비라고 느낌 → 스트레스 up! → 스트레스가
　　　면역체계를 약화시켜 질병 야기
예시: 의사인 삼촌의 환자들이 스트레스 때문에 고통받는 케이스

Topic 4

It is better to use your knowledge and experience to solve the problems than ask other people for advice.

문제를 해결하기 위해서 다른 사람들에게 조언을 구하는 것보다 자신의 지식이나 경험을 사용하는 것이 더 낫다.

아웃라인
문제 유형: 비교(선호)형 / 대상: we, people

Brainstorming _ 혼자 해결

1. '동기부여'
근거: 스스로 해결 → 동기부여 됨
설명: 긍정적 tension + 책임감 ↑ → 촉진제 → 열심히 공부 → 좋은 결과
예시: 태만하고 공부에 흥미를 잃은 남동생(고등학생)
　　　b/c 대학 진학에 대한 고민 때문에 → 스스로 대학교 및 전공을 정한 후 → 공부를 열심히 하게 됨
　　→ 이유: 스스로 한 결정에 대한 책임감을 느꼈기 때문

2. '취업'
근거: 스스로 해결 → 취업에 도움 됨
설명: 해결을 위해 스스로 정보 찾기 및 분석 + trial and error(시행착오)
　　→ 회사에서 필요한 독립심 발전 → 요즘 회사들이 그런 능력을 필요로 한다
예시: 아버지 회사에서 면접 시 problem-solving skills를 중요하게 여김

Topic 5

Imagine that a professor wants students to learn a subject as much as possible in a short period of time. Is it better to require students to work alone or to require students to work in a group?

교수님이 학생들이 단기간 안에 최대한 많은 과목들을 배우기를 원한다고 가정해보자. 학생들이 혼자 공부하도록 하는 것이 나은가? 아니면 그룹으로 공부하도록 하는 것이 나은가?

아웃라인
문제 유형: 비교(선호)형 / 대상: 대학생

Brainstorming _ 그룹으로 공부

1. '취업'
근거: 함께 공부 → 취업에 도움됨
설명: 타 학생들과 소통 및 discuss하며 → 회사에서 필요한 social skills + cooperative skills 발전
　　→ 요즘 회사들이 그런 능력을 필요로 한다
예시: 아버지 회사에서 면접 시 사회성을 중요하게 여김

2. '동기부여'
근거: 그룹으로 공부 → 동기부여 됨
설명: 나보다 뛰어난 친구들을 보며 경쟁심을 느낌 → 촉진제 → 열심히 공부 → 좋은 결과
예시: 태만하고 공부에 흥미를 잃은 남동생(대학생)
　　→ 토론식 수업에 참여하며 변화(e.g. political science, economics) → 공부를 열심히 하게 됨
　　→ 이유: 본인보다 열심히 하는 학생들을 보며 자극받음

Topic 6

Rather than help children with their schoolwork, parents should encourage their children to do their work independently.

아이들의 학업을 도와주기보다, 부모들은 아이들이 스스로 자신의 일을 할 수 있도록 자녀들을 장려해주어야 한다.

아웃라인
문제 유형: 비교형 / 대상: children(고등학생까지)

Brainstorming _ 스스로 하게 하기

1. '건강'
근거: 부모의 도움 → too stressful
설명: 부모와 공부법에 대한 의견이 다를 경우 → 갈등이 발생할 수 있음 또는 부모의 high expectation
 → 스트레스 up! → 스트레스가 면역체계를 약화시켜 질병 야기
예시: 의사인 삼촌의 환자들이 스트레스 때문에 고통받는 케이스

2. '취업'
근거: 혼자 공부 → 취업에 도움 됨
설명: 스스로 학습 계획하고 관련 정보 찾기 + trial and error(시행착오) → 회사에서 필요한 독립심 발전
 → 요즘 회사들이 그런 능력을 필요로 한다
예시: 아버지 회사에서 면접 시 problem-solving skills를 주로 봄

Topic 7

Children can no longer get useful advice from their grandparents.

아이들은 더 이상 조부모들로부터 유용한 조언을 얻을 수 없다.

아웃라인
문제 유형: 찬반형 / 대상: children

Brainstorming _ 조언 필요 X

1. '건강'
근거: 조부모에게 조언을 구하는 것 → too stressful
설명: 세대차이, 손주들 상황 이해 어려움 → 적절한 조언 가능성 ↓ → 스트레스 up! (아이들 + 조부모 모두)
 → 스트레스가 면역체계를 약화시켜 질병 야기
예시: 의사인 삼촌의 환자들이 스트레스 때문에 고통받는 케이스

Brainstorming _ 조언 필요 O

1. '동기부여'
근거: 조부모의 조언 → 동기부여 됨
설명: 다양한 경험과 지혜를 바탕으로 → 적절한 조언 → 촉진제 → 열심히 공부 → 좋은 결과
예시: 태만하고 공부에 흥미를 잃은 남동생(고등학생)
 → 오랫동안 선생님이었던 할아버지의 조언을 듣고 → 공부를 열심히 하게 됨
 → 이유: 공부에 대한 노하우 + 시간 관리법을 알려주심

Topic 8

Getting advice from friends who are older than you is more valuable than getting that from your peers.
나이가 더 많은 친구들에게 조언을 구하는 것이 동갑인 친구들에게 조언을 받는 것보다 더 가치가 크다.

아웃라인
문제 유형: 비교(선호)형 / 대상: we, people

Brainstorming _ 동갑인 친구의 조언

1. '건강'
근거: older friends의 조언을 구하는 것 → too stressful
설명: 동갑인 친구만큼 정확하게 상황 이해 어려움 → 적절한 조언 가능성 ↓
　　　→ 스트레스 up! (본인과 친구들 모두) → 스트레스가 면역체계를 약화시켜 질병 야기
예시: 의사인 삼촌의 환자들이 스트레스 때문에 고통 받는 케이스

Brainstorming _ 나이 많은 친구의 조언

1. '동기부여'
근거: older friends의 조언 → 동기부여 됨
설명: 다양한 경험과 지혜를 바탕으로 → 적절한 조언 → 촉진제 → 열심히 공부 → 좋은 결과
예시: 태만하고 공부에 흥미를 잃은 남동생(고등학생)
　　　→ 오랫동안 선생님이었던 친구의 조언을 듣고 → 공부를 열심히 하게 됨
　　　→ 이유: 공부에 대한 노하우 + 시간 관리법을 알려줌

Topic 9

Parents need to put restrictions on their children's watching TV.
부모님들은 아이들이 TV 시청하는 것에 제한을 두어야 한다.

아웃라인
문제 유형: 찬반형 / 대상: children

Brainstorming _ TV 시청 찬성

1. '시야'
근거: TV 시청 → 시야가 넓어짐
설명: 다양한 TV programs → 다양한 ideas & thoughts에 노출 + 다양성을 받아들임
예시: 고등학생이 France 관련 TV documentaries 시청 → 잘 몰랐던 프랑스 문화들에 대해 알게 됨

2. '스트레스 해소'
근거: TV 시청 → 스트레스 풀어 줌
설명: sports 또는 entertainment 관련 프로그램 시청
　　　→ 마음을 맑게 → 어려운 문제들에 새로운 접근 가능 + 힘든 현실에서 벗어 남
예시: 고등학교에서 스트레스 받음
　　　→ game show를 보며 스트레스 해소(편안한 couch에 앉아 snack과 ice cream을 먹으며)

Topic 10

Children should not be allowed to play computer games.
아이들은 컴퓨터 게임을 하면 안 된다.

아웃라인
문제 유형: 찬반형 / 대상: children 또는 young students

Brainstorming _ 게임 찬성

1. '스트레스 해소'
근거: 컴퓨터 게임 → 스트레스 풀어줌
설명: exciting 컴퓨터 게임
  → 마음을 맑게 → 어려운 문제들에 새로운 접근 가능 + 힘든 현실에서 벗어 남
예시: 고등학교에서 스트레스 받음
  → 친구들과 online 게임을 하며 스트레스 해소(함께 snack과 ice cream을 먹으며)

2. '취업'
근거: 컴퓨터 게임을 하면 → 취업에 도움됨
설명: 게임 속 문제들을 해결하며 → 회사에서 필요한 problem-solving skills 발전
  → 요즘 회사들이 그런 능력을 필요로 한다
예시: 아버지 회사에서 면접 시 문제 해결 능력을 중요하게 여김

Topic 11

High school students should do household work such as cleaning or dishwashing after school.
고등학생들은 방과 후에 청소 혹은 설거지와 같은 집안일을 해야 한다.

아웃라인
문제 유형: 찬반형 / 대상: 고등학생

Brainstorming _ 집안일 찬성

1. '동기부여'
근거: 아이들의 집안일 → 동기부여 됨
설명: 집안일을 끝내며 성취감 + 가정에서 필요한 존재라는 것을 느낌
  → 촉진제 → 열심히 공부 → 좋은 결과
예시: 태만하고 공부에 흥미를 잃은 남동생(고등학생)
  → 집안일을 시작한 이후(걸레질, 재활용) → 변화 시작 → 공부를 열심히 하게 됨
  → 이유: 성취감을 느낌

2. '취업'
근거: 집안일을 하면 → 취업에 도움됨
설명: 방과 후 학업과 동시에 집안일을 하면서 → 직장에서 필요로 하는 time-management skills를 키움
  → 요즘 회사들이 그런 능력을 필요로 한다
예시: 아버지 회사에서 면접 시 시간 관리 능력을 중요하게 여김

Topic 12

Some believe that teachers should let their students to choose books by themselves. Others believe that teachers should select books for their students.

어떤 사람들은 선생님들이 학생들이 읽어야 하는 책들을 스스로 고르도록 해야 한다고 주장한다. 다른 사람들은 선생님들이 학생들을 위해 책을 골라주어야 한다고 생각한다.

아웃라인

문제 유형: 비교(선호)형 / 대상: students (고등학생까지)

Brainstorming _ 학생 스스로 고르기

1. '건강'
근거: assigned books 읽기 → too stressful
설명: 흥미 없는 책을 강제로 읽는 것 → 스트레스 up! → 스트레스가 면역체계를 약화시켜 질병 야기
예시: 의사인 삼촌의 환자들이 스트레스 때문에 고통받는 케이스

2. '취업'
근거: 스스로 책을 골라 읽으면 → 취업에 도움됨
설명: 자신의 흥미에 맞는 책을 찾기 위해 스스로 관련 정보 찾기 및 분석 → 회사에서 필요한 독립심 발전
     → 요즘 회사들이 그런 능력을 필요로 한다
예시: 아버지 회사에서 면접 시 problem-solving skills를 중요하게 여김

Topic 13

Some people think that older children should be required to take care of the younger children. Others think that this should be done by parents or other adults. Which do you prefer?

어떤 사람들은 나이가 많은 아이들이 어린 아이들을 돌보도록 해야 한다고 생각한다. 다른 사람들은 어린 아이들을 돌보는 역할을 부모님 혹은 다른 어른들이 해야 한다고 생각한다. 어떤 것을 선호하는가?

아웃라인

문제 유형: 비교(선호)형 / 대상: children

Brainstorming _ 직접 돌보기

1. '취업'
근거: 동생을 돌보면 → 취업에 도움됨
설명: 스스로 밥 먹이고, 놀아주며 → 회사에서 필요한 a sense of responsibility 발전
     → 요즘 회사들이 그런 능력을 필요로 한다
예시: 아버지 회사에서 면접 시 책임감을 중요하게 여김

2. '동기부여'
근거: 동생을 돌보면 → 동기부여 됨
설명: 본인 덕분에 동생이 잘 크는 모습을 보며 성취감을 얻음 + 필요한 존재라고 느낌
     → 촉진제 → 열심히 공부 → 좋은 결과
예시: 태만하고 공부에 흥미를 잃은 남동생(고등학생) → 바쁜 부모 대신 동생을 돌보며 → 변화 시작 → 공부를 열심히 하게 됨
     → 이유: 건강하게 크는 동생을 보며 성취감을 느낌 + 가족들에게 인정받기 때문

Topic 14

Students who keep rooms neat and organized are more likely to succeed than those who do not.
자신의 방을 깔끔하고 정리 정돈이 잘 된 상태로 유지하는 학생들이 그렇지 않은 학생들보다 성공할 가능성이 더 크다.

아웃라인
문제 유형: 찬반형 / 대상: students

Brainstorming _ 방 정리 찬성

1. '동기부여'
근거: 방 정리 → 동기부여 됨
설명: 방 정리 끝내며 성취감 + 가정에서 필요한 존재라는 것을 느낌 → 촉진제 → 열심히 공부 → 좋은 결과
예시: 태만하고 공부에 흥미를 잃은 남동생(고등학생): [방이 지저분 했음]
　　　→ 방 정리 시작한 이후 → 변화 시작 → 공부를 열심히 하게 됨
　　　→ 이유: 성취감을 느끼고 + 가족 안에서 인정받았기 때문

2. '취업' 활용
근거: 방 정리를 하면 → 취업에 도움됨
설명: 책, 노트, 장난감 등을 정리하며 → 회사에서 필요한 organizational skills를 키움
　　　→ 요즘 회사들이 그런 능력을 필요로 한다
예시: 아버지 회사에서 면접 시 조직하는 능력을 중요하게 여김

Topic 15

Teachers should be retrained to get new knowledge.
선생님들은 새로운 지식을 얻기 위해 재교육을 받아야 한다.

아웃라인
문제 유형: 찬반형 / 대상: 교사 및 학생

Brainstorming _ 재교육 찬성

1. '건강' (학생의 입장)
근거: teaching without retraining → too stressful
설명: 오래되고 바뀌지 않는 수업자료 + 수업 방식 → 학생들 수업에 불만 → 스트레스 up! → 스트레스가 면역체계를 약화시켜 질병 야기
예시: 의사인 삼촌의 환자들이 스트레스 때문에 고통받는 케이스

2. '동기부여' (선생님 입장)
근거: 재교육 → 동기부여 됨
설명: 재교육을 통해 → 새로운 지식 습득 + 영감 얻음 → 촉진제 → 열심히 일 → 학교에서 더 좋은 수업
예시: 태만하고 teaching에 흥미를 잃은 형(고등학교 선생님)
　　　→ 교육부에서 주관하는 재교육 이후 → 변화 시작 → 수업을 열심히 하게 됨
　　　→ 이유: 자신의 수업 방식이 구식임을 깨달음 + 새로운 수업 방법을 접함

Topic 16

Teachers should be paid according to the grades their students receive.
선생님들은 그들이 가르치는 학생들이 받는 성적에 따라 월급을 받아야 한다.

아웃라인
문제 유형: 찬반형 / 대상: 교사

Brainstorming _ 성과급 반대

1. '건강'
근거: 성과급 → too stressful
설명: 적은 월급에 대한 불안감 + 학생들 성적에 대한 압박감 → 스트레스 up! → 스트레스가 면역체계를 약화시켜 질병 야기
예시: 의사인 삼촌의 환자들이 스트레스 때문에 고통받는 케이스

Brainstorming _ 성과급 찬성

1. '동기부여'
근거: 성과급 → 동기부여 됨
설명: 선생님들 사이에 경쟁심 ↑ → 촉진제 → 열심히 일 → 학교에서 더 좋은 수업
예시: 태만하고 teaching에 흥미를 잃은 형(고등학교 선생님)
 → 학교를 그만 둠 + private teacher가 됨(성과급) → 변화 시작 → 수업을 열심히 하게 됨
 → 이유: 다른 과외 선생님들에게 경쟁심을 느낌 + 더 많은 돈을 벌고 싶어 함

Topic 17

A college should focus more on improving facilities(libraries, computers, or labs) for students than on hiring famous professors.
대학교는 학생들을 위해 유명한 교수를 고용하는 것보다 학교 시설(도서관, 컴퓨터, 실험실)을 개선하는 데 더 중점을 두어야 한다.

아웃라인
문제 유형: 비교(선호)형 / 대상: 대학생

Brainstorming _ 학교 시설에 중점

1. '건강' (학생들 입장)
근거: 나쁜 시설 → too stressful
설명: (도서관의) 오래된 자료들, 느린 컴퓨터 등 → 불편함 + 학생들의 학교생활 만족도 ↓
 → 스트레스 up! → 스트레스가 면역체계를 약화시켜 질병 야기
예시: 의사인 삼촌의 환자들이 스트레스 때문에 고통받는 케이스

2. '동기부여' (학생들 입장)
근거: 좋은 시설 → 동기부여 됨
설명: 학습 효율이 오르고 + 공부하고 싶은 의지 up! → 촉진제 → 열심히 공부 → 좋은 결과
예시: 태만하고 공부에 흥미를 잃은 남동생(컴퓨터 전공) [오래된 학교 컴퓨터들에 실망]
 → 학교가 최신 컴퓨터로 renovation → 변화 시작 → 공부를 열심히 하게 됨
 → 이유: 더 빨라진 컴퓨터 + 더 커진 모니터 → 새로운 app을 개발하고 싶어짐

Topic 18

It is difficult for teachers to be both popular(be liked) and effective in helping students to learn.

교사들이 인기가 많은(학생들이 좋아하는) 동시에 학생들의 학습을 효율적으로 도와주는 것은 어렵다.

아웃라인

문제 유형: 찬반형 / 대상: 교사 (고등학교까지)

Brainstorming _ 찬성: 둘 다는 어려움

1. '건강'

근거: 인기 + 효과적인 교육 둘 다 → too stressful

설명: 수업 준비 및 학생 관리로 바쁨 + 인기를 위해 더 신경 쓸 것이 많아지면(옷, 외모) → 스트레스 up!
 → 스트레스가 면역체계를 약화시켜 질병 야기

예시: 의사인 삼촌의 환자들이 스트레스 때문에 고통 받는 케이스

Brainstorming _ 반대: 둘 다 가능

1. '동기부여'

근거: 효과적 교육 → 학생들 동기부여 됨 → 인기도 up!

설명: 수업이 interesting and intriguing → 열심히 공부 → 좋은 결과 + 교사를 좋아함

예시: 태만하고 수학 공부에 흥미를 잃은 남동생(고등학생)
 → 새로운 수학 교사 수업을 들으며 → 변화 시작 → 공부를 열심히 하게 됨
 → 이유: 수업을 updated된 자료로 재미있게 구성 + 학생들을 잘 케어 → 교사를 신뢰 + 좋아하게 됨

Topic 19

Students aged 13-18 are taught different subjects by different teachers while younger students are taught by only one teacher all day long. Some people suggest it would benefit young students to be taught by different teachers. Do you agree with this view? Why or Why not?

13-18세 학생들은 과목별로 다른 교사에게 배우는 반면 어린 학생들은 하루 종일 한 교사로부터만 배운다. 어떤 사람들은 어린 학생들도 과목별로 다른 교사에게 가르침을 받으면 더 유익할 것이라고 주장한다. 이 관점에 동의하는가? 그 이유는 무엇인가?

아웃라인

문제 유형: 비교형 / 대상: 초등학생, younger students

Brainstorming _ Different Teachers

1. '건강'

근거: 모든 과목을 한 교사에게 → too stressful

설명: 교사의 전문성이 떨어질 수 있음 → 학생들이 수업에 불만족할 가능성 높음 → 스트레스 up! → 스트레스가 면역 체계를 약화시켜 질병 야기

예시: 의사인 삼촌의 환자들이 스트레스 때문에 고통 받는 케이스

2. '취업'

근거: 다른 교사들 수업 듣기 → 취업에 도움됨

설명: 다양한 characteristics, personalities를 가진 교사들과의 교류
 → 회사에서 필요한 social skills 키움 → 요즘 회사들이 그런 능력을 필요로 한다

예시: 아버지 회사에서 면접 시 사회성을 중요하게 여김

Topic 20

Students should attend school all year long without a vacation.
학생들은 방학 없이 1년 내내 학교에 다녀야 한다.

아웃라인

문제 유형: 찬반형 / 대상: students (고등학생까지)

| Brainstorming _ 반대: 방학 필요 |

1. '시야'

근거: 방학 → 시야가 넓어짐
설명: 방학 때 여행, 봉사활동, 아르바이트 → 다양한 ideas & thoughts에 노출 + 다양성을 받아들임
예시: 고등학생이 여름방학에 1개월 동안 프랑스 여행
    → 몰랐던 프랑스 문화들을 알게 된 경험
    → 프랑스 사람들과 대화, 박물관 방문, 전통음식들을 먹어보며

2. '스트레스 해소'

근거: 긴 휴식 → 스트레스 풀어 줌
설명: 방학 때 스포츠, 독서, 여행 → 마음을 맑게 → 어려운 문제들에 새로운 접근 가능 + 힘든 현실에서 벗어 남
예시: 고등학교에서 스트레스 받음
    → 방학 때 일본여행을 통해서 스트레스 해소(쇼핑, 지역 음식 먹어 보기, 전통 공연 보기)

Topic 21

A school should make more quiet space for studying rather than making places for entertainment.
학교는 즐거움을 위한 공간을 만드는 것보다 공부할 수 있는 조용한 공간을 만들어야 한다.

아웃라인

문제 유형: 비교(선호)형 / 대상: students

| Brainstorming _ 즐거운 공간 |

1. '스트레스 해소'

근거: fun places에서 시간 보내며 → 스트레스 풀어 줌
설명: 클럽(동아리) 활동, 운동을 하며 → 마음을 맑게 → 어려운 문제들에 새로운 접근 가능 + 힘든 현실에서 벗어 남
예시: 대학교에서 스트레스 받음
    → a renovated gym에서 농구하며 스트레스 해소(함께 달리고, 서로 응원하고, 일상생활에 대한 얘기를 나누며)

2. '취업'

근거: 여가를 위한 장소가 있으면 → 취업에 도움됨
설명: 다양한 친구를 사귈 수 있는 기회가 늘어남 → 회사에서 필요한 social skills 발전
    → 요즘 회사들이 그런 능력을 필요로 한다
예시: 아버지 회사에서 면접 시 사회성을 가진 직원 선호

Topic 22

Schools have always offered students three types of after-school activities. But due to recent limited budgets, they can only support one kind of activities. Which one would you choose?
1) Sports   2) Arts   3) Volunteering(community service)

학교는 항상 학생들에게 3가지 종류의 방과 후 활동을 제공해왔다. 하지만, 최근에 예산이 부족해서 오직 한 가지의 활동만 제공할 수 있다. 어떤 것을 선택하겠는가? 1) 스포츠 2) 예술활동 3) 자원봉사

아웃라인
문제 유형: 삼지선다형 / 대상: students(고등학생까지)

Brainstorming _ 1) 스포츠

1. '취업'
근거: 운동을 하면 → 취업에 도움됨
설명: (Arts와 달리) team sports를 즐기면 w/other students → 회사에서 필요한 cooperative skills 발전
→ 요즘 회사들이 그런 능력을 필요로 한다
예시: 아버지 회사에서 면접 시 협동 능력 가진 직원 선호

2. '스트레스 해소'
근거: 운동하며 → 스트레스 풀어 줌
설명: (봉사활동과 달리) 친구들과 운동을 하며 → 마음을 맑게 → 어려운 문제들에 새로운 접근 가능 + 힘든 현실에서 벗어 남
예시: 고등학교에서 스트레스 받음
→ 방과 후에 gym에서 친구들과 농구하며 스트레스 해소(함께 달리고, 서로 응원하고, 일상생활에 대한 얘기)

Topic 23

It is better for a college to invest in libraries than to invest in sports facilities like a gym.

대학교가 체육관과 같은 스포츠 시설에 투자하는 것보다 도서관에 투자하는 것이 더 낫다.

아웃라인
문제 유형: 비교형 / 대상: 대학생

Brainstorming _ 체육 시설

1. '취업'
근거: 운동을 하면 → 취업에 도움됨
설명: 학교 내 체육관에서 → team sports를 즐기면 w/other students → 회사에서 필요한 cooperative skills 발전 → 요즘 회사들이 그런 능력을 필요로 한다
예시: 아버지 회사에서 면접 시 협동능력을 가진 직원 선호

2. '스트레스 해소'
근거: 운동하며 → 스트레스 풀어 줌
설명: 친구들과 학교에서 운동을 하며 → 마음을 맑게 → 어려운 문제들에 새로운 접근 가능 + 힘든 현실에서 벗어 남
예시: 대학교에서 스트레스 받음 → 교내 a renovated gym에서 친구들과 농구하며 → 스트레스 해소(함께 달리고, 서로 응원하고, 일상생활에 대한 얘기를 나누며)

Topic 24

Taking children to field trips(for example, to a museum) is a better way of education than learning in a classroom at school.

아이들을 현장학습(예를 들어, 박물관 견학) 시키는 것이 학교 교실에서 학습하는 것보다 더 나은 방법이다.

아웃라인
문제 유형: 비교(선호)형 / 대상: children

Brainstorming _ 현장학습

1. '동기부여'
근거: 현장학습 → 동기부여 됨
설명: 직접 보고, 듣고, 만지고(직접 경험 가능) → 잘 이해 + 흥미 유발 → 촉진제 → 열심히 공부 → 좋은 결과
예시: 태만하고 미술 과목에 흥미를 잃은 남동생(고등학생)
　　　→ 직접 art museum으로 현장학습 → 변화 시작 → 공부를 열심히 하게 됨
　　　→ 이유: 직접 멋진 미술 작품들을 감상, 그림 그리기 체험을 통해 미술 과목에 흥미가 생김

2. '스트레스 해소'
근거: 현장학습 → 스트레스 해소
설명: 수업들로부터 벗어나 → 마음을 맑게 → 어려운 문제들에 새로운 접근 가능 + 힘든 현실에서 벗어 남
예시: 고등학교에서 스트레스 받음 → 역사 유적지로 현장학습 → 스트레스 해소
　　　(having fun without the pressure of being called to answer a question or being given a surprise quiz)

Topic 25

It is important to have rules about the types of clothing that people are allowed to wear at work and at school.

직장이나 학교에서 사람들이 입을 수 있는 옷의 종류에 대해 규정을 갖고 있는 것은 중요하다.

아웃라인
문제 유형: 찬반형 / 대상: 학생, 직장인 모두(people/we)

Brainstorming _ 찬성: 옷에 대한 규정 필요

1. '동기부여'
근거: 옷 규정 있으면(uniform을 입으면) → 동기부여 됨
설명: 동료 및 다른 학생들과 같은 옷을 입으면
　　　→ 소속감 + 일에 좀 더 집중 가능(w/o 옷에 대한 고민) → 열심히 일/공부 → 좋은 결과
예시: 태만하고 공부에 흥미를 잃은 남동생(고등학생) [외모, 옷에 관련된 정보에 지나치게 많은 시간을 씀]
　　　→ 교복 입는 학교로 전학 → 변화 시작 → 공부를 열심히 하게 됨
　　　→ 이유: 옷에 신경 X + 소속감을 느낌

2. '건강'
근거: 옷 규정이 없으면 → too stressful
설명: 매일 아침 옷에 대한 고민 + 옷 쇼핑에 대한 부담 → 스트레스 up! → 스트레스가 면역체계를 약화시켜 질병 야기
예시: 의사인 삼촌의 환자들이 스트레스 때문에 고통받는 케이스

Topic 26

Which one is the most important method in helping students to do well in college and university?
1) Providing tutors for students having difficulty in schoolwork
2) Having support and encouragement of family and friends
3) Receiving a high-quality education from excellent teachers in high school

학생들이 대학교에서 잘 적응할 수 있도록 도와주는 방법 중 가장 중요한 것은 무엇인가?
1) 학업에 어려움을 겪는 학생들에게 개인 교사를 제공해주는 것
2) 가족과 친구들로부터 지지와 격려를 받는 것
3) 고등학교에서 훌륭한 교사들로부터 질 높은 교육을 받는 것

아웃라인
문제 유형: 삼지선다형 / 대상: 대학생

Brainstorming _ 1) tutors

1. '건강'
근거: 학업 돕는 tutors가 없으면 → stressful
설명: (가족, 친구들과 달리) 몇 년간 대학 다닌 tutor가 학업적 도움을 줌 → but 학업에 어려움을 겪는 것이 해결 안 되면 → 공부 어려움 + 무기력해짐(feel helpless) → 스트레스 up! → 스트레스가 면역체계를 약화시켜 질병 야기
예시: 의사인 삼촌의 환자들이 스트레스 때문에 고통받는 케이스

2. '동기부여'
근거: tutors가 있으면 → 학생들 동기부여 됨
설명: (고등학교 교육과 달리) tutor는 언제든지 학습 조언을 해 줄 수 있음 → 안정감을 느낌
　　　→ 촉진제 → 열심히 공부 → 좋은 결과
예시: 태만하고 공부에 흥미를 잃은 남동생(대학생) → 학업을 도와주는 tutor를 만난 후 → 변화 시작
　　　→ 공부를 열심히 하게 됨
　　　→ 이유: 학업에 문제가 있을 때마다 도움을 받으며 대학 생활에 안정감을 느낌

Topic 27

If a university chooses to invest in one of the following areas, which one do you suggest?
1) Technological improvement(computers or printers)
2) Redesigning places where student clubs gather or students spend their time with their friends

대학교가 다음 중 한 가지에만 투자를 한다면, 어떤 것을 지지하겠는가?
1) 기술적인 개선(컴퓨터 또는 프린터)
2) 동아리가 모일 수 있는 공간이나 학생들이 서로 친구과 시간을 보내는 공간을 재설계하는 것

아웃라인
문제 유형: 비교(선호)형 / 대상: 대학생

Brainstorming _ 학생들이 모이는 공간

1. '스트레스 해소'
근거: 학생들이 모이는 공간에 투자 → 스트레스 해소
설명: 클럽(동아리)활동, 친구들과 어울리며 → 마음을 맑게 → 어려운 문제들에 새로운 접근 가능 + 힘든 현실에서 벗어 남
예시: 대학교에서 스트레스 받음 → 학생회관 내 a renovated gym에서 친구들과 농구하며 스트레스 해소
  (함께 달리고, 서로 응원하고, 일상생활에 대한 얘기를 나누며)

2. '취업'
근거: 학생들이 어울리는 공간에 투자 → 취업에 도움됨
설명: 동아리 활동 통해서 다양한 친구를 사귈 수 있는 기회가 늘어남
  → 회사에서 필요한 social skills 발전 → 요즘 회사들이 그런 능력을 필요로 한다
예시: 아버지 회사에서 면접 시 사회성을 가진 직원 선호

Topic 28

As college students have a long break between semesters, the university requires all the students to do one of the following for one month during the break.

1) Students must take a course on the subject that has no direct connection to their majors. (For example, a student majoring in engineering may take a course in fine arts or social science)

2) Students must volunteer to work in the university's city or their hometowns to improve some aspects of life of the city or their own town. (For example, students may help local primary school children with their homework)

대학생들은 학기 사이에 긴 방학이 있으므로, 대학교는 방학 중 1달 간은 다음 중 한 가지 활동을 하도록 모든 학생들에게 요구한다.
1) 학생들은 자신의 전공과 직접적인 관련이 없는 과목을 수강해야 한다. (예를 들어, 공학을 전공하는 학생은 미술이나 사회과학 과목을 수강할 수 있다)
2) 학생들은 대학교가 속한 도시나 자신의 고향에서 그 지역이 어떠한 개선이 되도록 자원봉사 활동을 해야 한다. (예를 들어, 학생들은 지역 초등학교 학생들의 숙제를 돕는 자원봉사를 할 수 있다)

아웃라인
문제 유형: 비교(선호)형 / 대상: 대학생

Brainstorming _ 봉사활동

1. '동기부여'

근거: 봉사활동 → 학생들 동기부여 됨
설명: 자랑스러움/뿌듯함(proud)을 느낌 + 성취감 → 열심히 공부 → 좋은 결과
예시: 태만하고 전공에 흥미를 잃은 남동생(대학생) → 방과 후 가난한 kids들의 공부를 도와주며 → 변화 시작
    → 공부를 열심히 하게 됨
    → 이유: 그 아이들이 학업적으로 나아지는 모습을 보며 스스로 뿌듯함 + 성취감을 느낌

2. '취업'

근거: 봉사활동 → 취업에 도움됨
설명: 봉사활동을 통해 학교에서 만날 수 없는 더 많은 사람들과 교류
    → 회사에서 필요한 social skills 발달 → 요즘 회사들이 그런 능력을 필요로 한다
예시: 아버지 회사에서 면접 시 사회성을 가진 직원 선호

Topic 29

Some young people are free in the evening or have days off at school. Which way can bring them the most benefit?
1) Accumulating work experience by doing a part-time job or volunteering in a community
2) Learning to play a sport
3) Learning to play a musical instrument

어떤 젊은 사람들은 저녁에 시간이 비어 있거나 학교를 쉰다. 어떤 활동이 그들에게 가장 유익하겠는가?
1) 아르바이트를 통해 직업 경험을 쌓거나 자원봉사를 하는 것
2) 스포츠를 배우는 것
3) 악기 연주를 배우는 것

아웃라인

문제 유형: 삼지선다형 / 대상: **young people** (대학생까지)

Brainstorming _ 2) 스포츠

1. '스트레스 해소'

근거: 운동을 배우며 → 스트레스 풀어줌
설명: (아르바이트 및 봉사활동 비교) 친구들 or 다른 사람들과 운동하며 → 마음을 맑게
  → 어려운 문제들에 새로운 접근 가능 + 힘든 현실에서 벗어 남
예시: 대학교에서 스트레스 받음
  → 방과 후 **gym**에서 농구를 배우며 스트레스 해소(함께 달리고, 서로 응원하고, 일상생활에 대한 얘기를 나누며)

2. '취업'

근거: 운동을 배우면 → 취업에 도움됨
설명: (악기 연주 비교) 운동, 특히 **team sports**를 배우며 → 회사에서 필요한 **cooperative skills** 발달
  → 요즘 회사들이 그런 능력을 필요로 한다
예시: 아버지 회사에서 면접 시 협동 능력을 가진 직원 선호

Topic 30

Which one is the most important value to share with a young child(age 5-10)?
1) Being well-organized   2) Being honest   3) Being a help for people

다음 중 5-10세의 어린 아이에게 공유해줄 수 있는 가장 중요한 가치는 무엇인가?
1) 정리, 계획을 잘 하는 것   2) 솔직함   3) 남을 도와주는 것

아웃라인
문제 유형: 삼지선다형 / 대상: children (초등학생)

Brainstorming _ 2) 솔직함

1. '건강'
근거: 솔직하지 못하면 → too stressful
설명: 다른 사람들과 관계에서 문제 or 갈등 발생
　　　→ 스트레스 up! → 스트레스가 면역체계를 약화시켜 질병 야기
예시: 의사인 삼촌의 환자들이 스트레스 때문에 고통받는 케이스

2. '취업'
근거: 솔직하면 → 취업에 도움됨
설명: 타인들이 솔직한 사람을 신뢰하게 됨 → 더 용이하게 타인들과 교류
　　　→ 회사에서 필요한 social skills 발달 → 요즘 회사들이 그런 능력을 필요로 한다
예시: 아버지 회사에서 면접 시 사회성을 가진 직원 선호

Topic 31

When parents cannot afford time to accompany with their children, they could choose to send their children to child-care center where many children are cared together; or they could send their children to an individual caregiver. Which one is better?

만약 부모님이 자녀와 함께 할 시간이 부족하다면, 그들은 자녀를 많은 아이들이 함께 보살핌 받는 어린이집에 맡길 수 있다; 혹은 개인 보모에게 맡길 수 있다. 어떤 것이 더 나은가?

아웃라인
문제 유형: 비교형 / 대상: young children(유치원까지) & parents

Brainstorming _ 어린이집

1. '건강' (부모)
근거: 개인 보모 → too stressful
설명: 더 비용이 든다 + 좋은(잘 맞는) 보모를 찾기 힘들다 → 스트레스 up! → 스트레스가 면역체계를 약화시켜 질병
　　　야기
예시: 의사인 삼촌의 환자들이 스트레스 때문에 고통받는 케이스

2. '취업' (아이) *미래에 취업하는 데 도움된다는 논리이므로 어린 아이들이라 해도 사용할 수 있는 논리임
근거: 어린이 집에서 관리 → 취업에 도움됨
설명: 다른 아이들 및 교사들과 어울리며 → 회사에서 필요한 social skills 발전 → 요즘 회사들이 그런 능력을
　　　필요로 한다
예시: 아버지 회사에서 면접 시 사회성을 가진 직원 선호

Topic 32

The government should spend more money on elementary school students than on college students.

정부는 대학생들보다 초등학생들에게 더 많은 돈을 투자해야 한다.

아웃라인
문제 유형: 비교(선호)형 / 대상: 초등학생, 대학생

| Brainstorming _ 대학생들에게 투자 |

1. '건강'
근거: 정부의 대학생 지원 X → is stressful for college students
설명: 초등학생들과는 달리, 대부분의 대학생들 학비와 생활에 대한 걱정이 많음 + 학자금 대출에 대한 부담
　　　→ w/o 정부지원 → 스트레스 up! → 스트레스가 면역체계를 약화시켜 질병 야기
예시: 의사인 삼촌의 환자들이 스트레스 때문에 고통받는 케이스

2. '동기부여'
근거: 정부의 지원 → 대학생들 동기부여 됨
설명: 돈이 더 필요한 대학생들 정부의 지원 → 안정감 + 아르바이트보다 학업에 더 시간 투자 가능 → 촉진제
　　　→ 열심히 공부 → 좋은 결과
예시: 태만하고 공부에 흥미를 잃은 남동생(대학생)
　　　→ 학비 때문에 공부보다 아르바이트로 너무 바쁨 → 국가 장학금을 받은 이후 → 변화 시작
　　　→ 공부를 열심히 하게 됨 → 이유: 안정감 느낌 + 아르바이트 알아보느라 시간 낭비 X

Topic 33

It is a waste of time and money to develop technology for space travel or space exploration.

우주 여행 혹은 우주 탐사를 위한 기술을 발전시키는 것은 시간 낭비, 돈 낭비다.

아웃라인
문제 유형: 찬반형, 비교(선호)형 / 대상: we, people

| Brainstorming _ 우주 개발 단점 |

1. '건강'
근거: 우주 개발에 투자 → too stressful for 시민들
설명: 엄청난 세금이 들어가야 한다 → 필요한 국가적 문제 해결에 세금이 덜 쓰임(hunger, illnesses, and
　　　poverty) → 스트레스 up! → 스트레스가 면역체계를 약화시켜 질병 야기
예시: 의사인 삼촌의 환자들이 스트레스 때문에 고통받는 케이스

| Brainstorming _ 우주 개발 장점 |

1. '동기부여'
근거: 우주 개발 → 시민들 동기부여 됨
설명: 우주에 대한 새로운 경험 + 지식 → 사람들이 영감을 얻음 → 촉진제 → 열심히 일, 공부 → 더 좋은 결과
예시: 태만하고 전공에 흥미를 잃은 형(대학생): 컴퓨터 프로그래밍 전공
　　　→ 정부에서 투자한 우주 관련 다큐멘터리 시청 → 변화 시작 → 공부를 열심히 하게 됨
　　　→ 이유: 천문학 앱 개발 영감(아이디어)을 얻음

Topic 34

It is more important for the government to improve health care than to protect the environment.
정부는 환경 보호보다 의료 보건을 발전시키는 것이 더 중요하다.

아웃라인
문제 유형: 비교(선호)형 / 대상: we, people

| Brainstorming _ 환경 |

1. '스트레스 해소'
근거: 환경에 투자 → 시민들 스트레스 풀어 줌
설명: 잘 보존된 자연환경에서 시간을 보내며(national parks, nature reserves)
　　　 → 마음을 맑게 → 어려운 문제들에 새로운 접근 가능 + 힘든 현실에서 벗어 남
예시: 고등학교에서 스트레스 받음 → 국립공원 방문 with 가족들 → 스트레스 해소
　　　 (아름다운 풍경 감상하고, 깨끗한 공기 마시고, camping 하면서)

2. '동기부여'
근거: 환경에 투자 → 시민들이 동기부여 됨
설명: 깨끗한 환경 → 공해 및 질병에 대한 걱정 X → 안정된 삶을 살 수 있다 → 촉진제 → 열심히 일/공부 → 좋은 결과
예시: 공부에 집중 못하는 남동생(고등학생) [도시 나쁜 공기 때문에 asthma로 고생]
　　　 → 정부가 환경을 잘 보존한 countryside로 이사 → 변화 시작 → 공부를 열심히 하게 됨
　　　 → 이유: 몸이 많이 회복되었고 + 깨끗한 공기를 마시며 안정감을 느끼게 됨

Topic 35

The government should invest more in environmental protection than in economic development.
정부는 경제발전보다 환경보호에 더 많이 투자해야 한다.

아웃라인
문제 유형: 비교(선호)형, 찬반형 / 대상: we, people

| Brainstorming _ 환경 |

1. '스트레스 해소'
근거: 환경에 투자 → 시민들 스트레스 풀어 줌
설명: 잘 보존된 자연환경에서 시간을 보내며(national parks, nature reserves)
　　　 → 마음을 맑게 → 어려운 문제들에 새로운 접근 가능 + 힘든 현실에서 벗어 남
예시: 고등학교에서 스트레스 받음 → 국립공원 방문 with 가족들 → 스트레스 해소
　　　 (아름다운 풍경 감상하고, 깨끗한 공기 마시고, camping 하면서)

2. '동기부여'
근거: 환경에 투자 → 시민들이 동기부여 됨
설명: 깨끗한 환경 → 공해 및 질병에 대한 걱정 X → 안정된 삶을 살 수 있다 → 촉진제 → 열심히 일/공부 → 좋은 결과
예시: 공부에 집중 못하는 남동생(고등학생) [도시 나쁜 공기 때문에 asthma로 고생]
　　　 → 정부가 환경을 잘 보존한 countryside로 이사 → 변화 시작 → 공부를 열심히 하게 됨
　　　 → 이유: 몸이 많이 회복되었고 + 깨끗한 공기를 마시며 안정감을 느끼게 됨

Topic 36

The government should invest more in beautiful things than in practical things.
정부는 실용적인 것보다 아름다운 것들에 더 많이 투자해야 한다.

아웃라인 **Tip** 아름다운 것 (예술, 환경) / 실용적인 것 (경제, 주거, 통신, 교통)
문제 유형: 비교(선호)형 / 대상: we, people

Brainstorming _ 아름다운 것

1. '스트레스 해소' (환경)
근거: 아름다운 환경에 투자 → 시민들 스트레스 풀어 줌
설명: 잘 보존된 자연환경에서 시간을 보내며
  → 마음을 맑게 → 어려운 문제들에 새로운 접근 가능 + 힘든 현실에서 벗어 남
예시: 고등학교에서 스트레스 받음 → 국립공원 방문 with 가족들 → 스트레스 해소
  (아름다운 풍경 감상하고, 깨끗한 공기 마시고, camping 하면서)

2. '동기부여' (Art 지원)
근거: 예술 지원 → 시민들이 동기부여 됨
설명: 모든 계층의 사람들 → 다양한 예술작품들 감상 → 영감을 얻고 & live a colorful life → 촉진제
  → 열심히 일/공부 → 좋은 결과
예시: 태만하고 전공에 흥미를 잃은 남동생(대학생): 컴퓨터 프로그래밍전공
  → an art appreciation project 참여(정부 지원) → 변화 시작 → 공부를 열심히 하게 됨
  → 이유: Art 관련 application 개발 아이디어를 얻음

Topic 37

The government should invest more in developing farmland, housing, and industry than in saving land for endangered animals.
정부는 멸종위기에 처한 동물들을 위한 토지를 보호하기보다는 농지, 주거지, 산업을 발전시키는 데 더 많은 투자를 해야 한다.

아웃라인
문제 유형: 비교(선호)형 / 대상: we, people

Brainstorming _ 동물 보호

1. '스트레스 해소'
근거: 동물 보호에 투자 → 시민들 스트레스 풀어 줌
설명: 멸종 위기 종들을 위한 잘 보존된 자연환경에서 시간을 보내며 (national parks, nature reserves)
  → 마음을 맑게 → 어려운 문제들에 새로운 접근 가능 + 힘든 현실에서 벗어 남
예시: 고등학교에서 스트레스 받음 → 국립공원 방문 with 가족들 → 스트레스 해소
  (safaris 즐기고, 깨끗한 공기를 마시고, camping 하면서)

2. '건강'
근거: 동물들을 위한 land 보호 X → is stressful
설명: 동물 보호 = 환경 → 토지개발 → global warming + air & water pollution
  → 날씨 변화, 질병 걱정 ↑ → 스트레스 up! → 스트레스가 면역체계를 약화시켜 질병 야기
예시: 의사인 삼촌의 환자들이 스트레스 때문에 고통받는 케이스

Topic 38

An effective leader tries to include others in a decision-making process.
효과적인 리더는 다른 멤버들을 어떤 사안을 결정하는 과정에 참여시키려 한다.

아웃라인

문제 유형: 찬반형 / 대상: a leader, members

Brainstorming _ 찬성

1. '동기부여'

근거: 리더의 참여 독려 → 멤버들 동기부여 됨
설명: 그룹원들이 소속감, 중요한 존재라고 느낌 → 촉진제 → 열심히 일/공부 → 더 좋은 결과
예시: 태만하고 일에 흥미를 잃은 형(직장인)
　　　→ new boss가 주요 회의에 참여시킨 이후 → 변화 시작 → 일을 열심히 하게 됨
　　　→ 이유: 소속감 및 인정받는다고 느꼈기 때문 + 자신감도 느낌(feel confident)

2. '건강'

근거: 독선적이면 → is stressful for the members
설명: 리더가 멤버들의 이야기를 듣지 않고 의견을 무시하면 → 멤버들은 불만족 + 실망감
　　　→ 스트레스 up! → 스트레스가 면역체계를 약화시켜 질병 야기
예시: 의사인 삼촌의 환자들이 스트레스 때문에 고통받는 케이스

Topic 39

The best leaders are those who are willing to admit their bad decision they made.
최고의 리더들은 자신들이 내린 잘못된 결정사항에 대해 기꺼이 인정하는 사람들이다.

아웃라인

문제 유형: 찬반형 / 대상: a leader, members

Brainstorming _ 찬성

1. '동기부여'

근거: 실수를 인정하면 → 멤버들 동기부여 됨
설명: 리더를 존경 + 신뢰 + 충성심 ↑ → 촉진제 → 열심히 일/공부 → 더 좋은 결과
예시: 태만하고 일에 흥미를 잃은 형(직장인) [a former(previous) leader가 자신의 실수를 직원들 탓으로 돌렸었음]
　　　→ new boss는 자신의 실수를 항상 인정 → 변화 시작 → 일을 열심히 하게 됨
　　　→ 좀 더 리더를 믿고 존경하게 됨

2. '건강'

근거: 실수를 인정하지 않는 것 → is stressful for the members
설명: 리더가 자신의 실수를 인정 X + 남 탓하면 → 멤버들은 불만족 + 실망감
　　　→ 스트레스 up! → 스트레스가 면역체계를 약화시켜 질병 야기
예시: 의사인 삼촌의 환자들이 스트레스 때문에 고통받는 케이스

Topic 40

A person's honesty is the most important characteristic for being a leader.
사람의 정직함이 리더가 되는 데 있어 가장 중요한 특성이다.

아웃라인
문제 유형: 찬반형 / 대상: a leader, members

Brainstorming _ 찬성

1. '동기부여'
근거: 리더가 정직 → 멤버들 동기부여 됨
설명: 리더를 존경 + 신뢰 + 충성심 ↑ → 촉진제 → 열심히 일/공부 → 더 좋은 결과
예시: 태만하고 일에 흥미를 잃은 형(직장인) [a former(previous) leader가 거짓말을 자주 함]
　　　→ new boss를 만난 후 → 변화 시작 → 일을 열심히 하게 됨
　　　→ 이유: 솔직하게 회사의 상황 설명 + 직원들에게 조언 + 리더를 믿고 존경하게 됨

2. '건강'
근거: 거짓말을 하는 것 → is too stressful
설명: 리더가 자주 거짓말을 하거나 많은 것들을 숨기면 → 멤버들은 불만족 + 실망감
　　　→ 스트레스 up! → 스트레스가 면역체계를 약화시켜 질병 야기
예시: 의사인 삼촌의 환자들이 스트레스 때문에 고통받는 케이스

Topic 41

The best leader should spend more time listening to other people's ideas.
최고의 리더는 다른 사람들의 생각을 듣는 데 더 많은 시간을 써야 한다.

아웃라인
문제 유형: 찬반형 / 대상: a leader, members

Brainstorming _ 찬성

1. '동기부여'
근거: 멤버들 이야기를 잘 들으면 → 멤버들 동기부여 됨
설명: 그룹원들이 소속감, 중요한 존재라고 느낌 → 촉진제 → 열심히 일/공부 → 더 좋은 결과
예시: 태만하고 일에 흥미를 잃은 형(직장인) [a former(previous) leader가 독선적이었음]
　　　→ new boss가 주요 회의에 참여시키고 + 그의 얘기를 들어 줌
　　　→ 변화 시작 → 일을 열심히 하게 됨
　　　→ 이유: 소속감 및 인정받는다고 느꼈기 때문 + 자신감도 느낌(feel confident)

2. '건강'
근거: 멤버들 이야기를 무시하는 것 → is too stressful
설명: 리더가 멤버들 얘기를 듣지 않고 의견을 무시하면 → 멤버들 불만족 + 실망감
　　　→ 스트레스 up! → 스트레스가 면역체계를 약화시켜 질병 야기
예시: 의사인 삼촌의 환자들이 스트레스 때문에 고통받는 케이스

Topic 42

A successful leader should make a decision quickly.

성공적인 리더는 결정을 빠르게 내려야 한다.

아웃라인

문제 유형: 찬반형 / 대상: a leader, members

Brainstorming _ 찬성

1. '동기부여'

근거: 빠르게 결정하면 → 멤버들 동기부여 됨

설명: 느리게 결정할 때와 달리, 리더를 존경 + 계획 및 목표를 빠르게 세움 → 촉진제 → 열심히 일/공부
→ 더 좋은 결과

예시: 태만하고 일에 흥미를 잃은 형(직장인) [기존 leader는 지나치게 신중 + 느리게 결정]
→ new boss는 빠르게 결정 → 변화 시작 → 일을 열심히 하게 됨
→ 이유: 좀 더 존경 + 분명한 목표를 빠르게 정함

2. '건강'

근거: 느리게 결정하는 것 → is too stressful

설명: 지나치게 신중하고 결정에 많은 시간을 쓰면 → 멤버들은 불안 without 목표, 계획
→ 스트레스 up! → 스트레스가 면역체계를 약화시켜 질병 야기

예시: 의사인 삼촌의 환자들이 스트레스 때문에 고통받는 케이스

Topic 43

It is better to make friends who are intelligent than those with a good sense of humor(entertaining friends).

좋은 유머감각을 가지고 있는(웃긴) 친구보다 똑똑한 친구를 사귀는 것이 더 낫다.

아웃라인

문제 유형: 비교(선호)형 / 대상: we, people

Brainstorming _ 웃긴 친구

1. '취업'

근거: 유머 있는 친구와 어울림 → 취업에 도움됨

설명: 1) 직장에서 필요로 하는 a sense of humor 발달
2) 재미있는 친구는 주변에 친구들이 많으므로 → 함께 지내며 social skills를 배움
→ 요즘 회사들이 그런 능력을 필요로 한다

예시: 아버지 회사에서 면접 시 유머감각과 사회성을 가진 직원 선호

2. '스트레스 해소'

근거: 웃기는 친구와 어울림 → 스트레스 풀어 줌

설명: 그 친구와 시간을 보내며 크게 웃으며 → 마음을 맑게 → 어려운 문제들에 새로운 접근 가능 + 힘든 현실에서 벗어 남

예시: 대학교에서 스트레스 받음 → humorous한 친구와 시간을 보냄 → 스트레스 해소
[joke를 들으며 크게 웃고 + 걱정, 고민들을 날려버리며]

Topic 44

Competition among friends usually has a negative effect on friendship.
친구들 사이의 경쟁은 대부분 우정에 부정적인 영향을 끼친다.

아웃라인
문제 유형: 찬반형 / 대상: we, people

Brainstorming _ 반대

1. '동기부여'
근거: 경쟁 → 동기부여 됨
설명: 경쟁심 느낌 + 서로를 비교 → 촉진제 → 열심히 일/공부 → 더 좋은 결과
예시: 태만하고 공부에 흥미를 잃은 동생(고등학생)
　　　→ 친구들과 그룹 스터디를 시작한 이후로 → 변화 시작 → 공부를 열심히 하게 됨
　　　→ 이유: 자신보다 공부를 잘하는 친구를 보며 경쟁심을 느끼고 + 자극을 받음

Brainstorming _ 찬성

1. '건강'
근거: severe competition among friends → is too stressful
설명: 서로 상처를 줄 수 있고 크게 부담을 느낌 → 스트레스 up! → 스트레스가 면역체계를 약화시켜 질병 야기
예시: 의사인 삼촌의 환자들이 스트레스 때문에 고통받는 케이스

Topic 45

It is impossible to always be completely honest with your friends.
친구들에게 항상 완전히 정직하기는 불가능하다.

아웃라인
문제 유형: 찬반형 / 대상: people, we
　Tip　white lies의 장점을 생각해 볼 것! 주장: 항상 솔직할 수 없고 + 가끔씩 white lies가 필요하다.

Brainstorming _ 찬성

1. '건강'
근거: 항상 솔직한 것 → is too stressful
설명: 민감한 문제 외모, 성적, 수입(월급)에 대해 솔직하게 얘기할 경우 친구가 상처받음 + 갈등
　　　→ 스트레스 up! → 스트레스가 면역체계를 약화시켜 질병 야기
예시: 의사인 삼촌의 환자들이 스트레스 때문에 고통받는 케이스

2. '동기부여'
근거: white lies → 동기부여 됨
설명: 친구가 용기를 얻게 됨 → 촉진제 → 열심히 일/공부 → 더 좋은 결과
예시: 태만하고 수학 공부에 흥미를 잃은 동생(고등학생)
　　　→ 성적이 나아지기는 힘들었지만 친구들이 좋은 점수를 받을 수 있다고 white lies
　　　→ 변화 시작 → 공부를 열심히 하게 됨
　　　→ 이유: 다시 용기를 얻고 자신감을 가지게 되었기 때문

Topic 46

The ability to maintain a small number of friends for a long time is more important to happiness than the ability to make new friends easily.

새로운 친구들을 쉽게 사귀는 능력보다 적은 수의 친구들과 오랫동안 관계를 유지하는 능력이 행복에 있어 더 중요하다.

아웃라인

문제 유형: 비교(선호)형 / 대상: people, we

Brainstorming _ 반대: 새로운 친구

1. '취업'

근거: 새로운 친구를 사귀면 → 취업에 도움됨

설명: 더 많은 사람들과 교류 → 직장에서 필요로 하는 social skills을 발전
　　　→ 요즘 회사들이 그런 능력을 필요로 한다

예시: 아버지 회사에서 면접 시 사회성을 가진 직원 선호

2. '시야'

근거: 새로운 사람들과 교류 → 시야가 넓어짐

설명: 다양한 ideas & thoughts에 노출 + 다양성을 받아들임

예시: 대학교 때 프랑스 출신의 new 친구들과 시간을 보냄 → 잘 몰랐던 프랑스 문화들에 대해 알게 된 경험(함께 대화하고, 점심 먹고, 영화도 보며)

Topic 47

We should not move to a new town because we will lose our old friends.

우리는 이사를 하면 오랜 친구를 잃을 것이기 때문에 새로운 곳으로 이사를 하면 안 된다.

아웃라인

문제 유형: 찬반형, 비교(선호)형 / 대상: people, we

Brainstorming _ 반대: 이사하기

1. '취업'

근거: 이사를 다니면 → 취업에 도움됨 (비록 일부 친구는 잃을 수 있지만)

설명: 더 많은 사람들과 교류(새로운 지역에서)하고 새로운 장소에 적응하면서 + 문제들에 대처하며
　　　→ 직장에서 필요로 하는 social skills, problem-solving skills 발전
　　　→ 요즘 회사들이 그런 능력을 필요로 한다

예시: 아버지 회사에서 면접 시 사회성, 문제 해결 능력을 가진 직원 선호

2. '시야'

근거: 이사를 다니면 → 시야가 넓어짐 (비록 일부 친구는 잃을 수 있지만)

설명: 더 많은 사람들과 교류 → 다양한 ideas & thoughts에 노출 + 다양성을 받아들임

예시: 대학교 때 프랑스로 3년간 유학 → 잘 몰랐던 프랑스 문화들에 대해 알게 된 경험(박물관, 유명한 지역 방문, 전통공연 보기)

Topic 48

You have long been friends with someone. If he or she does something that you don't like, should you still be friends with him or her?

당신은 오래된 친구가 있다. 만약 그/그녀가 네가 싫어하는 무언가를 한다면, 그래도 지속적으로 그/그녀와 친구 관계를 유지해야 하는가?

아웃라인
문제 유형: 찬반형 / 대상: people, we

Brainstorming _ 찬성

1. '취업'
근거: 싫어하는 행동하는 친구와 어울림 → 취업에 도움됨
설명: 생각이 다른 친구들과 교류 + 직장에서 필요로 하는 social skills 발전 → 요즘 회사들이 그런 능력을 필요로 한다
예시: 아버지 회사에서 면접 시 사회성을 가진 직원 선호

Brainstorming _ 반대

1. '건강'
근거: 싫어하는 행동하는 친구와 어울림 → is too stressful
설명: 그 친구와 어울리는 것을 시간 낭비라고 느낌 + 갈등이 야기 됨
→ 스트레스 up! → 스트레스가 면역체계를 약화시켜 질병 야기
예시: 의사인 삼촌의 환자들이 스트레스 때문에 고통받는 케이스

Topic 49

Two people can be good friends, even if one has more money than the other.

한 사람이 다른 한 사람보다 더 많은 부를 가지고 있더라도 그 둘은 좋은 친구가 될 수 있다.

아웃라인
문제 유형: 찬반형 / 대상: people, we
Tip 두 사람이 친구가 되었을 때 장점 → 찬성 / 친구가 되었을 때 단점 → 반대

Brainstorming _ 찬성

1. '취업'
근거: 부의 차이가 있는 친구와 어울림 → 취업에 도움됨
설명: 그 친구들은 family background, 취미, 흥미 다름 → 그들과 어울리면, 직장에서 필요로 하는 social skills 발전 → 요즘 회사들이 그런 능력을 필요로 한다
예시: 아버지 회사에서 면접 시 사회성을 가진 직원 선호

2. '동기부여'
근거: 부자 친구와 어울리면 → 동기부여 됨
설명: 서로를 비교하게 되고 + 더 잘 사는 모습 보면(생활수준) → 촉진제 → 열심히 일/공부 → 더 좋은 결과
예시: 태만하고 일에 흥미를 잃은 동생(직장인)
→ 부자가 된 동창들과의 만남 이후 → 변화 시작 → 일을 열심히 하게 됨
→ 이유: 그 친구들의 사는 모습을 보며 성공해야 한다는 자극을 받음

Topic 50

In order to be successful, a person must be open to new ideas and willing to change his or her mind.
성공하기 위해서는, 반드시 새로운 아이디어들에 마음이 열려 있어야 하며, 그에 따라 자신의 마음을 바꾸고자 해야 한다.

아웃라인
문제 유형: 찬반형 / 대상: people, we

Brainstorming _ 찬성

1. '시야'
근거: 열린 마음을 가지면 → 시야가 넓어짐
설명: 다양한 ideas & thoughts에 노출 + 다양성을 받아들임
예시: 대학교 때 다른 지역 출신 친구들과 어울림 + 열린 마음으로 그들의 얘기를 들어 줌
→ 잘 몰랐던 지역 문화들에 대해 알게 됨 (함께 쇼핑하고, 점심 먹고, 영화도 보며)

2. '취업'
근거: 열린 마음을 가지면 → 취업에 도움됨
설명: 다른 성격, 전공, 흥미를 가진 사람들과 어울릴 가능성 ↑
→ 직장에서 필요로 하는 communication skills 발전
→ 요즘 회사들이 그런 능력을 필요로 한다
예시: 아버지 회사에서 면접 시 의사 소통 능력을 가진 직원 선호

Topic 51

Taking a lot of time to make an important decision is viewed as a bad quality for a person to have. But, now it is considered as a good quality of a person.
중요한 결정을 하기 위해 많은 시간을 들이는 것은 사람의 단점으로 보여져 왔다. 하지만, 지금은 장점으로 여겨진다.

아웃라인
문제 유형: 찬반형 / 대상: people, we

Brainstorming _ 반대

1. '동기부여'
근거: 빠르게 결정하면 → 동기부여 됨
설명: 느리게 결정할 때와는 달리 계획 및 목표를 빠르게 세움 → 촉진제 → 열심히 일/공부 → 더 좋은 결과
예시: 태만하고 일에 흥미를 잃은 동생(직장인) [기존 leader는 지나치게 신중 + 느리게 결정]
→ new boss는 빠르게 결정 → 변화 시작 → 일을 열심히 하게 됨
→ 이유: 좀 더 존경 + 분명한 목표를 빠르게 정함

2. '건강'
근거: 느리게 결정하는 것 → is too stressful
설명: 지나치게 신중하고 결정에 많은 시간을 쓰면 → 불안 w/o 목표, 계획 → 스트레스 up! → 스트레스가 면역체계를 약화시켜 질병 야기
예시: 의사인 삼촌의 환자들이 스트레스 때문에 고통받는 케이스

Topic 52

Sometimes, we are assigned to work on a group project. The group will be helped more by a person who is willing to do what other group members want than by a person who strongly insists that things should be done in a different way from what the group wants to do.

가끔, 우리는 그룹 프로젝트를 진행하도록 할당된다. 그 그룹은 작업을 하는 데 있어 멤버들이 하고 싶어하는 방식과 다른 방식으로 해야 한다고 강하게 주장하는 사람보다, 다른 그룹 구성원들이 하고 싶어하는대로 하고자 하는 사람에 의해 더 많은 도움을 받는다.

아웃라인
문제 유형: 비교(선호)형 / 대상: people, we

Brainstorming _ 대세를 따르는 그룹 구성원

1. '건강'
근거: 남들과 다른 생각을 가지면 → is too stressful
설명: 논쟁 ↑ → 결과 도출 오래 걸림 + 갈등 발생 → 스트레스 up! → 스트레스가 면역체계 약화시켜 질병 야기
예시: 의사인 삼촌의 환자들이 스트레스 때문에 고통받는 케이스

Brainstorming _ 다른 생각 주장

1. '동기부여'
근거: 다른 생각을 주장 → 다른 그룹 구성원들이 동기부여 됨
설명: 다른 아이디어 공유 → 영감 or innovative ideas 얻음 → 촉진제 → 열심히 일/공부 → 더 좋은 결과
예시: 그룹 프로젝트에서 아이디어 내는 데 어려움을 겪은 남동생(대학생) [App개발 관련]
  → 미술 공부를 오래한 학생 그 프로젝트에 참여 → 변화 시작 → 그룹 일을 열심히 하게 됨
  → 이유: Art 관련 앱 개발에 대한 아이디어(영감) 때문

Topic 53

Which do you prefer with the same rate of pay? An interesting and challenging job with less vacation or a job with more vacation time but less fun?

같은 비율의 급여를 받는다고 할 때, 휴가가 적지만 흥미롭고 도전적인 직업과 휴가가 많지만 재미가 없는 직업 중 어느 것을 선호하는가?

아웃라인
문제 유형: 비교(선호)형 / 대상: 직장인

Brainstorming _ 휴가 적지만 흥미로운 일

1. '건강'
근거: 흥미롭지 않은 일 → is too stressful
설명: 아무리 휴가가 많아도, 재미없는 것을 하면 → 삶에 불만족 + unhappy → 스트레스 up! → 스트레스가 면역
   체계를 약화시켜 질병 야기
예시: 의사인 삼촌의 환자들이 스트레스 때문에 고통받는 케이스

2. '동기부여'
근거: 흥미로운 것을 하면 → 동기부여 됨
설명: 흥미를 자극하는 일 → 촉진제 → 열심히 일 → 좋은 결과
예시: 태만하고 일에 흥미를 잃은 형(고등학교 교사)
  → 자신이 정말로 좋아한 **web design**을 시작한 후 → 변화 시작 → 일을 열심히 하게 됨
  → 이유: 휴가를 갈 수 없을 만큼 바빴지만, 일하면서 흥미를 느껴서 자극을 더 받음

Topic 54

In order to succeed in business, a company must invest more in advertising.

사업에 성공하려면, 회사는 광고에 더 투자해야 한다.

아웃라인

문제 유형: 찬반형 / 대상: 회사(경영자), 직장인

Brainstorming _ 반대: 직원 복지

1. '건강'

근거: 열악한 복지 → is too stressful (+ 생산성 감소)

설명: 회사생활에 불만 + unhappy at work
  → 스트레스 up! → 스트레스가 면역체계를 약화시켜 질병 야기 + 광고할 제품 개발 어려움

예시: 의사인 삼촌의 환자들이 스트레스 때문에 고통받는 케이스

2. '동기부여'

근거: 직원 복지에 투자 → 직원들 동기부여 됨

설명: 소속감 + feel important → 촉진제 → 열심히 일 → 생산성 향상 + 더 좋은 제품 개발 가능
  (which is more important than advertising)

예시: 태만하고 일에 흥미를 잃은 형(직장인) [복지 시스템이 poor해서]
  → 회사가 직원들을 위한 시설과 의료 서비스에 투자 → 변화 시작 → 일을 열심히 하게 됨
  → 이유: 소속감 + feel needed

Topic 55

The most important investment for a company is to improve the efficiency and proficiency of its employees.

회사가 가장 중요하게 투자해야 할 부분은 직원들의 효율성과 숙련도를 개선시키는 것이다.

아웃라인

문제 유형: 찬반형 / 대상: 회사(경영자), 직장인

Brainstorming _ 찬성

1. '건강'

근거: 직원들 훈련 X → is too stressful for 직원들

설명: 회사 내 경쟁하는 환경에서 서로 know-how를 알려주지 않음
  → 직원들 스스로 일 적응 + 효율성을 높이기 어려움
  → 이러한 점이 스트레스 up! → 스트레스가 면역체계를 약화시켜 질병 야기

예시: 의사인 삼촌의 환자들이 스트레스 때문에 고통받는 케이스

2. '동기부여'

근거: 직원들 훈련에 투자 → 직원들 동기부여 됨

설명: 소속감 + feel important → 촉진제 → 열심히 일 → 생산성 향상 + 더 좋은 제품

예시: 태만하고 일에 흥미를 잃은 형(직장인) [회사 일에 적응을 잘 못했음]
  → 회사에서 시작한 훈련 프로그램 참여 후 → 변화 시작 → 일을 열심히 하게 됨
  → 이유: 소속감 + feel needed + 일 효율성이 올라감

Topic 56

It is better to work for a business owned by someone you do not know than to work for a business owned by your family.
가족 소유의 회사에서 일하는 것보다, 모르는 사람이 운영하는 회사에서 일 하는 것이 더 낫다.

아웃라인
문제 유형: 비교(선호)형 / 대상: 직장인

Brainstorming _ 가족 회사

1. '건강'
근거: 타인의 회사에서 일 → is too stressful
설명: 가족 회사에서 일 → 문제점이나 고민들을 쉽게 얘기할 수 있음
　　　However, 남의 회사에서는 대부분의 것들을 말하지 않고 참아야 함
　　　→ 이러한 점이 스트레스 up! → 스트레스가 면역체계를 약화시켜 질병 야기
예시: 의사인 삼촌의 환자들이 스트레스 때문에 고통받는 케이스

2. '동기부여'
근거: 가족 회사에서 일 → 동기부여 됨
설명: 소속감 + 주인의식(a sense of ownership) → 촉진제 → 열심히 일 → 더 좋은 결과
예시: 태만하고 일에 흥미를 잃은 형(직장인)
　　　→ 아버지가 운영하는 회사로 온 이후 → 변화 시작 → 일을 열심히 하게 됨
　　　→ 이유: 소속감 + 회사를 마치 본인의 것이라 생각하게 됨

Topic 57

It is better to relax by watching movies and reading books than doing physical exercise.
운동을 하는 것보다 영화를 보고 독서를 하며 휴식하는 것이 더 낫다.

아웃라인
문제 유형: 비교(선호)형 / 대상: people, we

Brainstorming _ 영화와 독서

1. '시야'
근거: 책, 영화 → 시야가 넓어짐
설명: 휴식 시 많은 작품들 감상 → 다양한 ideas & thoughts에 노출 + 다양성을 받아들임
예시: 대학교 때 남는 시간에 French 영화들을 감상 → 잘 몰랐던 프랑스 문화들에 대해 알게 된 경험

2. '취업'
근거: 책, 영화 → 취업에 도움됨
설명: 쉴 때 다양한 문화들을 반영한 작품들 감상
　　　→ 직장에서 필요로 하는 cultural competence 발전
　　　→ 요즘 회사들이 그런 능력을 필요로 한다
예시: 아버지 회사에서 면접 시 타 문화 이해력을 중요하게 본다

Topic 58

Playing sports teaches people important lessons about life.

운동하는 것은 우리 인생에서 중요한 교훈들을 배우게 해준다.

아웃라인

문제 유형: 찬반형 / 대상: people, we

Brainstorming _ 찬성

1. '취업'

근거: 운동을 하면 → 취업에 필요한 능력을 발달시킨다(develop skills for a job)

설명: team sports를 즐기면 w/others → cooperative skills 배우고, 발전 → 요즘 회사들이 그런 능력을 필요로 한다

예시: 아버지 회사에서 면접 시 협동 능력 가진 직원 선호

2. '스트레스 해소'

근거: 운동하면 → 스트레스 해소하는 방법을 알게 된다(learn about the way to relieve stress)

설명: 스포츠를 즐기며 → 마음을 맑게 → 어려운 문제들에 새로운 접근 가능 + 힘든 현실에서 벗어 남

예시: 고등학교에서 스트레스 받음 → 방과 후에 gym에서 친구들과 농구하며 학업 스트레스 해소
(함께 달리고, 서로 응원하고, 일상생활에 대한 얘기 나누며)

Topic 59

When people spend a lot of time watching sports on television or following their favorite team, this has a negative effect on their lives.

사람들이 스포츠 경기를 TV로 보거나 자신들이 좋아하는 팀을 응원하러 경기장에 가는 데 너무 많은 시간을 쏟는 것은 그들의 인생에 부정적인 영향을 미친다.

아웃라인

문제 유형: 찬반형 / 대상: people, we

Brainstorming _ 반대

1. '동기부여'

근거: 스포츠를 보는 것 → 동기부여 됨

설명: 선수들의 엄청난 노력 + hustle plays → 촉진제 → 열심히 일/공부 → 좋은 결과

예시: 태만하고 공부에 흥미를 잃은 남동생(고등학생)
→ 프로 축구 경기들을 보기 시작하면서 → 변화 시작 → 공부를 열심히 하게 됨
→ 이유: 선수들의 노력과 fantastic plays에 자극 + 그들처럼 열심히 노력하겠다고 결심

2. '스트레스 해소'

근거: 스포츠를 즐기며 → 스트레스 해소

설명: 스포츠 경기들을 보면서 → 마음을 맑게 → 어려운 문제들에 새로운 접근 가능 + 힘든 현실에서 벗어 남

예시: 직장에서 스트레스 받음
→ Major League Baseball games를 TV로 보며 스트레스 해소(나의 팀을 응원, snacks도 먹으면서)

Topic 60

People spend too much money on their pets, even though there can be other good ways to spend money.

사람들은 돈을 사용할 수 있는 다른 좋은 방법들이 있음에도 자신의 애완동물에게 너무 많은 돈을 소비한다.

아웃라인
문제 유형: 찬반형 / 대상: people, we

Brainstorming _ 반대

1. '스트레스 해소'
근거: 애완동물들과 시간 보내면 → 스트레스 풀어 줌
설명: 함께 놀면서 → 마음을 맑게 → 어려운 문제들에 새로운 접근 + 힘든 현실에서 벗어 남
예시: 고등학교에서 스트레스 받음 → my dog와 함께 하며 스트레스 해소(산책하고, 공 던지고, 함께 달리면서)

2. '취업'
근거: 애완동물 키우면 → 취업에 도움됨
설명: 시간에 맞추어 먹이 주고, 씻기고, 산책시키며
  → 직장에서 필요한 time management skills + a sense of responsibility 발전
  → 요즘 회사들이 그런 능력을 필요로 한다
예시: 아버지 회사에서 면접 시 시간 관리 능력과 책임감을 중요하게 본다

Topic 61

Nowadays, it is easier to stay healthier than it was in the past.

과거보다 현재 건강을 유지하기가 쉽다.

아웃라인
문제 유형: 찬반형 / 대상: people, we
Mental health / Physical health 두 측면으로 나눌 것

Brainstorming _ 찬성

1. '스트레스 해소'
근거: entertainment technology를 이용 → 현대인들이 정신건강 유지
설명: 과거와 달리 스트레스 해소 돕는 많은 devices (such as HDTV, apps, smartphones…)
  → 마음을 맑게 → 어려운 문제들에 새로운 접근 가능 + 힘든 현실에서 벗어 남
예시: 고등학교에서 스트레스 받음 → brand-new 스마트폰 구입 → 스트레스 해소
  (mobile games하고, 음악 듣고, video clips 보면서)

2. '시야'
근거: Information Technology 이용 → 현대인들이 건강에 대한 넓은 시야를 가짐
설명: 인터넷, TV를 이용 → 질병, 운동, 다이어트에 대한 정보를 쉽게 얻음
예시: 대학교 때 누나(언니) → 다이어트를 결심 → 인터넷 서핑
  → 잘 몰랐던 다이어트를 위한 음식과 운동에 대해 알게 됨 (인터넷에서 관련 글, 동영상, 사진을 쉽게 얻음)

Topic 62

It is better to spend money on traveling than saving money for the future.

미래를 위해 돈을 저축하는 것보다 여행에 돈을 쓰는 것이 더 낫다.

아웃라인
문제 유형: 비교(선호)형 / 대상: people, we

Brainstorming _ 여행

1. '스트레스 해소'
근거: 여행을 하면 → 스트레스 풀어 줌
설명: 마음을 맑게 → 어려운 문제들에 새로운 접근 가능 + 힘든 현실에서 벗어 남
예시: 고등학교에서 스트레스 받음 → beach로 여행 → 스트레스 해소(풍경 감상, surfing, seafood 즐김)

2. '시야'
근거: 여행 → 시야가 넓어짐
설명: 다양한 ideas & thoughts에 노출 + 다양성을 받아들임
예시: 대학교 때 → 여름 방학 때 프랑스로 여행 → 다양한 프랑스 문화에 대해 알게 됨
　　　(프랑스 사람들과 얘기하고, 지역 음식 먹어보고, 박물관 방문하면서)

Topic 63

Some people prefer to buy technological devices as soon as they are available to the public, while other people prefer to wait.

어떤 사람들은 기술적인 제품들이 출시되자마자 바로 사는 것을 선호하는 반면, 다른 사람들은 기다렸다가 사는 것을 더 선호한다.

아웃라인
문제 유형: 비교(선호)형 / 대상: people, we

Brainstorming _ 출시되자마자 구매

1. '동기부여'
근거: new gadgets 구매 → 동기부여 됨
설명: 새롭고 유용한 functions & programs → 일/공부를 더 편리하고 쉽게 할 수 있게 함 → 이런 점이 촉진제
　　　→ 열심히 일/공부 → 좋은 결과
예시: 태만하고 수학 공부에 흥미를 잃은 남동생(고등학생)
　　　→ a brand-new tablet PC 구입 → 변화 시작 → 공부를 열심히 하게 됨
　　　→ 이유: 수학 관련 apps, games & 동영상 덕분에 동생이 수학 더 잘 이해 + 흥미 갖게 됨

2. '건강'
근거: 기다리는 것 → too stressful
설명: 가지고 싶은 것을 구매하지 않고 참으면 → 스트레스 up! → 스트레스가 면역체계를 약화시켜 질병 야기
예시: 의사인 삼촌의 환자들이 스트레스 때문에 고통받는 케이스

Topic 64

It is easier to become educated today than it was in the past.

과거보다 오늘날 교육받기가 더 쉬워졌다.

아웃라인
문제 유형: 찬반형 / 대상: people, we

Brainstorming _ 찬성

1. '시야'

근거: Information Technology 이용 → 현대인들이 쉽게 지식을 얻을 수 있음

설명: 컴퓨터, TV, 스마트폰을 이용 → 다양한 ideas & thoughts에 노출 + 다양성을 받아들임

예시: 작년에 대학교에서 남는 시간에 French에 대해 알기 위해 인터넷 서핑
　　　→ 잘 몰랐던 프랑스 문화에 대해 알게 됨(프랑스 사람들의 삶, 공연, 유명한 곳에 대한 정보를 websites에서 봄)

2. '동기부여'

근거: 새로운 educational technology → 학습 동기 부여

설명: 새롭고 유용한 functions & programs → 공부를 더 편리하고 쉽게 할 수 있게 함
　　　→ 이런 점이 촉진제 → 열심히 공부 → 좋은 결과

예시: 태만하고 수학 공부에 흥미를 잃은 남동생(고등학생)
　　　→ 수학 공부를 위해 a new tablet PC 구입 → 변화 시작 → 공부를 열심히 하게 됨
　　　→ 이유: 수학 관련 apps, games, 동영상 덕분에 동생이 수학 더 잘 이해 + 흥미를 갖게 됨

Topic 65

It is more important to read news written by people having different views from yours than by those having similar views.

당신과 비슷한 관점을 가진 사람들이 쓴 뉴스를 읽는 것보다 다른 관점을 가진 사람들이 쓴 뉴스를 읽는 것이 더 중요하다.

아웃라인
문제 유형: 비교(선호)형 / 대상: people, we

Brainstorming _ 비슷한 관점

1. '건강'

근거: 다른 관점의 뉴스를 보는 것 → is too stressful

설명: the content를 이해하기 힘들 수 있음 + 혼란을 느낄 수 있음 → 이러한 점이 스트레스 up! → 스트레스가
　　　면역체계를 약화시켜 질병 야기

예시: 의사인 삼촌의 환자들이 스트레스 때문에 고통받는 케이스

Brainstorming _ 다른 관점

1. '취업'

근거: 다른 관점의 뉴스를 보는 것 → 취업에 도움됨

설명: 다른 사람들의 생각과 감정을 이해하는 능력 발전[the ability to understand others' thoughts and
　　　feelings] → 요즘 회사들이 그런 능력을 필요로 한다

예시: 아버지 회사에서 면접 시 the capacity to empathize를 본다.

Topic 66

Visiting a museum is the best way to learn about a country.
한 나라에 대해 배우기에 최고의 방법은 박물관에 가는 것이다.

아웃라인
문제 유형: 찬반형 / 대상: people, we
대안: 인터넷, TV, 책(잡지, 신문 등)

Brainstorming _ 반대

1. '건강'
근거: 박물관 방문 → is too stressful
설명: 인터넷, TV 등을 통해서 알게 되는 것보다 비용, 시간 더 많이 든다 → 이러한 점이 스트레스 up!
　　→ 스트레스가 면역체계를 약화시켜 질병 야기
예시: 의사인 삼촌의 환자들이 스트레스 때문에 고통받는 케이스

2. '시야'
근거: 인터넷, 책을 통해 → 한 나라에 대한 시야를 더 효과적으로 넓힘
설명: 인터넷, TV를 통해 → 박물관 방문할 때보다 더 많은 정보에 노출 → 다양성을 받아들임 → 그 나라에 대해 더 잘 알고 이해하게 됨
예시: 고등학교 때 프랑스에 대해 알고 싶어서 관련 TV documentaries 시청 및 인터넷 서핑
　　→ 프랑스 문화들에 대해 알게 된 경험(그것들이 프랑스 사람들의 삶, 공연들, 유명한 곳들을 보여줌)

Topic 67

People should read national newspapers or magazines to learn about it a country.
사람들은 한 나라에 대해 배우기 위해서는, 그 나라의 신문이나 잡지들을 읽어야 한다.

아웃라인
문제 유형: 찬반형 / 대상: people, we
대안: 직접 방문(여행)

Brainstorming _ 찬성

1. '건강'
근거: 직접 방문하는 것 → is too stressful
설명: 신문/잡지와 비교했을 때, 여행은 더 많은 돈과 시간 필요 → 이러한 점이 스트레스 up! → 스트레스가 면역체계를 약화시켜 질병 야기
예시: 의사인 삼촌의 환자들이 스트레스 때문에 고통받는 케이스

2. '시야'
근거: 잡지, 신문을 통해 → 한 나라에 대한 시야를 더 효과적으로 넓힘
설명: 잡지, 신문을 통해 → 직접 방문보다 더 많은 정보에 노출 → 다양성을 받아들임 → 그 나라에 대해 더 잘 알고 이해하게 됨
예시: 고등학교 때 프랑스에 대해 알고 싶어서, 프랑스 신문 및 잡지들을 읽음
　　→ 프랑스 문화들에 대해 알게 됨(그것들이 프랑스 사람들의 삶, 공연들, 유명한 곳들에 대한 정보를 보여줌)

Topic 68

It is better to travel to different countries when you are younger rather than when you are older.
나이가 들었을 때보다 젊을 때 다른 나라들로 여행 다니는 것이 더 낫다.

아웃라인
문제 유형: 찬반형 / 대상: people, we

Brainstorming _ 찬성

1. '시야'
근거: 해외 여행 → 젊은 사람들 시야를 넓혀줌
설명: 이미 많은 것을 알고 있는 the old와 달리, 젊은 사람들이 → 다양한 ideas & thoughts에 노출 + 다양성을 받아들임
예시: 작년에 대학교 여름방학 때 France로 1달 여행 → 잘 몰랐던 프랑스 문화들에 대해 알게 됨

2. '취업'
근거: 해외 여행 → 젊은 사람들 취업에 도움됨
설명: 이미 취업을 했거나 직장 경험이 많은 the old와 달리 → 다양한 나라들 방문을 통해 젊은이들이 → cultural competence을 키움 → 요즘 회사들이 그런 능력을 필요로 한다
예시: 아버지 회사에서 면접 시 타 문화 이해력을 본다.

Topic 69

It is easier for today's parents to raise children than it was 50 years ago.
50년 전보다 오늘날이 부모들에게 있어 아이들을 키우는 것이 더 쉽다.

아웃라인
문제 유형: 찬반형 / 대상: 부모 or 아이들

Brainstorming _ 찬성

1. '시야'
근거: IT 기술 → 아이들이 스스로 시야를 넓힘
설명: 50년 전과 달리, 컴퓨터, TV, 스마트폰을 이용 → 다양한 ideas & thoughts에 노출 + 다양성을 받아들임
예시: 초등학교 때 남는 시간에 French에 대해 알기 위해 인터넷 서핑 → 잘 몰랐던 프랑스 문화들에 대해 알게 됨 (w/o 부모의 도움)

2. '동기부여'
근거: 새로운 educational technology → 아이들 스스로 학습에 대한 동기 부여
설명: 과거와 달리, 새롭고 유용한 functions & programs → 공부를 더 편리하고 쉽게(w/o 부모의 도움)
　　　→ 이런 점이 촉진제 → 열심히 공부 → 좋은 결과
예시: 태만하고 수학 공부에 흥미를 잃은 남동생(고등학생)
　　　→ 수학 공부를 위해 a new tablet PC 구입 → 변화 시작 → 공부를 열심히 하게 됨
　　　→ 이유: w/o 부모의 도움, 수학 관련 apps, games, 동영상 덕분에 수학 더 잘 이해 + 흥미

Topic 70

Some people like to eat their meals at restaurants frequently, while others like to cook and eat at home. Which do you prefer? Why?

어떤 사람들은 자주 음식점에서 식사하는 것을 좋아하는 반면, 다른 사람들은 집에서 요리해서 먹는 것을 좋아한다. 어떤 것을 선호하는가? 그 이유는?

아웃라인

문제 유형: 비교(선호)형 / 대상: people, we

Brainstorming _ 외식하는 것

1. '건강'

근거: 집에서 먹는 것 → is too stressful

설명: 재료 구입 + 요리 + 설거지를 모두 해야 함 → 시간 많이 걸림 + 부담
　　　→ 스트레스 up! → 스트레스가 면역체계를 약화시켜 질병 야기

예시: 의사인 삼촌의 환자들이 스트레스 때문에 고통받는 케이스

2. '동기부여'

근거: 외식하면 → 동기부여 됨

설명: cooking에 대한 고민 없이 → 일/공부에 더 많은 시간을 투자 + 안정된 삶 → 촉진제 → 열심히 일/공부 → 더 좋은 결과

예시: 태만하고 공부에 흥미를 잃은 동생(대학생) [돈을 아끼기 위해 스스로 요리했고 + 공부할 시간 부족]
　　　→ 외식을 시작한 이후 → 변화 시작 → 공부를 열심히 하게 됨
　　　→ 이유: 더 많은 시간을 과제 및 시험 준비에 활용 가능

TOEFL Writing

Actual Test

TOEFL Writing

PAUSE TEST　　　　　　　　　　　　　　　　　　　　CONTINUE　VOLUME

Writing Section Directions

Make sure your headset is on.

Click on the volume icon on the top right hand corner of the screen to adjust the volume.

When the volume indicator appears, move the arrow up or down to change the volume.

Click on the volume icon again to close the volume control.

You will be able to adjust the volume during any part of the test.

In this section you will be tested on your ability to use writing as a means to communicate in an academic environment. You will have two writing tasks.

For the first task, a reading passage will be shown and a listening passage will follow. Afterwards, you will write an essay based on the information from the reading and listening passages.

For the second task, you will write an essay based on your personal experiences and knowledge.

You will now hear the directions for the first task.

TOEFL Writing

Question 1 of 2

Directions You will be given 20 minutes to write an essay that reflects the points in the lecture you heard and the reading passage. Try to summarize the points in the lecture and the relationships to the reading passage to the best of your ability. Any expression of personal opinions is not required. An effective essay generally consists of 150 to 225 words.

Reading Roanoke Island was the site of the 16th century Roanoke Colony, the first English colony in the New World. In 1587, a group of English colonists arrived and settled in Roanoke Island. This colony is most known for the mystery surrounding its disappearance. The leader of the colonists returned to England for supplies. However, when the leader returned from England with supplies, all the settlers of Roanoke disappeared. Although no one knows for certain why the Roanoke colonists disappeared, many researchers believe that they moved to Croatan Island for the following reasons.

To begin with, the first evidence is a carved word 'Croatan'. It was written on a wood fence post in the colony. The leader had made a promise with the settlers and ordered the settlers to leave a mark to tell him where they would move to if they had to leave the colony for any reason. The leader however, was not able to make it to Croatan Island because his ship was damaged on the voyage.

Second, many artifacts such as a gold ring and coins were found on Croatan Island. These artifacts were actually used in England during the relevant period. This would make sense because the Roanoke settlers would have brought their valuables, such as gold, when they left the Roanoke colony.

Finally, some native inhabitants in Croatan Island had lighter hair and blue eyes like Europeans. These physical characteristics were discovered by European settlers who arrived in Croatan Island after the Roanoke settlers disappeared. Other Native Americans did not have such physical characteristics. Therefore, the different skin and eye colors can be evidence that the native people were descendants of Roanoke colonists. These accounts about native inhabitants can be a clue that the lost colonists moved to Croatan Island.

Listening Now listen to part of a lecture on the topic you just read about. **MP3 22**

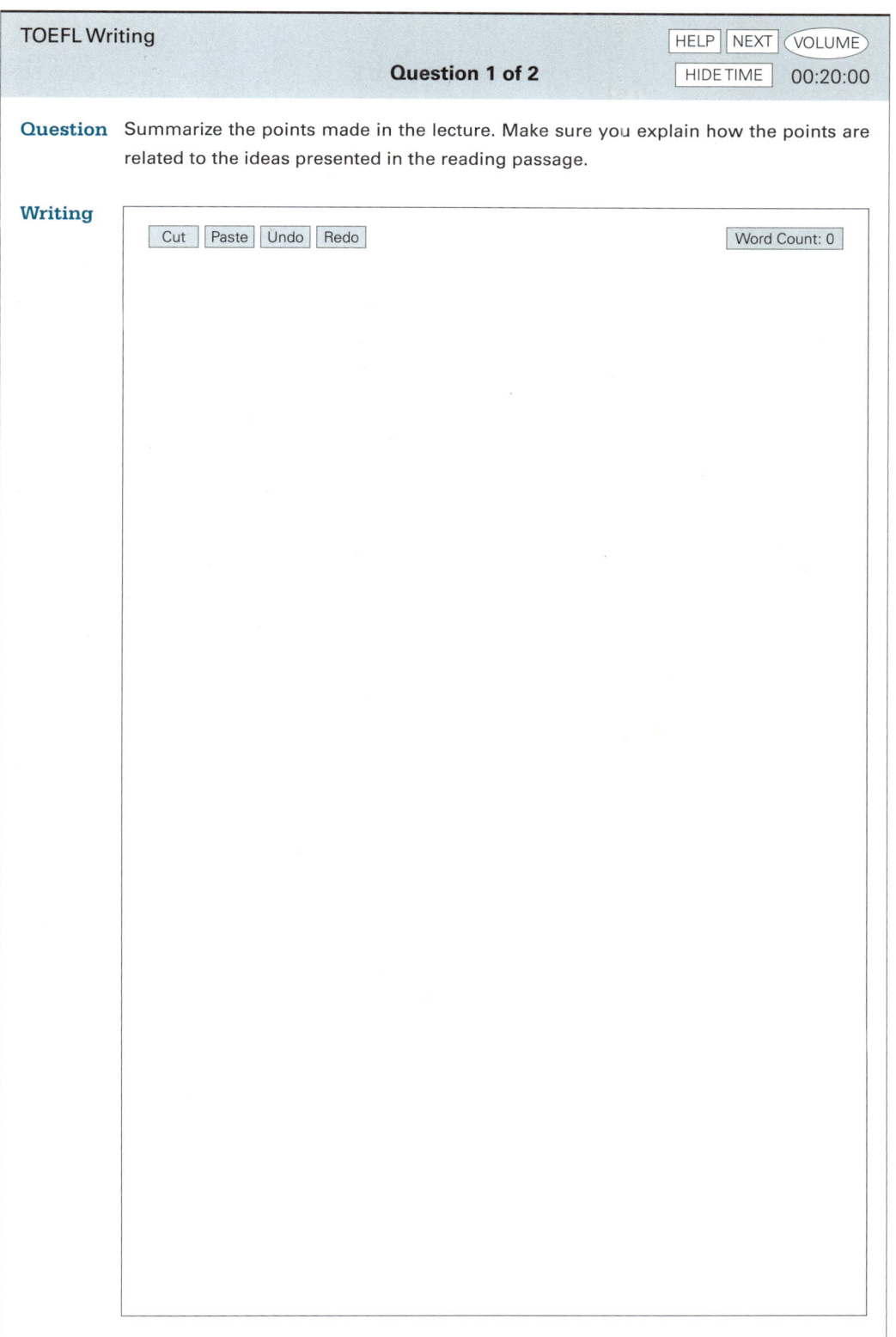

TOEFL Writing

Question 2 of 2

Directions You will be given 30 minutes to plan, write your response on the question given and revise your essay. An effective essay will generally be at least 300 words. Your scores will be based on consistency and organization of ideas and the overall English competency shown in your essay.

Question Do you agree or disagree with the following statement?
We should always be polite to others.
Use specific reasons and details to support your opinion.

커넥츠 영단기
eng.conects.com

영단기 토익 교재

입문서

  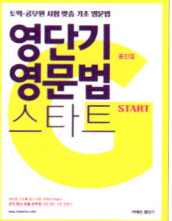

영단기 신토익 스타트 LC 영단기 신토익 스타트 RC 영단기 영문법 스타트

기본서

목표 점수 800+

기적의 토익 기출 LC 기적의 토익 기출 RC

목표 점수 900+

영단기 토익 LC 영단기 토익 RC 영단기 토익 기출보카

필기노트

영단기 700+ 기적의 필기노트 영단기 토익 만점자 필기노트 PART 5 문법

LC+RC 통합 기본서

영단기 토익 LC+RC 700+한 달에 끝내기 정재현 토익 똑똑한 기본서 LC+RC

기술서/요약서

영단기 토익 기술 LC 영단기 토익 기술 실전문제집 LC 영단기 토익 기술 RC 영단기 토익 기술 실전문제집 RC 영단기 신토익 LC 20일 속성 영단기 신토익 RC 20일 속성

토플 기본서

단기 고득점 달성 전략이 있는
영단기 TOEFL WRITING

영단기 연구소

샘플 답안 · 해석 · 스크립트

커넥츠 영단기
eng.conects.com

답안을 쉽게
쓸 수 있는 템플릿 및
스토리라인 제공

다양한 표현과
영작 연습 문제
&샘플 답안 수록

[특별부록] 독립형
출제 예상 주제
브레인스토밍 자료

NEW TOEFL iBT
완벽 반영
최신 개정판

토플 기본서

단기 고득점 달성 전략이 있는
영단기 TOEFL WRITING

샘플 답안 · 해석 · 스크립트

Diagnostic Test 진단고사

Task 1

리딩 해석 지구 온난화는 환경론자들과 각국 정부 모두에게 화제가 되는 주제로 자리 잡았다. 대기 중 탄소와 이것이 기온에 미치는 영향을 감소시키기 위한 많은 방법들이 제시되었는데, 그 중 나쁜 평판을 받고 있는 한 가지 방법은 철분을 해양 상층에 뿌려 식물성 플랑크톤을 증가시키는 것이다. 이 방법이 의도하는 효과는 식물성 플랑크톤의 급증을 유도함으로 인한 이산화탄소의 흡수 감소이다. 하지만 일부 학자들은 철분 비옥화 사용의 부작용에 대해 경고하고 있다.

첫째, 이 방법을 사용한 실험에서 어떠한 유의미한 결과도 나오지 않았다. 철분 비옥화의 효과를 확인하기 위한 실험에서, 900 평방 킬로미터에 달하는 대서양 일부 해역에 황산철이 뿌려졌다. 결과적으로 식물성 플랑크톤이 증가하였지만 이산화탄소를 유의미한 수준으로 감소시키거나 흡수하지 못했다. 연구자들은 늘어난 식물성 플랑크톤의 상당량은 이산화탄소 수준에 뚜렷한 영향을 미치기 전에 동물성 플랑크톤의 먹이가 되어버렸다는 결론에 도달했다.

둘째, 이 방법은 지역 수산업에 피해를 줄 것이다. 식물성 플랑크톤의 급증은 독성 플랑크톤의 증가를 함께 촉발한다. 이와 같은 독성 플랑크톤은 어패류 중독과 같은 질병을 야기하는 도모산이라는 신경 독소를 방출한다. 독성 플랑크톤을 생선이 섭취거나 생선의 표면에 남아있는 경우, 사람들은 치명적인 독소를 섭취할 위험에 놓이게 된다. 질병이 발생하면 사람들은 생선을 사기를 꺼려하게 되므로 수산업에 타격을 입힐 수 있다.

마지막으로, 이 방법은 해양 생태계에 피해를 줄 수 있다. 식물성 플랑크톤의 증가는 특정 해양 생물 종들의 급증을 유발할 수 있다. 한 종의 변화는 먹이 사슬 상층에 위치한 다른 종들에 부정적인 영향을 미친다. 식물성 플랑크톤의 급증으로 인한 해파리 개체 수 증가는 물고기 개체 수 감소로 쉽게 이어질 수 있다. 해양 생명 활동의 저해로 이어질 수 있는 미확인 위험성을 고려했을 때, 지구 온난화를 해소하기 위해 이산화탄소를 흡수하는 데 초점을 맞추기보다는 탄소 배출량 감축을 고민하는 것이 더 바람직하다.

Ⓦ proposed adj. 제안된   atmosphere n. (지구의) 대기   notoriety n. 악평   phytoplankton n. 식물성 플랑크톤   intended adj. 의도된   reduction n. 감소   boom n. 호황   consequence n. 결과   fertilization n. 비옥화   meaningful adj. 유의미한   iron sulfate n. 황산철   absorption n. 흡수   consumed by ~에 의해 소모되다   zooplankton n. 동물성 플랑크톤   noticeable adj. 뚜렷한   trigger v. 촉발시키다   neurotoxin n. 신경독(소)   domoic acid n. 도모산   outbreak n. 발생   be hesitant to V ~을 하는 것을 주저하다   adverse effect n. 부정적인 영향   unknown risk n. 미확인 위험   output n. 산출량

🔊 MP3 01

강의 스크립트 Despite what many scientists may argue, there is good reason to think that absorbing carbon dioxide through iron fertilization is one of the best ways to lessen the effects of global warming.

First off, the experiment results do not fully reflect the overall effect of iron fertilization. The experiment lasted only one month. This is too short to be an accurate reflection of iron fertilization. In another long-term experiment, on a smaller scale, scientists found that carbon dioxide absorption increases gradually. Meaning, the second month will see more absorption, and the third even more. The numbers of decreasing phytoplankton because of zooplankton didn't have much of an impact either. The overall absorption of carbon dioxide is much greater than what can be observed in one short month regardless of whether a lot of phytoplankton are consumed or not. So, in the long term, iron fertilization is a viable option to reduce carbon levels.

Second, the increase of toxic plankton populations depends on the chemical makeup of the ocean where iron is introduced. The toxic algae mentioned in your reading passage only thrive in the high seas. This is because toxic plankton need a balance of chemicals other than iron to thrive. Without the right combination of chemicals, the plankton will not be able to reproduce anyway. That is why they do not live in the middle of the ocean where most scientists believe to be the ideal location of iron fertilization. So, as long as iron fertilization is not carried out in waters with certain chemicals, we do not have to worry about any toxins and the fishing industry.

Finally, whatever damage that iron fertilization can do, the damage that global warming has on both our lives and on the ocean is much greater than the potential damage caused by iron fertilization. The melting of glaciers and rising sea levels have already had a negative impact on coral reef populations, and sudden increases in certain fish populations occur from global warming anyway. Is it not better to at least decrease the amount of carbon dioxide even if we are not sure of its effects, than it is to wait until global warming negatively impacts the ocean's ecosystem?

W lessen v. 줄다   reflect v. 반영하다   viable adj. 실행 가능한   algae n. 해조류   thrive v. 번창하다   balance of ~의 균형   combination n. 조합   reproduce v. 번식하다   ideal adj. 이상적인   carry out ~을 수행하다   glacier n. 빙하   sea level n. 해수면   coral reef n. 산호초

강의 해석 많은 과학자들의 주장에도 불구하고, 철분 비옥화를 통해 이산화탄소를 흡수하는 것이 지구 온난화의 영향을 감소시키는 최상의 방법 중 하나로 여겨지는 것에는 타당한 이유가 있어요.

우선, 실험 결과는 철분 비옥화의 전체적인 효과를 완전히 반영하지 못해요. 실험은 고작 1개월간 진행되었어요. 이는 철분 비옥화의 효과를 정확히 반영하기에는 지나치게 짧은 기간이죠. 오랜 기간에 걸쳐 상대적으로 작은 규모로 시행된 별도의 실험에서 과학자들은 이산화탄소 흡수가 점진적으로 증가하는 것을 확인했어요. 이는 두 번째 달에는 더 많은 양의 흡수가, 세 번째 달에는 더욱 더 많은 양의 흡수가 이루어질 것임을 의미하죠. 또한 동물성 플랑크톤으로 인해 줄어드는 식물성 플랑크톤의 개체 수는 그리 많은 영향을 주지 않습니다. 많은 양의 식물성 플랑크톤이 먹혔는지 아닌지와 상관 없이 전체 이산화탄소 흡수량은 짧은 한 달 동안 관찰이 가능한 수준을 크게 상회합니다. 따라서 장기적으로 철분 비옥화는 탄소량을 감소시킬 수 있는 실행 가능한 대안이에요.

둘째, 독성 플랑크톤의 개체 수 증가는 철분이 뿌려진 해양의 화학적 구성에 의해 결정됩니다. 읽기 지문에서 언급된 독성 해조류는 해양 상층에서만 번창하죠. 이는 독성 해조류가 번식하기 위해서는 철분 외의 기타 화학적 균형을 필요로 하기 때문이죠. 적절한 화학적 조합 없이 플랑크톤은 번식할 수 없어요. 대다수의 과학자들이 철분 비옥화의 최적지로 여기는 중층 해양에서 독성 해조류가 살지 않는 이유가 바로 이 때문이죠. 따라서 철분 비옥화 작업이 특정 화학 물질을 포함하는 해역을 피해서 진행될 경우, 독소와 수산업에 대해 우려할 필요가 없어요.

마지막으로, 철분 비옥화가 어떠한 피해를 야기한다 하더라도, 지구 온난화가 우리의 삶과 해양에 미치는 피해가 철분 비옥화의 잠재적인 피해보다 훨씬 크죠. 빙하가 녹는 것과 해수면의 상승은 산호초 개체 수에 이미 악영향을 끼치고 있으며, 특정 어종의 개체 수 급증 또한 지구 온난화로 인해서 어차피 발생하는 문제죠. 비록 그 효과에 대해 확신할 수 없을지라도, 이산화탄소의 양이라도 줄이는 것이 지구 온난화가 해양 생태계에 부정적인 영향을 끼치기를 기다리는 것보다는 낫지 않나요?

Writing

The lecturer objects to the points mentioned in the reading passage about iron fertilization. The speaker states that the points in the passage have flaws.

First, the lecturer claims that the assertion related to the experiment is wrong. The results of the experiment are not an issue. The experiment was too short to accurately reflect the effects of iron fertilization. The results of another experiment prove otherwise. Although the first month did not show meaningful results, scientists saw gradual increases in carbon dioxide absorption during the second and third months regardless of the amount of plankton consumed. This counters the claim that the experiment did not show promising results.

Second, the speaker says that the claim made about the fishing industry is untrue. The problem related to toxic planktons can be solved. Planktons that cause human illnesses can only thrive in high seas in which a specific combination of chemicals exists. Iron fertilization will be carried out in the middle of the ocean where there is no balance of chemicals for toxic planktons to thrive. This goes against the writer's view that the fishing industry will be harmed.

Finally, the professor mentions that the assertion concerning the ocean's ecosystem is mistaken. It is hard to view that damage from iron fertilization as an issue. The adverse effects of global warming are far more significant than the negative impacts of iron fertilization. It is true that iron fertilization will cause booms in certain ocean species. However, the adverse impacts of global warming will cause such booms anyway. This is in direct opposition to the author's claim that the ocean's ecosystem can be damaged.

해석 강의자는 철분 비옥화에 대해 읽기 지문에 언급된 주장들에 반대한다. 화자는 지문의 주장들에 결함이 있다고 말한다.

우선, 강의자는 실험과 관련된 주장은 틀렸다고 주장한다. 실험의 결과는 문제가 되지 않는다. 철분 비옥화의 영향을 정확하게 반영하기엔 실험

은 너무 짧았다. 다른 실험 결과는 다른 것을 증명한다. 첫 달에 유의미한 결과를 보여주지는 않았지만, 먹히는 플랑크톤의 수와 상관 없이 과학자들은 두 번째와 세 번째 달에 이산화탄소 흡수량에 점진적인 증가가 있는 것을 발견했다. 이것은 실험이 좋은 결과를 보여주지 않았다는 주장에 반대된다.

두 번째, 화자는 수산업과 관련된 주장은 사실이 아니라고 말한다. 독성 플랑크톤과 관련된 문제는 해결할 수 있다. 사람에게 질병을 야기하는 플랑크톤은 그들이 필요로 하는 특정한 화학적 조합이 존재하는 해양 상층에서만 번창한다. 철분 비옥화는 독성 플랑크톤이 번창하는 화학적 균형이 없는 중층 해양에서 시행될 것이다. 이것은 수산업이 피해를 입게 될 것이라는 글쓴이의 주장에 반대된다.

마지막으로, 교수는 해양 생태계와 관련된 주장은 틀렸다고 말한다. 철분 비옥화로 인한 피해를 문제로 보기 어렵다. 지구 온난화의 부정적인 영향이 철분 비옥화의 부정적인 영향보다 훨씬 더 심각하다. 철분 비옥화가 특정 어종의 개체 수 급증을 초래하는 것은 사실이다. 하지만 지구 온난화의 부정적인 영향은 어차피 그런 급증을 야기한다. 이것은 해양 생태계가 피해를 입을 것이라는 필자의 주장과 정반대이다.

Task 2

✎ Writing

Sports is a topic that is widely dealt with in the media as well as our daily lives. There are obviously many opinions regarding this question but it is apparent that high school students should be required to play sports. The concepts of relationships and success clearly illustrate this idea.

First of all, high school students can become much more sociable. Students can expand their social network when required to play sports. Therefore, students have to participate in sports simply because they will get an opportunity to have a better social life. My brother experienced a similar situation before. Being required to play sports helped him become an affable person. My little brother used to be an introvert who never talked to anyone. However, this changed once he started participating in soccer lessons. He started initiating conversations with others. When I asked what changed, he told me that he became friends with a lot of people whom he would not have met had he not been required to play soccer. This example is comparable to the experiences of high school students who are required to play sports. Sports help improve interpersonal relationships by letting people approach other people easily.

Also, high school students who are required to play sports can obtain the requirements to become successful. Students need a great deal of experience to make it in this highly competitive world. This is why if students are required to participate in sporting activities, they will get the broad range of knowledge to get ahead of the curve. An article I read online touched on this subject. Matthew Williams became a successful CEO because he had been required to participate in sports. Williams, during his high school years, had played basketball after school. He was mentioned as one of the young up-and-comers in his industry. Williams mentioned that he solved problems faster compared to his peers because of his know-how in teamwork. The same situation would apply to students who have to play sports. Students will achieve great success when they can experience things they cannot learn in the classroom.

Initially, it may seem like high school students should not be required to play sports. However, through the examples related to relationships and success, one can logically conclude that high school students should be required to play sports.

W deal with ~을 처리하다   be required to ~하도록 요구되다   participate in ~에 참가하다   social life n. 사회 생활   affable adj. 붙임성 있는   introvert n. 내성적인 사람   interpersonal relationship n. 대인 관계   up-and-comer n. 장래가 유망한 사람

해석 스포츠는 언론과 우리의 일상 속에서 자주 다루어지는 주제이다. 이 문제와 관련된 많은 의견이 있는 것은 분명하지만, 고등학생들이 스포츠를 하도록 의무화되어야 하는 것은 명확하다. 관계와 성공과 관련된 개념이 이 주제를 명확하게 보여준다.

우선, 학생들이 훨씬 더 사교적으로 변할 수 있다. 학생들이 스포츠를 하도록 의무화되면 인맥을 넓힐 수 있다. 그러므로, 학생들이 순전히 더 나은 사회 생활을 할 기회를 가질 수 있기 때문에 그들은 스포츠에 참여해야 한다. 내 동생은 이전에 비슷한 경험을 했다. 스포츠를 하도록 요구된 것은 그가 붙임성 있는 사람이 될 수 있게 도와주었다. 동생은 아무하고도 말을 섞지 않는 내향적인 사람이었다. 하지만, 이것은 그가 축구 강습

에 참여하면서부터 변했다. 그는 다른 사람들과 대화를 나누기 시작했다. 내가 무엇이 변했는지 물어봤을 때, 그가 축구를 하도록 요구받지 않았더라면 만나지 못했을 많은 사람들과 친구가 되었다고 그는 나에게 말했다. 이 예시는 스포츠를 하도록 의무화된 학생들의 경험에 비유될 수 있다. 스포츠는 사람들이 다른 사람들에게 쉽게 접근할 수 있게 해주므로 대인 관계 개선에 도움이 된다.

또한, 스포츠를 하도록 의무화된 학생들은 성공의 요건을 갖출 수 있다. 학생들이 치열한 경쟁사회에서 성공하기 위해서는 상당히 많은 경험이 필요하다. 그러므로, 만약 학생들이 의무적으로 스포츠에 참여하게 되면, 성공하기 위한 광범위한 지식을 쌓을 수 있을 것이다. 내가 인터넷에서 읽은 기사는 이 주제와 관련이 있다. **Matthew Williams**는 스포츠에 참여하도록 요구되었기 때문에 성공적인 **CEO**가 되었다. **Williams**는 고등학생 시절 방과 후 농구를 했다. 그는 그의 분야에서 장래가 유명한 사람으로 (기사에) 언급되었다. **Williams**는 팀워크에 대한 노하우 덕에 그의 동기들보다 빠르게 문제를 해결할 수 있었다고 말했다. 이와 동일한 상황은 스포츠를 해야 하는 학생들에게도 적용될 수 있다. 학생들은 교실에서 배우지 못하는 것들을 경험하기에 큰 성공을 거둘 수 있다.

처음에는, 고등학생들이 스포츠를 하도록 의무화되면 안 되는 것처럼 보여질 수 있다. 하지만 관계와 성공과 관련된 예시를 통해 고등학생들은 스포츠를 하도록 의무화되어야 한다고 논리적으로 결론 지을 수 있다.

Integrated Task

Chapter 1. 통합형 문제 유형 소개

Note-taking

읽기 지문 노트테이킹 방법 — Writing Exercise

Q1.

해석 사람과 동물 둘 다 포함한 많은 종류의 척추동물들은 생명을 유지하기 위해 수면을 취해야 한다. 수면의 기능과 영향은 수십년간 과학자들을 이해할 수 없게 만들었다. 하지만 수면의 목적을 설명하고자 하는 세 가지 그럴듯한 이론이 있다.

첫 번째 이론은 수면이 기억 복구를 위해 필요하다고 주장한다. 우리는 일상 속에서 다양한 경험을 겪는데 수면은 이러한 기억들을 뇌 안에서 조직화 할 기회를 제공한다. 깊은 수면의 주요 단계 중 하나를 '급속 안구 운동' 혹은 렘(REM) 단계라고 부른다. 렘 수면의 효과에 관한 연구에서, 렘 수면 상태를 더 오래 유지한 실험 대상자들이 기억 복구를 요구하는 과제에서 더 높은 수행 능력을 보였다. 이는 수면이 기억 관련 기능에 중요한 역할을 한다는 것을 보여준다.

또 하나의 이론은 수면이 에너지 보존을 돕는다는 것이다. 많은 동물들이 활발히 활동할 수 없는 시간대에 수면을 취한다. 야간에 수면을 취하는 동물들이 그 대표적인 예이다. 이러한 동물들은 햇빛이 있어야만 식량을 구할 수 있기 때문에 날이 어두워지면 수면을 취한다. 야행성 동물도 마찬가지다. 이들은 주간에 수면을 취하고 야간에 매우 활발하게 활동한다. 이는 사람과 동물이 그들이 필요할 때 쓰기 위한 에너지를 축적하기 위해 활동하지 않아도 되는 시간대에 수면을 취한다는 확신으로 이어졌다.

마지막 이론은 수면의 기능이 독소를 제거하는 것이라고 주장한다. 모든 살아있는 세포는 신진다사의 결과로 독소를 생성한다. 활성산소(free radical)라 불리는 독소 역시 다른 세포와 마찬가지로 뇌의 신진대사 기능의 결과로서 생성된다. 수면은 뇌가 이런 독소를 제거하도록 해준다. 수면에 대한 한 연구에서는 수면의 결과로서 실험 대상자들의 활성산소 수치가 감소했다. 이는 수면이 뇌의 유해 독소 제거에 일정 역할을 한다는 유력한 증거이다.

W vertebrate n. 척추동물 alike adv. 둘 다, 똑같이 plausible adj. 그럴듯한 consolidate v. 강화하다 subject n. 연구[실험] 대상 retrieval n. 복구 conserve v. 보존하다 inactive adj. 활동하지 않는 nocturnal adj. 야행성의 toxin n. 독소 cell n. 세포 metabolism n. 신진대사 free radical n. 활성산소 as a result of ~의 결과로서

Note-taking

읽기 노트

주 제: purpose of sleep

근거 1: **memory retention** ↑
　　　- rapid eye movement (REM)
　　　- more REM sleep → better memory retrieval

근거 2: **conserve energy**
　　　- sleep at night — when inactive
　　　- save up energy

근거 3: **remove toxins**
　　　- metabolism toxins
　　　- sleeping remove toxins

Q2.

해석 털 매머드(woolly mammoth)는 구석기 시대에 북아메리카와 유라시아의 일부 지역에 서식했던 매머드의 마지막 종이었다. 그들의 외형은 길고 굴곡진 상아와 긴 코를 가졌다는 점에서 현대의 코끼리의 모습과 유사하다. 마지막이라고 알려진 종의 유골은 약 11,000년 전의 것으로 판별되었다. 매머드의 멸종 원인이 무엇인지는 확실하지는 않지만, 일부 고생물학자들은 매머드의 집단 멸종이 인간의 과도한 사냥 때문이었다고 주장한다.

첫째, 무기들의 발전은 매머드의 남획으로 이끌었다. 북아메리카에 살았던 인간들은 석기를 생산하고 불을 다루는 능력을 얻게 된 구석기 말부

터 사냥을 시작했다. 약 11,000년 전부터 사냥은 수렵 채집인 사회의 필수적인 요소가 되었다. 이는 매머드 수가 감소하기 시작한 시기와 일치한다. 사냥이 인간 집단의 보다 일상적인 활동이 됨에 따라 털 매머드의 개체 수가 급격히 감소했을 것이다.

둘째, 털 매머드는 인간을 두려워하지 않아서 쉽게 사냥 당했을 것이다. 어떠한 포식자도 완전히 자란 털 매머드를 공격할 수 없을 정도로 매머드는 큰 몸집을 가졌다. 동물을 성공적으로 죽이기 위해 사냥꾼들은 공격 목표에 아주 가까이 접근해야 했다. 포식자가 없어, 매머드는 자신의 서식지 내에서 가까이 접근하는 인간에 대해 주의를 기울이지 않았을 것이다. 매머드에게 쉽게 접근할 수 있었기 때문에 사냥꾼들은 매머드만을 사냥했을 것이다.

마지막으로, 털 매머드의 커다란 몸집은 그들을 매력적인 사냥감으로 만들었다. 털 매머드는 포유동물들의 몸집이 작아졌던 시기에 멸종되었다. 작은 포유동물들은 몸을 숨기는 데 더 능숙하고, 따라서 사냥꾼들에게 매력적인 사냥감으로 여겨지지 않았을 것이다. 반면, 거대한 크기 때문에 털 매머드가 사냥감을 찾을 때 훨씬 포착하기 쉬웠을 것이다.

W Paleolithic era 구석기 시대 equipped with ~을 갖춘 curved adj. 곡선의 tusk n. 코끼리의 상아 mass extinction n. 집단 멸종 overhunting n. 남획 inhabit v. 살다[서식하다] consistent with ~와 일치하는 commonplace adj. 아주 흔한 an easy target 쉬운 목표 predator n. 포식자 fullygrown adj. 다 성장한 oblivious of ~을 감지하지 못하는 adept at ~에 능숙한 spot v. 발견하다

Note-taking

읽기 노트

주 제: woolly mammoth extinction — overhunting by human

근거 1: improvement in weapons
- stone tools + control fire started hunting
- hunter-gatherer society

근거 2: easy target scared by humans X
- no predators
- oblivious of human hunters

근거 3: size of mammoth attractive target
- smaller mammal — adept at hiding
- mammoth — easier to spot

Q3.

해석 보노보(난쟁이 침팬지)는 중앙아프리카 콩고 분지에서 주로 발견되는 거대한 원숭이다. 보노보는 가까운 친척뻘인 침팬지와 아주 닮았지만, 분홍색 입술과 머리 위에서부터 늘어진 검은색 긴 털로 식별할 수 있다. 비록 매우 닮기는 했지만, 과학자들 사이에서 일반적으로 보노보는 침팬지보다 덜 공격적이라고 인식된다.

첫째, 보노보는 낯선 자에게 덜 공격적이다. 동물원 안에서 시행된 통제된 실험 결과는 이런 주장을 뒷받침한다. 과학자들은 침팬지가 다른 존재를 외부의 경쟁상대로 여기는 반면 보노보는 낯선 존재를 자신들의 일원으로 대우한다는 것을 알아냈다. 새로운 동료가 그의 구역에 들어가지 못하고 밖에 갇혔을 때 보노보는 먹이를 나누기 위해 그 문을 열었다. 반면 침팬지는 그들의 음식을 비축하고 식량을 지키는 경향이 있었다. 이러한 결과들은 보노보가 훨씬 덜 공격적인 종이라는 것을 암시한다.

둘째, 보노보는 사냥할 때 공격성을 덜 보이는 것 같다. 보노보는 혼자 사냥을 하는 반면 침팬지는 무리로 사냥하는 것으로 알려졌다. 두 영장류 모두 불필요한 위험을 취하지 않는다는 의미로 위험회피적(risk-averse)이라고 할지라도, 그룹으로 생활하는 경우 더욱 공격적이 되기 쉽다. 보노보는 혼자 사냥하는 경향 때문에 커다란 모험을 감수하지 않아서 공격적일 가능성이 낮다.

마지막으로, 보노보 사회의 구조가 공격을 약화시키는 것 같다. 보노보의 사회적 계급구조는 암컷에 의해 지배될 뿐만 아니라 계급구조가 매우 약하다. 이것이 리더로서의 지위를 얻기 위해 수컷 보노보 사이에서 행해지는 공격이 드문 이유이다. 반면 침팬지는 더 우세한 리더가 되기 위해 수컷들이 서로 싸우는 남성 지배 사회 속에서 살아간다.

W ape n. 유인원, 꼬리 없는 원숭이 close relative 가까운 친척 be identified by ~에 의해 확인되다 atop prep. 꼭대기에 aggressive adj. 공격적인 controlled experiment 대조 실험 rival n. 경쟁자 enclosure n. 울타리를 친 장소 hoard v. 비축하다 primate n. 영장류 risk-averse adj. 위험회피적(안전주의) tendency n. 경향 social structure 사회 구조 discourage v. 단념시키다 social hierarchy 사회 위계 be dominated by ~가 지배하다 male-dominated adj. 남성 우위의 (사회)

Note-taking

읽기 노트

주 제: bonobos — less aggressive than chimpanzees

근거 1: strangers — less aggressive
- experiment(zoo)
- bonobos — member
- chimps — rival

근거 2: hunting
- chimps — groups
- bonobos — alone

근거 3: social structure
- hierarchy — female-dominated
- male attacks — X
- chimps — fight

Q4.

해석 윌리엄 셰익스피어(1564~1616)는 영국의 가장 위대한 극작가 중 한 명으로 널리 알려져 있다. 그의 많은 희곡은 여전히 오늘날에도 공연되고 있으며 할리우드 영화로도 만들어졌다. 하지만 셰익스피어의 개인적 삶에 대한 기록은 많지 않다. 오랫동안 사람들은 작품들이 그의 것이었다고 추정했다. 하지만, 셰익스피어가 실제로 그의 몇몇 작품은 쓰지 않았다고 믿을만한 타당한 이유가 있다.

첫째, 중산층에 속해 있던 셰익스피어는 충분한 교육을 받지 못했다. 그래서 그의 희곡에 폭넓은 어휘를 쓸 수 없었을 것이다. 셰익스피어는 문맹 가정에서 자랐다. 셰익스피어의 부모와 그의 여동생들 모두 표시를 이용하여 이름을 서명했다고 알려져 있다. 더욱이 그의 어린 시절 집에서 1킬로미터 반경 내에 설립된 어떤 학교로부터도 셰익스피어가 교육을 받았다는 것을 입증하는 문서가 없다.

둘째, 그의 희곡 표지에 사용된 이름은 남아있는 그의 서명과 일치하지 않는다. 그의 비문학 문서에 사용된 성은 그가 썼다고 추정되는 희곡에 사용된 것과는 다르다. "Shake-speare"와 같이 하이픈이 있는 성이 그의 희곡 표지에 등장한다. 이런 하이픈이 붙은 이름은 희곡에서 가상의 서술적 이름으로 사용되었기에 극에서 나타난 경우에는 실제로 가명이었다는 것을 암시한다.

마지막으로, 셰익스피어의 사망에 대한 어떤 대중의 애도도 기록으로 남아 있지 않다. 셰익스피어는 스트래트퍼드에서 1616년 4월 23일에 죽었지만, 대중은 그가 죽었다는 것도 알지 못했다. 그의 사망 당시에도 그의 동료 배우나 작가들이 셰익스피어에게 보내는 그 어떤 헌사에 대한 기록도 없다. 셰익스피어에 대해 칭송하는 추도사는 7년 후인 1623년이 되어서야 발견되었다.

W be widely regarded as ~로 널리 여겨지다 playwright n. 극작가 play n. 희곡 middle class n. 중산층 upbringing n. 양육 extensive adj. 폭넓은 illiterate adj. 문맹의 household n. 가정 establish v. 설립하다 non-literary adj. 비문학의 hyphenated adj. 하이픈으로 연결된 fictional adj. 가상의 descriptive adj. 서술하는 pen-name n. 필명 mourning n. 애도 tribute n. (죽은 이에게 바치는) 헌사 fellow n./adj. 동료(의) funeral message n. 추도사 praising adj. 칭찬하는

Note-taking

읽기 노트

주 제: Shakespeare — write X some of his plays

근거 1: middle class & X education → extensive vocab in plays X
- illiterate household
- school documents X

근거 2: signatures — inconsistent
- differ — non literature documents
- hyphenated surname

근거 3: death — public mourning X
- ppl X — his death
- funeral message — much later

Q5.

해석 Gamburtsev 산맥은 남극 동쪽에 깊이 묻혀있는 산맥이다. 이 산맥은 남극 동부 빙상의 최고점 아래에 위치한다. 이 산맥은 약 50여년 전에 발견되었지만, 유럽의 알프스만큼 커다란 이 산맥의 기원과 생성연도에 대해서는 거의 알려진 바가 없다. 이렇게 광활한 산맥이 어떻게 형성되었는지 설명하기 위한 몇 가지 설이 제기되었다.

첫째, 산맥은 핫스팟(열지점)의 산물일 가능성이 있다는 것이다. 대개 화산은 지각판 경계 주변에 생성되지만, 핫스팟은 지각판 경계와 관련이 없는 화산들이다. 마그마, 즉 용융 암석이 때때로 지각을 뚫고 흘러나온다. 시간이 지남에 따라 용융 암석들은 서로의 위에서 냉각되어 산맥을 형성한다. 하와이에 있는 많은 산맥들은 이렇게 만들어졌다.

둘째, 지각판의 이동으로 인해 남극 산맥이 형성되었을 수 있다. 지각을 만드는 각기 다른 지각판들이 서로 충돌하거나 분리될 때, 산맥이 형성된다. 판의 충돌은 땅을 밀어 올리거나 접어 올리면서 돌출 지형을 만든다. 또한, 균열이라고 불리는 이 과정은 지각판들이 서로로부터 분리될 때 발생한다. 일단 지각의 큰 부위에서 분열이 발생하면 이는 다른 부위를 솟아오르게 하여 산맥을 형성한다. 이렇게 형성된 산맥은 지각 경계를 따라 형성된 산악지대인 유럽의 알프스와 아주 유사하다.

마지막으로, 산맥이 빙하에 의해 형성됐을 가능성이 아주 높다. 전문가들은 남극 대륙은 극지점, 즉 계절에 따라 생성과 해빙을 반복하는 수명이 짧은 얼음인 빙상의 한 가운데에 위치했었다고 믿는다. 얼음이 녹아서 생긴 강과 움직이는 빙하가 Gamburtsev 산맥의 외형을 만들어내는 계곡과 작은 봉우리들을 깎아 만들었다는 것이다.

W mountain range n. 산맥 sit v. (어떤 곳에) 있다 ice sheet n. 빙상 origin n. 근원 expansive adj. 광활한 boundary n. 경계 tectonic plate n. 지각판 hotspot n. 열지점 volcano n. 화산 magma n. 마그마 force through ~을 밀치고 나아가다 Earth's crust n. 지각 cool v. 식(히)다 collide v. 충돌하다 separate adj./v. 분리된/분리되다 elevated adj. (지면보다) 높은 pull apart (잡아) 떼어 놓다 mountain belt 산지 분포 지역 glacier n. 빙하 ephemeral adj. 수명이 짧은 seasonal adj. 계절적인 carve v. 깎아서 만들다 peak n. (산의) 봉우리

Note-taking

읽기 노트

주 제: Gamburtsev Mountains, a mountain range

근거 1: hotspot
 - plate boundaries x
 - Hawaii

근거 2: plate movement
 - plate collisions — push/fold up land
 - similar to Alps

근거 3: glaciers
 - Antarctica — ephemeral ice sheets
 - icemelt → carve out, appearance

Q6.

해석 컴퓨터에 있는 환자의 정보 즉, 전자의료기록은 종이에 기록하는 기존의 방법을 대체할 것으로 생각된다. 수백만 개의 종이 서류를 한 대의 컴퓨터 시스템으로 통합하는 것이 가능하다. 전자의료기록은 종이에 기록하는 것에 비해 여러 가지 이점을 지닌다.

첫째, 전자기록을 사용하는 것은 많은 경제적인 이득을 제공한다. 전자기록은 의료 서비스 제공자가 종이 기록을 저장하고 옮기는 데 필요한 많은 비용을 절감하게 해준다. 각종 서류에 담겨있는 모든 정보를 파일 캐비닛으로 가득 찬 큰 문서고 대신 한 대의 컴퓨터에 저장하게 됨으로써, 병원은 해당 공간을 병실이나 추가적인 사무실 공간으로 활용할 수 있게 된다. 서류를 전달할 필요가 없기에, 병원은 서류를 다양한 기관으로 보내고 받는 데 드는 비용 또한 절약할 수 있을 것이다. 의사는 환자의 기록을 동료 의료진에게 우편으로 보내는 대신 간단히 이메일로 보내면 된다.

둘째, 전자기록 사용을 통해 실수를 방지할 수 있다. 의사들은 매우 바빠 환자의 증상이나 처치에 대해 주의 깊게 기록할 시간이 없다. 결과적으로 의사의 손 글씨는 종종 알아보기가 힘들어, 다른 의사, 간호사 그리고 약사들이 곧잘 잘못 이해하게 된다. 이러한 경우 그 내용을 지레 짐작하게 되어 그릇된 처방이나 처치로 이어지게 된다. 모두 타이핑으로 입력된 전자기록은 모든 관련 정보들이 의료 서비스 제공자들에 의해 명확하게 이해가 될 것을 보장한다.

마지막으로, 전자의료기록을 사용하면 의료 연구를 도울 수 있다. 컴퓨터에 저장된 의료기록이 중앙 데이터 베이스로 전송됨에 따라 연구소들은 수백만 개의 환자 기록을 손쉽게 검색하여 관련된 환자들을 찾을 수 있다. 이와 유사한 방법으로 학술 논문을 위한 전자 데이터 베이스를 만들어 크게 성공한 사례가 있다. 논문을 찾는 것이 더욱 편리해질 뿐만 아니라, 학생들이 접근할 수 있는 논문의 수도 증가했다. 전자기록은 연구 과정을 더욱 간편하고 효율적으로 만들어 준다.

W electronic medical record 전자의료기록 replacement n. 대체 conventional adj. 관습적인 consolidate v. 통합하다 economic benefit 경제적 이익 health care provider n. 의료인 save on ~를 절약하다 organization n. 조직 symptom n. 증상 treatment n. 치료 illegible adj. 읽기 어려운 misinterpret v. 잘못 이해하다 pharmacologist n. 약리학자 prescription n. 처방전 assure v. 장담하다 aid v. 돕다 access v. ~에 접근하다

Note-taking

읽기 노트

주 제: electronic medical records — benefits

근거 1: economic benefits
- file cabinets ↓ → extra space
- save costs

근거 2: prevent mistakes
- handwriting — illegible
- EMR → understand clearly

근거 3: aid medical research
- central database
- convenient, efficient

듣기 노트테이킹 방법 — Writing Exercise

Q1. MP3 02

Note-taking

강의 노트

반 론: purpose of sleep — Reading X

근거 1: memory retention X
- people w/o REM → no problem memorizing

근거 2: conserve energy X
- conserve energy — when resting + awake
- sleep — extra energy X

근거 3: remove toxin X
- study → abnormal circumstance normal cycle X
- study → cause more toxin removed

스크립트 Well, your reading certainly talks about some compelling theories about the role of sleep. However, the theories are not that convincing. Each of the theories that are mentioned in the reading passage has limitations in truly explaining the purpose of sleep.

First, the point made about memory retention. Although it is true to a certain extent that REM sleep helps our memory, the reading fails to mention that there are people who function perfectly well without REM sleep. You see, there are people who take drugs that prevent them from getting REM sleep. Yet, they have no problem memorizing things in their daily lives. If sleep were needed for memory functions, it would not make sense for these people to have the ability to remember things. So, it would be hard to view sleep as something that is needed to help memory functions.

Next, let's talk about sleeping as a means to conserve energy. The problem with this theory is that people can conserve the same amount of energy when resting while they are awake. It does not make a difference whether a person is sleeping or awake. As along as the person gets rest, he or she will be conserving the same amount of energy. Thus, no extra energy is conserved through sleep. So, it would be difficult to say that sleep is needed to conserve energy.

Finally, the function of sleep to remove toxins is not a good theory either. The study mentioned in your reading was conducted under abnormal circumstances. It did not represent the normal cycle of daily living. The subjects in the study were forced to be awake for a very long period of time. Afterwards, they were able to sleep for a long period. Although, the subjects did see a decrease in toxins. this is not indicative of what sleep does in normal situations. The subjects could have accumulated more toxins because of the way the study was conducted, and sleep could have just removed the excessive amount that was accumulated. This study cannot prove that sleep is a function needed to remove toxins.

W have limitations 한계가 있다   daily life n. 일상 생활   means n. 수단   conduct v. 수행하다   abnormal adj. 비정상적인   indicative of ~을 나타내는   accumlate v. 축적하다

해석 여러분이 읽은 지문에서는 수면의 역할에 대한 몇 가지 유력한 설을 이야기하고 있어요. 하지만, 그 이론들은 그다지 설득력이 없네요. 지문에서 언급된 각각의 이론은 수면의 진정한 목적을 설명하는 데 한계가 있어요.

첫째, 기억 보존에 관한 주장을 살펴봅시다. 렘 수면이 우리의 기억력에 도움을 주는 것은 어느 정도 사실이나, 읽기 지문은 렘 수면 없이도 완벽하게 정상 활동을 하는 사람들이 있다는 사실을 언급하지 않고 있어요. 보다시피, 일부 사람들은 렘 수면을 방지하기 위한 약을 복용하기도 하죠. 하지만 이 사람들은 일상에서 필요한 내용을 기억하는 데 아무런 어려움을 겪지 않아요. 만약 수면이 기억력을 위해 필요한 것이라면 이 사람들에게 기억력이 있다는 것은 말이 되지 않죠. 따라서 수면을 기억력을 돕기 위해 필요한 것이라고 보기는 어렵습니다.

다음으로, 수면이 에너지 보존을 위한 수단이라는 주장에 대해 얘기해 봅시다. 이 이론의 허점은 사람들이 깨어 있는 상태에서 휴식을 취할 때에도 같은 양의 에너지를 보존할 수 있다는 것이에요. 사람이 잠을 자던 깨어 있던 영향을 주지 않죠. 수면 여부와는 무관하게 사람이 휴식을 취하기만 한다면 같은 양의 에너지가 보존되는 것이죠. 따라서, 수면을 통해 더 많은 에너지가 보존되지는 않는다는 것을 뜻하죠. 그러므로, 수면이 에너지 보존을 위해 필요하다고 말하기는 어렵습니다.

마지막으로, 수면의 기능이 독소 제거를 위해서라는 이론 역시 타당하지 않아요. 여러분이 읽은 지문에 언급된 실험은 비정상적인 상황에서 진행되었어요. 일상의 정상적인 일과를 반영하지 않은 것이죠. 실험 대상자들은 아주 오랜 시간 동안 깨어 있도록 통제되었어요. 그 후에 그들은 긴 시간 동안 수면을 취할 수 있었죠. 실험 대상자들의 독소 수치가 감소하긴 했지만 이를 정상적인 여건 하에서 수면이 미치는 영향이라고 보기는 힘들죠. 실험이 시행된 방식 때문에 실험 대상자들에게 더 많은 양의 독소가 축적되었을 수 있고, 수면은 축적된 과도한 양만 제거했을 수 있어요. 이 연구는 수면이 독소를 제거하기 위해 필요한 기능이라는 것을 입증하지 못합니다.

Q2. ◁ MP3 03

Note-taking

강의 노트

반 론: woolly mammoth — Reading X

근거 1: **Weapon X**
- became warmer food scarcer
- climate change mammoth population ↓

근거 2: **east to target X**
- storing meat X hunting X
- nomadic hunt, eat right away

> 근거 3: size → attractive target X
> - many small birds — extinct
> - live in extreme environment attractive target X

스크립트 Contrary to what you just read, humans had nothing to do with the extinction of the mammoth. It's more likely that mammoths died off naturally as a result of the change in environment.

First, humans truly started hunting at the end of the Paleolithic era, but that does not mean that mammoth populations decreased because of them. During the time hunting started, the world also became much warmer. Warm enough to impact the feeding grounds of mammoths. Mammoths had to move further north to find food and even when they settled in the northern regions, food was much scarcer. The rapid climate change would have had a larger impact on mammoth populations than humans hunting with spears.

Second, even if mammoths were easy to hunt, they probably weren't hunted often. This is because humans did not have food storage techniques in the Paleolithic. Archeologists haven't uncovered any signs of meat storage from the excavations of Paleolithic sites. If humans hunted mammoths easily, why aren't there any signs of storing them? Mammoths are large animals and the meat would have had to be stored somewhere. Paleolithic societies were largely nomadic and it's highly likely that humans only hunted what they could eat right away.

Finally, it is true that animals became smaller, but that's not because humans hunted mammoths. Many small animals like small birds also became extinct at the same time mammoth populations declined. Mammoths weren't attractive targets because climate changes during the era caused most of them to live in extreme environments. Hunting smaller birds that lived near human populations would have been more attractive, much more so than hunting mammoths that lived in the extreme cold. If human hunting caused an extinction of a certain species, it is more likely that they overhunted birds, not mammoths.

W feeding ground 먹이 먹는 곳   scarce adj. 부족한   uncover v. 알아내다   nomadic adj. 유목의

해석 방금 읽은 내용과는 반대로, 사람들은 매머드의 멸종과 아무런 연관이 없습니다. 매머드는 환경의 변화로 인해 자연적으로 멸종되었을 가능성이 더 많아요.

첫째, 인간은 진짜로 구석기 시대 말기에 사냥을 시작했지만, 이는 매머드 개체 수의 감소가 인간의 사냥 때문임을 의미하지는 않죠. 사냥이 시작되었을 무렵 세상은 훨씬 더 따뜻해졌어요. 매머드의 먹이 구역에 영향을 줄 정도로 기후가 따뜻해졌죠. 매머드는 먹이를 찾아 더 북쪽으로 이동해야 했고 북쪽 지역에 정착했을 때에도 먹이는 더 부족했죠. 창을 이용한 인간의 사냥보다 급격한 기후 변화가 매머드 개체 수에 더 큰 영향을 미쳤을 거예요.

둘째, 매머드가 사냥하기 쉬웠을지라도, 아마 자주 잡히지는 않았을 거예요. 인간은 구석기 시대에 식량을 저장하는 기술을 보유하고 있지 않았기 때문이에요. 고고학자들은 구석기 유적 발굴에서 육류를 저장했던 어떠한 흔적도 찾아내지 못했어요. 인간이 매머드를 사냥했다면, 왜 그것들을 저장한 흔적이 전혀 없을까요? 매머드는 큰 동물이고 그 육류를 어딘가에는 저장을 했어야만 했겠죠. 구석기 시대의 사회는 유목 생활이 주를 이루었고 그래서 인간들은 즉시 먹을 수 있는 것만을 사냥했을 가능성이 더 크죠.

마지막으로, 동물들이 더 작아진 것은 사실이지만 그것은 인간이 매머드를 사냥했기 때문은 아니에요. 작은 새들 같은 작은 동물들 역시 매머드 개체 수가 줄어든 그 시기에 멸종했어요. 매머드는 당시 기후 변화로 인해 대부분이 극단적인 환경에서 서식했기 때문에 매력적인 사냥 대상이 아니었어요. 혹독하게 추운 곳에 살고 있는 매머드를 사냥하는 것보다는, 인간의 서식지 근처에 살고 있는 작은 새를 사냥하는 것이 훨씬 더 매력적이었을 거예요. 만약 인간의 사냥이 특정 종의 멸종을 초래하였다면 매머드가 아닌 새를 과도하게 사냥했을 가능성이 더 큽니다.

Q3. 🔊 MP3 04

Note-taking

강의 노트

반론: bonobos — Reading X

근거 1: strangers — less aggressive X
- different from wild/jungle
- survival instincts X
- more aggressive in the wild

근거 2: less aggressive in hunting X
- kill prey more aggressive
- researchers — more bonobos scars

근거 3: social structure X
- females — attack like chimps
- animals — competitive

스크립트 Although bonobos may seem less aggressive than chimpanzees, the arguments on why they are more passive than chimpanzees are unconvincing.

First, the idea that bonobos are less aggressive to outsiders due to the results of an experiment… well, the experiment makes the incorrect assumption that animals in captivity behave similarly to those that are in the wild. The situation in zoos and the African jungle are very different. Captivity provides a very safe environment, and therefore many animals lose their survival instincts. This is most likely the case in the experiment with bonobos. In the wild where survival is very difficult, animals are much more aggressive towards strangers.

Second, it is unlikely that bonobos are less aggressive when hunting. Animals are not less aggressive just because they hunt alone. They may be more cautious, but that does not mean they are less hostile. Even though bonobos hunt alone, this does not change the fact that they still need to kill their prey. Actually, being alone could make them more aggressive as they need to overpower their prey without the help of others. Some researchers also mentioned that they have more bonobos scars then chimp scars on their body.

Finally, social structure may play an important role in aggression within the male population, but what about females? Observations of bonobos in zoos have shown that females participate in bullying and attack members of their group, much like that of actions made by male chimpanzees. All animals are competitive by nature. It's just that in the case of bonobos the female population competes rather than their male counterparts. Although the bonobo society is female-dominated, this does not mean that they are a peaceful species and that they live in perfect harmony.

W passive adj. 수동적인 outsider n. 외부인 assumption n. 추정 in captivity 감금되어 instinct n. 본능 peaceful adj. 평화로운 cautious adj. 신중한 hostile adj. 적대적인 prey n. 먹잇감 overpower v. 제압하다 play an important role in ~에서 중요한 역할을 하다 bullying n. 약자를 괴롭히는 것 competitive adj. 경쟁을 하는 by nature 천성적으로 counterpart n. 상대편 female-dominated adj. 여성 상위의 (사회)

해석 보노보가 침팬지보다 덜 공격적인 듯 보일지라도 보노보가 침팬지보다 왜 더 수동적인가에 대한 논쟁은 수긍이 가지 않아요.

첫째, 실험 결과에 따라 보노보가 외부존재에 덜 공격적이라는 생각…. 그 실험은 포획된 동물이 야생에 있는 동물과 비슷하게 행동할 것이라는 잘못된 가정을 합니다. 동물원에서와 아프리카 정글에서의 상황은 완전히 다르죠. 포획은 아주 안전한 환경을 제공하기에 많은 동물들이 그들의 생존 본능을 잃게 되지요. 이것은 보노보의 실험에서의 사례와 아주 유사해요. 동물들은 생존이 매우 힘든 야생에서는 낯선 자들에게 훨씬 더 공격적이에요.

둘째, 보노보가 사냥할 때 덜 공격적일 것 같지 않아요. 동물들은 혼자 사냥하기 때문에 덜 공격적이지는 않아요. 그들이 더욱 신중할 수는 있어도 덜 적대적이라는 의미는 아니죠. 보노보가 혼자 사냥을 할지라도 먹잇감을 죽여야 한다는 사실은 여전히 변하지 않아요. 사실은 혼자일 때 다른 존재의 도움 없이 먹이를 압도해야 하기 때문에 더욱 공격적이 될 수 있어요. 일부 연구자들은 그들의 몸에는 침팬지보다 보노보가 낸 상처가 더 많다는 사실 또한 언급했어요.

마지막으로, 사회구조는 수컷들 사이의 공격성에 중요한 역할을 할 수 있어요. 하지만 암컷들은 어떨까요? 동물원에 있는 보노보를 관찰한 결과 수컷 침팬지들이 한 행동과 아주 흡사하게, 암컷들은 암컷 집단의 구성원을 공격하거나 괴롭히는 모습을 보였어요. 모든 동물은 천성적으로 공격적이죠. 보노보의 경우 암컷 구성원들이 수컷 구성원 대신 경쟁할 뿐이에요. 보노보 사회는 여성 상위적이긴 하나 이것이 그들이 완벽한 조화를 이루고 사는 평화적인 종이라는 뜻은 아니에요.

Q4. 🔊 MP3 05

Note-taking

강의 노트

반 론: Shakespeare — Reading ✗
근거 1: Reading 1 ✗
 - patrons
 - books + financial support
근거 2: Reading 2 ✗
 - spelling — care ✗
 - all signatures — unique
근거 3: Reading 3 ✗
 - popular ✗
 - performed after death → ppl realize ✗

스크립트 Many historians have problems with the arguments you read in the reading passage. Sure, the evidence given is correct to a certain extent, but this hardly proves that Shakespeare did not write his plays. The arguments in the reading passage are unconvincing.

First, Shakespeare could have had patrons – people who give financial or other support to up-and-coming writers. Patronage was actually very common in Shakespeare's time, and Shakespeare himself had many patrons to support his writing. Other playwrights such as Christopher Marlowe came from similar backgrounds. So, even though his parents could not educate him, a patron could have supported his education by giving him books and financial support. This would explain how Shakespeare got his vast knowledge of words.

Second, Shakespeare wrote at a time when people cared little for spelling. It was not until seven years after his death that we arrived at the universally accepted spelling of his name. We cannot conclude that he used the same spelling for his surname in any of his surviving signatures used in other documents. Even though the names he used in his plays were different, this has no meaning, because all the signatures he used were unique.

Finally, Shakespeare was not as popular at the time of his death as he is now. Shakespeare had retired from acting and moved from London to Stratford which was far away from his theater. He did not appear much in the public for quite a long time before he passed away. The fact that several of Shakespeare's plays were performed after his death does not help either. Even though Shakespeare died, people did not realize it because his actors were still performing.

W to a certain extent 어느 정도까지는 hardly adv. 거의 아니다 patron n. 후원자 patronage n. 후원 financial support 경제적 지원 vast knowledge of ~에 대한 방대한 지식 universally accepted 일반적으로 받아들여지는 signature n. 서명 at the time of ~의 시기에 retired adj. 은퇴한 pass away 사망하다 realize v. 알아차리다, 인식하다

해석 많은 역사학자들은 여러분이 읽기 지문에서 읽은 주장들에 문제를 제기합니다. 물론 제시된 증거들은 어느 정도는 사실이지만, 이를 근거로 셰익스피어가 그의 희곡을 쓰지 않았다고 입증하기는 어렵죠. 읽기 지문에 담긴 주장들은 설득력이 없어요.

첫째, 셰익스피어에게 유망한 작가들에게 경제적으로나 다른 지원을 해주는 후원자가 있었을 수 있어요. 후원은 셰익스피어 시대에는 실제로 아주 흔했고, 셰익스피어 본인도 그의 저술 활동을 지원하는 많은 후원자가 있었죠. Christopher Ma-lowe와 같은 다른 희곡 작가들도 비슷한 배경을 가지고 있어요. 따라서 비록 그의 부모가 그를 교육시키지 못했다 할지라도, 후원자가 그에게 책과 재정지원을 주는 방법으로 그의 교육을 지원했었을 수 있어요. 이것은 셰익스피어가 어떻게 방대한 단어 지식을 가질 수 있었는지를 설명해 주죠.

둘째, 셰익스피어는 사람들이 스펠링에 대해 거의 관심을 가지지 않았던 시기에 글을 썼어요. 그의 이름에 대해 우리가 보편적으로 사용하는 스펠링이 사용된 때는 그의 사후 7년 후였죠. 다른 문서에 쓰인 남아있는 어떠한 서명에도 그가 똑같은 스펠링을 사용했다고 결론을 수는 없어요. 그가 그의 희곡에서 사용한 이름이 다를지라도, 그가 사용한 모든 서명이 독특했기 때문에 이것은 별다른 의미가 없죠.

마지막으로, 셰익스피어가 죽었을 당시에는 지금과 같이 인기가 많지 않았어요. 셰익스피어는 연기를 그만두고 런던에서 그의 극장이 있는 곳으로부터 멀리 떨어진 Stratford로 이사했어요. 그는 죽을 때까지 아주 오랜 기간 동안 대중들의 눈에 잘 나타나지 않았어요. 셰익스피어의 희곡들 중 몇 개는 그의 사후에 공연되었다는 사실 역시 도움이 되지 않죠. 셰익스피어가 죽었음에도 불구하고, 그의 배우들이 여전히 공연하고 있었기에 사람들은 그의 죽음에 대해 알아차리지 못했어요.

Q5. 🔊 MP3 06

Note-taking

강의 노트

반 론: Gamburtsev Mountains, a mountain range — Reading ✗

근거 1: hotspot ✗
 - hotspots — close ✗

근거 2: plate movement ✗
 - plate movement — long time ago
 - sharp + steep peaks → young mountain

근거 3: glaciers ✗
 - model — top ice melt ✗ erode ✗

스크립트 The Gamburtsev range has certainly puzzled many geologists. Experts still debate on what the actual cause of the range was. No one can be exactly sure what caused them. Although the theories presented in the reading passage may seem convincing, there is evidence to disprove each one of them.

First, the idea that the Gamburtsev range was formed by volcanic activity seems plausible at first, but it's ultimately highly unlikely. Generally, hotspots occur in series – meaning that many form within proximity to one another. That's why the mountains that were formed by hotspots in Hawaii are located relatively close to each other and near so much volcanic activity. So, if a hotspot created the Gamburtsev Mountains, there would have to be hotspots close by, right? Well, so far, no volcanic activity has been found in the region. It's difficult to think that the mountains were created by hotspots.

Second, plate activity might sound like a better candidate but it is inconsistent with one crucial fact. Continental drifting in the Antarctic occurred 250 million years ago. Quite a long time ago, isn't it? If a range existed for that amount of time, the Gamburtsev Mountains would have the characteristics of old mountains – the peaks would be blunter from all the erosion that would have taken place for millions of years. However, a recent survey of the range has revealed very sharp and steep peaks – all characteristics of relatively young mountains. The timing and the appearance simply don't match up.

Finally, the idea that the climate was different in the past and melting ice could have created the mountains does not hold up to scientific surveys and modeling. A model of past ice formation in Antarctica shows inconsistent results. Although much of the ice in Antarctica melted seasonally, this was not the case in the Gamburtsev Range. The ice on top of the range is the oldest ice, meaning that the ice never melted enough to erode the mountains to the extent that is currently seen.

W puzzle v. 어리둥절하게 만들다   geologist n. 지질학자   disprove v. 틀렸음을 입증하다   volcanic activity n. 화산 활동   in series 연속하여   proximity to ~에 가까움   one another pron. 서로   close to ~가까이에서   candidate n. 후보자   crucial adj. 중대한   drift n. 이동   blunter adj. 뭉툭한   erosion n. 부식   steep adj. 가파른   match up 일치하다   formation n. 형성(과정)

해석 Gamburtsev 산맥은 확실히 많은 지질학자들을 어리둥절하게 만들었어요. 전문가들은 산맥이 형성된 실제 원인이 무엇인지에 대해 여전히 논쟁합니다. 어느 누구도 정확한 원인을 확신할 수 없죠. 읽기 지문에 소개된 이론들이 설득력 있어 보이지만, 그 내용을 각각 반박할 수 있는 증거가 있어요.

첫째, Gamburtsev 산맥이 화산 활동에 의해 생겨났다는 발상은 처음에는 그럴듯하게 보이지만 결과적으로 그랬을 가능성은 매우 낮아요. 일반적으로 핫스팟은 연속적으로 발생하는데, 즉 대부분의 경우 서로 근접한 위치에 형성된다는 뜻이죠. 이것이 바로 핫스팟에 의해 형성된 하와이의 산들이 비교적 서로 가깝고 화산 활동이 활발한 곳 근처에 위치한 이유이죠. 따라서, 만약 Gamburtsev 산맥이 핫스팟에 의해 형성되었다면 다른 핫스팟들이 근접해 있어야 하지 않나요? 그런데, 지금까지 그 지역에서는 어떠한 화산 활동도 발견되지 않았어요. 산맥이 핫스팟에 의해 생겼다고 보기는 어렵죠.

둘째, 지각판 활동설은 더 나은 가설처럼 들릴 수 있지만 한 가지의 핵심적인 사실에 모순됩니다. 남극에서의 대륙 이동은 2억5천만 년 전에 일어났어요. 아주 오래 전이지 않나요? 만약 산맥이 그렇게 오랜 기간 동안 존재했다면 Gamburtsev 산맥은 오래된 산맥의 특징을 지닐 것이며, 정상은 수백만 년에 걸쳐 발생한 침식으로 무뎌졌을 거예요. 하지만, 산맥에 대한 최근의 조사에 따르면 비교적 젊은 산맥의 모든 특징인 매우 날카롭고 가파른 봉우리를 지닌 것으로 드러났어요. 산맥의 생성 시기와 외형적 특징이 일치하지 않는 것이죠.

마지막으로, 과거에는 기후가 달랐으며 녹은 얼음으로 산맥이 형성되었다는 발상은 과학적인 조사나 모델링을 통과하지 못하죠. 남극에서의 과거 얼음 형성 모델은 일관되지 않는 결과를 보입니다. 많은 양의 얼음이 남극에서 계절적으로 녹았다 할지라도 Gamburtsev 산맥에 해당되는 설명은 아니에요. 산맥의 정상에 있는 얼음이 가장 오래된 얼음이라는 것은, 산맥에서 현재 보이는 것만큼의 침식을 가능하게 할 정도로 얼음이 충분히 녹은 적이 없다는 것을 의미하죠.

Q6. MP3 07

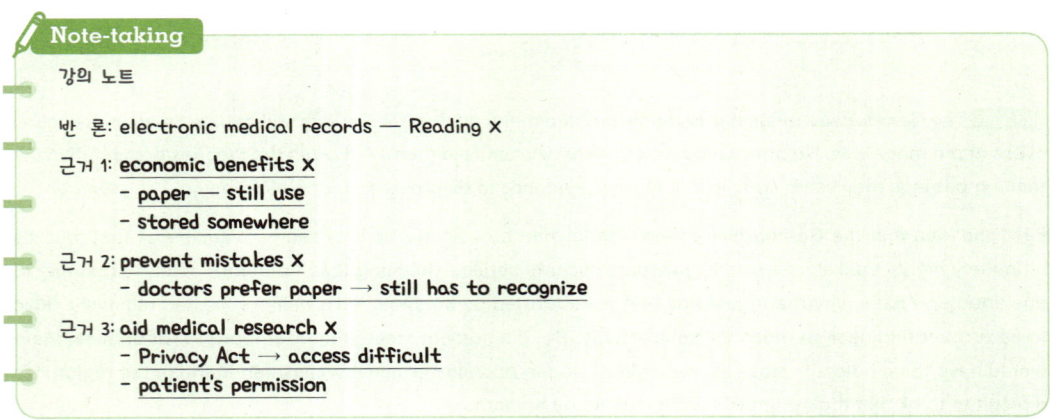

스크립트 Traditional, paper-based records might seem like a relic of the past, but they are still largely needed in the health care industry. The best method to record patient data is still using paper instead of computers.

First, using electronic medical records is not as economical as the passage indicates. Although information can be stored in one computer, paper documents must still be used. Doctors have to keep paper-based medical records as backup, just in case something happens to the data. Hard copies with handwritten signatures are also required for legal purposes. Sure, some documents can be fully electronic, but most will still have to be on paper, meaning that they still need to be stored somewhere. The cost savings will not be as great as they seem.

Second, electronic medical records would not solve the problems associated with errors. Many doctors still prefer to write their initial diagnoses by hand. The staff that inputs the doctor's notes still has to recognize the doctor's handwriting anyway, and errors can always occur when misinterpreting them. So, even if the print on computers is easy to read, errors can still occur in the input process.

Finally, medical records are not as easily available to medical researchers as the passage indicates. Unlike academic articles, The United States Privacy Act (shown on screen) makes it difficult for anyone to access patient data. This law was made to protect people from the malicious and unscrupulous use of personal information. According to this act, a person must undergo a rigorous and complex process of obtaining government permission to access the data. On top of that, according to this privacy law, even opening the records requires each patient's permission. Electronic medical records do not help researchers due to strict privacy laws.

W relic n. 유물   industry n. 산업   economical adj. 경제적인   handwritten adj. 손으로 쓴   legal adj. 합법적인   diagnosis n. 진단 (복수형 diagnoses)   by hand 손으로   input n./v. (컴퓨터에) 입력(하다)   malicious adj. 악의적인   unscrupulous adj. 부도덕한   act n. 법률   undergo v. 겪다   rigorous adj. 철저한   government permission 정부 승인   privacy law 사생활보호법

해석 전통적인 종이 기록은 과거의 유물처럼 보이지만, 여전히 의료산업에서 크게 필요로 합니다. 환자의 정보를 기록하는 최상의 방법은 여전히 컴퓨터 대신 종이를 사용하는 거예요.

첫째, 전자의료기록을 사용하는 것은 지문에 언급된 것만큼 경제적이지 않아요. 정보가 컴퓨터 한 대에 저장될 수는 있지만, 종이 문서는 여전히 사용되어야 해요. 의사들은 전자 데이터에 어떤 문제가 발생할 경우를 대비해 종이에 적은 의료기록을 백업으로 보관해야 합니다. 수기로 서명을 한 종이 문서는 법적인 목적으로 요구되기도 하죠. 분명 일부 문서는 전자 문서로 완전히 대체될 수 있지만, 대다수는 여전히 종이 문서를 필요로 하며 이는 어딘가에 보관되어야 해요. 비용 절감은 생각보다 많지 않을 거예요.

둘째, 전자의료기록이 실수와 관련된 문제들을 해결해주진 않아요. 많은 의사들은 여전히 초기 진단을 직접 수기로 작성하는 것을 선호하죠. 진단서 내용을 컴퓨터에 입력하는 직원은 여전히 의사의 필적을 잘 알아볼 수 있어야 하고, 의사의 필적을 잘못 이해하면 항상 실수는 발생할 수 있죠. 따라서 컴퓨터로 타이핑된 내용이 읽기 쉬운 것은 사실이지만, 입력을 하는 과정에서 여전히 실수는 발생할 수 있어요.

마지막으로, 의료기록은 지문에서 명시된 것처럼 의료 연구진에게 쉽게 제공되지 않습니다. 학술논문과는 달리, 미국의 개인정보보호법(화면에 보여짐)은 그 누구라도 환자 기록에 접근하기 어렵게 만듭니다. 이 법은 개인 정보를 악의적이거나 부도덕한 용도로 사용하는 것으로부터 사람들을 보호하기 위한 것이죠. 이 법률에 따르면, 사람들은 데이터에 접근하기 위해서는 엄격하고 복잡한 절차를 거쳐 정부 승인을 받아야 합니다. 그 외에도 이 사생활보호법에 따르면, 기록을 열람만 하는 경우에도 각 환자의 허가를 얻어야 합니다. 전자의료기록은 엄격한 개인정보보호법으로 인해 연구자들에게 도움이 되지 못합니다.

통합형 답안 작성하기

4. 통합형 답안 과정별 샘플

리딩 해석 암트랙(Amtrak)은 정부에서 투자한 미국 내 철도 시스템이다. 암트랙은 오랫동안 시민들에게 열차 수송을 제공해 왔다. 그러나 비평가들은 암트랙이 비효율적으로 운영되어 왔으며 민간 회사 소유가 되어야 한다고 주장한다. 이들은 암트랙의 민영화를 지지하는 몇 가지 이유들을 언급하고 있다.

첫 번째 이유는 암트랙이 정부 지원으로 운영되기에 항공사와 같은 민간 수송 회사에게 불공평하다는 것이다. 암트랙은 정부 지원으로 운영되기 때문에 기차표가 더 저렴하다. 반면 항공사는 정부가 항공료를 지원하지 않기 때문에 항공권 가격을 낮출 수 없다. 항공사는 가격 지원을 받지 못하는 티켓 가격으로 경쟁해야 하기에 불공평한 경쟁이다.

둘째, 암트랙은 일부 노선의 경우 인구가 적은 지역을 운행 하기 때문에 수익이 나지 않는다. 이는 암트랙이 외딴 지역에 거주하는 주민에게까지 수송을 제공하고 있기 때문이다. 이러한 이유로 암트랙은 일부 노선에서 상당한 손실이 발생하는데 이 중 특정 노선의 경우 승객 당 100달러 가량의 손실이 발생하며, 이는 연간 수억 달러의 누적 손실로 이어진다. 만약 암트랙을 민간 회사에서 운영한다면, 손실 노선을 없애 이익을 창출할 수 있을 것이다.

마지막으로, 정부는 다른 교통수단 발전에도 투자를 해야 한다. 소수의 인원만이 교통수단으로 암트랙을 사용하는데 도시간 이동의 경우 1%도 안 되는 인원만이 기차를 이용하고 있다. 대다수의 사람들은 도시간 교통수단으로 자가용을 사용한다. 정부는 더 신속한 도시간 이동을 위해 고속도로를 유지하거나 증설하는 데 예산을 할당해야 한다.

W citizen n. 시민 be owned by ~에 의해 소유되다 privatization n. 민영화 unfair adj. 불공평한 passenger n. 승객 accumulate v. 축적하다 profitable adj. 수익성이 있는 intercity adj. 도시간의 funding n. 자금

강의 해석 물론 미국 철도 시스템에 대해 많은 비판들이 제기되어 왔습니다. 그렇다면 과연 암트랙은 민영화가 되어야 할까요? 간단히 대답하자면 '아니다'예요.

항공사들은 정부 지원을 받지 않는다는 첫 번째 의견에 대해 봅시다. 쉽게 말해 이는 사실이 아니에요. 정부는 다양한 방법으로 항공사를 지원하고 있어요. 공항에서 볼 수 있는 거대한 관제탑 아시죠? 그것은 모두 정부가 지은 거예요. 또한 정부가 관제탑에 근무하는 관제사 전원을 교육시키죠. 그리고 비행에 있어서 절대적으로 필요하며, 모든 민간 항공사가 사용하는 기상 위성 역시 정부 예산으로 운영되고 있어요. 사실상 어떠한 민간 수송회사도 정부의 보조 없이는 존속할 수 없죠.

다음으로, 이익이 나지 않는 노선을 철폐하는 것에 대해 이야기 해봅시다. 이를 주장하는 비평가들은 쉽게 말해 요점을 놓치고 있는 셈이죠. 암트랙의 목적은 시민들에게 철도 수송을 제공하는 것이고, 암트랙의 민영화는 이런 목적에 반하는 것이에요. 주민이 어디에 거주하든지와 상관없이 암트랙은 한 지점에서 다른 지점으로 이동하는 수단을 제공해야만 합니다. 외딴 지역에 사는 시민들도 인구밀도가 높은 도심에 사는 시민과 똑같은 권리가 있으니까요.

마지막으로, 고속도로 체계 개선을 위해 기금을 재할당해야 한다는 주장과 관련해서 봅시다. 사람들이 암트랙을 잘 이용하지 않는 이유는 단순히 시설이 노후했기 때문이에요. 열차 운행이 느리고 비효율적이어서 인기가 없고, 그로 인해 사람들이 자신의 자가용을 선호하는 것이죠. 만약 정부가 철도 시스템에 투자를 한다면, 더 빠른 수송을 제공할 수 있을 것이고 더 많은 사람들이 열차를 이용하겠죠. 일본과 유럽은 고속열차를 성공적으로 도입하여 현재 많은 사람들이 도시간 이동에 열차를 이용하고 있어요. 정부는 이런 사례를 본받아 철도 시스템 발전에 더 많은 자금을 투자해야 합니다.

W air traffic control n. 항공 교통 관제 weather satellite n. 기상 위성 commercial adj. 상업의 have rights 권리를 갖다 relocate v. 재배치하다 outdated adj. 구식의

Writing Exercise

Q1.
리딩 해석 toucan(큰 부리새)은 아메리카 대륙의 열대 지방에 살고 있는 새의 한 종이다. 이 새의 가장 대표적인 특징 중 하나는 몸 전체 크기

의 1/3을 차지하는 이례적으로 크고 긴 부리이다. 그렇게 비정상적인 특징을 가지게 된 계기는 여전히 수수께끼지만 과학자들은 이와 같은 부리의 목적을 설명하고자 3가지 이론을 제시한 바 있다.

첫 번째로, 커다란 부리는 무기로 사용될 수 있다. toucan의 부리는 톱과 같은 톱니모양의 끝을 가지고 있다. 그 부리가 포식자로부터 자신을 보호하기 위한 무기로 사용될 수 있다는 가능성이 높다. toucan은 위급한 경우에 적을 공격하기 위하여 크고 날카로운 부리를 사용할 수 있다. 포식자들로 가득한 환경에서 자신을 보호하기 위해 부리를 사용한다는 것은 충분히 납득이 간다.

두 번째로, 부리의 아름다운 색은 위장하는 수단으로 사용될 수도 있다. 부리의 색들은 toucan의 서식지에서 흔히 발견되는 초목을 연상시킨다. 깃털과 함께 부리의 색상 그리고 햇빛 그림자에 따라, 부리는 효과적인 위장 보호책으로 사용될 수 있다. 크고 색상이 화려한 부리는 포식자로부터 스스로를 감출 때 매우 유용할 것이다.

마지막으로, 커다란 부리는 몸의 열을 식히기 위해 사용될 수도 있다. 몸 안에 열을 보관하는 역할을 하는 깃털에 반해, 부리는 몸의 열을 발산하는 데 사용될 수 있다. 기온이 아주 높은 열대 지방에서 부리는 toucan이 열을 발산시킬 수 있는 커다란 표면적을 제공한다. 혈액이 순환하며 냉각 장치처럼 열을 내보낼 수 있도록 부리는 많은 혈관을 가지고 있다. 이것이 부리가 그렇게 많은 열을 발산할 수 있는 이유이다.

🅦 tropics n. 열대 지방 defining adj. 정의하는 exceptionally adv. 이례적으로 abnormal adj. 비정상적인 weapon n. 무기 serrated edge 톱니모양의 끝 saw n. 톱 conceivable adj. 상상할 수 있는 protect oneself 스스로를 보호하다 strike v. 치다 full of ~로 가득 찬 camouflage n. 위장 vegetation n. 초목 conceal v. 감추다 release v. 방출하다 temperature n. 온도 blood vessel n. 혈관 radiator n. 냉각 장치 give off ~을 내대[발산하다]

🔊 MP3 09

강의 스크립트 The theories can be intriguing indeed… but understanding the structure and behavior of toucans will reveal that these theories may be wrong.

First, although the bill may look like a weapon, it is hard to see it as something that can be used for attacking predators. The truth is… the toucan bill is composed of hollow bones. Also, the bill is very thin and light, so it is weak and useless in battle. In order to be used in battle, the bill have to be made up of hard bone. As a result, when used as a weapon, the toucan's bill would not be very effective.

Second, about the bill used for camouflage. A couple of facts are inconsistent with this theory. For one thing, even if toucans could hide using their colors, toucans form small flocks, or groups in one place. Furthermore, experts say that they also make loud noises in order to communicate with each other. Therefore, it is unlikely that toucans use their bills as camouflage in order to hide. Rather, living in groups and making loud noises attract the attention of predators.

Lastly, it's highly unlikely that the main purpose of the bill is for releasing heat. This is because many other birds which do not have a large bill have no problem controlling body heat in tropical areas. If the bill were needed to release heat, how the birds with small beaks do not have any issues living in the heat? In fact, having the large bill may be a problem. Toucans have to hide their large bills in their body during the night when temperatures drop. Thus, they have more difficulty managing body heat during the night. Because this is a disadvantage, it would be hard to view cooling as the purpose of the toucan's large bill.

🅦 intriguing adj. 아주 흥미로운 indeed adv. 확실히 behavior n. 행동 be composed of ~로 구성되어 있다 hollow adj. (속이) 빈 flock n. 떼, 무리 attract v. (마음·관심을) 끌다 disadvantage n. 약점

강의 해석 그 이론들이 정말로 흥미롭게 여겨질 수는 있지만, toucan의 구조와 행동을 이해하면 이와 같은 이론들이 틀렸을 수 있다는 사실을 알게 됩니다.

첫째, 부리가 무기와 같이 생겼을지라도 포식자를 공격하는 데 사용될 수 있는 것으로 보기에는 곤란해요. 사실 toucan의 부리는 속이 빈 뼈로 구성되어 있어요. 또한 부리가 매우 얇고 가벼워서 싸움에서는 약하고 무용지물인 셈이죠. 싸움에서 사용하기 위해서는 부리가 단단한 뼈로 구성되어 있어야만 해요. 결과적으로, 무기로 사용될 때 toucan의 부리는 그다지 효과적이지 못해요.

둘째, 위장용으로 사용되는 부리와 관련해서 봅시다. 두 가지 사실이 이 이론과 일치하지 않아요. 한 가지는 toucan이 색을 이용해 숨을 수 있을지라도, 큰부리새는 보통 작은 무리들로, 그룹 지어서 살고 있어요. 게다가, 전문가들은 그들이 서로 소통하기 위해 큰소리로 울어댄다고도

말합니다. 따라서, toucan이 숨기 위해 부리를 위장용으로 사용하지는 않을 것이에요. 오히려 무리를 지어 살면서 큰 소리를 내는 것이 포식자의 관심을 끌죠.

마지막으로, 부리의 주 목적이 몸의 열을 식히기 위한 것일 가능성은 희박합니다. 열대지역에 있는 커다란 부리가 없는 많은 새들이 몸의 열을 조절하는 데 어떤 문제도 없어요. 만약 몸의 열을 발산하기 위해 그 부리가 필요한 것이라면 작은 부리를 가진 새들은 무더위 속에 살면서 어떻게 아무런 문제도 없는 걸까요? 오히려 커다란 부리를 가지고 있는 것이 문제일 수 있어요. toucan은 기온이 내려가는 밤에 큰 부리를 몸 속에 감추어야 합니다. 따라서, 그들은 밤 동안 몸의 열을 관리하는 데 더 어려움을 겪게 됩니다. 이것이 단점이기 때문에, 몸을 식히는 것이 큰 부리의 목적이라고 보기는 어려워요.

Note-taking

읽기 노트

주 제: purpose of toucan bill

근거 1: **weapon**
- serrated edge protect against predators

근거 2: **camouflage**
- colors of the bill — resemble vegetation

근거 3: **cooling**
- bill — large surface area release heat
- many blood vessels — give off heat

강의 노트

반 론: purpose of toucan bill — Reading X

근거 1: **weapon X**
- hollow bone, weak
- battle — hard bone → toucan X

근거 2: **camouflage X**
- small flocks, loud noises hide X
- bills to hide understand X

근거 3: **cooling X**
- other birds — large bill X → problem X
- hide bills at night managing body heat X

통합형 답안 Summary

The lecturer objects to **the points mentioned in the reading passage made about** the toucan bill. The speaker states that **the notions in the passage have flaws**.

강의 근거 1 ▶ **First of all, the speaker argues that** a toucan bill is hollow and weak, so it cannot be used to fight. In order to use the bill when fighting, it should be composed of hard bones. 읽기 근거 1 ▶ **This casts doubt on the author's claim that** a toucan uses its bill as a weapon.

강의 근거 2 ▶ **Second, the lecturer points out that** toucans live in groups and make loud noises, so predators can easily find them. Thus, it is hard to understand the camouflage theory. 읽기 근거 2 ▶ **This goes against the writer's view that** a toucan uses its bill which has the beautiful colors to camouflage itself.

> 강의 근거 3 **Finally, the professor contends that** many birds having small beaks control their body heat well in a tropical forest, so the large bill is not used to release heat. Also, toucans have difficulty controlling their body temperature at night due to their large bills. 읽기 근거 3 **This is in direct opposition to the author's assertion that** the bill is used to lower body temperature in a hot tropical area.

해석 강의자는 toucan 부리에 대해 쓴 읽기 지문에서 언급된 요점에 반대한다. 화자는 지문의 그 생각들에 결함이 있다고 말한다.

우선 화자는 toucan의 부리는 속이 비어 있고 약하기 때문에 싸우기 위해 쓸 수 없다고 주장한다. 싸울 때 이 부리를 사용하기 위해서는 단단한 뼈로 구성되어야 한다. 이것은 toucan이 자신의 부리를 무기로 사용한다는 저자의 주장에 의문을 제기한다.

둘째로, 강의자는 toucan들이 무리를 지어 살며 큰 소리를 내서 포식자들이 그들을 쉽게 찾을 수 있다고 지적한다. 그러므로, 위장설은 이해하기 어렵다. 이것은 toucan이 아름다운 색을 가진 부리를 위장하기 위해 사용한다는 작가의 관점에 반대한다.

마지막으로, 교수는 작은 부리를 가진 많은 새들이 열대 우림에서 몸의 열을 잘 조절하기 때문에, 큰 부리는 열을 방출하는 데 사용되지 않는다고 주장한다. 또한, toucan은 큰 부리 때문에 밤에 체온 조절에 어려움을 겪는다. 이는 이 부리가 더운 열대지방에서 체온을 낮추는 데 사용된다는 저자의 주장에 정면으로 반하는 것이다.

Q2.

리딩 해석 앙코르는 9세기부터 15세기까지 번성한 크메르(Khmer) 제국의 수도 역할을 한 캄보디아의 한 지역이다. 과학자들은 앙코르가 세계에서 가장 거대한 산업화 이전 도시였다고 결론지었다. 하지만 1400년대 초반에 인구가 감소했고, 이는 끝내 한때 위대했던 왕국의 붕괴로 이어졌다. 일부 학자들은 인구 감소를 설명할 수 있는 세 가지 원인을 내놓았다.

앙코르가 폐허가 된 첫 번째 이유는 외부의 침입이다. 앙코르는 도시 중심으로 연결된 거대한 도로와 운하 체계를 가진 아주 부유한 대도시였다. 이것은 자연적으로 많은 침입자를 유인하는 원인이 되었고, 마침내 그 침략자들 중 하나인 아유타야(Ayutthaya) 왕국이 앙코르를 점령했다. 도시가 점령되자 한때 풍요롭던 도시는 폐허가 되었고 이는 인구 감소로 이어졌다.

둘째, 도시의 종교 변화도 그 감소의 주된 원인이었다. 주 종교가 힌두교에서 불교로 바뀌었다. 국교인 힌두교를 기반으로 많은 사원들이 앙코르에 지어졌다. 그러나 불교로의 개종은 앙코르에 건설된 사원의 중요성을 크게 감소시켰다. 자연적으로 사람들은 더 이상 이 사원들 가까이에 있을 필요가 없게 되었고 따라서 해당 지역 인구가 감소했다는 것이다.

셋째, 학자들은 오랜 가뭄이 앙코르의 붕괴를 초래했다고 믿는다. 나이테에 대한 최근의 고고학적 연구는 1500년대 초반에 앙코르 지역에 지독한 가뭄이 발생했음을 밝혀냈다. 오랜 가뭄은 가용한 농경지의 확충을 못하게 만들 만큼 저수지와 수로를 완전히 마르게 만들었을 것이다. 많은 수의 인구를 먹여 살릴 충분한 식량이 부족했기에 사람들은 식량을 찾아 다른 지역으로 이동해야만 했을 것이다.

W capital n. 수도 flourish v. 번영하다 preindustrial adj. 산업화 이전의 decline n./v. 감소(하다) collapse v. 붕괴하다 abandon v. 버리다 invasion n. 침략 metropolitan adj. 대도시의 canal n. 운하 urban core n. 도심 naturally adv. 자연스럽게 occupied adj. 점령된 predominant adj. 우세한 Hinduism n. 힌두교 Buddhism n. 불교 temple n. 사원 conversion n. 개종 drought n. 가뭄 tree rings n. 나이테 reservoir n. 저수지 farmland n. 농지

🔊 **MP3 10**

강의 스크립트 Well, ongoing investigations have revealed that the reasons mentioned in your reading passage are flawed.

First, the invasion theory is not convincing because invaders do not drive everybody out when occupying a city. You see, the population in Angkor has to be intact in order to maintain the rich city and its economy. Thus, instead of kicking them out, letting the Angkor people live there makes the invasion worthwhile and keeps the city wealthy. It is more likely that the Ayutthaya Kingdom, the invader, took over the city and wanted to keep the population. It just doesn't make sense that people would move out of the city when the invaders occupied the city.

Second, as for the religious change, the religion may have changed to Buddhism, but many religions always co-existed in the city. The state religion had always changed and many other religions existed together even before Buddhism was adopted. Also, the temples did not play as great a role as the reading passage suggests. Since there had always been other religions, it does not make sense that the change in religion would make people move out of Angkor Wat.

And third, it's unlikely that a long drought caused the collapse of the civilization. We need to look at the drought period. Many archeologists argue that a more severe drought occurred in the 13th century. This means that the drought happened 200 years before the collapse. Also, even though the water supplies would have been depleted at that time, the people in Angkor managed to survive with their irrigation system. Therefore, it does not make sense to think that a civilization that survived a more devastating drought before would collapse due to the lack of water.

W ongoing adj. 계속 진행 중인   drive A out A를 몰아내다   intact adj. 온전한   recover v. 회복하다   worthwhile adj. 가치 있는   take over 인수받다   move out of ~에서 이동하다   co-exist v. 공존하다   adopt v. 채택하다   play a great role 중요한 역할을 하다   civilization n. 문명   severe adj. 혹독한   supply n. 공급   deplete v. 고갈시키다   irrigation n. 관개   devastating adj. 대단히 파괴적인   lack of ~의 부족

강의 해석   자, 진행 중인 조사 결과 읽기 지문에 언급된 이유들에 결함이 있는 것으로 드러났어요.

첫째, 침략자는 도시를 점령할 때 모든 사람을 몰아내지 않기 때문에 침략 이론은 설득력이 없어요. 알다시피, 앙코르의 인구는 부유한 도시와 경제를 유지하기 위해 온전해야 했어요. 그러므로 그들을 내쫓는 대신 앙코르 사람들을 그곳에 살게 하는 것은 침략을 가치 있게 하고 도시를 부유하게 하는 것이지요. 침략자인 아유타야 왕국이 이 도시를 점령하고 인구를 유지하기를 원했을 가능성이 더 커요. 침략자들이 도시를 점령했을 때 사람들이 도시를 떠난다는 것은 말이 안 되죠.

둘째, 종교 변화에 대해 말하자면, 종교는 불교로 바뀌었을지 모르지만, 많은 종교들이 항상 도시에 공존했어요. 국교는 항상 변했고 불교가 채택되기 전부터 많은 다른 종교가 함께 존재했어요. 또한 사원들은 읽기 지문에서 제시하는 것만큼 큰 역할을 하지 못했어요. 항상 다른 종교들이 있었기 때문에, 종교의 변화가 사람들로 하여금 앙코르 와트를 떠나게 한다는 것은 말이 되지 않습니다.

그리고 셋째, 오랜 가뭄이 문명의 붕괴를 야기했을 가능성은 낮아요. 우리는 가뭄 기간을 살펴볼 필요가 있어요. 많은 고고학자들은 13세기에 더 심각한 가뭄이 발생했다고 주장합니다. 이것은 붕괴 200년 전에 가뭄이 발생했다는 것을 의미하죠. 또한 당시 물 공급이 고갈되었을지라도 앙코르 사람들은 관개 시스템으로 간신히 살아남았어요. 따라서 이전에 더욱 파괴적인 가뭄을 이겨냈던 문명이 물 부족으로 무너질 것이라고 생각하는 것은 말이 안 되죠.

Note-taking

읽기 노트

주 제: Angkor — collapse

근거 1: **foreign invasion**
- wealthy city — attracted invaders
- Ayutthaya Kingdom — occupied city abandoned

근거 2: **religious change**
- Hinduism — temples
- Buddhism — importance of temples ↓ → people out

근거 3: **a long drought**
- great drought canals — dry
- enough food X move to other areas

강의 노트

반 론: Angkor collapse — Reading X

근거 1: invasion X
- invader — keep people → economy OK
- Ayutthaya Kingdom — keep population

근거 2: religious change X
- many religions — co-existed
- religion — always changed before
- temples — great role X

근거 3: a long drought X
- more severe drought b/f collapse
- survive with irrigation

통합형 답안 Summary

The lecturer objects to **the points mentioned in the reading passage made about** the collapse of Angkor. The speaker states that **the notions in the passage have flaws.**

강의 근거 1 ▶ **First of all, the speaker argues that** the invaders did not drive all the people out because they wanted to recover and maintain the economy. 읽기 근거 1 ▶ **This casts doubt on the author's claim that**, since Angkor was wealthy, which drew invaders, the city was abandoned by foreign invasion.

강의 근거 2 ▶ **Second, the lecturer points out that** many religions existed together, and the state religion always changed. Also, the temples were not important. 읽기 근거 2 ▶ **This goes against the writer's view that** the main religion changed from Hinduism to Buddhism and this led to the population decrease in Angkor.

강의 근거 3 ▶ **Finally, the professor contends that** a more severe drought happened long before the collapse, but the people overcame it with irrigation techniques. Thus, a drought could not cause the collapse. 읽기 근거 3 ▶ **This is in direct opposition to the author's assertion that** a long drought contributed to the collapse of Angkor.

해석 강의자는 앙코르의 멸망에 대해 쓴 읽기 지문에서 언급된 요점에 반대한다. 화자는 지문의 그 생각들에 결함이 있다고 말한다.

우선 화자는 침략자들이 경제를 회복하고 유지하기 위해 모든 사람들을 몰아내지 않았다고 주장한다. 이것은 앙코르가 부유했기 때문에 침략자를 끌어들여서 도시가 외세의 침략에 의해 버려졌다는 저자의 주장에 의문을 제기한다.

둘째, 강의자는 많은 종교가 함께 존재했고, 국교는 항상 변했다고 지적한다. 또한 사원들은 중요하지 않았다. 이는 주종교가 힌두교에서 불교로 바뀌었고 이로 인해 앙코르의 인구가 감소했다는 작가의 견해와 배치된다.

마지막으로, 교수는 붕괴 훨씬 전에 더 심각한 가뭄이 발생했지만, 사람들은 관개 기술로 그것을 극복했다고 주장한다. 그러므로, 가뭄이 멸망을 야기하지 못했을 것이다. 이는 오랜 가뭄이 앙코르의 붕괴에 기여했다는 저자의 주장과 정면으로 배치되는 것이다.

Q3.

리딩 해석 미국의 동부 지역에서 박쥐의 개체수가 현저히 감소했다. 2006년에 북미에 사는 박쥐의 코, 입 그리고 날개 주위에 뚜렷하게 균의 증가가 식별되었다. '흰 코 증후군'은 동굴과 광산에서 퍼져 나갈 수 있고, 특정한 종의 박쥐의 생존에 매우 잠재적인 위험이 되고 있다. 어느 누구도 이 병이 확산된 원인이 무엇인지 확신하지는 못하지만, 전문가들은 흰 코 증후군 관련 문제를 해결하기 위한 세 가지 방책을 검토하고 있다.

첫 번째 대안은 탐험가들에게 동굴을 폐쇄하는 것이다. 이 병을 일으키는 균은 직접적인 접촉에 의해서만 전염될 수 있다. 탐험가들이 옷이나 장비에 균을 묻혀 다른 오염되지 않은 동굴이나 광산에 질병을 확산시키는 것이 가능하다. 전문가들은 해당 균이 더 이상 확산되는 것을 막기 위해서는, 반드시 필수적인 활동을 제외한 모든 인간 활동을 동굴 안에서 금지해야 한다고 생각한다.

두 번째 대안은 동굴에 열을 가하는 것이다. 균은 섭씨 4도에서 15도의 온도에서만 번식해서, 20도 이상에서는 사라진다. 사실 이 질병은 동면에서 박쥐가 깨어나고 지나치게 활동적으로 되도록 영향을 끼친다. 그러므로 그 균을 막는 한 가지 방법은 동굴의 온도를 20도 이상으로 올리는 것이다. 과학자들은 균이 생존할 수 없는 수준까지 동굴에 열을 가함으로써 박쥐를 보호할 수 있다.

세 번째 대안은 백신 개발을 위해 유럽에 있는 박쥐 개체들을 연구하는 것이다. 과학자들은 유럽 박쥐는 흰 코 증후군이 발현했음에도 불구하고 건강하다는 것을 알아냈다. 그들은 균이 유럽에서 유래되었으며, 그곳 태생의 박쥐들은 면역력을 가졌다고 믿고 있다. 그래서 과학자들은 유럽 박쥐를 연구함으로써 흰 코 증후군을 위한 백신을 개발해 균의 확산을 중단할 수 있다고 생각한다.

W decrease v. 감소하다 substantially adv. 상당히 syndrome n. 증후군 spread throughout ~전역으로 퍼지다 potentially adv. 잠재적으로 threatening adj. 협박하는 existence n. 존재 fungus n. 균류 be transmitted through ~를 통해서 전염되다 uncontaminated adj. 오염되지 않은 be infected by ~에 의해 감염되다 tolerate v. 참다 originate v. 유래하다 immunity n. 면역력 vaccine n. (예방) 백신

🔊 MP3 11

강의 스크립트 You've just read about three ways to save bat populations from the recent fungal outbreak. Unfortunately, none of the solutions are satisfactory options.

OK, let's talk about the first solution — preventing explorers from entering caves — that's unlikely to work, because humans aren't the only ones that cause an outbreak. A recent observation of certain caves has shown that white nose syndrome can spread through bat-to-bat transmission, which is almost impossible to stop. Scientists have monitored certain caves with no sign of human activity. Yet, the disease has spread between bats in the caves without any human interaction, so it is unlikely that closing caves will stop the spread of the disease.

Second, heating caves to kill the fungus is not a good solution either. This way will actually kill more bats. The fungus kills bats by waking them up from hibernation, right? Well, bats, however, become active when the cave temperature rises because the heat can make them wake up. Even though heating caves can kill the fungus, this heat will also prevent bats from hibernating and kill all the bats regardless of whether they are infected by the fungus or not. So, heating caves can have even more negative outcomes than the fungus itself.

Now, about the third solution, studying European bats and creating a vaccine. Well, this is an unrealistic option because studying bats will take too long. In order to create a cure, there has to be lots of research, trials, and experiments, all of which take time. However, the spread of the disease is very rapid. By the time scientists can create something to stop the spread, it might be too late.

W outbreak n. 발생 satisfactory adj. 만족스러운 prevent v. 방지하다 transmission n. 전염 monitor v. 감시하다 unauthorized adj. 허가받지 않은 intrusion n. 침범 interaction n. 상호작용 reminder n. 상기시키는 것 outcome n. 결과 unrealistic adj. 비현실적인 cure n. 치유법 rapid adj. 빠른 affect v. 영향을 미치다

강의 해석 여러분은 조금 전에 최근 발생한 균을 통한 질병 확산으로부터 박쥐 무리를 보호할 수 있는 세 가지 방법에 대한 글을 읽었어요. 안타깝게도 어느 해결책도 만족할만한 대안이 되지 못하고 있어요.

자, 첫 번째 해결책인 탐험가들이 동굴에 들어가는 것을 막는 것에 대해 이야기해보죠. 이것은 효과가 없을 가능성이 큰데, 왜냐하면 인간들만이 발병을 일으키는 것은 아니기 때문이죠. 최근 특정 동굴을 관찰한 결과 흰 코 증후군은 박쥐 대 박쥐 전파를 통해 확산될 수 있다는 사실이 밝혀졌고 이는 중단이 거의 불가능해요. 과학자들은 인간의 활동 흔적이 없는 특정 동굴을 관찰해 왔어요. 그러나 이 병은 인간의 상호작용 없이 동굴 안의 박쥐들 사이에 퍼졌기 때문에, 동굴을 폐쇄하는 것이 병의 확산을 막을 것 같지는 않아요.

둘째, 곰팡이를 죽이기 위해 동굴을 가열하는 것도 좋은 해결책은 아니에요. 이렇게 하면 실제로 더 많은 박쥐를 죽일 수 있어요. 이 균은 박쥐를 동면에서 깨어나게 함으로써 그들을 죽이죠, 그렇죠? 그런데 박쥐는 동굴 온도가 상승할 때 활동을 하게 되는데, 왜냐하면 열은 박쥐를 깨울 수 있기 때문이죠. 비록 동굴을 가열하면 균을 죽일 수는 있어도 이 열은 박쥐가 동면을 하지 못하게 하고 균에 감염됐든 안 됐든 모든 박쥐를 죽게 할 겁니다. 그래서, 동굴을 가열하는 것은 곰팡이 자체보다 훨씬 더 부정적인 결과를 낳을 수 있어요.

이제 유럽 박쥐를 연구해 백신을 만드는 세 번째 해결책을 살펴보죠. 박쥐를 연구하는 것은 너무 오랜 시간이 걸릴 것이므로 이는 비현실적인 대

안이에요. 과학자들이 치유법을 개발하기 위해서는, 많은 연구와 시도 그리고 실험을 필요로 하고, 이들 모두 시간이 필요하죠. 하지만, 질병의 확산은 매우 빨라요. 과학자들이 확산을 중단하기 위한 무언가를 만들어냈을 때는 이미 너무 늦었을지도 모릅니다.

Note-taking

읽기 노트

주 제: bats — white nose syndrome
근거 1: close caves to explorers
- fungus — transmitted throough direct contact
- explorers — carry fungus
근거 2: heat caves
- fungus — only grow in certain temperatures
- heating caves destroy fungus
근거 3: study bat population in Europe
- native European bats — immunity
- develop vaccine

강의 노트

반 론: Solutions for bats — Reading X
근거 1: closing caves X
- humans — only one cause X
- bat-to-bat transmission — stop X
근거 2: heating caves X
- heating → prevent hibernation → kill bats
근거 3: studying bats X
- studying — take too long
- spread of disease — very rapid too late

통합형 답안 Summary

The lecturer objects to the points mentioned in the reading passage made about **bats (또는 white nose syndrome)**. The speaker states that **the notions in the passage have flaws**.

강의 근거 1 **First of all, the speaker argues that** white nose syndrome can spread between bats without human interaction. Thus, closing caves cannot stop this problem. 읽기 근거 1 This casts doubt on the author's claim that **the first option is to close caves to people because they can carry the fungus on their clothes or equipment**.

강의 근거 2 **Second, the lecturer points out that** heating caves will prevent bats from hibernating and kill all the bats. 읽기 근거 2 This goes against the writer's view that **heating caves can kill the fungus of white nose syndrome**.

강의 근거 3 **Finally, the professor contends that** studying the bats will take too much time because a lot of research is needed. On the other hand, the disease is spreading fast. 읽기 근거 3 This is in direct opposition to the author's assertion that **studying bat populations in Europe can develop a vaccine for white nose syndrome**.

해석 강의자는 박쥐(또는 흰 코 증후군)에 대해 쓴 읽기 지문에 언급된 요점에 반대한다. 화자는 지문의 그 생각들에 결함이 있다고 말한다.

우선, 화자는 인간의 상호작용 없이 백색 코 증후군이 박쥐 사이에 퍼질 수 있다고 주장한다. 그러므로, 동굴을 폐쇄하는 것은 이 문제를 막을 수 없다. 이것은 사람들이 그들의 옷이나 장비에 곰팡이를 옮길 수 있기 때문에 사람들에게 동굴을 닫는 것이 첫 번째 선택이라는 저자의 주장에 의문을 제기한다.

둘째, 동굴을 가열하면 박쥐가 동면하는 것을 방해하고 모든 박쥐를 죽일 것이라고 강사는 지적한다. 이것은 동굴을 가열하면 흰 코 증후군의 곰팡이를 죽일 수 있다는 작가의 견해와 배치된다.

마지막으로, 교수는 많은 연구가 필요하기 때문에 박쥐를 연구하는 데 너무 많은 시간이 걸릴 것이라고 주장한다. 반면에, 이 병은 빠르게 퍼지고 있다. 이는 유럽에서 박쥐 개체수를 연구하면 흰 코 증후군에 대한 백신을 개발할 수 있다는 저자의 주장과 정면으로 배치되는 것이다.

Q4.

리딩 해석 가스토니스는 신생대 시대에 살았던 멸종된 날지 못하는 새다. 이런 종류의 새들은 2미터 이상에 이를 수 있는 큰 키와 거대한 부리가 붙어있는 거대한 두개골로 분류된다. 화석 잔해에서 나온 증거는 일부 고생물학자들이 가스토니스가 육식성 조류라고 믿게 만들었다.

과학자들이 가스토니스가 고기를 먹는 새라고 믿는 한 가지 이유는 전체적인 외형 때문이다. 이 종들은 다른 알려진 초식 조류들보다 더 큰 두개골 뿐만 아니라 직립한 몸 위치를 가지고 있다. 초식 새들은 작고 섬세한 머리 구조를 가지고 있어서 항상 작은 씨앗이나 잎을 먹을 수 있다. 또한, 가스토니스의 화석들은 육식성 날지 못하는 새들이며 신생대 때 멸종된 공포새의 것과 매우 흡사하다.

게다가, 가스토니스는 고기를 먹는 데 유용하게 쓰이는 크고 날카로운 부리를 가지고 있다. 부리의 크기와 끝이 다른 것은 다른 식단을 나타낼 지도 모른다. 전문가들은 크고 날카로운 부리를 이용해 고기를 자르고 작은 동물의 뼈를 부러뜨릴 수 있다고 보고 있다. 그러므로, 이 괴물 같은 새들이 작은 포유동물들을 잡아먹는 것은 당연해 보인다.

마지막 증거는 가스토니스의 발에서 나온다. 고생물학자들은 그들의 발이 근육과 뼈를 연결하고 장력을 견디는 강한 힘줄을 가지고 있다는 것을 발견했다. 이것은 가스토니스가 움직이는 먹이를 잡을 수 있는 강한 발을 가지고 있다는 것을 의미한다. 또한, 가스토니스의 발자국은 25센티미터가 넘는다. 발가락의 길이는 잡을 수 있을 만큼 길다.

W Gastornis n. 가스토니스(팔레오세와 이오세에 살던 거대한 새) extinct adj. 멸종된 genus n. (생물 분류상의) 속 flightless adj. 날지 못하는 Cenozoic era n. 신생대 classify 분류하다 upward of ~ 이상으로 skull n. 두개골 beak n. 부리 carnivorous adj. 육식성의 resemble v. 닮다 apex n. 꼭대기 predator n. 포식자 upright adj. 꼿꼿한 bill n. 부리 mammal n. 포유동물 tendon n. 힘줄

🔊 MP3 12

강의 스크립트 Unfortunately, the argument in the reading passage is a little out of date. Paleontologists now have information that shows why none of the evidence given in the reading passage can prove that Gastornis are carnivores. Actually, it is more likely that Gastornis are plant-eating birds.

First, about the appearance. It's true that Gastornis look like terror birds. However, it's also true that the structure of the Gastornis is similar to that of plant-eating birds. In fact, many flightless birds have upright positions too. For example, ostriches and emus, both of which have upright positions, feed on seeds and shrubs. Of course, these birds are herbivores. Therefore, we can't conclude that Gastornis are meat eaters just based on the appearance alone.

Second, as for the beak, the shape is a more important factor than the size in determining the type of diet a specific bird has. Meat-eating birds, such as eagles, have curved beaks, while plant-eating birds such as finches have straight beaks. Gastornis beaks are straight and not curved. This shows that Gastornis most likely feed on seeds and leaves. Besides, Gastornis have large jaw muscles, which is similar to herbivorous birds. Muscles of plant-eating birds are used to chew on tough leaves and seeds, so they are a lot larger than muscles used to eat meat.

Finally, about Gastornis feet. The footprints are also evidence against the claim that Gastornis was carnivorous. You see, a typical carnivorous bird has "talons"(shown on screen), the claw of a bird of prey. A meat-eating bird has long, curved talons useful in grasping prey. However, the footprints of Gastornis actually show that they have very short, pointy claws instead of long, curvy talons. Therefore, the Gastornis foot structure is actually more similar to that of plant-eating birds.

W out of date adj. 시대에 뒤떨어진   plant-eating adj. 식물을 먹는(초식성의)   resemblance n. 유사함   appearance n. 겉모습   ostrich n. 타조   emu n. 에뮤(타조와 비슷한 큰 새)   shrub n. 관목   determine v. 결정하다   curved adj. 구부러진   jaw n. 턱   chew v. (음식을) 씹다   talon n. (갈고리 모양의) 맹금류 발톱   claw n. 발톱

강의 해석 안타깝게도, 읽기 지문의 주장은 시대에 뒤떨어져 있어요. 현재 고생물학자들은 읽기 지문에 제시된 어떤 증거도 가스토니스가 육식 동물이라는 것을 증명할 수 없는 이유를 보여주는 정보를 가지고 있어요. 사실, 가스토니스는 식물을 먹는 새일 가능성이 더 높습니다.

첫째, 외모에 대해서 봅시다. 가스토니스가 공포새들과 닮았다는 것은 사실입니다. 하지만, 가스토니스의 구조가 초식동물의 구조와 비슷하다는 것도 사실이죠. 사실, 날지 못하는 많은 새들도 직립 자세를 가지고 있어요. 예를 들어, 타조와 에뮤는 둘 다 직립한 자세를 가지고 있는데, 씨앗과 관목을 먹고 살아요. 물론 이 새들은 초식동물입니다. 따라서 우리는 단지 외모만으로 가스토니스가 육식이라고 단정할 수는 없어요.

둘째, 부리에 대해서는 특정 새가 가지고 있는 식습관의 종류를 결정하는 데 있어서 크기보다 모양이 더 중요한 요소입니다. 독수리와 같은 육식 새는 구부러진 부리를 가지고 있고, 핀치 같은 초식 새는 곧은 부리를 가지고 있어요. 가스토니스 부리는 곧고 구부러지지 않았습니다. 이것은 가스토니스가 씨앗과 잎을 주로 먹는다는 것을 보여줍니다. 게다가, 가스토니스는 턱 근육이 커서 초식성 조류와 비슷해요. 식물을 먹는 새의 근육은 질긴 잎과 씨앗을 씹는 데 쓰이기 때문에 고기를 먹을 때 쓰는 근육보다 훨씬 큽니다.

마지막으로, 가스토니스 발에 대해서 보죠. 이 발자국 역시 가스토니스가 육식동물이었다는 주장에 반하는 증거입니다. 알다시피, 전형적인 육식성 새는 맹금류 발톱을 가지고 있어요. 고기를 먹는 새는 먹이를 잡는 데 유용한 길고 구부러진 발톱을 가지고 있죠. 하지만, 가스토니스의 발자국은 실제로 그들이 길고 구부러진 발톱 대신 매우 짧고 뾰족한 발톱을 가지고 있다는 것을 보여줍니다. 따라서, 가스토니스 발 구조는 사실 식물을 먹는 새들의 그것과 더 비슷해요.

Note-taking

읽기 노트

주 제: Gastornis — carnivorous
근거 1: overall appearance
 - upright position, larger skulls
 - similar to terror birds
근거 2: larger bills
 - large and sharp → cut meat
근거 3: feet
 - strong tendons → grasping moving prey
 - footprint

강의 노트

반 론: Gastornis — carnivorous X
근거 1: overall appearance X
 - resembles plant-eating birds
 - upright position — many flightless birds
근거 2: larger bills X
 - meat-eating birds (eagles) — curved beaks
 - Gastornis — straight beak for seeds = plant eating
 - jaw muscles = herbivorous bird
근거 3: feet X
 - carnivorous birds — have talons, long, curved talons
 - footprints — short, point claws = plant-eating birds

통합형 답안 Summary

> The lecturer objects to the points mentioned in the reading passage made about **Gastornis**. The speaker states that **the notions in the passage have flaws**.
>
> `강의 근거 1` **First of all, the speaker argues that** the body structure of Gastornis resembles that of plant-eating birds. Moreover, many birds having upright positions are herbivorous. `읽기 근거 1` This casts doubt on the author's claim that **Gastornis have an upright body position and large skulls, so they are meat eating birds**.
>
> `강의 근거 2` **Second, the lecturer points out that** Gastornis have straight bills unlike meat-eating birds having curved ones. Furthermore, they have jaw muscles which are similar to those of herbivorous birds. `읽기 근거 2` This goes against the writer's view that **Gastornis have large and sharp bills to live on meat**.
>
> `강의 근거 3` **Finally, the professor contends that** carnivorous birds have long, curved talons, but Gastornis have small, short claws like plant-eating birds. `읽기 근거 3` This is in direct opposition to the author's assertion that **Gastornis have strong feet capable of grasping moving prey**.

`해석` 강의자는 가스토니스에 대해 읽기 지문에 언급된 요점에 반대한다. 화자는 지문의 그 생각들에 결함이 있다고 말한다.

우선, 화자는 가스토니스의 몸 구조가 초식 새의 몸 구조와 닮았다고 주장한다. 게다가, 직립 자세를 가진 많은 새들은 초식동물이다. 이것은 가스토니스가 직립한 몸 위치와 커다란 두개골을 가지고 있어서 육식을 하는 새라는 저자의 주장에 의문을 던진다.

둘째, 강의자는 가스토니스는 휘어진 부리를 가진 육식 새와는 달리 직선적인 부리를 가지고 있다고 지적한다. 게다가, 그들은 초식성 조류와 비슷한 턱 근육을 가지고 있다. 이것은 가스토니스가 고기를 먹고 살기 위한 크고 날카로운 부리를 가지고 있다는 저자의 견해와 배치된다.

마지막으로, 교수는 육식성 조류는 길고 구부러진 발톱을 가지고 있지만, 가스토니스는 식물을 먹는 새처럼 작고 짧은 발톱을 가지고 있다고 주장한다. 이것은 가스토니스가 움직이는 먹이를 잡을 수 있는 강한 발을 가지고 있다는 저자의 주장에 정면으로 반대되는 것이다.

Q5.

`리딩 해석` 세계는 현재 필요한 에너지의 대부분을 화석 연료로 수급하고 있다. 그러나 화석 연료 사용과 관련된 많은 문제들은 사람들이 대체 에너지원 사용에 대해 생각하게 했다. 이러한 에너지원 중 하나는 태양의 동력을 이용하는 태양 에너지이다. 태양 에너지를 훨씬 좋은 화석연료의 대안으로 만드는 여러 가지 이점들이 있다.

첫째, 태양 에너지는 화석 연료보다 환경친화적이다. 태양 에너지는 화석 연료처럼 대기 중으로 지구 온난화에 직접적으로 기여하는 유해한 오염을 배출하지 않는다. 그러나 에너지를 공급하기 위해 특정 종류의 발전소에서 화석연료를 태우는 것은 많은 유독성 화학물질을 대기로 방출한다. 이것은 화석 연료를 사용하는 것의 가장 큰 단점 중 하나이다. 따라서 태양 에너지는 더 깨끗하고 환경에 아무런 피해를 주지 않고 얻어질 수 있다.

둘째, 태양열은 무한한 에너지원이다. 햇빛은 풍부하다. 1년치의 햇빛을 완전히 이용한다면 현재의 에너지 요구량 수준으로 수천 년 동안 지구에 동력을 공급하기에 충분할 것이다. 반면 화석 연료는 지구 속 깊은 곳에서 채굴하여 추출해야 하는 매우 제한된 자원이다. 일부 비평가들은 매우 흐린 날이나 밤에 햇빛을 모으는 것이 불가능하다고 언급했지만, 잉여의 에너지는 직사광선을 사용할 수 없을 때 사용할 수 있도록 낮에 에너지를 저장하는 배터리 안에 저장할 수 있다.

마지막으로, 태양 에너지는 선상이나 산과 같은 매우 외딴 지점에서도 사용이 가능하다. 이러한 지점들을 국가 전력망에 연결하는 것은 엄두를 못 낼 정도로 많은 비용이 들고, 따라서 타당하지 않다. 태양 에너지는 태양 전지판을 사용해서 에너지를 수집하기 때문에, 외딴 지역의 사람들도 독자적으로 전력을 만들어낼 수 있다.

Ⓦ look toward (장래의 일을) 생각하다 alternative n. 대안 harness v. 동력화하다 solar energy n. 태양 에너지 power plant n. 발전소 release v. 방출하다 toxic chemical n. 독성 화학물질 harmful adj. 해로운 contribute to ~의 원인이 되다 atmosphere n. (지구의) 대기 harvest v. 얻다, 획득하다 mine v. 채굴하다 extract from ~에서 뽑아내다 plentiful adj. 풍부한 remote adj. 외딴 prohibitively adv. 엄두를 못 낼 만큼 independently adv. 독자적으로

🔊 MP3 13

[강의 스크립트] According to the reading you just read, using solar power sounds like a more attractive alternative than using fossil fuels, but there are a number of reasons why it shouldn't be used. The arguments made in your reading do not address these negative points.

First, it is true that using solar energy will not expel dangerous gases into the air like fossil fuels. However, that does not necessarily make it a better energy source. You see, solar power plants need a lot of land for solar panels. This means that, in order to power a large metropolitan city, the power plant needs hundreds of thousands of solar panels and takes up large areas of land. So, it potentially has to harm forests or animal habitats to create the land for solar panels.

Next, sure solar power is definitely plentiful. However, there is a problem with the batteries that can store any extra energy of solar power. You see, the materials are needed to make those batteries, things like nickel and cadmium. Well, those minerals are very limited in supply and also need to be extracted and mined from the ground, just like fossil fuels. As a result, using solar energy will not solve the problem related to limited resources.

And finally, the point made about remote locations. That's unrealistic too. Solar panels are a really complicated piece of technology, and very sensitive, so only qualified technicians can fix them. If we have a problem with solar panels in a remote location, it may take a very long time to fix them because we have to call the technicians. So, we would not have power for a very long time.

Ⓦ expel v. 배출하다　solar panel n. 태양 전지판　rest on ~에 얹혀 있다　mineral n. 광물(질)　complicated adj. 복잡한

[강의 해석] 방금 읽은 내용을 보면, 태양 에너지를 사용하는 것이 화석 연료를 사용하는 것보다 더 매력적인 대안처럼 들리지만, 태양 에너지를 사용하지 말아야 하는 여러 이유가 있어요. 리딩에서 이루어진 주장들은 이러한 부정적인 점들을 다루지 않죠.

첫째, 태양 에너지를 사용한다고 해서 위험한 가스를 화석 연료처럼 공기로 배출하는 것은 아니라는 것은 사실이에요. 하지만, 그렇다고 해서 반드시 더 나은 에너지원이 되는 것은 아니에요. 태양열 발전소는 태양열 집열판을 위한 많은 땅이 필요하죠. 이는 대도시에 전력을 공급하기 위해서는 발전소에 수십만 개의 태양광 패널이 필요하고 넓은 면적의 토지를 차지해야 한다는 것을 의미합니다. 그래서, 태양 전지판을 위한 땅을 만들기 위해 숲이나 동물 서식지를 해칠 가능성이 있죠.

다음으로, 확실히 태양 에너지는 풍부해요. 그러나 태양열 에너지의 여분의 에너지를 저장할 수 있는 배터리에 문제가 있어요. 배터리를 만드는 데는 재료가 필요하죠, 니켈이나 카드뮴 같은 거요. 자, 이 광물들은 공급에 매우 제한되어 있고 또한 화석 연료와 마찬가지로 땅에서 추출하여 채굴할 필요가 있어요. 결과적으로, 태양 에너지를 사용하는 것은 제한된 자원과 관련된 문제를 해결하지 못할 거예요.

그리고 마지막으로, 멀리 떨어진 곳에 대해서. 그것도 비현실적이에요. 태양 전지판은 정말 복잡한 기술이고 매우 민감해서 자격을 갖춘 기술자만이 고칠 수 있어요. 만약 우리가 외진 곳에 있는 태양 전지판에 문제가 있다면, 우리가 기술자를 불러야 하기 때문에 그것을 고치는 데 매우 오랜 시간이 걸릴지도 몰라요. 그래서 우리는 아주 오랫동안 전기 없이 지내게 되죠.

Note-taking

읽기 노트

주 제: solar power — advantages

근거 1: environmentally friendly
- solar energy — harmful pollution X
- fossil fuels — toxic chemicals

근거 2: unlimited
- sunlight — plentiful
- extra — stored within batteries
- fossil fuel — limited + mined

근거 3: used in remote places
- on ships, mountains
- connecting to power grid — costly

강의 노트
반 론: solar power — disadvantages
근거 1: environmentally friendly X
- solar panels — need a lot of land
- harm forest + animal habitat
근거 2: unlimited X
- materials for batteries → limited supply
- need to be mined — just like fossil fuels
근거 3: used in remote places X
- complicated + sensitive technology
- in a remote area, take a long time to fix

통합형 답안 Summary

The lecturer objects to the points mentioned in the reading passage made about solar power. The speaker states that the notions in the passage have flaws.

강의 근거 1 First of all, the speaker argues that solar energy requires a lot of land for solar panels, so it can damage forests or animal habitats. **읽기 근거 1** This casts doubt on the author's claim that solar energy is more environmentally friendly than fossil fuels because it does not cause harmful pollution.

강의 근거 2 Second, the lecturer points out that materials needed to make the batteries for solar power are limited in supply. Also, they are mined from the ground like fossil fuels. **읽기 근거 2** This goes against the writer's view that solar power is an unlimited energy source, and the excess energy can be stored within batteries.

강의 근거 3 Finally, the professor contends that solar panels are complicated and sensitive, and a technician is required when they malfunction. Thus, if a solar energy system breaks in a remote location, it will take much time to fix it. **읽기 근거 3** This is in direct opposition to the author's assertion that solar power can be used in very remote places, such as ships or mountains.

해석 강의자는 태양 에너지에 대해 읽기 지문에 언급된 요점에 반대한다. 화자는 지문의 그 생각들에 결함이 있다고 말한다.

우선, 화자는 태양 에너지는 태양 전지판을 위한 많은 땅을 필요로 하기 때문에 숲이나 동물 서식지에 피해를 줄 수 있다고 주장한다. 이는 태양 에너지가 유해한 오염을 일으키지 않기 때문에 화석 연료보다 환경친화적이라는 저자의 주장에 의문을 제기한다.

둘째, 태양 에너지를 위한 전지를 만드는데 필요한 재료는 공급이 제한되어 있다고 강의자는 지적한다. 또한, 그것들은 화석 연료처럼 땅에서 채굴된다. 이것은 태양 에너지가 무한한 에너지원이며, 여분의 에너지는 배터리에 저장될 수 있다는 작가의 관점에 반대된다.

마지막으로, 교수는 태양 전지판은 복잡하고 민감하며, 태양 전지판이 오작동할 때 기술자가 필요하다고 주장한다. 따라서, 만약 태양 에너지 시스템이 외딴 곳에서 고장 나면, 그것을 고치는 데 많은 시간이 걸릴 것이다. 이것은 태양광 발전이 배나 산과 같은 매우 외진 곳에서 사용될 수 있다는 저자의 주장과 정면으로 배치된다.

Q6.

리딩 해석 1970년대와 1980년대에 달 탐사를 성공적으로 마친 이래, 우리의 차기 우주 탐사 목적지 는 화성이 되었다. 달 탐사와는 달리, 화성까지의 거리는 훨씬 멀다. 화성 탐사를 가능하게 하기 위해서는 우리가 해결해야 할 여러 난제들이 있다.

첫째, 음식과 보급품에 필요한 공간에 문제가 있다. 화성까지의 총 여행은 최대 2년까지 걸릴 수 있다. 2년치 음식, 물, 산소는 너무 많은 공간을 차지할 것이다. 그 보급품들은 우주비행사들이 생존하는 데 중요하다. 그러나 화성까지의 거리는 달까지의 거리의 150배가 넘는 거리여서, 우주선에서 승무원을 유지하기 위해 필요한 모든 물자를 그 정도로 오랫동안 보유하는 것은 어려운 일이다.

둘째, 우주는 우리가 지구상에서 익숙한 것과는 전혀 다른 무중력 환경이다. 무중력 상태를 오래 유지하면 인체에 부정적인 영향을 미칠 수 있다. 근육량과 골밀도의 감소는 발생할 수 있는 주요 건강 문제들이다. 따라서, 이러한 건강 문제가 해결되기 전에는 우주비행사들이 화성에 도착할 수 없을 것이다.

셋째, 우주방사선은 우주비행사들에게 큰 위협이다. 태양에서 나오는 방사선은 매우 위험하다. 지구의 자기장은 그 치명적인 방사선으로부터 우리를 보호하지만 행성간 여행을 위한 보호는 없다. 우주비행사를 보호하기 위해서 보호 장치는 필수이지만, 우주선을 보호할 수 있을 만큼 충분히 큰 보호 장치가 있는 것은 불가능하다. 현재의 기술은 우주비행선을 위한 충분하게 가벼운 보호 장치를 만들기에 충분하지 않다.

W capacity n. 용량, 수용력 zero gravity n. 무중력 astronaut n. 우주비행사 reach v. ~에 도달하다 magnetic field n. 자기장 deadly adj. 치명적인 interplanetary adj. 행성간의 shield n. 방패, 보호 장치

MP3 14

강의 스크립트 After our successful mission to the moon, our next logical challenge is traveling to Mars. There may be some drawbacks that hinder us from traveling the long distance. However, there are also solutions to each of these problems.

First, regarding the problem with food, oxygen and water... this problem can be solved by a method called "Hydroponics" (shown on screen). Hydroponics is... is growing plants in water instead of soil. This method requires only a small amount of space, so we can grow the food that we need in a spacecraft. Also, another benefit of hydroponics is recycling wastewater because plants can produce water vapor that can be condensed and collected for drinking. The other benefit is that plants can get rid of carbon dioxide and provide oxygen to the astronauts by proceeding photosynthesis.

Second, about the health problems of zero gravity... It is true that zero gravity is a different environment and will cause health problems. However, regular exercise is a great solution to the negative health effects. By exercising regularly, astronauts can prevent the loss of muscle mass. Also, astronauts can maintain their bone density by taking vitamin and calcium supplements. By doing so, the health problems related to zero gravity can be solved.

Finally, as for solar radiation, experts say that the radiation is not constant. The radiation becomes a problem only when its particles come out from the sun. So, in normal conditions, space radiation is not a problem. Thus, installing a small shelter can be a good solution for the radiation. Only when the radiation from the sun is detected, the crew have to go into the small shelter. Also, by using the small shelter, the space ship does not have to be covered by a shield, which can save a lot of weight.

W drawback n. 단점 hinder v. ~을 못하게 하다 hydroponics n. 수경재배 vapor n. 증기 condense v. 응축하다 get rid of ~을 제거하다 constant adj. 일정한, 불변의 shelter n. 대피처

강의 해석 우리의 성공적인 달 탐사 임무 후에, 우리의 다음 논리적인 도전은 화성으로 가는 것이에요. 우리가 먼 거리를 여행하는 것을 방해하는 몇 가지 단점이 있을 수 있을 수 있죠. 하지만, 이 문제들 각각에 대한 해결책도 있어요.

첫째, 음식, 산소, 물의 문제와 관련하여... 이 문제는 "수경재배"(화면에 나타나 있음)라는 방법으로 해결할 수 있어요. 수경재배는... 흙 대신 물에서 식물을 기르는 것이지요. 이 방법은 적은 공간만 필요로 하기 때문에 우주선에서 필요한 식량을 기를 수 있어요. 또한, 수경재배의 또 다른 이점은 폐수를 재활용하는 것이에요. 식물은 응축되어 마실 수 있는 수증기를 생산할 수 있기 때문이죠. 또 다른 이점은 식물이 광합성을 진행함으로써 이산화탄소를 제거하고 우주비행사에게 산소를 공급할 수 있다는 것이에요.

둘째, 무중력 상태의 건강 문제에 대해서… 무중력 상태가 다른 환경이고 건강상의 문제를 일으킬 것은 사실입니다. 하지만, 규칙적인 운동은 부정적인 건강 효과에 대한 훌륭한 해결책이죠. 우주비행사들은 규칙적으로 운동을 함으로써 근육량의 손실을 예방할 수 있어요. 또한 우주비행사들은 비타민과 칼슘 보충제를 복용함으로써 뼈의 밀도를 유지할 수 있어요. 그렇게 함으로써 무중력 상태에 관련된 건강 문제를 해결할 수 있죠.

마지막으로, 태양 방사선에 대해서는, 전문가들은 방사선이 일정하지 않다고 말합니다. 방사선은 입자가 태양에서 나와야 문제가 돼요. 그래서 정상적인 조건에서 태양 방사선은 문제가 되지 않아요. 따라서, 작은 대피소를 설치하는 것은 방사선에 좋은 해결책이 될 수 있어요. 태양에서 나오는 방사능이 검출되었을 때만 비행사들이 작은 대피소로 들어가면 돼요. 또한 작은 대피소를 이용함으로써 우주선은 방어막으로 덮일 필요가 없어 많은 무게를 줄일 수 있어요.

Note-taking

읽기 노트

주 제: traveling to Mars — problems
근거 1: supplies X
 - need food, water, oxygen → much space
 - Mars — long trip → no capacity
근거 2: zero gravity
 - health problems
 - reduction of muscle mass + bone density
근거 3: space radiation
 - radiation from sun — dangerous
 - large shield — impossible

강의 노트

반 론: traveling to Mars — solutions
근거 1: supplies OK
 - hydroponics — growing plant in water
 - food + recycling water + producing oxygen
근거 2: zero gravity OK
 - regular exercise prevent muscle mass loss
 - vitamins + minerals bone density
근거 3: space radiation OK
 - radiation — constant X
 - w/small shelter → radiation OK + save weight

통합형 답안 Summary

The lecturer objects to the points mentioned in the reading passage made about traveling to Mars. The speaker states that the notions in the passage have flaws.

강의 근거 1 First of all, the speaker argues that hydroponics can help to grow plants, to recycle water, and to get oxygen from the plants. Thus, the issue related to food and supplies can be solved.
읽기 근거 1 This casts doubt on the author's claim that a lot of space is required to store food and supplies for a long trip to Mars.

> 강의 근거 2 **Second, the lecturer points out that** doing exercise regularly enables astronauts to prevent the loss of muscles. Also, taking vitamins and calcium helps them to keep their bone density.
> 읽기 근거 2 **This goes against the writer's view that zero gravity in space can cause health problems such as the reduction of muscle mass and bone density.**
>
> 강의 근거 3 **Finally, the professor contends that** the radiation does not occur often. The astronauts can go to a small shelter only when the radiation is a problem. Also, by installing the small shelter, a large heavy shield is not necessary. 읽기 근거 3 **This is in direct opposition to the author's assertion that space radiation is dangerous to astronauts and having a shield large enough to protect the spacecraft is impossible.**

해석 강의자는 화성으로의 여행에 대해 쓴 읽기 지문에 언급된 요점에 반대한다. 화자는 지문의 그 생각들에 결함이 있다고 말한다.

첫째, 화자는 수경재배가 식물을 기르고, 물을 재활용하고, 식물로부터 산소를 얻는 것을 도울 수 있다고 주장한다. 따라서 식량과 물자 관련 문제는 해결될 수 있다. 이는 화성으로의 긴 여행을 위해 식량과 물자를 저장하는 데 많은 공간이 필요하다는 저자의 주장에 의문을 던진다.

둘째, 강의자는 규칙적으로 운동을 하면 우주비행사들이 근육의 손실을 막을 수 있다고 지적한다. 또한 비타민과 칼슘을 섭취하는 것은 뼈의 밀도를 유지하는 데 도움을 준다. 이는 우주에서의 무중력이 근육량과 골밀도의 감소 등 건강상의 문제를 일으킬 수 있다는 작가의 견해와 배치된다.

마지막으로, 교수는 방사선이 자주 발생하지 않는다고 주장한다. 우주비행사들은 방사선에 문제가 있을 때만 작은 대피소로 가면 된다. 또한, 작은 대피소를 설치함으로써, 크고 무거운 방어 장치를 설치할 필요가 없다. 이는 우주 방사선이 우주인들에게 위험하고 우주선을 보호할 수 있을 만큼 큰 방어막을 갖는 것은 불가능하다는 저자의 주장과 정면으로 배치되는 것이다.

Integrated Task   Chapter 2. 효과적인 답안 작성을 위한 영작 표현 익히기

효과적인 답안 작성을 위한 영작 표현 익히기 1

영작 연습

01_ First, the lecturer claims that the assertion related to an accident is wrong.
02_ The results from research about the species prove otherwise.
03_ This counters the claim that it would be difficult for all the mammals to go to the sea by accident.
04_ Second, the speaker says that the claim about currents is untrue.
05_ The results from a study related to currents illustrate an opposing view.
06_ This goes against the writer's view that the animals could not reach Madagascar because of currents.
07_ Finally, the professor mentions that the assertion concerning nourishment is mistaken.
08_ Hydroponics indicates the opposite.
09_ This is in direct opposition to the author's claim that mammals would not have been able to survive the journey.
10_ The results from an observation related to mammals indicates something else.

효과적인 답안 작성을 위한 영작 표현 익히기 2

영작 연습

01_ First, the lecturer claims that the appearance of fossils is not compelling proof.
02_ We need to take a look at the evidence more carefully because of other flightless birds.
03_ This counters the claim that appearance is sufficient evidence.
04_ Second, the speaker says that the bill cannot prove the theory.
05_ Even though Gastornis have large bills, there is proof to verify an opposing view.
06_ This goes against the writer's view that bills can verify the claim.
07_ Finally, the professor mentions that feet are not conclusive support.
08_ A footprint indicates the opposite.
09_ We need to analyze the proof more carefully because of claws.
10_ This is in direct opposition to the author's claim that feet are sufficient evidence.

효과적인 답안 작성을 위한 영작 표현 익히기 3

영작 연습

01_ First, the lecturer claims that the theory regarding weapons cannot explain how a toucan uses its bill.
02_ If the theory were true, the bill would have to be made of hard bones. However, this is not the case.
03_ This counters the claim that the assertion related to weapons is correct.
04_ Second, the speaker says that the claim associated with colors is incorrect.
05_ Even though the colors of the toucan's bill are similar to the vegetation, there is proof to verify an opposing view.

06_ The sounds made by toucans indicate another view.
07_ This goes against the writer's view that the toucan uses its bill to hide.
08_ Finally, the professor mentions that the assertion related to cooling cannot explain how the bill is used.
09_ If the claim were true, other birds would have to have large bills. However, it is not so.
10_ This is in direct opposition to the author's claim that the bill is large because a toucan needs to cool its body.

효과적인 답안 작성을 위한 영작 표현 익히기 4

영작 연습

01_ First, the lecturer claims that the assertion related to taste is wrong.
02_ Scientific proof shows otherwise.
03_ This counters the claim that local foods taste better.
04_ Second, the speaker says that the claim about the environment is untrue.
05_ Eating local foods cannot stop the environment from being damaged.
06_ An optimized environment indicates an opposing view.
07_ This goes against the writer's view that local foods are better for the environment.
08_ Finally, the professor mentions that the assertion concerning the local economy is mistaken.
09_ Supermarkets indicate the opposite.
10_ This is in direct opposition to the author's claim that local foods are better for the local economy.

효과적인 답안 작성을 위한 영작 표현 익히기 5

영작 연습

01_ First, the lecturer claims that the assertion related to agricultural pests is wrong.
02_ The benefits of prairie dogs negate the adverse effects.
03_ This counters the claim that prairie dogs are agricultural pests.
04_ Second, the speaker says that the claim about the significance is untrue.
05_ It is difficult to view the lack of environmental impact as an issue.
06_ Their position on the food chain is irrelevant.
07_ This goes against the writer's view that prairie dogs are not ecologically significant.
08_ Finally, the professor mentions that the assertion concerning health is mistaken.
09_ Fleas are not a complication.
10_ This is in direct opposition to the author's claim that prairie dogs are a serious health threat.

Integrated Task — Practice Test

Q1.

리딩 해석 프레리 독은 콜로라도, 텍사스, 유타 주의 미국의 대초원에 사는 작은 설치류 종이다. 프레리 독의 개체 수는 한때 10억 마리가 넘었고 아마도 북미에서 가장 많은 포유동물이었을 것이다. 일부 전문가들은 프레리 독은 몇 가지 이유로 제거되어야 한다고 믿는다.

첫째, 농부들은 그 동물들을 농해충으로 생각하기 때문에 프레리 독을 없애는 것에 동의했다. 프레리 독의 주요 먹이는 풀이다. 프레리 독은 풀을 먹고 사는 소와 다른 가축들과 경쟁한다. 프레리 독은 떼를 지어 굴을 만들고 풀을 먹는다. 농부들은 항상 프레리 독들이 모든 풀을 먹고 막대한 경제적 피해를 입힌다고 말한다.

둘째, 프레리 독은 생태계에서 중요하지 않다. 풀을 먹는 것들과 프레리 독과 같은 초식 동물들은 큰 영향을 미치지 않기 때문에 보호 대상에서 제외되어야 한다. 반면에, 육식을 하는 늑대나 곰과 같이 먹이 사슬에서 더 높은 동물들은 먹이를 사냥하는 것을 통해 동물의 수를 조절하기 때문에 생태계에 훨씬 더 큰 영향을 미친다.

마지막으로, 많은 사람들은 프레리 독이 인간에게 심각한 건강상의 위협이라고 주장해왔다. 많은 야생 설치류처럼, 프레리 독은 사람에게 전염될 수 있는 위험하고 전염되는 질병을 옮긴다. 감염된 프레리 독을 물은 벼룩은 이 병의 전달자가 될 것이다. 벼룩에게 물린 사람은 누구나 감염될 것이다. 그러므로 프레리 독을 제거함으로써 인간은 질병으로부터 안전할 수 있다.

W prairie n. 대초원 rodent n. 설치류 abundant adj. 많은, 풍부한 endangered species n. 멸종 위기에 처한 동식물의 종 pest n. 해충 cattle n. (집합적) 소 graze v. 풀을 뜯다 burrow n./v. 굴(을 파다) food chain n. 먹이 사슬 herbivore n. 초식 동물 be excluded from ~에서 제외되다 threat n. 위협 infectious disease n. 전염병 bubonic plague 림프절 페스트 flea n. 벼룩 feed on ~을 먹고 살다 transmitter n. 전달자

🔊 MP3 15

강의 스크립트 A lot of the arguments related to removing and controlling the populations of prairie dogs are wrong. Prairie dogs are an important part of North American ecosystem and they should be protected.

First, the claim that prairie dogs are agricultural pests is outdated. This was a reasonable opinion only in the early 1900s when cattle mainly fed on grass. Nowadays, cattle no longer need to eat grass on the land but rely on cattle feeds. So you see, it wouldn't matter whether or not prairie dogs ate grass. Also, prairie dogs are actually agriculturally beneficial. The burrows that prairie dogs dig make the soil more fertile, which actually leads to more grass growth.

Second, let's talk about the importance in the ecosystem. This isn't a valid argument either. The truth is prairie dogs are just as important to the ecosystem as other animals. The burrows that prairie dogs make can become habitats for a lot of smaller animals that live underground, such as salamanders and insects. What's more, they are a source of prey for many predators like foxes and coyotes. You see, although they are not on the top of the food chain, they still play an integral role in the ecosystem.

Finally, prairie dogs do not pose a serious health threat to humans at all. In fact, the fleas that bite prairie dogs do not bite humans. It is very rare for a person to be infected by the disease from a prairie dog because fleas simply do not bite humans. According to research, in the state of Colorado only 10 people have been diagnosed with the infectious disease. The thing is, it was only 10 people in the last 50 years! So we do not have to worry about prairie dogs which don't really pose a health threat.

W misconceive v. 오해하다 fertile adj. 비옥한 valid adj. 타당한 salamander n. 도롱뇽 coyote n. 코요테(북미산 야생 동물) integral adj. 필수적인 rare adj. 희귀한 diagnose v. 진단하다

강의 해석 프레리 독 개체 수를 제거하고 통제하는 것과 관련된 많은 논쟁들은 잘못된 것이죠. 프레리 독은 북미 생태계의 중요한 부분이며 보호되어야 합니다.

첫째, 프레리 독이 농업용 해충이라는 주장은 시대에 뒤떨어진 것이에요. 이것은 소가 주로 풀을 먹고 살았던 1900년대 초에만 합리적인 의견이죠. 오늘날, 소는 더 이상 땅에 있는 풀을 먹을 필요가 없고 소 사료에 의존해요. 그러니까, 프레리 독이 풀을 먹었는지 안 먹었는지는 중요하지 않을 겁니다. 또한, 프레리 독은 사실 농업적으로 유익해요. 프레리 독들이 파내는 굴은 토양을 더 비옥하게 만들어 실제로 더 많은 풀의 성장을 이끌어요.

둘째, 생태계에서의 중요성에 대해 이야기해 보죠. 이것도 타당한 주장이 아니에요. 진실은 프레리 독이 다른 동물들만큼 생태계에 중요하다는 것이죠. 프레리 독들이 만드는 굴은 도롱뇽이나 곤충과 같이 지하에 사는 많은 작은 동물들의 서식지가 될 수 있어요. 게다가, 그들은 여우나 코요테 같은 많은 포식자들의 먹잇감이 됩니다. 알다시피, 비록 그들이 먹이 사슬의 꼭대기에 있지는 않지만, 그들은 여전히 생태계에서 필수적인 역할을 합니다.

마지막으로, 프레리 독은 인간들에게 심각한 건강 위협을 전혀 가하지 않아요. 사실, 프레리 독을 물어뜯는 벼룩은 사람을 물지 않아요. 벼룩은 단순히 사람을 물지 않기 때문에 사람이 프레리 독으로부터 병에 감염되는 것은 매우 드문 일이에요. 연구에 따르면, 콜로라도 주에서는 10명만이 이 전염병으로 진단되었어요. 중요한 것은, 지난 50년 동안 10명 밖에 되지 않았다는 것이죠! 그래서 우리는 실제로 건강에 위협이 되지 않는 프레리 독에 대해 걱정할 필요가 없어요.

Note-taking

읽기 노트

주 제: prairie dogs — should be removed

근거 1: agricultural pests
- main food — grass compete with cattle
- make burrows + eat grass economic damage

근거 2: X significant in ecosystem
- grass-eaters — impact ↓
- meat-eating animals (wolf + bear) — important

근거 3: health threat
- carry disease transmitted to humans
- fleas on prairie dogs — transmitter → infect humans

강의 노트

반 론: prairie dogs — Ok

근거 1: agricultural pests X
- cattle — eat grass X cattle feeds O
- burrows — make soil fertile

근거 2: significant in ecosystem
- burrows — provide habitat for smaller animals
- source of prey for fox + coyote

근거 3: health threat X
- fleas on prairie dogs bite humans X
- only few people infected

통합형 답안 Summary

The lecturer objects to the points mentioned in the reading passage made about prairie dogs. The speaker states that the notions in the passage have flaws.

강의 근거 1 First of all, the speaker argues that these days cattle eat cattle feeds instead of grass. Also, prairie dogs digging burrows make the soil fertile. **읽기 근거 1** This casts doubt on the author's claim that, since prairie dogs compete with cattle for grass, farmers regard them as agricultural pest.

강의 근거 2 Second, the lecturer points out that the burrows prairie dogs make become habitats for small animals and insects. In addition, prairie dogs can be prey for large animals. **읽기 근거 2** This goes against the writer's view that prairie dogs as plant-eating animals do not have a strong impact on the ecosystem compared to meat-eating animals.

강의 근거 3 Finally, the professor contends that fleas on prairie dogs are unlikely to infect people. Also, very few people have been infected with the infectious disease. 읽기 근거 3 This is in direct opposition to the author's assertion that fleas on prairie dogs carry an infectious disease, so they are dangerous to humans.

해석 강의자는 프레리 독에 대해 읽기 지문에 언급된 요점에 반대한다. 화자는 지문의 그 생각들에 결함이 있다고 말한다.

우선, 화자는 요즘 소가 풀 대신 소 사료를 먹는다고 주장한다. 또한, 굴을 파는 프레리 독들은 토양을 비옥하게 만든다. 이것은 프레리 독이 풀을 얻기 위해 소와 경쟁하기 때문에 농부들이 그것들을 농해충으로 여긴다는 저자의 주장에 의문을 제기한다.

둘째로, 강의자는 프레리 독이 만드는 굴이 작은 동물과 곤충의 서식지가 된다고 지적한다. 게다가, 프레리 독은 큰 동물들의 먹이가 될 수 있다. 이는 초식 동물로서 프레리 독은 육식 동물에 비해 생태계에 큰 영향을 미치지 않는다는 작가의 견해와 배치된다.

마지막으로, 그 교수는 프레리 독의 벼룩이 사람을 감염시키지 않을 것 같다고 주장한다. 또한, 그 전염병에 감염된 사람은 거의 없다. 이것은 프레리 독에 있는 벼룩이 전염병을 지니고 있기 때문에 인간에게 위험하다는 저자의 주장에 정면으로 반하는 것이다.

Q2.

리딩 해석 Monte Verde는 칠레 남부의 고고학적 유적지로 아메리카 대륙의 최초의 정착지 중 하나를 증명할 수 있는 귀중한 고고학적 자료로 여겨진다. 현장에서 발견된 유골은 1만4800년 전으로 추정됐지만 실제 날짜는 다소 논란이 되고 있다. 회의론자들은 그 날짜의 정확성에 대해 의문을 제기했다. 그들은 인간이 훨씬 더 늦게 Monte Verde에 정착하기 시작했다고 주장한다.

첫째, 발굴 과정에서 창끝이나 화살촉 같은 석기는 발견되지 않았다. 그러나 14,000년 전의 대부분의 정착지는 사냥 도구를 필요로 하는 수렵 채집 사회였다. 큰 동물들을 사냥할 수 있는 날카로운 도구 없이는 살아남을 수 없었다. 따라서, 비평가들은 사람들이 Monte Verde에 거주했다면, 사냥 도구의 증거가 발견될 필요가 있다고 주장한다.

둘째, 비평가들은 또한 이 고고학적 유적지가 농업에 의해 훼손되었다고 믿는다. Monte Verde 근교의 현 거주자들은 대부분 농부들이다. 토양은 농업 활동에 의해 끊임없이 손상되고 오염되었다. Monte Verde의 유골과 유물이 좀 더 최신의 유물과 유골과 섞여 있었을 것이라는 지적이 나온다. 그래서 고고학자들은 오염의 위험과 일치하지 않는 표본 때문에 유물을 제대로 분석하지 못할 것 같다.

마지막으로, 그 현장에서 끈적끈적하고 검고 액체 석유 형태인 역청의 흔적이 발견되었다. 역청은 정확한 나이를 결정하는 방사성 탄소 연대측정법에 근거한 연대 결정 과정을 방해한다. 단, 역청의 영향을 받는 방사성 탄소의 나이는 표본의 실제 나이보다 항상 더 클 것이다. 그래서, 비평가들은 Monte Verde 유골의 정확성이 설득력이 떨어진다는 주장을 한다.

W archaeological adj. 고고학의   settlement n. 정착지/정착(과정)   skeptic n. 회의론자   raise doubt 의문을 제기하다   dating n. 연대 결정   excavation n. 발굴   inhabit v. 거주하다   artifact n. 인공유물   contaminate v. 오염시키다   inconsistent adj. 일치하지 않는   bitumen n. 역청(도로 포장 등에 쓰이는 시커먼 물질)   radiocarbon n. 방사성 탄소   specimen n. 표본

🔊 MP3 16

강의 스크립트 Dating artifacts in archaeology has always been a controversial issue, but still, the dating at the Monte Verde site is pretty accurate. Let's look at the points in the reading passage.

First, about the argument on hunting tools. It is true that no sharp tools for hunting were found. However, that doesn't mean the inhabitants had nothing to hunt and eat. In fact, the main food source could have been vegetables. Plant remains unearthed from the site include edible seeds, berries and stalks. Moreover, the ancient people probably used simple stones to hunt small animals. In other words, the inhabitants of Monte Verde survived by eating vegetables and small animals, and therefore, they wouldn't have necessarily needed stone tools like spears and arrows.

Second, what about farmers? Farmers did disturb the soil with farming activities, that's true. However, only the layers close to the surface were used for farming activity. The remains in a deeper layer of soil are left untouched. The layer that preserved the remains was not affected by farming. So, farming has little to do with the reliability of the remains in Monte Verde.

Finally, take the bitumen argument. It's true that bitumen can affect a carbon dating method. However, some of the specimens were taken from the areas with no presence of bitumen. Also, radiocarbon dating is not the only dating method which has been used. Other dating methods have been conducted. Even though bitumen would make radiocarbon dating inaccurate, bitumen does not affect other methods used on the remains found in Monte Verde. With other samples and methods used, the dating results seem consistent enough to prove the actual age of the site.

Ⓦ edible adj. 먹을 수 있는   stalk n. 줄기   agricultural adj. 농업의   left untouched 고스란히 그대로 있다   intact adj. 온전한   reliability n. 신뢰도   trace n. 흔적

강의 해석 고고학에서 유물 날짜 측정은 항상 논쟁의 여지가 있는 문제였지만, 그럼에도 불구하고, Monte Verde 유적지의 연대 결정은 꽤 정확해요. 리딩의 요점들을 살펴봅시다.

첫째, 사냥 도구에 대한 논쟁에 대해서 보죠. 사냥을 위한 날카로운 도구가 발견되지 않은 것은 사실입니다. 하지만, 그렇다고 해서 주민들이 사냥할 것과 먹을 것이 없었다는 뜻은 아닙니다. 사실, 주요 식량원은 식물이었을 수도 있어요. 현장에서 발굴된 식물 유적은 식용 씨앗, 딸기, 그리고 줄기들을 포함하고 있어요. 게다가 고대인들은 작은 동물들을 사냥하기 위해 아마도 단순한 돌을 사용했을 수도 있어요. 즉, Monte Verde 거주민들은 채소와 작은 동물을 먹음으로써 살아남았고, 따라서 창이나 화살 같은 석기가 꼭 필요하지는 않았을 거예요.

둘째, 농부들은 어떤가요? 농부들이 농사일로 그 토양을 건드린 것은 사실이에요. 그러나 지표와 가까운 층만 농업을 위해 사용되었죠. 더 깊은 토양 층의 유골은 그대로 있어요. 유골을 보존한 층은 농사의 영향을 받지 않았습니다. 그래서 농업 활동은 Monte Verde에 있는 유골의 신뢰성과는 거의 관계가 없어요.

마지막으로, 역청에 대한 주장을 얘기해보죠. 역청이 탄소 연대 측정법에 영향을 미칠 수 있다는 것은 사실입니다. 그러나 일부 표본은 역청이 없는 지역에서 채취했어요. 또한, 방사성 탄소 연대 측정법만이 사용된 것은 아닙니다. 다른 연대기 측정 방식도 실시되었어요. 비록 역청이 방사성 탄소 연대 측정의 정확성을 떨어뜨리더라도, 역청은 Monte Verde에서 발견된 유골에 사용된 다른 방법에는 영향을 미치지 않았습니다. 다른 샘플과 방법들을 사용했기 때문에, 그 연대 측정 결과는 그 장소의 실제 나이를 증명할 만큼 충분히 일관적인 것 같아요.

Note-taking

읽기 노트

주 제: Monte Verde — settle much later

근거 1: stone tools X
- hunter-gatherer required hunting tools

근거 2: farming → damage the site
- farmers soil contaminated
- remains — mixed with more recent artifacts

근거 3: bitumen
- radiocarbon dating — accurate X
- bitumen — greater than the actual age

강의 노트

반 론: Monte Verde — Ok

근거 1: without stone tools — survived
- main food — vegetables
- simple stones → small animals

- 근거 2: farming — x affect
  - farming — deep layer of remains x touch
- 근거 3: bitumen — OK
  - some specimens — no bitumen
  - other dating methods used

통합형 답안 Summary

The lecturer objects to the points mentioned in the reading passage made about Monte Verde. The speaker states that the notions in the passage have flaws.

강의 근거 1 First of all, the speaker argues that, perhaps, the ancient people in Monte Verde lived on vegetables. Also, at that time, they hunted small animals with simple stones. **읽기 근거 1** This casts doubt on the author's claim that hunter-gatherer societies required hunting tools, but stone tools for hunting were not found in Monte Verde.

강의 근거 2 Second, the lecturer points out that farmers have damaged the layers close to the surface only. Deeper layers where the remains were found have not been affected by agricultural activity. **읽기 근거 2** This goes against the writer's view that the soil where the remains and artifacts are buried is damaged by farming activity.

강의 근거 3 Finally, the professor contends that some specimens collected in the site were not affected by bitumen. Also, not only radiocarbon dating but also other dating methods were used to date the remains. **읽기 근거 3** This is in direct opposition to the author's assertion that bitumen was found in Monte Verde, so it probably affected a carbon dating method negatively.

해석 강의자는 Monte Verde에 대한 읽기 지문에 언급된 요점에 반대한다. 화자는 지문의 그 생각들에 결함이 있다고 말한다.

우선, 화자는 Monte Verde의 고대 사람들이 아마도 채소를 먹고 살았다고 주장한다. 또한 당시 그들은 단순한 돌로 작은 동물들을 사냥했다. 이것은 수렵 채집 사회가 사냥도구를 필요로 하지만, 사냥을 위한 석기는 Monte Verde에서 발견되지 않았다는 저자의 주장에 의문을 제기한다.

둘째, 농민들이 지표면과 가까운 층에만 피해를 입혔다고 강의자는 지적한다. 유골이 발견된 더 깊은 층은 농사 활동의 영향을 받지 않았다. 이는 유골과 유물이 묻혀 있는 토양이 농업 활동에 의해 훼손된다는 작가의 견해와 배치된다.

마지막으로, 그 교수는 현장에서 수집된 일부 표본이 역청의 영향을 받지 않았다고 주장한다. 또한, 방사성 탄소 연대 측정법뿐만 아니라 다른 측정 방법들도 유골의 연대를 위해 사용되었다. 이것은 Monte Verde에서 역청이 발견되어 탄소 연대 측정법에 부정적인 영향을 미쳤을 것이라는 저자의 주장에 정면으로 반하는 것이다.

Q3.

리딩 해석 해양 생물을 증진하기 위해 사람이 만든 수중 구조물인 인공 암초는 현재 별다른 특색 없는 해저면에 해양 다양성을 증진하기 위해 사용되고 있다. 퇴역 어선, 타이어, 콘크리트 블록 그리고 기타 인공물들을 사용해 해양 생물들의 주거지, 은신처 그리고 교미 장소를 만들어 내는 것이 가능하다. 인공 암초를 조성하는 것은 여러 가지 측면에서 이롭다.

첫째, 인공 암초가 해양 생물을 증진할 가능성이 더 높아진다. 해양 생물학자들은 일부 종의 물고기가 선호하는 특정한 물건들을 배치하여 전반적인 해양 생태계를 통제할 수 있다. 작은 구멍과 틈을 필요로 하는 종은 선호하는 구조물이 가라 앉을 경우, 포식자로부터 숨거나 그들 자신을 보호하는 장소로 사용할 수 있다. 물고기들이 모이고 번식할 수 있는 장소를 더 많이 갖게 되기 때문에 인공 암초는 일부 물고기 종의 숫자를 늘릴 수 있다.

또한, 인공 암초는 지역 관광산업에 여러 가지 이점을 가져다 줄 수 있다. 지방정부들이 자연 암초로부터 떨어진 선택된 지역에 지자체 소유의 인공 암초를 설치할 수 있다. 그 정부들은 낚시 관광객에게 특정 지역을 할당함으로써, 과도한 낚시를 관리하고 방지할 수 있다. 관광객들은 정부가 지원해주는 투어 보트로 이동한 지역에서 많은 고기를 낚을 수 있다고 확신할 수 있다.

마지막으로, 인공 암초는 육지 쓰레기의 재활용을 돕는다. 인공 암초 생성에 사용되는 오래된 타이어와 같은 많은 인공물들은 이러한 용도로 활용되지 않으면 매립지에 매장되어야 하는 매우 커다란 물체들이다. 인공 암초로 사용되는 물체의 구성은 환경 피해를 방지하기 위해 부패하지 않는 성분이어야 한다. 결과적으로 자재가 매립지에서 썩지 않기 때문에 인공 암초를 만드는 것은 거대한 쓰레기를 처분하는 아주 효과적인 방법이다.

W artificial reef n. 인공 암초　underwater adj. 수중의　promote v. 촉진하다　marine life n. 해양 생물　diversity n. 다양성　featureless adj. 특색 없는　mating n. 짝짓기　decommissioned adj. 퇴역한　marine biologist n. 해양 생물학자　favorable to ... ~에 호의적인　ecosystem n. 생태계　crevice n. 틈　reproduce v. 번식하다　select adj. 엄선된　overfishing n. (어류) 남획　allot v. 할당하다　recycling n. 재활용　unwanted adj. 원치 않는　landfill n. 쓰레기 매립지　composition n. 구성 (요소)　anti-corrosive adj. 부식을 막는　decay v./n. 부패(하다)　dispose of v. ~을 처리하다

🔊 **MP3 17**

강의 스크립트 Sure, artificial reefs sound very beneficial, but are these reefs really as good as they seem? Let's take a closer look at the points made in the reading to discuss the serious dangers associated with artificial reefs.

First, artificial reefs do not increase overall fish populations but have a negative effect on marine life. This is because artificial reefs attract fish from somewhere else so fishermen can catch more fish near artificial reefs. The fish that live near artificial reefs are more likely to have a hard time reproducing. When fishermen catch more species near artificial reefs, these reefs decrease the number of fish. Now, I wouldn't say that this is improving marine life.

Second, tourism in artificial reefs should not be allowed. If only governments know the exact location of artificial reefs, this might pose a threat to the safety of tourists and local people. The boats can easily be damaged when hitting artificial reefs made in shallow waters. Besides, we need to think about divers who explore artificial reefs. When fishermen accidently cast a net, it can be dangerous to the divers. These divers can easily drown when they are caught in fishing nets.

Third, using large waste for artificial reefs can be a very dangerous environmental threat. Even though the structures of artificial reefs are large and heavy, they often cannot withstand the forces of nature like strong storms. An example of this is an artificial reef made with old tires, tropical storms can destroy the artificial reef and push the tires to the coastline. When this happens, the moving tires will collide with nearby fish habitat and the government will have to spend thousands of dollars to clean the tires that washed up on the coastline. Therefore, the large waste should be in landfills rather than in the ocean.

W pose a threat 위협이 되다　shallow adj.얕은　diver n. 잠수부　drown v. 익사하다　withstand v. 견디다　coastline n. 해안선　collide v. 충돌하다

강의 해석 물론, 인공 암초는 매우 유익하게 들리지만, 이 암초들은 정말 보기만큼 좋은 것일까요? 인공 암초와 관련된 심각한 위험에 대해 논의하기 위해 리딩 지문에서 언급된 사항들을 자세히 살펴봅시다.

첫째로, 인공 암초는 전체 어류의 개체수를 증가시키지 않고 해양 생물에 부정적인 영향을 줄 수 있어요. 왜냐하면 인공 암초는 다른 곳에서 물고기를 끌어들이기 때문에 어부들이 근처에서 더 많은 물고기를 잡을 수 있죠. 인공 암초 근처에 사는 물고기는 번식하기가 더 어려울 거예요. 어부들이 인공 암초 근처에서 더 많은 물고기 종을 잡으면, 이 암초들은 물고기의 수를 감소시킵니다. 자, 저는 이것이 해양 생물을 향상시키고 있다고 말하지 않을 것입니다.

둘째, 인공 암초의 관광이 허용되어서는 안 됩니다. 정부만 인공 암초의 정확한 위치를 알고 있다면 이는 관광객과 지역 주민들의 안전에 위협이 될 수 있어요. 얕은 물에 만들어진 인공 암초에 부딪히면 그 배들은 쉽게 손상될 수 있어요. 게다가, 우리는 인공 암초를 탐험하는 다이버들에 대해 생각할 필요가 있어요. 어부들이 우연히 그물을 던지면 잠수부들에게 위험할 수 있죠. 이 잠수부들은 어망에 걸리면 쉽게 익사할 수 있어요.

셋째, 인공 암초에 큰 쓰레기를 사용하는 것은 매우 위험한 환경 위협이 될 수 있어요. 인공 암초의 구조는 크고 무겁지만 강한 폭풍처럼 자연의 힘을 견디지 못하는 경우가 많아요. 이것의 한 예는 오래된 타이어로 만들어진 인공 암초인데, 열대성 폭풍은 인공 암초를 파괴하고 타이어를 해안선까지 밀어 넣을 수 있어요. 이렇게 되면 움직이는 타이어는 인근 어류의 서식지와 충돌하게 되고 정부는 해안선에 떠밀려온 타이어를 청소

하는 데 수십만 달러를 써야 할 것이죠. 그러므로, 큰 쓰레기는 바다보다는 매립지에 있어야 합니다.

> **Note-taking**

읽기 노트

주 제: artificial reef — advantageous
근거 1: improve marine life
- favorable to fish
- more places to gather + reproduce increase populations

근거 2: benefits to local tourism
- local gov — create private reef
- overfishing — manage + prevent
- tourists — enough fish to catch

근거 3: recycle large waste
- artificial reefs (tires) — otherwise in landfill
- anti-corrosive material

강의 노트

반 론: artificial reef — bad
근거 1: marine life — negative
- catch more fish — decreases fish

근거 2: benefits to local tourism — x
- threat to safety of the tourist + locals
- boats — can be damaged
- divers — caught in nets → drown

근거 3: recycle large waste — negative
- withstand storms x
- moving tire — destroy habitat
- spend money to clean

통합형 답안 Summary

The lecturer objects to the points mentioned in the reading passage made about artificial reefs. The speaker states that the notions in the passage have flaws.

강의 근거 1 First of all, the speaker argues that, since artificial reefs attract many fish, fishermen can catch more fish there. However, this will decrease the number of fish in the sea. **읽기 근거 1** This casts doubt on the author's claim that artificial reefs are more likely to improve marine life because fish have more places to gather and reproduce.

강의 근거 2 Second, the lecturer points out that artificial reefs are dangerous to locals and tourists because their boats can collide with the reefs. Besides, divers can be harmed by fishing nets. **읽기 근거 2** This goes against the writer's view that artificial reefs are beneficial to local tourism because tourists can catch enough fish near the reefs made by local governments.

강의 근거 3 Finally, the professor contends that the tires used to make artificial reefs are moved by storms and these tires can damage the habitat of marine life. Also, the government should spend a lot of money cleaning the tires in the coastline. 읽기 근거 3 ▶ This is in direct opposition to the author's assertion that building artificial reefs can help recycle large waste like tires.

해석 강의자는 인공 암초에 대해 읽기 지문에 언급된 요점에 반대한다. 화자는 지문의 그 생각들에 결함이 있다고 말한다.

우선, 화자는 인공 암초가 많은 물고기를 유인하기 때문에 그곳에서 어부들이 더 많은 물고기를 잡을 수 있다고 주장한다. 하지만 이것은 바닷속 물고기의 수를 감소시킬 것이다. 이는 물고기가 더 많이 모여 번식할 곳이 많아 인공 암초가 해양생물을 향상시킬 가능성이 높다는 저자의 주장에 의문을 던진다.

둘째로, 강의자는 인공 암초는 그들의 배가 암초와 충돌할 수 있기 때문에 지역민과 관광객들에게 위험하다고 지적한다. 게다가 잠수부들은 어망에 의해 피해를 입을 수 있다. 이는 관광객들이 지방자치단체에서 만든 암초 근처에서 충분한 양의 물고기를 잡을 수 있기 때문에 인공 암초가 지역 관광에 이롭다는 작가의 견해와 배치된다.

마지막으로, 교수는 인공 암초를 만드는 데 사용되는 타이어는 폭풍에 의해 움직이며, 이러한 타이어는 해양 생물들의 서식지를 손상시킬 수 있다고 주장한다. 또한, 정부는 해안선의 타이어를 청소하는 데 많은 돈을 써야 한다. 이것은 인공 암초를 건설하는 것이 타이어처럼 큰 쓰레기를 재활용하는 데 도움이 될 수 있다는 저자의 주장에 정면으로 반하는 것이다.

Q4.

리딩 해석 선사 시대에는 초식 공룡을 포함한 거대한 곤충과 동물들이 존재했었다. 모든 선사 시대 동물들이 그렇게 거대했던 것은 아니지만, 여전히 많은 동물들이 실제로 거대했던 것 같다. 오늘날, 많은 과학자들은 왜 많은 선사 시대의 동물과 곤충들이 과거에 큰 몸을 가지고 있었는지 알아내려고 노력한다. 전문가들 중 일부는 이에 대한 세 가지 가능한 이유가 있다고 주장한다.

우선, 과거에 더 높은 산소 농도가 있었고 이것은 선사 시대 생물들의 몸집을 크게 만들었다. 화석 기록은 석탄기의 거대한 곤충과 절지동물의 놀라운 기록을 보존해 왔다. 이 기간 동안 지구의 산소 농도는 현재보다 최대 50%나 높았고, 오늘날 산소가 대기의 21%를 차지하고 있는 것과 비교해서 31%를 차지하고 있었다. 그리고 이것은 생물들의 큰 크기에 기여했다.

두 번째 요점은 풍부한 식물이 식량원으로써 동물들의 성장에 도움이 되었다는 것이다. 과거에는, 오늘날과 비교해 공간 당 음식의 양이 현저히 많았다. 모든 사람들이 알고 있듯이, 식량 자원은 모든 생물의 성장과 크기와 밀접한 관련이 있다. 당시만 해도 이 땅의 인구밀도가 높지 않았고 포유류와 곤충은 굶주림 걱정 없이 계속 살아갈 수 있었다. 이것이 그들을 더 크게 성장하게 만들었을지도 모른다.

마지막으로, 선사 시대의 생명체를 크게 만든 가장 큰 이유 중 하나는 오늘날보다 따뜻한 기후 때문이다. 따뜻하고 적당한 날씨에서 동물들은 새로운 식량 자원을 찾기 위해 여러 곳을 돌아다닐 수 있었을 것이다. 게다가 일정한 양의 햇빛이 몸 안의 세포를 활성화시켰음에 틀림없기 때문에 동물들은 오늘날의 동물들보다 더 크게 자랐다.

Ⓦ **prehistoric** adj. 선사 시대의　**gigantic** adj. 거대한　**spectacular** adj. 극적인　**arthropods** n. 절지동물들　**the Carboniferous** n. 석탄기　**oxygen** n. 산소　**modest** adj. 보통의　**plentiful** adj. 풍부한　**densely** adv. 밀집하여　**hunger** n. 배고픔　**activate** v. 활성화시키다

🔊 **MP3 18**

강의 스크립트 You have so far read three factors that made prehistoric creatures large. However, now I want to show you why the reading is flawed. Those three factors do not contribute to the large body size of animals.

To begin with, the theory about oxygen is wrong. According to current research on the oxygen level in the past, in the prehistoric age, the oxygen level then was actually lower than it is now because there were not enough oxygen suppliers like flowers and trees. Besides, researchers have not proven the relationship between the high oxygen level and the growth of prehistoric creatures, so it is hard to say that oxygen affected the size of prehistoric animals.

Second, as for nourishment, it is true that there were plenty of plants in the prehistoric age. However, most of them did not have proper nutrients for the animals. Back then, the nutrients included in most prehistoric plants were rather unrelated to the growth of animals. Therefore, it is evident that prehistoric animals would have had difficulty finding food. Perhaps, only a few specific species of plants provided nutrients available for the animals and this rather caused the limited food supply and lack of nutrition.

Finally, the warm climate was actually a disadvantage for prehistoric creatures. The reason for this is that the animals would have needed to cool off their large bodies. Under high temperatures, it was difficult for animals to breathe and move, so they would have had to control body temperature. Besides, hot and warm climates may have led them to exhaustion and required more energy to continue their lives. Thus, the warm climate didn't contribute to the large body of animals.

ⓦ suppliers n. 공급자   nourishment n. 영양(분)   plenty of 많은   unrelated adj. 관련 없는   cool off 식히다

강의 해석 여러분은 지금까지 선사 시대의 생명체를 크게 만든 세 가지 요인을 읽었어요. 하지만, 이제 저는 왜 그 리딩에 결함이 있는지 여러분에게 보여주고 싶어요. 그 세 가지 요인은 동물의 몸집이 큰 것에 기여하지 않아요.

우선, 산소에 대한 이론은 틀렸어요. 과거의 산소 농도에 대한 최근 연구에 따르면, 선사 시대에는 꽃이나 나무와 같은 산소 공급자가 충분하지 않았기 때문에, 그 당시 산소 농도는 실제로 지금보다 낮았어요. 게다가 연구원들이 선사 시대 생물들의 높은 산소 수준과 성장 사이의 관계를 입증하지 못했기 때문에 산소가 선사 시대 동물의 크기에 영향을 미쳤다고 보기는 어려워요.

둘째, 영양분에 대해서는 선사 시대에 식물이 풍부했던 것이 사실이에요. 하지만, 그것들 대부분은 동물들에게 적절한 영양분을 가지고 있지 않았어요. 그 당시 대부분의 선사 시대 식물에 포함된 영양소는 오히려 동물의 성장과 무관했거든요. 따라서 선사 시대 동물들이 먹이를 찾는 데 어려움을 겪었을 것이 분명해요. 아마도, 몇몇 특정한 종의 식물들만이 동물들에게 가능한 영양분을 공급했고 이것은 오히려 제한된 식량 공급과 영양 부족을 야기했을 것입니다.

마지막으로, 따뜻한 기후는 사실 선사 시대 생물들에게 불리했어요. 그 이유는 동물들이 그들의 큰 몸을 식힐 필요가 있었기 때문이죠. 고온에서는 동물들이 숨쉬고 움직이기 어려웠기 때문에 체온을 조절해야 했어요. 게다가, 덥고 따뜻한 기후가 그들을 지치게 만들었고 그들의 삶을 지속하기 위해 더 많은 에너지를 필요로 했을지도 몰라요. 따라서, 따뜻한 기후는 동물의 큰 몸에 기여하지 않았어요.

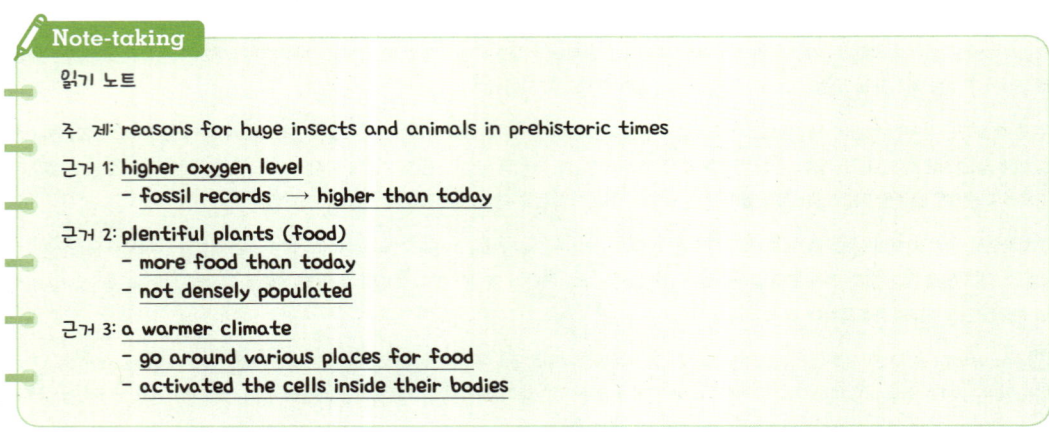

Note-taking

읽기 노트

주 제: reasons for huge insects and animals in prehistoric times

근거 1: higher oxygen level
- fossil records → higher than today

근거 2: plentiful plants (food)
- more food than today
- not densely populated

근거 3: a warmer climate
- go around various places for food
- activated the cells inside their bodies

강의 노트

반 론: Reading — wrong

근거 1: oxygen — X
- O_2: past < now
- O_2 provider ↓
- O_2 — growth → X proven

근거 2: plentiful plants (food) — X
- most → nutrients ↓
- only specific plants → nutrients

근거 3: a warmer climate → bad
- need to cool off
- Warm → exhaustion

통합형 답안 Summary

> The lecturer objects to the points mentioned in the reading passage made about huge insects and animals in prehistoric times. The speaker states that the notions in the passage have flaws.
>
> **강의 근거 1** First of all, the speaker argues that the oxygen level was lower than today because oxygen producers were not sufficient. Also, the relationship between oxygen and prehistoric animals' growth has not been proven. **읽기 근거 1** This casts doubt on the author's claim that more oxygen is the first reason why large species appeared in the prehistoric age.
>
> **강의 근거 2** Second, the lecturer points out that most plants at that time did not provide enough nutrients for the animals. Probably, only a small number of plant species gave them nutrients for their growth. **읽기 근거 2** This goes against the writer's view that there were more plants as food for the prehistoric creatures' growth.
>
> **강의 근거 3** Finally, the professor contends that prehistoric animals had to lower their body temperature to breathe comfortably. Hot weather caused them to be exhausted and to consume more energy. **읽기 근거 3** This is in direct opposition to the author's assertion that warm weather was helpful for the growth of prehistoric creatures.

해석 강의자는 선사 시대 커다란 곤충들과 동물들에 대해 쓴 읽기 지문에 언급된 요점을 반대한다. 화자는 지문의 그 생각들에 결함이 있다고 말한다.

우선 화자는 산소 생산량이 부족했기 때문에 산소 농도가 지금보다 낮았다고 주장한다. 또한 산소와 선사 시대 동물의 성장의 관계는 증명되지 않았다. 이는 더 많은 산소가 선사 시대에 대형 종들이 출현한 첫 번째 이유라는 저자의 주장에 의문을 던진다.

둘째, 강의자는 당시 대부분의 식물이 동물들에게 충분한 영양분을 공급하지 못했다고 지적한다. 아마도 단지 소수의 식물들만 그들의 성장을 위해 영양분을 공급했을 것이다. 이것은 선사 시대 생물들의 성장을 위한 먹이로서 더 많은 식물이 있었다는 작가의 견해와 배치된다.

마지막으로, 교수는 선사 시대 동물들이 편안하게 숨쉬기 위해서는 체온을 낮춰야 했다고 주장한다. 더운 날씨는 그들을 지치게 하고 더 많은 에너지를 소비하게 했다. 이는 따뜻한 날씨가 선사 시대 생물들의 성장에 도움이 되었다는 저자의 주장에 정면으로 반하는 것이다.

Q5.

리딩 해석 페니키아는 기원전 1550년부터 300년까지 존재했던 고대 문명으로 지중해 연안에 중심을 정하고 있었다. 페니키아인들은 유능한 선원이었고 그들의 배를 이용하여 거대한 무역 시스템을 만들었다. 그리스 역사학자에 따르면 이 위대한 선원들은 홍해를 시작으로 이집트 왕 네코 2세의 요청으로 아프리카를 일주하고 지중해로 돌아왔다. 하지만 많은 연구자들은 이것을 근거 없는 믿음이라 생각하고 페니키아 사람들이 실제로 아프리카를 일주했을 리가 없다고 말한다.

첫째, 페니키아 선박에 사용된 기술은 아프리카를 일주할 만큼 발달하지 못했다. 당시 페니키아 선박은 대부분 사람의 힘으로 움직이는 소형 항해선이었기 때문에 아프리카 먼 남쪽 끝인 희망봉을 지나다가 혹독한 조류와 폭풍우를 견뎌낼 수 없었을 것이다.

둘째, 이집트인들은 페니키아인들이 아프리카를 일주하는 것으로 알려진 시기에 지중해를 홍해와 연결하는 운하를 건설하기 시작했다. 이는 지중해에 직접 진입할 수 있는 물길을 건설하는 작업이 진행 중이었다는 것을 의미한다. 따라서 네코 2세는 페니키아인들에게 아프리카 대륙을 일주하도록 요구할 필요가 없었다. 운하의 건설을 생각하면 아프리카 대륙을 횡단하는 항해는 실질적인 목적이 없었다.

마지막으로, 페니키아인들은 선원으로서의 신뢰도를 높이기 위해 아프리카를 일주하는 이야기를 만들어냈을 것이다. 그 당시, 그들은 훌륭한 해상 무역상이었고 그들은 다른 지중해 국가들의 선원으로서 큰 명성을 얻고 싶었을 것이다. 이들의 재산 대부분이 해상 무역에 집중된 것으로 볼 때 페니키아인들이 뱃사람으로서 신뢰도를 높이기 위해 여행 이야기를 조작했을 가능성이 크다.

W ancient civilization 고대 문명 Mediterranean adj. 지중해의 competent adj. 능숙한 sailor n. 선원 myth n. 신화 circumnavigate v. 일주를 하다 advanced adj. 선진의 man-powered adj. 인력에 의한 sailing vessel n. 범선 maritime adj. 바다의 expedition n. 탐험 canal n. 수로 underway adj. 진행 중인 sea trade n. 해상무역 reputation n. 명성 wealth n. 재력 fabricate v. 날조하다 increase one's credibility ~의 신뢰성을 높이다

🔊 MP3 19

강의 스크립트 The points in the reading certainly make it seem as if Greek historians are wrong but the arguments of the reading are unconvincing. I am sure that Phoenicians circumnavigated the African continent.

First, about the ship technology, it is true that Phoenician ships were very simple and not really advanced. However, this does not mean that they could not have made the journey around Africa. Recently, a British explorer recreated the journey by using the same materials and design Phoenicians had. The British explorer successfully circumnavigated Africa only with the technology available to Phoenicians. Even though the ship was somewhat damaged due to harsh conditions, it still managed to make the same journey.

Second, as for the canal, it's true that Egyptians started to build a canal. However, due to technological problems, the king failed to construct the canal. The canal was completed long after the period when Phoenicians would have traveled around Africa. Since the canal was not completely built, sailing around Africa would have seemed important and practical to the Egyptian King, Necho II. Therefore, he would have asked Phoenicians to find another way to travel from the Red Sea to the Mediterranean.

Finally, Phoenicians did not fabricate the story. This is because Phoenician records show the different motions of the sun in the northern hemisphere and southern hemisphere. In fact, in the northern hemisphere, we see the sun moving southward. On the other hand, in the southern hemisphere, we see the sun moving northward. According to the records, while Phoenicians were traveling in the southern tip of Africa, they saw the sun moving northward. This fact was very difficult to create for the ancient people who lived in the northern hemisphere only. Therefore, the presence of the records proves that the Phoenician expedition was true.

W seem as if ~인 것처럼 보이다 unconvincing adj. 설득력이 없는 journey n. 여정 explorer n. 탐험가 lead v. ~를 인도하다 technology n. 기술 harsh condition 열악한 조건 manage to 간신히 ~을 하다 practical adj. 현실적인 hemisphere n. (지구의) 반구 northward adv. 북쪽으로

강의 해석 리딩에서의 요점은 그리스 역사가들이 틀린 것처럼 보이게 하지만 그 비평가들의 주장은 설득력이 없어요. 나는 페니키아인들이 아프리카 대륙을 일주했다고 확신해요.

첫째, 선박 기술과 관련해서, 페니키아 선박이 매우 단순하고 그다지 발전되지는 않았다는 것은 사실이에요. 하지만, 이것이 그들이 아프리카를 여행할 수 없었다는 것을 의미하지는 않아요. 최근 한 영국 탐험가가 페니키아인들이 가지고 있던 것과 동일한 재료와 디자인을 사용하여 이 여정을 재현했어요. 영국 탐험가는 페니키아인들이 이용할 수 있는 기술로 아프리카를 성공적으로 일주했죠. 비록 그 배는 혹독한 조건 때문에 다소 파손되었지만, 그래도 같은 항해를 할 수 있었어요.

둘째, 운하에 대해서 말하자면, 이집트인들이 운하를 건설하기 시작한 것이 사실이에요. 그러나 기술적인 문제로 왕은 운하를 건설하는 데 실패했어요. 이 운하는 페니키아인들이 아프리카를 여행했을 시기 이후에 완성되었어요. 운하가 완전히 건설되지 않았기 때문에, 아프리카를 항해하는 것은 이집트의 왕인 네코 2세에게 중요하고 실용적인 것처럼 보였을 수 있어요. 따라서 그는 페니키아인들에게 홍해에서 지중해까지 여행할 수 있는 다른 방법을 찾아 달라고 부탁했을 거예요.

마지막으로, 페니키아 사람들은 그 이야기를 조작하지 않았어요. 페니키아 기록에는 북반구와 남반구에서 태양의 다른 움직임이 나타나기 때문이죠. 사실, 북반구에서는 우리가 태양이 남쪽 방향으로 이동하는 것을 봅니다. 반면에, 남반구에서는 우리가 태양이 북쪽 방향으로 움직이는 것을 보죠. 기록에 따르면 페니키아인들이 아프리카 남단을 여행하는 동안 그들은 태양이 북쪽 방향으로 이동하는 것을 보았습니다. 이 사실은 북반구에만 살았던 그 고대인들이 지어내기에 매우 어려웠죠. 그러므로, 기록의 존재는 페니키아 원정이 사실이었음을 증명합니다.

Note-taking

읽기 노트

주 제: Phoenicians — sailed around Africa ✗

근거 1: technology of ship — advanced ✗
  - small man-powered survived ✗

근거 2: building a canal underway
- did not need to ask

근거 3: creating a story
- to increase their credibility as sailors

강의 노트

반론: Reading — wrong

근거 1: technology of ship — X problem
- explorer — recreated journey → successfully circumnavigated

근거 2: reading — X
- canal — X complete b/c tech problems
- need another way — travel by ship

근거 3: reading — X
- the records → sun — moved northward (seen only in southern part)
- expedition — true

통합형 답안 Summary

The lecturer objects to the points mentioned in the reading passage made about Phoenicia (또는 the Phoenician journey). The speaker states that the notions in the passage have flaws.

강의 근거 1 First of all, the speaker says that the claim about the technology used in Phoenician ships is wrong. Recently, a British explorer successfully circumnavigated Africa only with the technology used in Phoenician ships. **읽기 근거 1** This casts doubt on the author's claim that the technology of Phoenician ships was not develop enough to circumnavigate Africa.

강의 근거 2 Second, the lecturer points out that the assertion regarding a canal is mistaken. The construction of the canal was not finished during the time when the Phoenicians circumnavigated Africa because of technological issues. Thus, the king needed to order Phoenicians to circumnavigate Africa. **읽기 근거 2** This goes against the writer's view that, since Egyptians started building a canal to link the Mediterranean to the Red Sea, the Egyptian king did not need to request the Phoenicians to circumnavigate Africa.

강의 근거 3 Finally, the professor contends that the opinion concerning creating the story is flawed. The Phoenician records show the sun's different motion in the southern hemisphere. Therefore, the records indicate that they actually sailed around Africa. **읽기 근거 3** This is in direct opposition to the author's assertion that Phoenicians were more likely to fabricate the story of circumnavigating the African continent to increase their credibility as sailors.

해석 강의자는 페니키아(또는 페니키아의 여정)에 대해 쓴 읽기 지문에 언급된 요점에 반대한다. 호·자는 지문의 그 생각들에 결함이 있다고 말한다.

우선, 화자는 페니키아 선박에 사용된 기술에 대한 주장은 잘못된 것이라고 말한다. 최근 영국 탐험가가 페니키아 선박에 사용되는 기술로 아프리카를 성공적으로 일주했다. 이것은 페니키아 선박의 기술이 아프리카를 일주할 만큼 충분히 발달하지 않았다는 저자의 주장에 의문을 던진다.

둘째, 강의자는 운하에 관한 주장이 잘못되었다고 지적한다. 페니키아인들이 아프리카를 일주했던 시기에는 기술적인 문제로 운하 건설이 끝나지 않았다. 그래서 왕은 페니키아인들에게 아프리카를 일주하도록 명령할 필요가 있었다. 이는 이집트인들이 지중해를 홍해와 연결하기 위해 운하를 건설하기 시작했기 때문에 이집트 왕은 페니키아인들에게 아프리카를 일주하도록 요청할 필요가 없었다는 작가의 견해와 배치된다.

마지막으로, 교수는 이야기를 만들어 낸 것에 관한 의견은 결함이 있다고 주장한다. 페니키아 기록들은 남반구에서 태양의 다른 움직임을 보여준다. 따라서, 이 기록은 그들이 실제로 아프리카를 항해했다는 것을 보여준다. 이는 페니키아인들이 뱃사람으로의 신뢰도를 높이기 위해 아프리카 대륙을 일주했다는 이야기를 더 조작했을 가능성이 높다는 저자의 주장과 정면으로 배치된다.

Q6.

리딩 해석 라스코 동굴 벽화는 프랑스 남서부 지역에 위치한 유명한 동굴 벽화의 모음이다. 이 예술은 기원전 17,000년에서 15,000년 사이인 것으로 연대를 추정한다. 그것들은 동물들과 사람의 이미지로 구성되어 있다. 이 그림들은 그 지역에 살았던 수렵채집인들에 의해 만들어졌을 가능성이 크다. 또한 많은 전문가들은 이 라스코 동굴 벽화가 수렵채집인들의 성공적인 사냥을 보장하기 위해 만들어졌다고 믿고 있다.

우선, 이 그림들은 나무와 산을 보여주지는 않지만, 소와 들소 같은 전형적인 수렵채집인들이 표적으로 삼은 큰 동물들을 주로 묘사하고 있다. 많은 연구자들은 벽에 이 동물들의 그림을 그림으로써, 수렵채집인들은 그들이 동물들을 잡는 데 더 큰 성공을 거둘 것이라고 믿었을지도 모른다고 말한다. 따라서, 이 그림들은 성공적인 사냥을 위한 일종의 의식과 종교적인 믿음의 역할을 했을지도 모른다.

두 번째 이론은 그림 속의 사람은 동물의 머리를 하고 있기 때문에 사냥을 하는 것처럼 보인다는 것이다. 사냥할 때 동물에게 들키지 않기 위한 사냥 전략이다. 이 그림은 선사 시대의 수렵채집인들이 사용했던 가능한 사냥 전략을 보여준다. 만약 그렇다면, 사냥꾼들을 벽에 그리는 것도 더 성공적인 사냥을 가져온다고 믿었을 것이다.

마지막으로, 선사 시대의 대표적인 프랑스 학자들 중 한 명은 수렵채집인들이 라스코의 석기시대 예술이 성공적인 사냥을 위한 마법의 힘을 가지고 있다고 믿었다고 주장한다. 그 당시, 선사 시대 예술가들은 동물에 대한 소묘와 그림을 만들어 마법에 걸린 동물들을 만들려고 했고, 그래서 그들은 동물에 대한 지배를 얻을 수 있다고 믿었다. 즉, 상처 입은 동물의 동굴 그림을 그린 사람들은 이런 종류의 상상 속의 사냥 장면이 실제로 일어나기를 바랐던 것이다.

W date v. 연대를 추정하다　ensure v. 보장하다　target v. ~를 목표로 삼다　serve as ~의 역할을 하다　presumably adv. 짐작건데　strategy n. 전략　hunter-gatherers n. 수렵채집인　a sort of 일종의　ritual adj. 의식상의　detect v. 발견하다　Stone Age 석기시대　dominance n. 지배　wounded adj. 상처 난　scene n. 장면

🔊 MP3 20

강의 스크립트 Hello, class. Today's topic is the Lascaux cave paintings of France. Unfortunately, they are currently closed off to visitors due to the damage from carbon dioxide and mold. Well, in any case, the reading talks about how people believe that the cave paintings were believed to bring successful hunting. I personally believe that the reading's views are flawed. Let me explain.

First, let's talk about game in the paintings. The cave art images show some animals that were not hunted as well as animals that were hunted. For example, in the cave paintings, small animals that prehistoric humans did not hunt such as cats were drawn. Besides, reindeer, animals they often hunted, were not painted at all. This shows that the cave paintings were not created solely for successful hunt.

Second, as for a human wearing animal head and a hunting strategy, the human in the paintings does not seem to be hunting at all. He appears to be sleeping and seems not interested in hunting. Also, researchers haven't figured out the exact purpose of wearing the animal head. Also, there are many images like swimming horses that have no obvious link to hunting. For all we know the cave paintings could have been for something not related to hunting.

Lastly, about the magic of the cave images. It is highly unlikely that the prehistoric people believed the paintings had magical power. This is because, according to some research, the prehistoric humans may have thought that their ancestors were once animals. Thus, they may have painted the animal images in the cave as a ceremony to communicate with their ancestors. My point is that the Lascaux cave paintings could have been used for another ritual and religious purpose, not just for hunting.

W close off 차단시키다　mold n. 곰팡이　game n. 사냥감　solely adv. 오로지　reindeer n. 순록　exact adj. 정확한　obvious adj. 분명한　ancestor n. 조상

강의 해석 안녕하세요. 오늘의 주제는 프랑스의 라스코 동굴벽화입니다. 안타깝게도, 지금은 이산화탄소와 곰팡이에 의한 피해로 인해 방문객들이 접근하지 못하게 막고 있어요. 어쨌든, 읽기 지문은 어떻게 사람들이 동굴 벽화가 사냥을 성공시킨다고 믿는지에 대해 이야기하고 있어요. 저는 개인적으로 읽기 지문의 견해에 결함이 있다고 생각해요. 제가 설명할게요.

우선 그림 속의 사냥감에 대해 이야기 해보죠. 동굴 예술 그림은 사냥을 당했던 동물들뿐만 아니라 사냥되지 않은 동물들도 보여주고 있어요. 예를 들어, 동굴 벽화에는 고양이처럼 선사 시대 인간이 사냥하지 않은 작은 동물들이 그려져 있죠. 게다가 그들이 자주 사냥했던 동물인 순록은 전혀 그려져 있지 않아요. 이것은 동굴 벽화가 단지 성공적인 사냥을 위해 만들어진 것이 아님을 보여주죠.

둘째로, 동물의 머리를 쓰고 사냥하는 전략에 대해서 말하자면, 그림 속의 그 인간은 전혀 사냥하는 것처럼 보이지 않아요. 그는 자고 있는 것 같고 사냥에는 관심이 없는 것 같아요. 또한, 연구원들은 이 동물의 머리를 쓰는 정확한 목적을 파악하지 못했어요. 또한, 수영하는 말과 같이 사냥과 분명한 연관성이 없는 많은 이미지들이 있어요. 우리가 아는 모든 것은 동굴 벽화가 사냥과 관련이 없는 무언가를 위한 것일 수도 있다는 점이죠.

마지막으로, 동굴 이미지의 마법에 대해서 보죠. 선사 시대 사람들은 이 그림들이 마법의 힘을 가지고 있다고 믿었을 가능성은 거의 없어요. 왜냐하면 어떤 연구에 따르면 선사 시대 인간들은 그들의 조상이 한때 동물이라고 생각했을지도 모르기 때문이에요. 따라서 그들은 조상들과 소통하기 위한 의식으로 동굴 안에 있는 동물상을 그렸을지도 모릅니다. 제 요점은 라스코 동굴 벽화가 사냥에만 사용되는 것이 아니라 또 다른 의식적이고 종교적인 목적으로 사용될 수도 있었다는 것입니다.

Note-taking

읽기 노트

주 제: Lascaux cave paining — successful hunting

근거 1: **depict targeted animals**
    - cattle, bison

근거 2: **seem to hunt — wearing animal head**
    - hunting strategy

근거 3: **magical power**
    - dominance over animals
    - make imagined hunting scene happen

강의 노트

반 론: Reading — wrong

근거 1: reading — X
    - cats — X hunted → painted
    - reindeer — hunted → X painted

근거 2: reading — X
    - X hunt — sleeping
    - the purpose of animal head — X known
    - images — X related to hunting (swimming horses)

근거 3: reading — X
    - prehistoric people → ancestors = animals
    - painting → communicate with ancestors

통합형 답안 Summary

> The lecturer objects to the points mentioned in the reading passage made about the Lascaux cave paintings. The speaker states that the notions in the passage have flaws.
>
> **강의 근거 1** First of all, the speaker says that the claim about large animals is wrong. Some animals not hunted like cats were painted, whereas targeted animals for hunting like reindeer were not drawn. **읽기 근거 1** This casts doubt on the author's claim that the cave images usually describe the large animals that were hunted by hunter-gatherers.
>
> **강의 근거 2** Second, the lecturer points out that the assertion regarding wearing an animal head is mistaken. The human in the paintings appears to be sleeping not hunting and the purpose of wearing an animal head is not known. Besides, some images such as swimming horses are not related to hunting. **읽기 근거 2** This goes against the writer's view that, since there is a human image of wearing an animal head, this shows that the cave paintings were drawn for the purpose of successful hunting.
>
> **강의 근거 3** Finally, the professor contends that the opinion concerning magical power is flawed. The prehistoric artists drew the animal paintings in order to communicate with their ancestors because they believed that their forebears were animals. **읽기 근거 3** This is in direct opposition to the author's assertion that the paintings have magical power to dominate animals and make hunting successful.

해석 강의자는 라스코 동굴벽화에 대해 쓴 읽기 지문에 언급된 요점에 반대한다. 화자는 지문의 그 생각들에 결함이 있다고 말한다.

우선, 화자는 큰 동물에 대한 주장이 틀렸다고 말한다. 고양이처럼 사냥을 하지 않은 동물도 그려져 있는 반면 순록처럼 사냥을 목적으로 하는 동물도 그려져 있지 않았다. 이것은 동굴의 이미지가 보통 수렵채집인들에 의해 사냥된 큰 동물들을 묘사하고 있다는 저자의 주장에 의문을 제기한다.

둘째, 동물 머리 착용에 관한 주장은 잘못된 것이라고 강의자는 지적한다. 그림 속의 인간은 사냥을 하지 않고 자고 있는 것으로 보이며 동물의 머리를 착용한 목적은 알려지지 않았다. 게다가 수영하는 말과 같은 어떤 이미지들은 사냥과는 관련이 없다. 이것은 동물의 머리를 쓰는 인간의 모습이 있기 때문에, 이것은 동굴이 성공적인 사냥을 목적으로 그림을 그렸다는 것을 보여준다는 작가의 견해와 배치된다.

마지막으로, 교수는 마법의 힘에 관한 의견은 결함이 있다고 주장한다. 선사 시대 예술가들은 그들의 조상들이 동물이라고 믿었기 때문에 그들의 조상들과 의사소통하기 위해 동물 그림을 그렸다. 이는 그림이 동물을 지배하고 사냥을 성공시키는 마법의 힘을 가지고 있다는 작가의 주장과 정면으로 배치된다.

Q7.

리딩 해석 조류 생물 연료라고도 불리는 조류 연료는 조류를 재배하고 가공함으로써 만들어진다. 이 에너지원은 화석 연료로 만들어진 디젤 연료의 대안으로 많은 환경론자들에 의해 지지를 받아왔다. 물에서 자라는 조류를 이용하는 이 방법은 대체 연료를 만드는 데 사용될 수 있다. 그러나 많은 사람들은 그 에너지원과 그 유용성에 대해 회의적이다.

첫째, 생물 연료를 만들기 위해 상당한 양의 조류를 재배하는 것은 농업 활동을 위한 엄청난 양의 물과 땅을 낭비할 것이다. 대부분의 조류 농장은 조류를 재배하기 위해 인공 수원이 만들어지는 열린 연못 시스템에 의존한다. 이것은 많은 땅을 차지했을 뿐만 아니라 1리터의 연료를 생산하는 데 필요한 3,000리터의 물도 차지한다. 대규모로 조류 연료로 전환하려면 우리 지역과 물을 농사에 많이 사용해야 한다.

둘째로, 조류 바이오 연료의 생산은 매우 비싸다. 조류를 배양하고 정제하는 데 사용되는 장비는 신기술에 의존하고 있는데, 이것은 제조에 많은 비용이 든다. 경작지와 정제 공장을 설치하려면 에너지 회사와 정부의 상당한 초기 투자가 필요할 것이다. 따라서, 높은 초기 자본과 불확실한 연료 가격 때문에 에너지를 위한 조류를 재배하는 것은 너무 위험하다.

마지막으로, 조류 연료는 환경에 부정적인 영향을 미친다. 조류의 생산과 조류 바이오 연료의 사용 모두 대기에 많은 양의 이산화탄소를 배출하기 때문이다. 조류 성장을 위한 비료 생산 과정에서 석유가 사용되고 이산화탄소 배출물이 방사된다. 게다가, 조류 연료는 연료를 위해 연소될 때 이산화탄소를 배출한다. 따라서, 조류 연료는 기존의 연료보다 환경적인 이점이 없으며, 오히려 대기 오염과 지구 온난화를 악화시킬 수 있다.

W cultivate v. 재배하다 algae n. 조류 advocate v. 옹호하다 environmentalist n. 환경 운동가 usefulness n. 유용성

water reserve n. 저수지   refine v. 정제하다   rely on ~에 의존하다   costly adj. 많은 비용이 드는   manufacture v. 제조하다   initial investment 초기 투자   risky 위험한   capital n./adj. 자본(의)   emit v. 방사하다, 내뿜다

MP3 21

강의 스크립트 Cultivating algae to create biofuels is an excellent alternative to the current method which relies on extracting fossil fuels. Although you have just read three reasons about why algal fuel is not a good alternative to conventional fossil fuels, none of the points in the reading are convincing.

First, cultivating algae does not waste water and land. This is because algae can be cultivated in harsh environments. Unlike most plants, algae farms can grow in barren soil and dirty water which are not unsuitable for growing crops. In other words, land does not become an issue because algae can be cultivated in infertile land that would be otherwise considered useless. The water used to cultivate algae can be wastewater. So, growing algae will not waste any water or land.

Second, the cost associated with algae farming and refineries is not a problem. It is true that the initial cost of implementing algae cultivation for the purpose of making biofuels is high. However, algae grows very quickly. Let's compare with conventional crops like corn. It can be harvested only once or twice a year. But, algae can be produced in several weeks, which means harvesting algae more than 20 times in a year. So, producing algal biofuel will actually be more cost-effective than using conventional fossil fuels.

Finally, producing algae is good for the environment. It can be used to reduce overall carbon-dioxide emissions, so algae farms can be located near factories that release high amounts of carbon-dioxide. Algae will reduce CO_2 emissions by absorbing excessive carbon dioxide and proceeding photosynthesis. Recent studies have shown that a large algae-based farm can decrease 80% of the carbon-dioxide emitted from a power plant. So, algae fuel production does not increase carbon emissions polluting the environment, but it prevents carbon dioxide from entering the atmosphere.

extract v. 추출하다   unsuitable adj. 적합하지 않은   infertile adj. 불모의   implement v. 이행하다   cost-effective adj. 비용 효율이 높은

강의 해석 생물 연료를 만들기 위해 조류를 재배하는 것은 화석연료 추출에 의존하는 현재의 방법에 대한 훌륭한 대안이에요. 여러분은 왜 조류 연료가 전통적인 화석 연료에 대한 좋은 대안이 되지 않는지에 대한 세 가지 이유를 방금 읽었지만, 그 중 어느 것도 설득력이 없어요.

첫째, 조류를 재배하는 것은 물과 땅을 낭비하지 않아요. 조류는 혹독한 환경에서도 재배될 수 있기 때문이죠. 대부분의 식물과 달리, 조류 농장은 메마른 토양과 농작물을 재배하기에 적합하지 않은 더러운 물에서 자랄 수 있어요. 즉, 땅(지역)이 쓸모 없다고 여겨질 척박한 땅에서 조류가 재배될 수 있기 때문에 문제가 되지 않아요. 조류를 재배하는 데 사용되는 물은 폐수가 될 수 있어요. 그래서, 조류를 기르는 것은 물이나 땅을 낭비하지 않을 것이죠.

둘째, 조류 재배와 정제 관련된 비용은 문제가 되지 않아요. 생물 연료를 만들기 위한 조류 재배 시행에 초기 비용이 높은 것은 사실입니다. 하지만, 조류는 매우 빨리 자랍니다. 옥수수 같은 전통적인 작물과 비교해보죠. 그것은 1년에 한두 번 밖에 수확할 수 없어요. 하지만 조류는 몇 주 안에 생산될 수 있는데, 이는 1년에 20번 이상 조류를 수확한다는 것을 의미하죠. 그래서, 조류 생물 연료를 생산하는 것은 기존의 화석 연료를 사용하는 것보다 사실상 더 비용 효율적일 거예요.

마지막으로, 조류를 생산하는 것은 환경에 좋아요. 그것은 전체 이산화탄소 배출량을 줄이기 위해 사용될 수 있어요. 그래서 조류 농장은 다량의 이산화탄소를 배출하는 공장 근처에 위치할 수 있어요. 조류는 과도한 이산화탄소를 흡수하고 광합성을 진행함으로써 이산화탄소 배출량을 줄일 거예요. 최근 연구들은 조류에 기반을 둔 대규모 농장이 발전소에서 배출되는 이산화탄소의 80%를 감소시킬 수 있다는 것을 보여주었어요. 그래서 조류의 연료 생산은 환경을 오염시키는 탄소배출량을 증가시키는 것이 아니라 이산화탄소가 대기로 유입되는 것을 막아주죠.

Note-taking

읽기 노트

주 제: algae fuel — usefulness X

근거 1: wastes water + land
- require lot

근거 2: production — expensive
- expensive equipment — new tech
- costly to manufacture

근거 3: the environment — negative
- growth → CO_2 ↑
- burn fuel → CO_2 ↑

강의 노트

반 론: Reading — wrong

근거 1: reading — X
- grow in infertile soil + dirty water
- land for crop → OK

근거 2: reading — X
- algae grow fast > crop (corn)
- produce ↑ → cost effective

근거 3: reading — X
- reduce CO_2 near factories

통합형 답안 Summary

The lecturer objects to the points mentioned in the reading passage made about algae fuel. The speaker states that the notions in the passage have flaws.

강의 근거 1 First of all, the speaker says that the claim about water and land is wrong. **Algae can be cultivated in infertile soil and waste water. Thus, growing algae will not take up a lot of land water or land for farming.** **읽기 근거 1** This casts doubt on the author's claim that cultivating algae to make biodiesel would waste a great amount of water and land for farming crops.

강의 근거 2 Second, the lecturer points out that the assertion regarding cost is mistaken. **Compared to crops, algae can grow and can be harvested more quickly than crops. Therefore, cultivating algae can be a good investment.** **읽기 근거 2** This goes against the writer's view that, since the equipment used to cultivate algae is very expensive, the production of algal biofuel costs a lot.

강의 근거 3 Finally, the professor contends that the opinion concerning the environment is flawed. **Algae can reduce carbon-emissions, so algae farms can be placed near factories.** **읽기 근거 3** This is in direct opposition to the author's assertion that cultivating algae and burning algal fuel emit carbon dioxide into the atmosphere, which is harmful to the environment.

해석 강의자는 조류 연료에 대해 쓴 읽기 지문에 언급된 요점에 반대한다. 화자는 지문의 그 생각들에 결함이 있다고 말한다.

우선, 화자는 물과 땅에 대한 주장이 틀렸다고 말한다. 조류는 척박한 토양과 폐수에서 재배될 수 있다. 따라서, 조류를 재배하는 것은 농업을 위한 많은 육지 물이나 땅을 차지하지 못할 것이다. 이것은 바이오 디젤을 만들기 위해 조류를 재배하는 것이 농작물에 엄청난 양의 물과 땅을 낭비할 것이라는 저자의 주장에 의문을 제기한다.

둘째, 강의자는 비용에 관한 주장이 잘못되었다고 지적한다. 작물에 비해 조류는 빠르게 자랄 수 있고 농작물보다 더 빨리 수확할 수 있다. 그러므로 조류를 재배하는 것은 좋은 투자가 될 수 있다. 이것은 조류를 재배하는 데 사용되는 장비가 매우 비싸기 때문에, 조류 생물 연료의 생산에 많은 비용이 든다는 작가의 견해와 배치된다.

마지막으로, 그 교수는 환경에 관한 의견에는 결함이 있다고 주장한다. 조류는 탄소배출량을 줄일 수 있기 때문에 공장 근처에 조류 농장을 둘 수 있다. 이는 조류를 재배하고 조류 연료를 태우면 대기 중으로 이산화탄소를 배출해 환경에 해롭다는 저자의 주장과 정면으로 배치되는 것이다.

Independent Task — Chapter 2. 본론 쓰기 전략 −5가지 Storyline−

Storyline 1 / 취업 (job)

Writing Exercise

01_ 만약 그들이 관심 있는 과목들에 집중하면, 전문성을 키우게 될 것이다.
If they focus on the courses that they are interested in, they will develop expertise.

02_ 만약 그들이 관심 있는 분야에만 집중하면, 전문성을 키우게 될 것이다.
It they focus on the field that they are interested in, they will develop expertise.

03_ 만약 그들이 다양한 예술작품들을 감상하면, 그들은 타 문화 이해력을 키울 것이다.
If they appreciate(watch) various artworks, they will develop cultural competence.

04_ 만약 아이들이 결정하기 위해 혼자 정보를 찾고 그것을 분석하면, 그들은 문제 해결 능력을 키울 것이다.
If children search for information and analyze it (in order) to make a decision by themselves, they will develop problem-solving skills.

05_ 만약 학생들이 스스로 계획하고 그것을 실행하면, 그들은 독립심을 키울 것이다.
If students make a plan and execute it by themselves, they will develop independence.

06_ 만약 아이들이 다른 사람들에게 도움을 요청하고 그들과 소통한다면, 그들은 사회성을 발전시킬 것이다.
If children ask others for help and interact with them, they will develop social skills.

07_ 만약 아이들이 시행착오와 함께 해결방법을 알아낸다면, 그들은 문제 해결 능력을 키울 것이다.
If children figure out a solution along with trial and error, they will develop problem-solving skills.

08_ 만약 그들이 자신의 의견을 내 보고 타인을 설득하는 연습을 하면, 그들은 토론 능력을 키울 것이다.
If they practice giving their opinions and persuading others, they will develop discussion skills.

09_ 그 게임들 속 어려움들을 이겨내며, 그들은 문제 해결 능력을 향상시킬 것이다.
By overcoming the challenges in the games, they will improve problem-solving abilities.

10_ 애완동물에게 먹이를 주고, 목욕시키고, 산책시킴으로써, 그들은 책임감을 키울 것이다.
By feeding, bathing, and walking a pet, they will develop a sense of responsibility.

11_ 숙제와 집안일을 함께 함으로써, 그들은 시간 관리 능력을 키울 것이다.
By doing homework and household chores together, they will develop time-management skills.

12_ 다른 직업과 성격을 가진 사람들과 교류함으로써, 그들은 사회성을 키울 것이다.
By interacting and socializing with those who have different jobs and personalities, they will develop social skills.

13_ 만약 그들이 한 번에 여러 가지 것들을 하면, 그들은 다중 처리 능력을 키울 것이다.
If they do different things at once, they will develop multi-tasking skills.

14_ 만약 그들이 주기적으로 방을 치우면, 그들은 정리하는 능력을 키울 것이다.
If they tidy up a room regularly, they will develop organizational skills.

15_ 만약 학생들이 농구나 야구 같은 team sports를 즐기면, 그들은 협동심을 키우게 될 것이다.
If students enjoy team sports such as basketball or baseball, they will develop cooperative skills.

16_ 학교에서 만날 수 없는 사람들과 교류함으로써, 그들은 사회성을 발달시킬 것이다.
By interacting with people whom they cannot meet in school, they will develop social skills.

17_ 다양한 문화를 직접 접함으로써, 우리는 타 문화 이해력을 키울 것이다.
By experiencing diverse cultures in person, we will develop cultural competence.

18_ 만약 우리가 항상 솔직하면, 다른 사람들이 우리를 신뢰할 것이다. 그래서, 우리는 그들과 잘 교류할 수 있고 사회성을 키울 것이다.
If we are always honest, other people will trust us. Therefore, we can interact well with them and develop social skills.

19_ 친구들과 놀면서, 아이들은 그들과 의견을 공유하고 협동하므로 그들은 사회성과 협동심을 키울 것이다.
By playing with friends, children share ideas and cooperate with them, so they will develop social and cooperative skills.

20_ 일반적으로, 재미있는 사람은 친구가 많아서 그 또는 그녀와 어울리며 우리는 사회성을 키울 것이다.
Generally, a humorous person has many friends, so by socializing with him or her, we will develop social skills.

21_ 남들과 다르게 생각하고 행동하면서, 우리는 창의성을 키울 것이다.
By thinking and doing differently from others, we will develop creativity.

22_ 부모님과 주기적으로 식사하면서, 우리는 예의와 매너를 배운다.
By having a meal regularly with parents, we learn politeness and manners.

Storyline 2 / 건강 (health)

Writing Exercise

01_ 학생들은 더 많은 과제를 하고 더 많은 시험에 대비해야 한다는 것에 부담을 느낄 것이다.
Students would feel(be) pressured to do more homework and prepare for more exams.

02_ 만약 우리가 많은 직업 경험을 하면, 평생 직업을 선택할 때 우리는 혼란을 느낄 것이다.
If we have many job experiences, we would feel(be) confused when selecting a lifelong job.

03_ 만약 학생들이 학교 시설을 운영하는 것에 강제로 참여한다면, 그들은 학교생활에 불만족을 느낄 것이다.
If students are forced to participate in managing school facilities, they will be unhappy at school.

04_ 아이들은 이미 필수과목들 때문에 바빠서, 음악과 미술 수업의 과제들이 그들을 지치게 만들 것이다.
Children are already busy for mandatory subjects, so the assignments of music and art classes will make them tired(exhausted).

05_ 만약 아이들이 중요한 결정들을 혼자 할 경우, 그들은 결과에 대한 확신이 없을 것이고 불안할 것이다.
If children make an important decision alone, they will be uncertain about(will not be sure of) the result and anxious.

06_ 만약 그들이 다른 의견들을 가지면, 그들은 그룹안에서 갈등에 직면할 것이다.
If they have different opinions, they will face conflicts in a group.

07_ 그들은 매일 학교가는 것에 부담을 느끼고, 교우와의 치열한 경쟁과 갈등에 직면할 것이다.
They would feel pressured to go to school everyday, and face severe competition and conflicts with classmates.

08_ 만약 부모들이 학습방식에 대한 다른 의견들을 가지면, 부모와 자식들 사이에 갈등이 발생할 것이다.
If parents have different opinions about learning styles, conflicts between parents and children will arise.

09_ 조부모들은 손주들의 상황을 잘 이해하지 못할 것이므로, 그들은 손주들에게 유용한 조언을 할 가능성이 낮다.
Grandparents will not understand their grandchildren's situations well, so they are less likely to give the grandchildren useful advice.

10_ 아이들은 이미 학업 때문에 바빠서, 그들은 애완동물에게 먹이를 주고, 씻기고, 산책시키는 것에 부담을 느낄 것이다.
Children are already busy with schoolwork, so they would feel pressured to feed, bath, and walk a pet.

11_ 학생들은 잠 부족과 traffic jam으로부터 고통을 겪을 것이다.
Children will suffer from a lack of sleep and traffic jam.

12_ 만약 학생들이 관심 없는 책들을 강제로 읽게 되면 그들은 그 책들을 읽는 것에 부담을 느끼게 될 것이다. 비록 그들의 선생님이 그 책들을 선택했다 하더라도.
If students are forced to read books that they are not interested in, they will be pressured to read the books, even though their teachers chose them.

13_ 책이 너무 많기 때문에, 학생들이 선생님 도움없이 좋은 책을 고르는 것에 어려움을 겪을 것이다.
Since there are so many books, students will have difficulty selecting good books without their teachers' help.

14_ 만약 학생들이 동생에게 시달리면 학생들은 매우 지칠 것이다.
If students are harassed by their young sibling, they will be very exhausted.

15_ 만약 선생님들이 구식 수업자료 및 수업방식을 사용한다면, 그들의 학생들은 학교생활에 불만족할 것이다.
If teachers use outdated class materials and teaching methods, their students will be unhappy at school.

16_ 선생님들은 불안할 것이고 학생들의 성적을 올려야 한다는 압박을 느낄 것이다.
Teachers would be anxious(unstable) and pressured to raise students' grades.

17_ 만약 교수들이 학생들 및 수업에 거의 신경 쓰지 않으면 교육의 질이 떨어지게 되어서, 학생들은 학교 생활에 불만을 가지게 될 것이다.
If professors pay little attention to their students and classes, the quality of education will decrease, so the students will be unhappy at school.

18_ 만약 학교 시설들이 너무 오래되면, 학생들은 불편할 것이고 학교 생활에 불만족할 것이다.
If school facilities are too old, students will be inconvenient and unhappy at school.

19_ 적은 월급을 받는 사람들은 집세 및 생활비 때문에 불안할 것이다.
People with low salaries would be anxious due to rent fees and the cost of living.

20_ 만약 학생들이 미래를 위한 계획과 목표가 없다면, 그들은 불안할 것이다.
If students have no plans and goals for the future, they will be anxious.

21_ 만약 학생들이 공부할 수 있는 장소가 너무 적으면, 그들은 학교생활에 불만을 느낄 것이다.
If students have only a few places to study, they will be unhappy at school.

22_ 유니폼이 없으면, 사람들은 매일 무엇을 입을지 걱정한다.
Without uniforms, people worry about what to wear every day.

23_ 만약 사람들이 솔직하지 않으면, 인간관계에서 갈등을 피할 수 없을 것이다.
If people are not honest, conflicts in relationships will be unavoidable.

24_ 만약 사람들이 의료비 지불하는 것에 부담을 가지면, 그들은 불안한 삶을 살 것이다.
If people are pressured to pay medical expenses, they will live an unstable life.

25_ 만약 정부가 환경에 거의 신경 쓰지 않으면, 사람들은 오염으로 고통받게 될 것이다.
If the government pays little attention to the environment, people will suffer from pollution.

26_ 만약 리더가 멤버들의 얘기를 듣지 않으면, 이 멤버들은 불만족하고 그 리더에게 실망하게 될 것이다.
If a leader does not listen to his or her members, these members will be unhappy and disappointed in the leader.

27_ 만약 리더가 자신의 실수를 인정하지 않으면, 그 멤버들은 불만족하고 그 리더에게 실망하게 될 것이다.
If a leader does not admit his or her mistake, the members will be unhappy and disappointed in the leader.

28_ 만약 리더가 결정할 때 지나치게 신중하면, 그 멤버들은 목표와 계획이 없어서 불안할 것이다.
If a leader is too careful in decision making, the members will be anxious without no goals and plans.

29_ 충분한 돈을 벌지 않으면, 사람들은 상당한 임대료 부담과 높은 생활비에 직면할 가능성이 더 높다.
Without earning enough money, people are more likely to face considerable rent burden and the high cost of living.

30_ 만약 교사들이 최신 지식 없이 강의를 한다면, 그들은 학생들의 관심을 끄는 데 어려움을 겪을 것이다.
If teachers give lectures without updated knowledge, they will have a hard time drawing students' attention.

31_ 그들의 평가들은 정확하고 상세할 가능성이 떨어지는데, 왜냐하면 그들이 그 모든 수업들을 듣는 것이 아니라 한 두 번 수업을 관찰하기 때문이다.
Their assessments are less likely to be accurate and detailed because they do not take all the classes but monitor the class once or twice.

32_ 그 평가받은 교사는 그 결과들에 불만족할 것이고 심지어 그것들에 대해 항의할 것이다.
The evaluated teacher will be unhappy with the results and even make complaints about them.

Storyline 3 / 시야 (perspective)

Writing Exercise

01_ 시민들은 이전에 몰랐던 다른 아이디어와 생각들에 노출될 수 있다, 왜냐하면 우주개발이 과학, 의학, 교육 등 다양한 분야에 영향을 주기 때문에
Citizens(the people) can be exposed to different ideas and thoughts that they have never known before because the space development affects various fields such as science, medical science, and education.

02_ 과거와 달리 정보 기술 발전 덕분에, 요즘 사람들은 많은 새로운 정보와 지식에 노출될 수 있다.
Unlike the past, people these days can be exposed to a lot of new information and knowledge thanks to the development of information technology.

03_ 과거와 달리, 요즘 아이들은 컴퓨터, TV, 스마트폰을 통해 이전에 몰랐던 다양한 아이디어나 생각에 스스로 노출될 수 있다.
Unlike the past, children these days can be exposed to different ideas and thoughts that they have never known before by themselves through a computer, TV, and smartphone.

04_ 내가 고등학교 다닐 때, 나는 필수 과목뿐 아니라 프랑스어 수업도 들었다.
When I was in high school, I took not only mandatory classes but also a French class.

05_ 그 이유는, 그 수업이 프랑스 사람의 삶, 유명한 장소들, 전통공연들을 다루었기 때문이다.
This was because the class dealt with French people's lives, famous places, and traditional performances.

06_ 작년에 그래픽 디자이너인 누나가 암벽 등반을 배웠다.
Last year, my sister, a graphic designer, learned rock climbing.

07_ 그 이유는, 그녀가 한국 다른 지역 출신의 새로운 사람들과 의견을 공유하고 함께 등산을 했기 때문이다.
This was because she shared opinions with new people from different regions in Korea and climbed mountains together.

08_ 내가 대학교 다닐 때, 나는 식당, 컴퓨터 가게, 백화점에서 아르바이트를 해 봤다.
When I was in college, I did part-time jobs at a restaurant, a computer store, and a department store.

09_ 그 이유는, 내가 한국 다른 지역 출신의 새로운 사람들과 의견을 공유하고 함께 일 했기 때문이다.
This was because I shared opinions with new people from different regions in Korea and worked together.

10_ 나는 고등학교 때, 미술 수업을 들었다.
When I was in high school, I took an art class.

11_ 그 이유는, 내가 프랑스 그림이나 조각들을 보고 그것에 대한 설명을 들었기 때문이다.
This was because I saw French paintings and sculptures, and listened to the explanations about them.

12_ 나는 고등학교 때, Facebook을 통해 프랑스 사람들과 소통했다.
When I was in high school, I interacted with French people through Facebook.

13_ 그 이유는, 내가 프랑스 사람들과 사진, 동영상, 관련정보를 그 소셜 미디어를 통해서 공유했기 때문이다.
This was because I shared photos, video clips, and the relevant information with French people through the social media.

14_ 나는 대학교 때, 여름방학 동안 프랑스로 여행 갔다.
When I was in college, I traveled to France during summer vacation.

15_ 그 이유는, 내가 지역 주민들과 얘기하고, 국립박물관도 가고, 전통공연을 봤기 때문이다.
This was because I talked with the local people, visited national museums, and watched traditional performances.

16_ 나는 대학교 때, 프랑스어 수업을 교양과목으로 방학 동안 들었다.
When I was in college, I took a French class as an elective course during summer vacation.

17_ 나는 고등학교 때, 시골에서 도시로 이사했다.
When I was in high school, I moved from the country to a city.

18_ 그 이유는, 내가 한국 다른 지역 출신의 새로운 친구들과 의견을 공유하고 함께 공부했기 때문이다.
This was because I shared opinions with new friends from different regions in Korea and studied together.

19_ 나는 고등학교 때, 종종 Nasa website에 방문했다.
When I was in high school, I often visited the NASA website.

20_ 그 결과, 내가 우주비행사들의 식사, 취미, 일과 같은 우주에서의 삶에 대한 다양한 것들을 이해하고 알게 되었다.
As a result, I understood and learned about a variety of things about living in space such as astronauts' meals, hobbies, and jobs.

21_ 그 이유는, 그 웹사이트가 관련 사진들, 짧은 영상들, 및 글들을 제공했기 때문이다.
This was because the website provided the relevant photos, video clips, and articles.

22_ 나는 대학교 때, 프랑스 출신의 친구들과 종종 시간을 보냈다.
When I was in college, I often spent time with French friends.

23_ 그 이유는, 내가 그들과 의견을 공유하고 점심 먹고 영화를 봤기 때문이다.
This was because I shared opinions, had lunch, and watched movies with them.

24_ 나는 대학교 때, 종종 교내 큰 파티에 참여했었다.
When I was in college, I often participated in a large party on campus.

25_ 그 이유는, 내가 한국 다른 지역 출신의 새로운 사람들과 얘기하고 함께 파티음식을 즐겼기 때문이다.
This was because I talked with new people from different regions in Korea and enjoyed party foods together.

26_ 나는 웹사이트들을 방문하고 프랑스 문화와 관련된 앱들을 사용하기 위해 스마트폰을 종종 사용했다.
I often used a smartphone to visit the websites and use the apps related to French cultures.

27_ 그 이유는, 그 웹사이트들과 앱들이 프랑스 사람들의 생활, 유명한 장소, 전통 음식들을 보여주었기 때문이다.
This was because the websites and apps showed French people's lives, famous places, and traditional dishes.

28_ 만약 내가 스마트폰을 사용하지 않았다면 나는 그 나라에 대한 이해가 부족했을 것이다.
If I had not used the smartphone, I would have had a lack of understanding of the country.

29_ 나는 고등학교 때, 처음으로 프랑스로 여행을 갔다.
When I was in high school, I took a trip to France for the first time.

30_ 만약 내가 프랑스로 여행가지 않았다면, 나는 그 나라에 대한 이해가 부족했을 것이다.
If I had not traveled to France, I would have had a lack of understanding of the country.

31_ 그 이유는, 내가 한국의 다른 지역들에 사는 인터넷 사용자들과 얘기하고 내 의견을 공유했기 때문이다.
This was because I talked and shared my opinions with Internet users who lived in different regions in Korea.

32_ 인터넷이 없었더라면, 나는 이 사회에 대한 이해가 부족했을 것이다.
Had it not been for the Internet, I would have had a lack of understanding of this society.

Storyline 4 / 동기부여 (motivation)

Writing Exercise

01_ 다양한 것을 경험함으로써, 학생들은 그들이 진짜로 하고 싶은 것을 깨닫고 영감을 얻을 것이다.
By having diverse experiences, students will realize what they really want to do and get an inspiration.

02_ 재교육을 통해서, 선생님들은 새로운 지식을 습득하고 교육을 위한 영감을 찾을 것이다.
Through a retraining, teachers will obtain new knowledge and find an inspiration for education.

03_ 우주에 대한 새로운 경험들을 하고 지식을 얻으면서, 사람들은 영감을 얻을 것이다.
By having new experiences and obtaining knowledge about space, people will get an inspiration.

04_ 더 쉽게 예술 작품들을 즐기며, 시민들은 삶을 위한 영감을 찾을 것이다.
By enjoying artworks more easily, citizens will find an inspiration for life.

05_ 그룹 내에서 다양한 아이디어를 공유함으로써, 그들은 영감과 혁신적인 아이디어들을 얻을 것이다.
By sharing ideas in a group, they will get an inspiration and an innovative idea.

06_ 결정(과정)에 참여함으로써, 그들이 소속감을 가지게 되고 그룹에서 필요한 존재라고 느낄 것이다.
By participating in decision making, they would have a sense of belonging and feel needed in a group (team).

07_ 멤버들은 그 리더를 좀 더 신뢰하고 존경할 것이다. 이런 점이 촉진제가 되어 그들이 스스로 발전하도록 동기부여 한다.
Members will trust and respect the leader more. This can be a facilitator which motivates them to improve themselves.

08_ 만약 리더가 빠르게 결정하면 멤버들이 분명한 목표와 계획을 세우게 된다.
If a leader makes a decision fast, the members will set a clear goal and make a plan.

09_ 학생들은 본인 스스로를 다른 사람들과 비교하게 될 것이고, 만약 누군가가 자신들보다 나으면 학생들은 경쟁심을 느낄 것이다.
Students will compare themselves to others, and if someone is better than them, they will feel competitive.

10_ 그들은 그들의 손주들에게 다양한 경험들과 지혜로부터 오는 현명한 조언을 해줄 수 있다.
They can give grandchildren wise advice coming from various experiences and wisdoms.

11_ 집안일을 끝내면서, 아이들은 성취감을 느끼고 가족 안에서 필요한 존재라는 것을 느끼게 될 것이다.
As finishing household work, children would feel a sense of achievement and feel needed in the family. (feel they are part of the family)

12_ 충분한 잠을 자는 것이 아이들을 좀 더 energetic 하게 만들어 준다.
Getting enough sleep makes children more energetic. 또는 Getting enough sleep gives children more energy.

13_ 동생을 돌보며 아이들은 성취감을 느끼고 가족 안에서 필요한 존재라고 느낄 것이다.
As caring for a younger sibling, children would feel a sense of achievement and feel like they are part of the family.

14_ 성과급이 선생님들 사이에 경쟁을 만들 것이다.
Merit pay will create competition between(among) teachers.

15_ 만약 교수들이 가르치는 것에 좀 더 신경 쓰면, 강의와 수업자료들이 좀 더 효과적일 것이고, 학생들은 학업에 흥미를 가질 것이다.
If professors pay more attention to teaching, their lectures and class materials will be more effective, and their students will have interest in learning.

16_ 더 나은 교육 시설은 학습 효율과 학생들의 학업에 대한 흥미를 높여준다.
Better educational facilities increase learning efficiency and students' interest in learning.

17_ 대학생들은 고마움을 느낄 것이고 아르바이트보다 공부하는 것에 좀 더 집중할 수 있을 것이다.
College students would feel thankful and be able to focus more on their studies than a part time job.

18_ 시민들은 질병 및 의료비에 대한 걱정을 안 해도 되고 삶에 안정감을 느끼게 된다.
Citizens do not have to worry about diseases and medical expenses, and they would feel stable in life.

19_ 국민들은 공해 및 질병에 대한 걱정을 안 해도 되고 삶에 안정감을 느끼게 된다.
The people do not have to worry about pollution and diseases, and they would feel stable in life.

20_ 시민들은 범죄에 대한 걱정을 안 해도 되고 삶에 안정감을 느끼게 된다.
Citizens do not have to worry about crimes, and they would feel stable in life.

21_ 만약 국가가 더 많은 집을 짓고, 충분한 food를 공급하고, 많은 일자리를 창출한다면, 시민들은 삶에 있어서 안정될 것이다.
If the government builds more houses, offer enough food, and create many job opportunities, citizens will become stable in life.

22_ 선의의 거짓말이 친구가 용기를 가지게 할 것이다.
White lies will make a friend encouraged.

23_ 목표를 달성할 더 높은 가능성 때문에, 우리는 좀 더 자신감을 느끼게 될 것이다.
We would feel confident because of higher possibility of reaching a goal.

24_ 높은 봉급이 우리가 강한 성취감을 느끼게 하고 우리의 생활수준을 높여준다.
High salaries make us feel a strong sense of achievement and increase our standard of living.

25_ 새로운 기술들의 기능들이 우리가 좀 더 편리하게 공부나 일을 할 수 있게 한다.
The functions of new technologies allow us to study or work more conveniently.

26_ 그가 컴퓨터 회사뿐만 아니라 박물관에서 아르바이트 한 이래로, 그는 조금씩 변했다.
Since he did a part-time job not only in a computer company but also in a museum, he has changed little by little.

27_ 그가 교내식당을 관리하는 것에 관여한 이래로, 그는 조금씩 변했다.
Since he got involved in managing the cafeteria (on campus), he has changed little by little.

28_ 그가 방과 후 관심있는 컴퓨터 프로그래밍을 배운 이래로,
Since he learned (computer) programming that he was interested in after school,

29_ 그가 political science와 economics 같은 토론식 수업을 들은 이래로,
Since he took discussion classes such as political science and economics

30_ 그가 30년간 선생님이었던 할아버지의 조언을 들은 이래로,
Since he got advice from our grandfather who had taught for 30 years (또는 had been a teacher for 30 years),

31_ 그가 욕실 청소와 빨래 같은 집안일을 한 이래로,
Since he did household chores such as cleaning a bathroom and doing laundry,

32_ 그가 바쁜 부모님 대신 동생을 돌본 이래로,
Since he cared for a younger sister(brother) instead of our parents,

33_ 그가 정부에 의해 주최된 그 재교육에 참여한 이래로,
Since he attended the retraining hosted by the government,

34_ 그가 대학과 전공을 선택하기 위해 담임 선생님 조언을 받은 이래로,
Since he got advice from his class teacher in order to choose a college and a major,

35_ 그가 학생들에게 교복 입는 것을 요구하는 학교로 전학간 이래로,
Since he moved to a school which required students to wear a school uniform

36_ 그가 국가 장학금을 받은 이래로,
Since he got a government scholarship,

37_ 그가 국립 박물관에서의 미술 전시회를 간 이래로,
Since he went to an art exhibition in a national museum,

38_ 그가 정부에서 투자한 우주 관련 TV 다큐멘터리들을 본 이래로,
Since he watched TV documentaries the government funded,

39_ 그가 정부가 환경을 잘 보존한 시골로 이사한 이래로,
Since he moved to the country where the government preserved(protected) the environment well,

40_ 정부가 더 많은 경찰들을 고용하고 감시카메라를 설치한 이래로,
Since the government hired more police officers and set security cameras,

41_ 그의 boss가 그를 중요한 회의에 참석시킨 이래로,
Since his boss allowed him to participate in important meetings

42_ 그가 항상 자신의 실수를 인정하는 새로운 boss를 만난 이래로,
Since he met a new boss who always admitted his mistakes

43_ 그가 자신의 이해수준에 맞는 수업들을 들은 이래로,
Since he took classes suitable for his understanding(level)

44_ 그의 회사가 복지와 의료에 좀 더 투자한 이래로,
Since his company invested more in welfare and medical care,

45_ 그 이유는 그가 새로운 art앱 개발에 대한 영감을 얻었기 때문이다.
The reason was that he was inspired to develop an art application(got an inspiration for an art application).

46_ 그 이유는 그가 스스로 관련 정보를 찾고 스스로 결정한 것에 대한 책임감을 느꼈기 때문이다.
The reason was that he searched for the related information and felt(had) a sense of responsibility for making the decision alone.

47_ 그 이유는 그가 자신보다 열심히 하는 다른 학생들에게 경쟁심을 느꼈기 때문이다.
The reason was that he felt competitive with other students who studied harder than him.

48_ 그 이유는 할아버지가 그에게 효과적인 공부법과 시간관리요령을 알려주었기 때문이다.
The reason was that our grandfather taught him effective learning methods and time management skills.

49_ 그 이유는 그가 그의 수업방식이 구식임을 깨닫고 새로운 수업방식들을 접했기 때문이다.
The reason was that he realized his teaching methods were outdated and learned about new teaching techniques.

50_ 그 이유는 더 빠른 컴퓨터 및 더 큰 모니터가 그를 새로운 앱을 만들도록 자극했기 때문이다.
The reason was that faster computers and bigger monitors stimulated him to develop a new application (software).

51_ 그 이유는 그가 새로운 시설에 만족하고 공부에 집중할 수 있었기 때문이다.
The reason was that he was satisfied with the new facility and was able to concentrate on studying.

52_ 그 이유는 그 tutor가 그를 공부습관 및 시간관리에 대한 문제점들을 깨닫도록 도왔기 때문이다.
The reason was that the tutor helped him (to) realize the problems with study habits and time management.

53_ 그 이유는 그가 옷에 대해 걱정 할(신경 쓸) 필요가 없었고 소속감을 가지게 되었기 때문이다.
The reason was that he did not have to worry about clothes and had a sense of belonging.

54_ 그 이유는 그가 TV shows나 PC games으로부터의 유혹을 극복했기 때문이다.
The reason was that he overcame the temptation from TV shows and PC games.

55_ 그 이유는 그 부모들의 feedback을 통해 그가 수업자료와 강의에 문제가 있다는 것을 깨달았기 때문이다.
The reason was that he realized the problems with his class materials and lectures through the parents' feedback.

56_ 그 이유는 그가 그 의료비를 걱정할 필요가 없었고 이런 점이 삶에 안정(감)을 가져다 주었기 때문이다.
The reason was that he did not have to worry about the medical expenses and this brought stability to his life.

57_ 그 이유는 그가 깨끗한 공기를 마시며 (건강이) 좋아졌고 refreshed 되었기 때문이다.
The reason was that he became better and refreshed by breathing fresh air.

58_ 그 이유는 그 리더가 그에게 솔직하게 얘기하고 유용한 조언을 해 주었기 때문이다.
The reason was that the leader talked honestly to him and gave useful advice.

59_ 그 이유는 그가 그 선수들의 hustle plays 와 fantastic performances를 보며 자극받았기 때문이다.
The reason was that he was stimulated by the players' hustle plays and fantastic performances.

60_ 그 이유는 그 애니메이션이 그에게 범죄자들이 벌을 받고 열심히 일한 사람들이 보상을 받는 것을 보여줬기 때문이다.
The reason was that the animation showed him that criminals were punished and those who worked hard were rewarded.

Storyline 5 / 스트레스 (stress)

Writing Exercise

01_ 정부 투자가 시민들이 쉽게 예술품을 감상할 수 있게 한다. 이 점이 그들 마음의 긴장을 풀어주고 정화시킨다.
The government investment enables citizens(the people) to appreciate(enjoy) artworks easily. This can relax and clear their mind.

02_ 국립공원이나 자연보호구역 같은 잘 보존된(깨끗한) 환경에서 시간을 보내는 것은
Spending time in a well-preserved(clear) environment such as a national park or nature reserve

03_ 우리를 크게 웃게 만드는 재미있는 친구들과 시간을 보내는 것은
Spending time with fun friends who make us laugh out loud

04_ 가족들과 즐거운 대화를 하고 고민을 공유하는 것은
Having fun conversations and sharing worries with family members

05_ 구체적으로 말하면, 그녀가 그 수업에서 바이올린을 연주하고 친구들과 함께 노래했다.
Specifically speaking, she played the violin and sang a song with her friends in the class.

06_ 구체적으로 말하면, 그녀가 좋아하는 팀을 응원하고 간식을 먹었다.
Specifically speaking, she cheered for her favorite team and ate some snacks.

07_ 구체적으로 말하면, 그들이 이기기 위해 서로 협동하고, 응원하고, 함께 간식을 먹었다.
Specifically speaking, they cooperated and cheered for each other to win, and ate some snacks together.

08_ 구체적으로 말하면, 그녀가 유머, 좋은 글, 웃기는 사진들을 다른 사람들과 공유했다.
Specifically speaking, she shared humors, good articles, and funny pictures with others.

09_ 구체적으로 말하면, 그녀는 그 강아지를 산책시키고, frisbee를 던지고, 함께 달렸다.
Specifically speaking, she walked the puppy, threw a Frisbee, and ran together.

10_ 구체적으로 말하면, 그녀는 맛있는 지역음식들을 먹어보고, 쇼핑하고, 버스투어를 즐겼다.
Specifically speaking, she tried delicious local food(dishes), went shopping, and enjoyed a bus tour.

11_ 구체적으로 말하면, 그녀가 그 음악에 맞추어 춤추고 노래를 불렀다.
Specifically speaking, she danced and sang to the music.

12_ My sister는 농구 팀(클럽)에 가입했다(들어갔다).
My sister joined a basketball team(club).

13_ My sister는 국립박물관으로 현장학습을 갔다.
　　　My sister went on a field trip to a national museum.

14_ 구체적으로 말하면, 그녀가 놀라운 작품들을 감상하고, 멋진 전통 공연들을 보았다.
　　　Specifically speaking, she appreciated amazing artworks, watched great traditional performances.

15_ My sister는 도시에 있는 multiplex 영화관에 친구들과 갔다.
　　　My sister went to a multiplex cinema(theater) in a city with her friends.

16_ 구체적으로 말하면, 그녀가 그들과 블록버스터 영화를 보고, snack과 아이스크림을 먹었다.
　　　Specifically speaking, she watched a blockbuster movie, and ate some snacks and ice cream with them.

17_ My sister는 정부가 후원하는 rock 콘서트에 갔다.
　　　My sister went to a rock concert the government sponsored.

18_ 구체적으로 말하면, 그녀가 아름다운 풍경을 감상하고, 깨끗한 공기를 마시고, 평화로운 환경에서 시간을 보냈다.
　　　Specifically speaking, she appreciated beautiful sights, breathed fresh air, and spent time in a peaceful environment.

19_ 구체적으로 말하면, 그녀가 학교에서 재미있었던 일을 얘기하고, 걱정들을 공유했다.
　　　Specifically speaking, she talked about funny things in school and shared her worries.

20_ My sister는 출시되자마자 새로운 스마트폰을 구입했다.
　　　My sister bought a brand-new smartphone as soon as it was launched.

21_ 구체적으로 말하면, 그녀가 그 스마트폰으로 좋아하는 음악 듣고, 웃기는 동영상 보고, mobile game을 했다.
　　　Specifically speaking, she listened to her favorite music, watched funny video clips, and played mobile games with the smartphone.

Chapter 3. 독립형 답안 완성하기

서론 쓰기 (Introduction)

Writing Exercise

Q1. 아이들이 소셜네트워크 서비스를 이용하면 안 된다.

서론	도입	**Some people believe that** children should not access social networking services.
	주장 (나의 의견)	**However, contrary to this idea, it seems to me that** using social media is beneficial to children.
	근거 소개	**The concepts of a perspective and stress will support my argument.**

해석 [도입] 어떤 사람들은 아이들은 소셜네트워크 서비스에 접근하면 안 된다고 믿는다. [주장(나의 의견)] 하지만, 이런 아이디어와 반대로, 내가 보기에 소셜미디어를 사용하는 것은 아이들에게 유익하다. [근거 소개] 시야와 스트레스의 개념이 내 주장을 뒷받침할 것이다.

W access v. 접근하다   contrary to ~와 달리   beneficial adj. 유익한   support v. 뒷받침하다   argument n. 주장

Q2. 어떤 사람들은 학생들이 한 학기 동안 많은 수업을 공부해야 한다고 말하지만, 다른 사람들은 학생들이 서너 개의 수업을 듣는 것이 더 낫다고 말한다. 어떤 게 더 낫다고 생각하는가?

서론	도입	Some people believe that **students should take as many classes as possible(또는 as they can).**
	주장 (나의 의견)	However, contrary to this idea, it seems to me that **taking three or four courses is better.**
	근거 소개	**The concepts of health and a job will support my argument.**

해석 [도입] 어떤 사람들은 학생들은 가능한 많은 수업을 들어야 한다고 믿는다. [주장(나의 의견)] 하지만, 이런 아이디어와 반대로, 내가 보기에는 3개 또는 4개의 수업을 듣는 것이 더 낫다. [근거 소개] 건강과 취업의 개념이 내 주장을 뒷받침할 것이다.

W as ~ as possible 가능한 ~한/~하게

Q3. 휴가가 많은 저임금 직장보다는 일을 많이 하는 고임금 일자리를 얻는 것이 낫다.

서론	도입	Some people believe that **people should choose a low paying job with lots of free time.**
	주장 (나의 의견)	However, contrary to this idea, it seems to me that **having a high wage job is better, even though people cannot take enough vacation.**
	근거 소개	**The concepts of motivation and health will support my argument.**

해석 [도입] 어떤 사람들은 사람들이 자유시간이 많은 낮은 봉급의 직업을 선택해야 한다고 믿는다. [주장(나의 의견)] 하지만, 이런 생각과 달리 내가 보기에는 비록 사람들이 충분한 휴가를 가질 수 없더라도, 높은 임금을 받는 직업을 갖는 것이 더 낫다. [근거 소개] 동기부여와 건강의 개념이 내 주장을 뒷받침할 것이다.

W low paying job n. 저임금 직업   high wage job n. 고임금 직업   take vacation 휴가를 가다

Q4. 다음 중 국가 지도자가 해야 할 가장 중요한 것은 무엇인가?
1) 실업자를 위한 일자리를 늘리는 것
2) 농업 생산성을 증가시키고 식량 가격을 낮추는 것(식료품 가격 안정)
3) 저렴한 주택을 더 많이 공급하는 것(주택 문제 해결)

서론	도입	Some people believe that the first duty of a country leader is to stabilize food prices or to provide more houses for the poor.
	주장 (나의 의견)	However, contrary to this idea, it seems to me that the leader should first care about the unemployment.
	근거 소개	The concepts of health and motivation will support my argument.

해석 **[도입]** 어떤 사람들은 국가 지도자의 첫 번째 임무는 식량 가격을 안정시키거나 가난한 사람들을 위해 더 많은 집을 제공하는 것이라고 믿는다. **[주장(나의 의견)]** 그러나 이런 생각과는 달리 내가 보기에 지도자는 먼저 실업에 신경을 써야 한다. **[근거 소개]** 건강과 동기부여의 개념이 내 주장을 뒷받침할 것이다.

W duty n. 임무   stabilize v. 안정시키다   care about ~에 대해 신경 쓰다   unemployment n. 실업

본론 쓰기 (Body)

Writing Exercise

Q1. 아이들이 소셜네트워킹 서비스를 이용하면 안 된다.

본론 1	근거(이유)	**First of all**, using a social network enables **children** to broaden **their** perspectives.
	설명	**To be specific**, **they** can be exposed to the different ideas and thoughts that **they** have never known before by interacting with other social media users. Consequently, **they** will experience intellectual growth and respect the diversity, which is required in an era of globalization.
	예시	**For example**, when I was in high school, I communicated with French people through social media. **As a result**, I understood and learned about a variety of cultural things such as French music, food, and clothing. **The reason was that** I shared pictures, video clips, and the relevant information with French social media users.
본론 2	근거(이유)	**In addition**, visiting social networking sites allows **children** to alleviate stress.
	설명	**To explain**, using social media can help **children** to relax and clear **their** mind. This brings a new solution to perplexing and stressful problems **at school**. Therefore, spending time on social media is one of the best and most effective ways to escape from the harsh reality.
	예시	**For instance**, last year, my sister was extremely exhausted and stressed due to excessive homework in high school. **However**, after she spent her spare time on Facebook, she had a brief moment of relief from her stressful schoolwork. **Specifically speaking**, she shared funny video clips, good articles, and beautiful pictures with her friends, which made her feel better.

해석

본론 1

[근거(이유)] 첫 번째로, 소셜네트워크를 이용하는 것은 아이들이 그들의 시야를 넓히는 것을 가능하게 한다. **[설명]** 구체적으로 말하자면, 다른 소셜미디어 사용자들과 교류함으로써 그들이 이전에 결코 몰랐던 다른 아이디어들과 생각들에 노출될 수 있다. 결과적으로, 그들은 세계화시대에 요구되는 지적 성장을 경험하게 되고 다양성을 존중하게 될 것이다. **[예시]** 예를 들어, 나는 고등학교 때, 프랑스 사람들과 소셜미디어를 통해서 의사소통했다. 그 결과, 나는 다양한 문화적인 것들 가령 프랑스 음악, 음식, 그리고 의복을 이해하고 알게 되었다. 그 이유는 내가 사진들, 동영상들, 그리고 그 관련 정보들을 프랑스 소셜미디어 사용자들과 공유했기 때문이다.

본론 2

[근거(이유)] 게다가, 소셜네트워크 사이트에 방문하는 것은 아이들이 스트레스를 완화시킬 수 있게 한다. **[설명]** 설명하자면, 소셜미디어를 이용하는 것은 아이들이 긴장을 풀고 마음을 맑게 하는 데 도움을 줄 수 있다. 이것은 학교에서 복잡하고 스트레스를 주는 문제에 대한 새로운 해결책을 가져다 준다. 그러므로 소셜미디어에 시간에 시간을 보내는 것은 힘든 현실에서 벗어날 수 있는 가장 좋고 효과적인 방법 중의 하나이다. **[예시]** 예를 들어, 작년에 나의 여동생은 고등학교 때 과도한 숙제로 극도로 지치고 스트레스를 받았다. 그러나, 그녀가 Facebook에 남는 시간을 보낸 후 스트레스를 많이 받는 학교 공부로부터 잠시나마 기분전환의 시간을 가졌다. 구체적으로 말하면, 그녀는 웃기는 동영상, 좋은 글, 아름다운 사진들을 그녀의 친구들과 공유했고, 이점이 그녀를 기분 좋게 만들었다.

Ⓦ enable v. 가능하게 하다 broaden v. 넓히다 be exposed to ~에 노출되다 interact with ~와 교류하다 social media users n. 소셜미디어 이용자들 intellectual growth n. 지적 성장 respect v. 존중하다 era n. 시대 allow v. 허용하다 alleviate v. 완화시키다 relax v. 휴식을 취하다 clear one's mind ~의 마음을 정화하다 bring v. 가져다 주다 perplexing adj. 복잡한 spend time on ~에 시간을 보내다 escape from ~로부터 벗어나다 harsh reality n. 힘든 현실 exhausted adj. 지친 excessive adj. 과도한 brief adj. 짧은 moment n. 시기, 순간 relief n. 기분전환

Q2. 어떤 사람들은 학생들이 한 학기 동안 많은 수업을 공부해야 한다고 말하지만, 다른 사람들은 학생들이 서너 개의 수업을 듣는 것이 더 낫다고 말한다. 어떤 게 더 낫다고 생각하는가?

본론 1	근거(이유)	First of all, studying three or four lessons is helpful for students' future career.
	설명	To be specific, if students attend several classes that they are interested in, they will develop their expertise. <u>As modern society has become increasingly competitive and globalized, today's companies are looking for employees having such qualities. Therefore, these are important to fight for jobs in highly competitive labor markets.</u>
	예시	For example, <u>my father, the CEO of a company in Korea, often tells me that a job interview is the most important component in employing people</u>. In the interview, he and other interviewers mainly look at the applicants' passion and expert knowledge. This means that focusing on three or four subjects that students like is a sure way for people, especially students, to prepare for the future.
본론 2	근거(이유)	In addition, taking many classes is too stressful for students, and this contributes to health problems.
	설명	To explain, if students participate in a number of courses, they will be pressured to take care of more homework and exams. This situation will stress students out. <u>In fact, stress is one of the primary factors of illnesses because it weakens the ability of the immune system in fighting diseases.</u>
	예시	For instance, <u>my uncle, a doctor at a general hospital in a city, sometimes tells me that many of his patients suffer adverse health effects from stress</u>. In particular, students who have so many assignments to do come to him for stress-related ailments and disorders. They generally have headaches, obesity, or insomnia. In this sense, taking many classes is unhealthful for students.

해석

본론 1
[근거(이유)] 첫 번째로, 3~4개 과목을 공부하는 것은 학생들의 미래 취업에 도움이 된다. **[설명]** 구체적으로 말하자면, 만약 학생들이 그들의 관심있는 몇개의 수업을 듣는다면 그들은 전문성을 발전시킬 것이다. 현대 사회가 점점 더 경쟁적이고 세계화됨에 따라, 오늘날의 회사들은 그러한 자질을 가진 직원들을 찾고 있다. 그러므로, 이것들은 경쟁이 치열한 노동 시장에서 일자리를 위해 싸우는 데 중요하다. **[예시]** 예를 들어, 한국의 한 회사의 CEO인 나의 아버지는 종종 나에게 면접이 사람들을 고용하는 데 가장 중요한 요소라고 말한다. 면접에서 그를 비롯한 면접관들은 지원자들의 열정과 전문지식을 주로 살펴본다. 이것은 3~4개의 학생들이 좋아하는 수업에 집중하는 것이 사람들, 특히 학생들이 미래를 대비하는 확실한 방법이라는 것을 의미한다.

본론 2
[근거(이유)] 게다가, 많은 수업을 듣는 것은 학생들이 스트레스를 많이 받게 하고 이점이 건강 문제를 야기한다. **[설명]** 설명하자면, 만약 학생들이 많은 수업들에 참여한다면, 그들은 더 많은 숙제와 시험을 신경 써야 한다는 압박을 느낄 것이다. 이런 상황이 그 대학생들을 스트레스 받게 할 것이다. 사실, 스트레스는 질병의 주된 요소들 중 하나인데 왜냐하면 그것이 질병에 대항할 때 면역체계의 능력을 약화시키기 때문이다. **[예시]** 예를 들어, 도시에 있는 종합병원의 의사인 나의 삼촌은 때때로 그의 환자들 중 많은 사람들이 스트레스로 인한 건강상의 부작용을 겪는다고 말한다. 특히 과제가 너무 많은 학생들이 스트레스 관련 질환과 장애로 그를 찾아온다. 그들은 일반적으로 두통, 비만, 불면증을 가지고 있다. 이런 점에서 볼 때, 많은 수업을 듣는 것은 학생들의 건강에 좋지 않다.

W helpful adj. 도움이 되는 future career n. 미래 직업(취업) attend v. 참석하다 expertise n. 전문성 modern society n. 현대사회 increasingly adv. 점점 더 competitive adj. 경쟁하는 look for ~를 찾다 qualities n. (사람의) 자질[복수형으로 사용] fight for ~를 얻기 위해 싸우다 highly adv. 매우 labor market n. 노동시장 job interview n. 면접 component n. 요소 employ v. 고용하다 mainly adv. 주로 applicant n. 지원자 passion n. 열정 expert knowledge n. 전문지식 sure way n. 확실한 방법 especially adv. 특히 prepare for ~를 대비하다 contribute to 기여하다, 야기하다 participate in ~에 참여하다 be pressured to V ~를 해야 하는 압박을 느끼다 take care of ~를 돌보다, 신경 쓰다 stress A out A를 스트레스 받게 하다 in fact 사실 primary adj. 주된 factor n. 요소 illness n. 질병 weaken v. 약하게 하다 immune system n. 면역체계 general hospital n. 종합병원 patient n. 환자 adverse adj. 부정적인 stress-related 스트레스 관련 ailment n. 질환 disorder n. 장애 headache n. 두통 obesity n. 비만 insomnia n. 불면증 in this sense 이런 점에서 볼 때 unhealthful adj. 건강에 나쁜

Q3. 휴가가 많은 저임금 직장보다는 일을 많이 하는 고임금 일자리를 얻는 것이 낫다.

본론 1	근거(이유)	First of all, **having a high paying job can increase one's motivation in life.**
	설명	To be specific, **higher salaries can improve living standards and make us feel a sense of achievement.** This can be a facilitator which motivates us to improve ourselves. We will make more effort, concentrate more, and feel more responsible for what we do. Therefore, this aspect will lead to better outcomes at work.
	예시	For example, my brother, a high school teacher, used to be lazy and lost interest in his job because he has dissatisfied with pay. However, since he quit the job and became a private tutor who was paid more, he has changed little by little. He started to spend more time working and had enthusiasm for his teaching. This was because **my brother felt a sense of accomplishment by earning much more money and buying a new house, although he was too busy to plan a vacation.**
본론 2	근거(이유)	In addition, **having a low paying job is too stressful, and this contributes to health problems.**
	설명	To explain, **without enough money, people will face rent burden and the high cost of living, even though they can have more breaks.** They will feel unstable, and this situation will stress them out. In fact, stress is one of the primary factors of illnesses because it weakens the ability of the immune system in fighting diseases.

| 예시 | For instance, my uncle, a doctor at a general hospital in a city, sometimes tells me that many of his patients suffer adverse health effects from stress. **In particular, people who have difficulty dealing with financial issues come to him for stress-related ailments and disorders.** They generally have headaches, obesity, or insomnia. In this sense, selecting a low wage job is unhealthful. |

해석

본론 1
[근거(이유)] 첫 번째로, 고소득 직업을 가지는 것은 삶에 동기부여 되도록 해준다. [설명] 구체적으로 말하자면, 높은 봉급은 생활 수준을 향상시키고 우리가 성취감을 느끼게 할 수 있다. 이것은 우리가 스스로를 개선하도록 동기를 부여하는 촉진제가 될 수 있다. 우리는 더 많은 노력을 하고, 더 집중하며, 우리들이 하는 일에 더 많은 책임감을 느낄 것이다. 그러므로, 이러한 측면은 직장에서 더 나은 결과를 이끌어 낼 것이다. [예시] 예를 들어, 고등학교 선생님인 나의 형은 한때 게으르고 그의 직업에 흥미를 잃었었다. 왜냐하면 그가 임금에 만족하지 못했기 때문이다. 그렇지만, 그 일을 그만두고 월급을 더 받는 개인외 강사가 된 이래로, 그는 조금씩 변화했다. 그는 일에 더 많은 시간을 쓰기 시작했고 그의 일에 열정을 가지게 되었다. 그 이유는 나의 오빠가 비록 휴가를 계획할 수 없을 정도로 바빴지만, 훨씬 더 많은 돈을 벌고 새 집을 사면서 성취감을 느꼈기 때문이다.

본론 2
[근거(이유)] 게다가, 저소득 직업을 가지는 것은 스트레스를 많이 받게 하고 이점이 건강문제를 야기한다. [설명] 설명하자면, 충분한 돈이 없다면, 사람들은 더 많은 휴식을 가질 수 있음에도 불구하고 임대료 부담과 높은 생활비에 직면하게 될 것이다. 그들은 불안정함을 느낄 것이고, 이 상황은 그들을 스트레스 받게 할 것이다. 사실, 스트레스는 질병의 주된 요소 중 하나이다. 왜냐하면 그것이 질병에 대항할 때 면역체계의 능력을 약화시키기 때문이다. [예시] 예를 들어, 도시에 있는 종합병원의 의사인 나의 삼촌은 때때로 그의 환자들 중 많은 사람들이 스트레스로 인한 건강상의 부작용을 겪는다고 말한다. 특히, 재정적인 문제를 다루는 데 어려움을 겪는 사람들이 그를 찾아온다. 그들은 일반적으로 두통, 비만, 불면증을 가지고 있다. 이런 점에서 볼 때, 저소득 직업을 선택하는 것은 건강에 좋지 않다.

🅦 improve v. 향상시키다   living standard n. 생활수준   a sense of achievement n. 성취감   facilitator n. 촉진제   motivate v. 동기부여하다   make an effort 노력하다   feel responsible for ~에 책임을 느끼다   aspect n. 측면   lead to ~로 이끌다   outcome n. 결과   used to V ~하곤 했다   lazy adj. 게으른   tutor n. 개인교사   be paid 월급(임금) 받다   enthusiasm n. 열정   a sense of accomplishment n. 성취감   burden n. 부담   cost of living n. 생활비   break n. 휴가   unstable adj. 불안정한   have difficulty Ving ~하는 것에 어려움을 겪다   financial issue n. 재정적인 문제

Q4. 다음 중 국가 지도자가 해야 할 가장 중요한 것은 무엇인가?
1) 실업자를 위한 일자리를 늘리는 것
2) 농업 생산성을 증가시키고 가격을 낮추는 것(식료품 가격 안정)
3) 저렴한 주택을 더 많이 공급하는 것(주택문제 해결)

본론 1	근거(이유)	First of all, having difficulty getting a job is too stressful, and this contributes to health problems.
	설명	To be specific, without government support, it is difficult for most people to find a suitable job. Besides, without a stable job, unemployed workers will feel pressure when they have to pay rent and buy food items(또는 groceries). **This situation will stress them out. In fact, stress is one of the primary factors of illnesses because it weakens the ability of the immune system in fighting diseases.**
	예시	For example, my uncle, a doctor at a general hospital in a city, sometimes tells me that many of his patients suffer adverse health effects from stress. In particular, people who have a hard time finding a job come to him for stress-related ailments and disorders. They generally have headaches, obesity, or insomnia. **In this sense, considering unemployed people's health, a leader of a country should first create more job opportunities.**

본론 2	근거(이유)	In addition, giving more job opportunities can increase citizens' motivation in life.
	설명	To explain, getting a job makes them and their family feel stable because they can reduce the burden of housing and food cost. This can be a facilitator which motivates the workers and their family members to improve themselves. **They will make more effort, concentrate more, and feel more responsible for what they do. Therefore, this aspect will lead to better outcomes at work or school.**
	예시	For instance, **my brother used to live without hope because he had difficulty finding a job. However, since the president supported unemployed people including him, he has changed little by little.** He started to spend more time working and had enthusiasm for his job. This was because my brother was no longer concerned about the financial burden from living expenses and he became stable in life.

해석

본론 1
[근거(이유)] 우선, 일자리 얻는 데 어려움을 겪는 것은 스트레스를 많이 받게 하고 이것이 건강문제를 야기한다. [설명] 구체적으로 말하자면, 정부의 지원 없이는 대부분의 사람들이 적합한 직업을 찾기가 어렵다. 게다가 안정적인 일자리가 없으면 실직자들은 임대료를 내고 식료품을 사야 할 때 부담을 느낄 것이다. 이 상황은 그들을 스트레스 받게 할 것이다. 사실, 스트레스는 질병의 주된 요소들 중 하나인데 왜냐하면 그것이 질병에 대항할 때 면역체계의 능력을 약화시키기 때문이다. [예시] 예를 들어, 도시에 있는 종합병원의 의사인 나의 삼촌은 때때로 그의 환자들 중 많은 사람들이 스트레스로 인한 건강상의 부작용을 겪는다고 말한다. 특히, 일자리 찾는 데 어려움을 겪는 사람들이 그를 찾아온다. 그들은 일반적으로 두통, 비만, 불면증을 가지고 있다. 그런 의미에서, 실업자들의 건강을 고려했을 때, 한 나라의 지도자는 우선 더 많은 일자리 기회를 창출해야 한다.

본론 2
[근거(이유)] 게다가, 더 많은 일자리를 제공하는 것은 국민들이 삶에 동기부여 되도록 해준다. [설명] 설명하자면, 직업을 얻는 것이 그들과 그들의 가족이 안정감을 느끼게 하는데 왜냐하면 그들이 주거와 식비 부담을 줄일 수 있기 때문이다. 이것은 근로자들과 그들의 가족 구성원들로 하여금 그들 자신을 개선하도록 동기를 부여하는 촉진제가 될 수 있다. 그들은 더 많은 노력을 하고, 더 집중하며, 그들이 하는 일에 더 많은 책임감을 느낄 것이다. 그러므로, 이러한 측면은 직장이나 학교에서 더 나은 결과를 이끌어 낼 것이다 [예시] 예를 들어, 나의 형은 직장을 구하는 데 어려움을 겪었기 때문에 희망 없이 살곤 했다. 하지만 대통령이 자신을 포함한 실업자를 지원하면서부터 조금씩 변했다. 그는 일을 하며 더 많은 시간을 쓰기 시작했고 그의 일에 열정을 가지게 되었다. 그 이유는 나의 형이 더 이상 생활비로 인한 경제적 부담에 대해 걱정하지 않았고 삶에 안정감을 가지게 되었기 때문이다.

Ⓦ government support n. 정부의 지원 suitable adj. 적절한 unemployed adj. 실업의 feel pressure 부담을 느끼다 pay rent 월세를 내다 have a hard time Ving ~하는 것에 어려움을 겪다 job opportunity n. 일자리 housing n. 주택 including ~를 포함하는 no longer 더 이상 ~하지 않다 be concerned about ~에 대해 걱정하다 living expense n. 생활비

결론 쓰기 (Conclusion)

Writing Exercise

Q1. 아이들이 소셜네트워킹 서비스를 이용하면 안 된다.

결론	상대 입장	Admittedly, some might argue that **children should not use social media**.
	요약 및 재주장 (내 입장)	Nevertheless, based on the ideas related to **a perspective** and **stress**, we can conclude that **using social network is good for them**.

해석 [상대 입장] 인정하건대, 어떤 사람들은 아이들이 소셜미디어를 이용하면 안 된다고 주장할지도 모른다. [요약 및 재주장(내 입장)] 그럼에도 불구하고, 시야와 스트레스 관련된 아이디어를 기반으로 우리는 소셜네트워크를 이용하는 것이 그들에게 좋다고 결론 내릴 수 있다.

Q2. 어떤 사람들은 학생들이 한 학기 동안 많은 수업을 공부해야 한다고 말하지만, 다른 사람들은 학생들이 서너 개의 수업을 듣는 것이 더 낫다고 말한다. 어떤 게 더 낫다고 생각하는가?

결론	상대 입장	Admittedly, some might argue that **taking many classes is helpful for students**.
	요약 및 재주장 (내 입장)	Nevertheless, based on the ideas related to **health** and **a job**, we can conclude that **attending three or four classes is more beneficial**.

해석 [상대 입장] 인정하건대, 어떤 사람들은 많은 수업을 듣는 것이 학생들에게 도움이 된다고 주장할지도 모른다. [요약 및 재주장(내 입장)] 그럼에도 불구하고, 건강과 취업 관련된 아이디어를 기반으로 우리는 3~4개의 수업을 듣는 것이 더 유익하다고 결론 내릴 수 있다.

Q3. 휴가가 많은 저임금 직장보다는 일을 많이 하는 고임금 일자리를 얻는 것이 낫다.

결론	상대 입장	Admittedly, some might argue that **much free time is more valuable than much money**.
	요약 및 재주장 (내 입장)	Nevertheless, based on the ideas related to **motivation and health**, we can conclude that **selecting a high-paying job with lots of work is more beneficial**.

해석 [상대 입장] 인정하건대, 어떤 사람들은 많은 자유시간이 많은 돈보다 더 가치 있다고 주장할지도 모른다. [요약 및 재주장(내 입장)] 그럼에도 불구하고, 동기부여와 건강 관련된 아이디어를 기반으로 우리는 일이 많은 고임금 직업을 선택하는 것이 더 유익하다는 결론을 내릴 수 있다.

Q4. 다음 중 국가 지도자가 해야 할 가장 중요한 것은 무엇인가?
   1) 실업자를 위한 일자리를 늘리는 것
   2) 농업 생산성을 증가시키고 가격을 낮추는 것(식료품 가격 안정)
   3) 저렴한 주택을 더 많이 공급하는 것(주택문제 해결)

결론	상대 입장	Admittedly, some might argue that **a country leader has to increase agricultural production or to provide citizens with more affordable houses**.
	요약 및 재주장 (내 입장)	Nevertheless, based on the ideas related to **health and motivation**, we can conclude that **the leader should focus on increasing employment rates as a top priority**.

해석 [상대 입장] 인정하건대, 어떤 사람들은 국가의 리더는 농업 생산성을 늘리거나 국민들에게 가격이 알맞은 집을 제공해야 한다고 주장할지도 모른다. [요약 및 재주장(내 입장)] 그럼에도 불구하고, 건강과 동기부여 관련된 아이디어를 기반으로 우리는 리더가 고용률을 높이는 것을 최우선으로 중점을 두어야 한다고 결론 내릴 수 있다.

W agricultural production n. 농업 생산성 affordable adj. (가격이) 적절한, 알맞은 employment rate 취업률 a top priority n. 최우선

Independent Task — Practice Test

Q1. 국내 영화를 보는 것이 해외 영화를 보는 것보다 낫다.

서론

도입	Some people believe that it is better to enjoy movies created in our own country.
주장	However, contrary to this idea, it seems to me that watching a foreign movie is more beneficial.
근거 소개	The concepts of a perspective and job will support my argument.

본론 1

근거(이유)	First of all, enjoying films made in other countries enables us to broaden our perspectives, unlike watching domestic movies.
설명	To be specific, we can be exposed to the different lifestyles and customs that we have never known before through the foreign content. Consequently, we will experience intellectual growth and respect the diversity, which is required in an era of globalization.
예시	For example, when I was in high school, I watched French films. As a result, I understood and learned about a variety of cultural things such as French music, food, and clothing. The reason was that the movies dealt with French people's lives, some famous places, and traditional performances.

본론 2

근거(이유)	In addition, watching international films is helpful for one's future career.
설명	To explain, compared to domestic films, the movies help us to experience and understand other cultures, so we will develop cultural competence. As modern society has become increasingly competitive and globalized, today's companies are looking for employees having such qualities. Therefore, these are important to fight for jobs in highly competitive labor markets.
예시	For instance, my father, the CEO of a company in Korea often tells me that a job interview is the most important component in employing people. In the interview, he and other interviewers mainly look at the applicants' passion and the ability to understand another culture. This means that enjoying foreign movies is a sure way for people to prepare for the future.

결론

상대 입장	Admittedly, some might argue that enjoying domestic movies is better.
요약 및 재주장 (내 입장)	However, based on the ideas related to outlook and employment, we can conclude that watching many movies (which are) made in other countries is more advantageous.

해석

서론

[도입] 어떤 사람들은 우리나라에서 만들어진 영화를 즐기는 것이 더 낫다고 믿는다. [주장] 하지만, 이런 생각과는 달리 내가 보기엔 해외 영화를 보는 것이 더 유익한 것 같다. [근거 소개] 시야와 취업의 개념이 나의 주장을 뒷받침할 것이다.

본론 1

[근거(이유)] 우선, 다른 나라에서 만들어진 영화를 즐기는 것은 국내 영화를 보는 것과 달리 우리의 시야를 넓힐 수 있게 해 준다. [설명] 구체적으로 말하자면, 우리는 외국 콘텐츠를 통해 우리가 이전에 알지 못했던 다른 생활방식들과 관습에 노출될 수 있다. 이에 따라 우리는 세계화 시대에 요구되는 지적 성장을 경험하고 다양성을 존중하게 될 것이다. [예시] 예를 들어, 내가 고등학교에 다닐 때, 나는 프랑스 영화를 봤다. 그 결과 프랑스 음악, 음식, 옷 등 다양한 문화적인 것들을 이해하고 배웠다. 그 이유는 이 영화들이 프랑스 사람들의 삶과 몇몇 유명한 장소, 그리고 전통 공연을 다루었기 때문이다.

본론 2

[근거(이유)] 게다가, 국제(해외) 영화를 보는 것은 한 사람의 미래 취업에 도움이 된다. [설명] 설명하자면, 국내 영화와 비교해 볼 때, 그 영화들은 우리가 다른 문화를 경험하고 이해할 수 있도록 도와줘서 우리는 타 문화 이해력(문화적 역량)을 키울 것이다. 현대 사회가 점점 더 경쟁적이고 세계화됨에 따라, 오늘날의 회사들은 그러한 자질을 가진 직원들을 찾고 있다. 그러므로, 이것들은 경쟁이 치열한 노동 시장에서 일자리를 위해 싸우는 데 중요하다. [예시] 예를 들어, 한국의 한 회사의 최고 경영자인 나의 아버지는 종종 나에게 면접이 사람들을 고용하는 데 가장 중요한 요소라고 말한다. 면접에서 그를 비롯한 면접관들은 지원자들의 열정과 다른 문화를 이해하는 능력을 주로 살펴본다. 이는 해외 영화를 즐기는 것이 미래를 대비하는 확실한 방법이라는 것을 의미한다.

결론

[상대 입장] 인정하건대, 몇몇 사람들은 국내 영화를 즐기는 것이 더 낫다고 주장할 수도 있다. [요약 및 재주장(내 입장)] 그러나 시야와 취업 관련된 아이디어들을 바탕으로 타국에서 만들어진 영화를 많이 보는 것이 더 유익하다는 결론을 내릴 수 있다.

W broaden v. 넓히다   foreign adj. 해외의   domestic adj. 국내의   learn about ~에 대해 배우다, 알게 되다   traditional performance n. 전통공연   compared to ~와 비교했을 때   cultural competence 타 문화 이해력   advantageous adj. 유익한

Q2. 온라인 수업을 듣는 것이 학교에서 진행하는 전통적인 수업보다 더 좋다.

서론

도입	Some people believe that taking online courses is better than attending traditional classes.
주장	However, contrary to this idea, it seems to me that going to school is more beneficial to students.
근거 소개	The concepts of motivation and job will support my argument.

본론 1

근거(이유)	First of all, taking traditional classes can increase students' motivation in learning.
설명	To be specific, unlike online classes, it enables students to compare themselves with other students who have more knowledge or study harder, so they will feel competitive. This can be a facilitator which motivates them to improve themselves. They will make more effort, concentrate more, and feel more responsible for what they do. Therefore, this aspect will lead to better outcomes at school.
예시	For example, my brother, a high school student, used to be lazy and lost interest in his studies when he homeschooled by taking online classes. However, since he went to school and took classes with other students, he has changed little by little. **He started to spend more time studying and had enthusiasm for his learning.** This was because he felt competitive with the classmates studying hard and having passion in what they did.

본론 2

근거(이유)	**In addition, attending offline classes is helpful for one's future career.**
설명	To explain, compared to online courses, it enables students to directly socialize with other students or teachers who have different personalities, characteristics, and interests, so they will develop social skills. <u>As modern society has become increasingly competitive and globalized, today's companies are looking for employees having such qualities. Therefore, these are important to fight for jobs in highly competitive labor markets.</u>
예시	For instance, my father, the CEO of a company in Korea often tells me that a job interview is the most important component in employing people. In the interview, he and other interviewers mainly look at the applicants' passion and interpersonal skills. This means that studying in the classroom is a sure way for people, especially students, to prepare for the future.

결론

상대 입장	Admittedly, some might argue that taking online courses is better.
요약 및 재주장 (내 입장)	However, based on the ideas related to motivation and employment, we can conclude that going to school is more advantageous for students.

해석

서론
[도입] 어떤 사람들은 온라인 강좌를 듣는 것이 전통적인 수업을 듣는 것보다 낫다고 믿는다. [주장] 하지만, 이런 생각과는 달리 내가 보기엔 학교에 가는 것이 더 유익한 것 같다. [근거 소개] 동기부여와 취업의 개념이 나의 주장을 뒷받침할 것이다.

본론 1
[근거(이유)] 우선, 전통적인 수업을 듣는 것은 학생들의 학습에 있어서 동기를 증가시킬 수 있다. [설명] 구체적으로 말하자면, 그것이 학생들이 더 많은 지식을 가지고 있거나 더 열심히 공부하는 다른 학생들과 자신을 비교할 수 있게 해준다. 그래서 그들은 경쟁력을 느끼게 될 것이다. 이것은 그들이 스스로를 개선하도록 동기를 부여하는 촉진제가 될 수 있다. 그들은 더 많은 노력을 하고, 더 집중하며, 그들이 하는 것에 더 많은 책임감을 느낄 것이다. 그러므로, 이러한 측면은 학교에서 더 나은 결과로 이어질 것이다. [예시] 예를 들어, 고등학생인 내 남동생은 온라인 수업을 들으며 홈스쿨링을 할 때 게으르고 공부에 흥미를 잃곤 했다. 하지만 학교에 가서 다른 학생들과 함께 수업을 들은 이후 조금씩 달라졌다. 그는 공부하는 데 더 많은 시간을 보내기 시작했고 그의 배움에 열정을 가지게 되었다. 이유는, 열심히 공부하고 하는 일에 열정을 가지고 있는 학우들에게 경쟁심을 느꼈기 때문이었다.

본론 2
[근거(이유)] 게다가, 오프라인 수업을 듣는 것은 한 사람의 미래 취업에 도움이 된다. [설명] 설명하자면, 온라인 강좌와 비교했을 때, 그것은 학생들이 다른 성격, 특성, 관심사를 가진 다른 학생이나 교사들과 직접적으로 어울릴 수 있도록 한다. 그래서 그들은 사회성을 발달시킬 것이다. 현대 사회가 점점 더 경쟁적이고 세계화됨에 따라, 오늘날의 회사들은 그러한 자질을 가진 직원들을 찾고 있다. 그러므로, 이것들은 경쟁이 치열한 노동 시장에서 일자리를 위해 싸우는 데 중요하다. [예시] 한국의 한 회사의 최고 경영자인 나의 아버지는 종종 나에게 면접이 사람들을 고용하는 데 가장 중요한 요소라고 말한다. 면접에서 그를 비롯한 면접관들은 지원자들의 열정과 대인관계기술을 주로 살펴본다. 교실에서 공부하는 것이 사람들 특히 학생들이 미래를 대비하는 확실한 방법이라는 것을 의미한다.

결론
[상대 입장] 인정하건대, 몇몇 사람들은 온라인 수업을 듣는 것이 더 낫다고 주장할 수도 있다. [요약 및 재주장(내 입장)] 그러나 동기부여와 취업 관련된 아이디어들을 바탕으로 학교에 가는 것이 학생들에게 더 유익하다는 결론을 내릴 수 있다.

W traditional class n. 전통교실(학교교실)   compare A with B A와 B를 비교하다   offline class 오프라인 수업(교실에서 수업)   directly adv. 직접   socialize with ~와 어울리다   personality n. 성격   characteristic n. 특징   interest n. 흥미

Q3. 어떤 사람들은 방과 후에 아이들이 남는 시간을 숙제나 계획된 활동을 하는 데 보내야 한다고 믿는다. 하지만, 다른 사람들은 그들이 원하는 것을 할 수 있는 시간이 더 주어져야 한다고 말한다.

서론

도입	Some people believe that children have to do activities organized by their schools or their parents.
주장	However, contrary to this idea, it seems to me that spending more time doing what they want is better.
근거 소개	The concepts of health and a job will support my argument.

본론 1

근거(이유)	First of all, participating in planned activities only is too stressful for children, and this contributes to health problems.
설명	To be specific, probably, some of the activities are what they are not interested in. If they are pushed to do the unwanted activities, they will feel unhappy in life. This situation will stress them out. In fact, stress is one of the primary factors of illnesses because it weakens the ability of the immune system in fighting diseases.
예시	For example, my uncle, a doctor at a general hospital in a city, sometimes tells me that many of his patients suffer adverse health effects from stress. In particular, students who are pushed to do homework and study come to him for stress-related ailments and disorders. They generally have headaches, obesity, or insomnia. In this sense, making children do planned activities is unhealthful for them.

본론 2

근거(이유)	In addition, having more free time is helpful for one's future career.
설명	To explain, if they plan and perform whatever they want after school, they will undergo trial and error. Thus, they will develop problem-solving skills. As modern society has become increasingly competitive and globalized, today's companies are looking for employees having such qualities. Therefore, these are important to fight for jobs in highly competitive labor markets.
예시	For instance, my father, the CEO of a company in Korea often tells me that a job interview is the most important component in employing people. In the interview, he and other interviewers mainly look at the applicants' passion and problem-solving skills. This means that having more time to do interesting things is a sure way for people, especially children, to prepare for the future.

결론

상대 입장	Admittedly, some might argue that children should engage in planned activities after school.
요약 및 재주장 (내 입장)	However, based on the ideas related to health and career, we can conclude that having more freedom after school is more beneficial for them.

해석

서론
[도입] 어떤 사람들은 아이들은 학교나 부모님에 의해 계획된 활동을 해야 한다고 믿는다. **[주장]** 하지만, 이런 생각과는 달리 내가 보기엔 방과 후에 그들이 원하는 것을 하는 데 더 많은 시간을 보내는 것이 더 낫다. **[근거 소개]** 건강과 취업의 개념이 나의 주장을 뒷받침할 것이다.

본론 1
[근거(이유)] 첫 번째로, 계획된 활동에만 참여하는 것은 아이들에게 너무 스트레스를 주고, 이것은 건강 문제를 야기한다. **[설명]** 구체적으로 말하자면, 아마도, 그 활동들 중 일부는 그들이 관심이 없는 것일 것이다. 만약 그들이 그 원하지 않는 활동을 하도록 강요받는다면, 그들은 인생에서 불행함을 느낄 것이다. 이 상황은 그들에게 스트레스를 줄 것이다. 사실 스트레스는 질병과 싸우는 면역체계의 능력을 약화시키기 때문에 질병의 주요 요인 중 하나이다. **[예시]** 예를 들어, 도시에 있는 종합병원의 의사인 나의 삼촌은 때로는 그의 환자들 중 많은 사람들이 스트레스로 인한 건강상의 부작용을 겪는다고 말한다. 특히 강제로 숙제나 공부하는 학생들이 스트레스 관련 질환과 장애로 그를 찾아온다. 그들은 일반적으로 두통, 비만, 불면증을 가지고 있다. 이런 의미에서 방과 후 아이들에게 계획적인 활동을 하게 하는 것은 그들의 건강에 좋지 않다.

본론 2
[근거(이유)] 게다가, 더 많은 자유시간을 가지는 것이 한 사람의 미래 취업에 도움이 된다. **[설명]** 설명하자면, 만약 그들이 방과 후에 그들이 원하는 것을 계획하고 수행한다면, 그들은 시행착오를 겪을 것이다. 따라서, 그들은 문제 해결 능력을 발달시킬 것이다. 현대 사회가 점점 더 경쟁적이고 세계화됨에 따라 오늘날의 회사들은 그러한 자질을 가진 직원들을 찾고 있다. 그러므로, 이것들은 경쟁이 치열한 노동 시장에서 일자리를 위해 싸우는 데 중요하다. **[예시]** 한국의 한 회사의 최고 경영자인 나의 아버지는 종종 나에게 면접이 사람들을 고용하는 데 가장 중요한 요소라고 말한다. 면접에서 그를 비롯한 면접관들은 지원자들의 열정과 문제해결능력을 주로 살펴본다. 이것은 흥미로운 것을 하는 시간을 더 많이 갖는 것이 사람들 특히 학생들이 미래를 대비하는 확실한 방법이라는 것을 의미한다.

결론
[상대 입장] 인정하건대, 몇몇 사람들은 아이들은 방과 후에 계획된 활동을 해야 한다고 주장할 수도 있다. **[요약 및 재주장(내 입장)]** 그러나 건강과 취업 관련된 아이디어들을 바탕으로 방과 후에 더 많은 자유를 갖는 것이 그들에게 더 이롭다는 결론을 내릴 수 있다.

W organize v. 조직하다, 준비하다   be pushed to V ~하도록 강요하다   unhappy adj. 불만족하는   perform v. 수행하다   undergo v. 겪다   trial and error n. 시행착오   problem-solving skills n. 문제해결능력   engage in ~에 참여하다   freedom n. 자유

Q4. 모든 대학생들은 기초과학 수업들을 들어야만 한다.

서론

도입	Some people believe that all college students should take basic science courses.
주장	However, contrary to this idea, it seems to me that attending the science classes is unnecessary to many of them.
근거 소개	The concepts of health and a job will support my argument.

본론 1

근거(이유)	First of all, taking the required science classes is too stressful for college students, and this contributes to health problems.
설명	To be specific, probably, many students who do not major in science or engineering are not interested in the courses. If they are pushed to study the unwanted subjects, they will feel unhappy in school. This situation will stress them out. In fact, stress is one of the primary factors of illnesses because it weakens the ability of the immune system in fighting diseases.
예시	**For example, my uncle, a doctor at a general hospital in a city, sometimes tells me that many of his patients suffer adverse health effects from stress. In particular, students who are not satisfied with their studies come to him for stress-related ailments and disorders. They generally have headaches, obesity, or insomnia. In this sense, taking the science classes by force is unhealthful for college students who do not study science as a major.**

본론 2

근거(이유) In addition, focusing on major courses is helpful for one's future career.

설명 To explain, if undergraduates spend more time on their fields than elective courses like a science class, they will develop expertise. As modern society has become increasingly competitive and globalized, today's companies are looking for employees having such qualities. Therefore, these are important to fight for jobs in highly competitive labor markets.

예시 For instance, my father, the CEO of a company in Korea often tells me that a job interview is the most important component in employing people. In the interview, he and other interviewers mainly look at the applicants' passion and expertise. This means that caring more about a college major is a sure way for people, especially college students, to prepare for the future.

결론

상대 입장 Admittedly, some might argue that it is necessary for all college students to learn basic science.

요약 및 재주장 (내 입장) However, based on the ideas related to health and career, we can conclude that not every student needs to take the science classes.

해석

서론
[도입] 어떤 사람들은 모든 대학생들이 기초과학 수업을 들어야 한다고 믿는다. [주장] 하지만, 이런 생각과는 달리 내가 보기엔 많은 학생들에게 과학 수업을 듣는 것은 불필요하다. [근거 소개] 건강과 취업의 개념이 나의 주장을 뒷받침할 것이다.

본론 1
[근거(이유)] 첫 번째로, 필수 과학 수업을 듣는 것은 대학생들에게 너무 스트레스를 주고, 이것은 건강 문제를 야기한다. [설명] 구체적으로 말하자면, 아마도, 과학이나 공학을 전공하지 않는 많은 학생들은 이 과목에 관심이 없을 것이다. 그들이 원하지 않는 과목들을 공부하도록 강요된다면, 그들은 학교생활에 불만족을 느낄 것이다. 이 상황은 그들에게 스트레스를 줄 것이다. 사실 스트레스는 질병과 싸우는 면역체계의 능력을 약화시키기 때문에 질병의 주요 요인 중 하나이다. [예시] 예를 들어, 도시에 있는 종합병원의 의사인 나의 삼촌은 때때로 그의 환자들 중 많은 사람들이 스트레스로 인한 건강상의 부작용을 겪는다고 말한다. 특히 자신의 공부(학업)에 만족을 못하는 학생들이 스트레스 관련 질환과 장애로 그를 찾아온다. 그들은 일반적으로 두통, 비만, 불면증을 가지고 있다. 이런 의미에서 과학 수업을 강제로 듣는 것은 과학을 전공으로 공부하지 않는 대학생들의 건강에 좋지 않다.

본론 2
[근거(이유)] 게다가, 전공에 집중하는 것이 한 사람의 미래 취업에 도움이 된다. [설명] 설명하자면, 만약 학부생들이 과학수업 같은 선택(교양) 과목보다 자신의 분야에 더 많은 시간을 보낸다면, 그들은 전문성을 키울 것이다. 현대 사회가 점점 더 경쟁적이고 세계화됨에 따라, 오늘날의 회사들은 그러한 자질을 가진 직원들을 찾고 있다. 그러므로, 이것들은 경쟁이 치열한 노동 시장에서 일자리를 위해 싸우는 데 중요하다. [예시] 한국의 한 회사의 최고 경영자인 나의 아버지는 종종 나에게 면접이 사람들을 고용하는 데 가장 중요한 요소라고 말한다. 면접에서 그를 비롯한 면접관들은 지원자들의 열정과 전문성을 주로 살펴본다. 이것은 대학 전공에 대해 더 많이 신경 쓰는 것은 사람들, 특히 대학생들이 미래를 준비하는 확실한 방법이라는 것을 의미한다.

결론
[상대 입장] 인정하건대, 몇몇 사람들은 모든 대학생들이 기초과학을 배우는 것은 필요하다고 주장할 수도 있다. [요약 및 재주장(내 입장)] 그러나 건강과 취업 관련된 아이디어들을 기반으로 모든 학생들이 과학 수업을 들을 필요는 없다는 결론을 내릴 수 있다.

W required adj. 요구되는, 필수의   major in ~를 전공하다   engineering n. 공학   unwanted adj. 원하지 않는   field n. 분야   rather than ~보다   elective course n. 교양과목

Q5. 아이들은 애완동물을 돌보는 것으로부터 이익을 얻을 수 있다.

서론

도입	Some people believe that taking care of pets does not benefit children.
주장	However, contrary to this idea, it seems to me that looking after pets is beneficial to children.
근거 소개	The concepts of stress and a job will support my argument.

본론 1

근거(이유)	First of all, having a dog or cat allows children to alleviate stress.
설명	To be specific, playing with a pet can help children to relax and clear their mind. This brings a new solution to perplexing and stressful problems at school. Therefore, spending time with a pet is one of the best and most effective ways to escape from the harsh reality.
예시	For example, last year, my sister was extremely exhausted and stressed due to excessive homework in high school, However, after she raised a male puppy, she had a brief moment of relief from her stressful schoolwork. Specifically speaking, she played with him and took him for a walk in the park, which made her feel better.

본론 2

근거(이유)	In addition, owning a pet is helpful for one's future career.
설명	To explain, children have to feed and bathe a dog or cat by themselves, so they will develop a sense of responsibility. As modern society has become increasingly competitive and globalized, today's companies are looking for employees having such qualities. Therefore, these are important to fight for jobs in highly competitive labor markets.
예시	For instance, my father, the CEO of a company in Korea often tells me that a job interview is the most important component in employing people. In the interview, he and other interviewers mainly look at the applicants' passion and a sense of responsibility. This means that having a pet is a sure way for people, especially children, to prepare for the future.

결론

상대 입장	Admittedly, some might argue that caring for a pet is difficult and not beneficial to children.
요약 및 재주장 (내 입장)	However, based on the ideas related to stress and employment, we can conclude that having a pet can benefit children.

해석

서론
[도입] 어떤 사람들은 애완동물을 돌보는 것은 아이들에게 유익하지 않다고 믿는다. [주장] 하지만, 이런 생각과는 달리 내가 보기엔 애완동물을 돌보는 것은 아이들에게 이롭다. [근거 소개] 스트레스와 취업의 개념이 나의 주장을 뒷받침할 것이다.

본론 1
[근거(이유)] 무엇보다도, 개나 고양이를 키우는 것은 아이들이 스트레스를 완화하도록 한다. [설명] 구체적으로 말하자면, 애완동물과 함께 노는 것은 아이들이 긴장을 풀고 마음을 맑게 하는 데 도움을 줄 수 있다. 이것은 학교에서 복잡하고 스트레스를 주는 문제에 대한 새로운 해결책을 가져다 준다. 따라서, 애완동물과 시간을 보내는 것은 힘든 현실에서 벗어나는 가장 좋고 효과적인 방법 중 하나이다. [예시] 예를 들어, 작년에

내 여동생은 고등학교 때 과중한 숙제로 극도로 지치고 스트레스를 받았지만, 수컷 강아지를 키우고 나서 스트레스를 많이 받는 학업에서 잠시나마 벗어나게 되었다. 구체적으로 말하면, 그녀는 그와 함께 놀았고 공원에서 산책했다. 이점이 그녀의 기분을 좋게 했다.

본론 2

[근거(이유)] 게다가, 애완동물을 소유하는 것은 미래 취업에 도움이 된다. [설명] 설명하자면, 이들은 개나 고양이를 직접 먹이고 목욕시켜야 하기 때문에 책임감을 키울 것이다. 현대 사회가 점점 더 경쟁적이고 세계화됨에 따라, 오늘날의 회사들은 그러한 자질을 가진 직원들을 찾고 있다. 그러므로, 이것들은 경쟁이 치열한 노동 시장에서 일자리를 위해 싸우는 데 중요하다. [예시] 한국의 한 회사의 최고 경영자인 나의 아버지는 종종 나에게 면접이 사람들을 고용하는 데 가장 중요한 요소라고 말한다. 면접에서 그를 비롯한 면접관들은 지원자들의 열정과 책임감을 주로 살펴본다. 이것은 애완동물을 기르는 것은 사람들, 특히 아이들이 미래를 대비하는 확실한 방법이라는 것을 의미한다.

결론

[상대 입장] 인정하건대, 몇몇 사람들은 애완동물을 돌보는 것은 어렵고 아이들에게 유익하지 않다고 주장할 수도 있다. [요약 및 재주장(내 입장)] 그러나 스트레스와 취업 관련된 아이디어들을 기반으로 애완동물 키우는 것이 아이들에게 유익하다는 결론을 내릴 수 있다.

Ⓦ pet n. 애완동물 feed v. ~에게 먹이를 주다 bathe v. ~를 씻기다 a sense of responsibility n. 책임감 care for ~를 돌보다 benefit v. ~에게 유익하다

Q6. 학교에서 아이들이 미술과 음악을 배우도록 해야 한다.

서론

도입	Some people believe that not every child has to take art and music lessons.
주장	However, contrary to this idea, it seems to me that learning the arts is necessary to children.
근거 소개	The concepts of stress and a perspective will support my argument.

본론 1

근거(이유)	First of all, enjoying art and music in school allows children to alleviate stress.
설명	To be specific, appreciating works, drawing a painting, and playing a musical instrument can help children to relax and clear their mind. This brings a new solution to perplexing and stressful problems at school. Therefore, spending time on art and music is one of the best and most effective ways to escape from the harsh reality.
예시	For example, last year, my sister was extremely exhausted and stressed due to excessive homework in high school, However, after she participated in a music class, she had a brief moment of relief from her stressful schoolwork. Specifically speaking, she listened to good music, played the violin, and sang a song, which made her feel better.

본론 2

근거(이유)	In addition, learning art and music enables children to broaden their perspectives.
설명	To explain, they can be exposed to the different ideas and thoughts that they have never known before through various art works and pieces of music. Consequently, they will experience intellectual growth and respect the diversity, which is required in an era of globalization.
예시	For instance, when I was in high school, I took art classes. As a result, I understood and learned about a variety of cultural things such as French music, food, and clothing. The reason was that the courses dealt with the art works which showed French people's lives, some famous places, and traditional performances.

결론

상대 입장	Admittedly, some might argue that it is unnecessary for some children to take art and music classes.
요약 및 재주장 (내 입장)	However, based on the ideas related to mental health and outlook, we can conclude that all children should be required to learn art and music in school.

해석

서론
[도입] 어떤 사람들은 모든 아이들이 미술과 음악을 수업을 들을 필요가 없다고 믿는다. [주장] 하지만, 이런 생각과는 달리 내가 보기엔 예술을 배우는 것은 아이들에게 필수이다. [근거 소개] 스트레스와 시야의 개념이 나의 주장을 뒷받침할 것이다.

본론 1
[근거(이유)] 우선, 학교에서 미술과 음악을 즐기는 것은 아이들이 스트레스를 완화시킬 수 있게 한다. [설명] 구체적으로 말하자면, 작품을 감상하고, 그림을 그리고, 악기를 연주하는 것은 아이들이 긴장을 풀고 마음을 맑게 하는 데 도움을 줄 수 있다. 이것은 학교에서 복잡하고 스트레스를 주는 문제에 대한 새로운 해결책을 가져다 준다. 그러므로 미술과 음악에 시간을 보내는 것은 힘든 현실에서 벗어날 수 있는 가장 좋고 효과적인 방법 중의 하나이다. [예시] 예를 들어, 작년에 내 여동생은 고등학교 때 과도한 숙제로 극도로 지치고 스트레스를 받았다. 그러나, 음악 수업에 참여한 후 스트레스를 많이 받는 학교 공부로부터 잠시나마 안도의 시간을 가졌다. 구체적으로 말하면, 그녀는 좋은 음악을 듣고 바이올린을 연주하며 노래를 불렀고, 이점이 그녀를 기분 좋도록 만들었다.

본론 2
[근거(이유)] 게다가, 미술과 음악을 배우는 것은 아이들이 그들의 시야를 넓힐 수 있게 한다. [설명] 설명하자면, 그들은 다양한 예술 작품들과 음악들을 통해 이전에 알지 못했던 다른 아이디어들과 생각들에 노출될 수 있다. 결과적으로, 그들은 세계화 시대에 요구되는 지적 성장을 경험하고 다양성을 존중하게 될 것이다. [예시] 예를 들어, 내가 고등학교에 다닐 때, 나는 미술 수업을 들었다. 그 결과 프랑스 음악, 음식, 옷 등 다양한 문화적인 것들을 이해하고 배웠다. 그 이유는 그 강좌가 프랑스 사람들의 삶과 몇몇 유명한 장소, 그리고 전통 공연을 보여주는 예술 작품들을 다루었기 때문이다.

결론
[상대 입장] 인정하건대, 몇몇 사람들은 어떤 아이들에게 미술과 음악 수업을 듣는 것은 불필요하다고 주장할 수도 있다. [요약 및 재주장(내 입장)] 그러나 정신건강과 시야 관련된 아이디어들을 기반으로 모든 아이들이 학교에서 미술과 음악을 배워야 한다는 결론을 내릴 수 있다.

W appreciate v. 감상하다   perplexing adj. 복잡한   musical instrument n. 악기   art work n. 미술 작품   a piece of music n. 음악(곡)   deal with ~를 다루다

Q7. 고등학생들은 반 친구들과 토론을 하는 것보다 강의를 들으면서 배우는 것이 더 좋다.

서론

도입	Some people believe that high school students should study by listening to lectures.
주장	However, contrary to this idea, it seems to me that having a discussion with other students in the classroom is more beneficial to the students.
근거 소개	The concepts of a job and motivation will support my argument.

본론 1

근거(이유)	First of all, participating in a class discussion is helpful for one's future career.
설명	To be specific, high school students can practice expressing their opinions clearly and persuading others, so they will develop discussion skills. As modern society has become increasingly competitive and globalized, today's companies are looking for employees having such qualities. Therefore, these are important to fight for jobs in highly competitive labor markets.

예시	For example, my father, the CEO of a company in Korea often tells me that a job interview is the most important component in employing people. In the interview, he and other interviewers mainly look at the applicants' passion and discussion skills because his company often holds meetings to come up with new ideas or make important decisions. This means that having class-discussions with other students is a sure way for people, especially high school students, to prepare for the future.

본론 2

근거(이유)	In addition, participating in a discussion class can increase high school students' motivation in school.
설명	To explain, high school students would feel competitive, sharing ideas with more capable students. This can be a facilitator which motivates them to improve themselves. They will make more effort, concentrate more, and feel more responsible for what they do. Therefore, this aspect will lead to better outcomes at school.
예시	For instance, my brother, a high school student, used to be lazy and lost interest in his studies. However, since he had some discussions with other students in an economics class, he has changed little by little. He started to spend more time studying and had enthusiasm for his learning. This was because he felt competitive with the friends who had more knowledge than he did.

결론

상대 입장	Admittedly, some might argue that high school students have to take a lecture and take a note in class.
요약 및 재주장 (내 입장)	However, based on the ideas related to career and motivation, we can conclude that communicating and sharing ideas with their classmates during class is better for them.

해석

서론

[도입] 어떤 사람들은 고등학생들은 강의를 들으면서 공부해야 한다고 믿는다. [주장] 하지만, 이런 생각과는 달리 내가 보기엔 교실에서 다른 학생들과 토론하는 것이 학생들에게 더 유익하다. [근거 소개] 취업과 동기부여의 개념이 나의 주장을 뒷받침할 것이다.

본론 1

[근거(이유)] 우선, 수업에서 토론에 참여하는 것은 미래 취업에 도움이 된다. [설명] 구체적으로 말하자면, 고등학생들은 자신의 의견을 명확하게 표현하고 다른 사람들을 설득하는 연습을 할 수 있어서 그들은 토론 기술을 발전시킬 것이다. 현대 사회가 점점 더 경쟁적이고 세계화됨에 따라, 오늘날의 회사들은 그러한 자질을 가진 직원들을 찾고 있다. 그러므로, 이것들은 경쟁이 치열한 노동 시장에서 일자리를 위해 싸우는 데 중요하다. [예시] 예를 들어, 한국의 한 회사의 최고 경영자인 나의 아버지는 종종 나에게 면접이 사람들을 고용하는 데 가장 중요한 요소라고 말한다. 면접에서 그를 비롯한 면접관들은 지원자들의 열정과 토론능력을 주로 살펴본다. 왜냐하면 그의 회사는 종종 새로운 아이디어를 내거나 중요한 결정을 내리기 위해 회의를 하기 때문이다. 이것은 다른 학생들과 수업에서 토론하는 것은 사람들, 특히 고등학생들이 미래를 대비하는 확실한 방법이라는 것을 의미한다.

본론 2

[근거(이유)] 게다가, 토론 수업에 참여하는 것은 고등학생들을 학교에서 동기부여 되도록 해준다. [설명] 설명하자면, 고등학생들은 더 능력 있는 학생들과 아이디어를 공유하면서 경쟁심을 느낄 것이다. 이것은 그들이 스스로를 개선하도록 동기를 부여하는 촉진제가 될 수 있다. 그들은 더 많은 노력을 하고, 더 집중하며, 그들이 하는 일에 더 많은 책임감을 느낄 것이다. 그러므로, 이러한 측면은 학교에서 더 나은 결과를 이끌어낼 것이다. [예시] 예를 들어, 고등학생인 내 남동생은 한때 게으르고 공부에 흥미를 잃었었다. 그렇지만, 경제학 수업에서 다른 학생들과 몇몇

토론을 한 이래로, 그는 조금씩 변화했다. 그는 공부에 더 많은 시간을 쓰기 시작했고 학습에 열정을 가지게 되었다. 그 이유는 그가 더 많은 지식을 가진 그 친구들을 보며 경쟁심을 느꼈기 때문이다.

결론

[**상대 입장**] 인정하건대, 몇몇 사람들은 고등학생들은 수업시간에 강의를 듣고 필기를 해야 한다고 주장할 수도 있다. [**요약 및 재주장**(**내 입장**)] 그러나 취업과 동기부여 관련된 아이디어들을 기반으로 우리는 수업 중에 학급 친구들과 의사소통하고 생각을 공유하는 것이 그들에게 더 낫다는 결론을 내릴 수 있다.

Ⓦ have a discussion 토론하다　practice v. 연습하다　express v. 표현하다　clearly adv. 분명하게　persuade v. 설득하다　hold v. ~를 개최하다(열다)　come up with ~를 생각해 내다　make a decision 결정하다　class-discussion 수업시간에 하는 토론　capable adj. 능력 있는　economics n. 경제학　take a note 필기하다

Q8. 어떤 사람들은 학교가 이른 아침에 하루를 시작해야 한다고 생각한다. 하지만, 다른 사람들은 학교가 늦은 시간에 하루를 시작해야 한다고 생각한다. 당신은 어떤 것을 선호하는가?

서론

도입	Some people believe that schools should start early in the morning.
주장	However, contrary to this idea, it seems to me that starting school later is more beneficial to students.
근거 소개	The concepts of health and motivation will support my argument.

본론 1

근거(이유)	First of all, going to school early is too stressful for students, and this contributes to health problems.
설명	To be specific, students worrying about being late cannot get enough sleep and they often skip breakfast, so they will feel very tired in school. This situation will stress them out. In fact, stress is one of the primary factors of illnesses because it weakens the ability of the immune system in fighting diseases.
예시	For example, my uncle, a doctor at a general hospital in a city, sometimes tells me that many of his patients suffer adverse health effects from stress. In particular, students (who are) always anxious about being late for school come to him for stress-related ailments and disorders. They generally have headaches, obesity, or insomnia. In this sense, starting the school day early is unhealthful for students.

본론 2

근거(이유)	In addition, going to school at a later time can increase students' motivation in school.
설명	To explain, students can have a sufficient amount of sleep and breakfast, which makes them energetic. This can be a facilitator which motivates them to improve themselves. They will make more effort, concentrate more, and feel more responsible for what they do. Therefore, this aspect will lead to better outcomes at school.
예시	For instance, my brother, a high school student, used to be lazy and lost interest in his studies due to lack of sleep. However, since his high school started later, he has changed little by little. He started to spend more time studying and had enthusiasm for his learning. This was because he felt awake and more energized with enough sleep.

결론

상대 입장	Admittedly, some might argue that an early school start time is beneficial to students.
요약 및 재주장 (내 입장)	However, based on the ideas related to health and motivation, we can conclude that going to school later is much better for them.

해석

서론
[도입] 어떤 사람들은 학교는 아침 일찍 시작해야 한다고 믿는다. [주장] 하지만, 이런 생각과는 달리 내가 보기엔 늦은 시간에 시작하는 것이 학생들에게 더 유익하다. [근거 소개] 건강과 동기부여의 개념이 나의 주장을 뒷받침할 것이다.

본론 1
[근거(이유)] 우선, 학교에 일찍 가는 것은 학생들에게 너무 스트레스를 주고, 이것은 건강 문제를 야기한다. [설명] 구체적으로 말하자면, 지각에 대해 걱정하는 학생들은 충분한 잠을 자지 못하고 종종 아침을 거르기 때문에 학교에서 매우 피곤함을 느낄 것이다. 이 상황은 그들에게 스트레스를 줄 것이다. 사실 스트레스는 질병과 싸우는 면역체계의 능력을 약화시키기 때문에 질병의 주요 요인 중 하나이다. [예시] 예를 들어, 도시에 있는 종합병원의 의사인 나의 삼촌은 때때로 그의 환자들 중 많은 사람들이 스트레스로 인한 건강상의 부작용을 겪는다고 말한다. 특히 학교에 늦을까봐 항상 불안해하는 학생들이 스트레스 관련 질환과 장애로 그를 찾아온다. 그들은 일반적으로 두통, 비만, 불면증을 가지고 있다. 이런 의미에서 일찍 학교를 시작하는 것은 학생들의 건강에 좋지 않다.

본론 2
[근거(이유)] 게다가, 좀 늦게 등교하는 것이 학생들을 학교에서 동기부여 되도록 해준다. [설명] 설명하자면, 학생들은 충분한 양의 수면을 취할 수 있고 아침밥을 먹을 수 있는데, 이점은 그들을 활기차게 만든다. 이것은 그들이 스스로를 개선하도록 동기를 부여하는 촉진제가 될 수 있다. 그들은 더 많은 노력을 하고, 더 집중하며, 그들이 하는 일에 더 많은 책임감을 느낄 것이다. 그러므로, 이러한 측면은 학교에서 더 나은 결과를 이끌어 낼 것이다. [예시] 예를 들어, 고등학생인 내 남동생은 수면 부족 때문에 한때 게으르고 공부에 흥미를 잃었었다. 그렇지만, 그의 고등학교가 늦은 시간에 시작한 이후로, 그는 조금씩 달라졌다. 그는 공부에 더 많은 시간을 쓰기 시작했고 학습에 열정을 가지게 되었다. 그 이유는 그가 충분한 수면과 함께 깨어 있었고 더 힘이 났기 때문이다.

결론
[상대 입장] 인정하건대, 몇몇 사람들은 이른 등교시간이 학생들에게 유익하다고 주장할 수도 있다. [요약 및 재주장(내 입장)] 그러나 건강과 동기부여 관련된 아이디어들을 기반으로 우리는 늦게 등교하는 것이 그들에게 훨씬 더 낫다는 결론을 내릴 수 있다.

Ⓦ worry about ~에 대해 걱정하다   skip v. ~를 거르다   anxious adj. 불안한   sufficient adj. 충분한   energetic adj. 활력 있는   lack of ~의 부족   feel awake 깨어 있는 느낌   energized adj. 활력 있는

Q9. 대학은 학교식당을 개선하는 것보다 사회활동을 지원하는 것에 더 돈을 써야 한다.

■ Brainstorming

〈본론 2〉 스트레스 Storyline

근거(이유)	사회활동 즐기는 것 → 대학생들이 스트레스 해소하도록 한다.
설명	학교식당에 밥 먹는 것에 비해 클럽, 밴드, 스포츠 활동 → 마음의 휴식, 정화 → 복잡한 문제들에 대한 해결방법을 가져옴 → 그러므로 사회활동에 시간 보내는 것 힘든 현실에서 벗어나는 최고의 방법
예시	1단계: 작년에 대학교에서 많은 과제 때문에 스트레스 받은 my sister 2단계: 새로운 학생회관에 있는 음악 동아리에 들어간 후 → 스트레스 받은 것으로부터 잠시 벗어남 3단계: 좋은 음악을 듣고 바이올린을 연주하고 노래를 불렀다.

서론

도입	Some people believe that a university should invest in improving a cafeteria on campus.

주장	However, contrary to this idea, it seems to me that spending money on social activities more beneficial to college students.
근거 소개	The concepts of a perspective and stress will support my argument.

본론 1

근거(이유)	First of all, investing in social activities enables college students to broaden their perspectives unlike improving a school cafeteria.
설명	To be specific, they can be exposed to the different ideas and thoughts that they have never known before by interacting with a variety of students doing the same social activities. Consequently, they will experience intellectual growth and respect the diversity, which is required in an era of globalization.
예시	For example, when I was in college, I spent my spare time in a rock climbing club on campus. As a result, I understood and learned about a variety of cultural things such as local music, food, and clothing. The reason was that I shared my opinions with friends who were from different regions in Korea, had meals, and climbed famous mountains in Korea together.

본론 2

근거(이유)	In addition, enjoying social activities in school allows college students to alleviate stress.
설명	To explain, participating in band, sports, or club activities can help them to relax and clear their mind more effectively than eating in a school cafeteria. This brings a new solution to perplexing and stressful problems at school. Therefore, spending time on the social activities is one of the best and most effective ways to escape from the harsh reality.
예시	For instance, last year, my sister was extremely exhausted and stressed due to excessive homework in college. However, after she joined a music club in a new student union building, she had a brief moment of relief from her stressful schoolwork. Specifically speaking, she listened to good music, played the violin, and sang a song, which made her feel better.

결론

상대 입장	Admittedly, some might argue that a college has to invest in a school cafeteria first.
요약 및 재주장 (내 입장)	However, based on the ideas related to outlook and mental health, we can conclude that a university should spend more money on social activities for its students.

해석

서론
[도입] 어떤 사람들은 대학은 캠퍼스내 식당 개선에 투자해야 한다고 믿는다. [주장] 하지만, 이런 생각과는 달리 내가 보기엔 사회 활동에 돈을 쓰는 것이 대학생들에게 더 유익하다. [근거 소개] 시야와 스트레스의 개념이 나의 주장을 뒷받침할 것이다.

본론 1
[근거(이유)] 우선, 사회활동에 투자하는 것이 대학생들이 그들의 시야를 넓힐 수 있게 한다. [설명] 구체적으로 말하자면, 그들은 같은 사회활동을 하는 다양한 학생들과 교류하면서 이전에 알지 못했던 다른 아이디어들과 생각들에 노출될 수 있다. 결과적으로 그들은 세계화 시대에 요구

되는 지적 성장을 경험하고 다양성을 존중하게 될 것이다. [예시] 예를 들어, 내가 대학교 다닐 때, 나는 암벽등반 동아리에서 남는 시간을 보냈다. 그 결과 지역 음악, 음식, 옷 등 다양한 문화적인 것들을 이해하고 배웠다. 그 이유는 나는 한국의 다른 지역에서 온 친구들과 의견을 나누고, 밥을 먹고, 한국의 유명한 산을 함께 등반했기 때문이다.

본론 2
[근거(이유)] 게다가, 사회활동을 즐기는 것은 대학생들이 스트레스를 완화시킬 수 있게 한다. [설명] 설명하자면, 밴드, 스포츠, 또는 동아리활동 하는 것이 그들이 긴장을 풀고 마음을 맑게 하는 데 학교식당에서 먹는 것보다 좀 더 효과적으로 도움을 줄 수 있다. 이것은 학교에서 복잡하고 스트레스를 주는 문제에 대한 새로운 해결책을 가져다 준다. 그러므로 사회활동에 시간에 시간을 보내는 것은 힘든 현실에서 벗어날 수 있는 가장 좋고 효과적인 방법 중의 하나이다. [예시] 예를 들어, 작년에 내 여동생은 대학교에서 과도한 숙제로 극도로 지치고 스트레스를 받았다. 그러나, 그녀가 새로운 학생회관에 있는 음악 동아리에 참여한 이후 스트레스를 많이 받는 학교 공부로부터 잠시나마 안도의 시간을 가졌다. 구체적으로 말하면, 그녀는 좋은 음악을 듣고, 바이올린을 연주하고, 노래를 불렀고 이점이 그녀를 기분 좋도록 만들었다.

결론
[상대 입장] 인정하건대, 몇몇 사람들은 대학이 학교 식당에 우선 투자해야 한다고 주장할 수도 있다. [요약 및 재주장(내 입장)] 그러나 시야와 정신건강 관련된 아이디어들을 기반으로 우리는 대학이 그 학생들을 위해 사회활동에 돈을 더 많이 써야 한다는 결론을 내릴 수 있다.

Ⓦ invest in ~에 투자하다   cafeteria n. 구내식당   rock climbing n. 암벽등반   on campus 교내   student union 학생회   student union building 학생회관

Q10. 가족이 함께 규칙적으로 식사하는 것은 중요하다.

⬥ Brainstorming
〈본론 2〉 취업 Storyline

근거(이유)	가족 식사 → 미래 취업에 도움된다.
설명	부모님과 식사하면서 어린 가족구성원들이 → 회사에서 필요한 좋은 매너와 예의 바른 대화기술을 배움 → 요즘 회사들이 그런 능력을 필요로 한다.
예시	아버지 회사에서 면접 시 매너를 중요하게 여김 (예의가 직장인들 사이 갈등을 줄여주기 때문에)

서론

도입	Some people believe that it is difficult to share meals with busy family members.
주장	However, contrary to this idea, it seems to me that eating together as a family is extremely important.
근거 소개	The concepts of stress and a job will support my argument.

본론 1

근거(이유)	First of all, having a meal together allows us to alleviate stress.
설명	To be specific, we can have meaningful conversations and share worries with our family members in the good atmosphere, which helps us to relax and clear our mind. This brings a new solution to perplexing and stressful problems at work or school. Therefore, having a family meal is one of the best and most effective ways to escape from the harsh reality.
예시	For example, last year, my sister was extremely exhausted and stressed due to excessive homework in high school, However, after she had family dinner in a restaurant every Saturday, she had a brief moment of relief from her stressful schoolwork. Specifically

	speaking, she shared problems and worries at school, and got sincere and heartwarming advice from my parents, which made her feel better.

본론 2

근거(이유)	In addition, sharing a meal with family members is helpful for one's future career.
설명	To explain, young family members can learn good manners and polite conversation skills by eating with their parents. As modern society has become increasingly competitive and globalized, today's companies are looking for employees having such qualities. Therefore, these are important to fight for jobs in highly competitive labor markets.
예시	For instance, my father, the CEO of a company in Korea often tells me that a job interview is the most important component in employing people. In the interview, he and other interviewers mainly look at the applicants' passion and manners because politeness helps decrease conflicts among coworkers. This means that having a family meal regularly is a sure way for people, especially children, to prepare for the future.

결론

상대 입장	Admittedly, some might argue that people today are too busy to eat with their family.
요약 및 재주장 (내 입장)	However, based on the ideas related to mental health and career, we can conclude that having a meal with family is beneficial to us.

해석

서론
[도입] 어떤 사람들은 바쁜 가족들과 함께 식사하는 것은 어렵다고 믿는다. [주장] 하지만, 이런 생각과는 달리 내가 보기엔 가족으로서 함께 식사하는 것은 매우 중요하다. [근거 소개] 스트레스와 취업의 개념이 나의 주장을 뒷받침할 것이다.

본론 1
[근거(이유)] 우선, 가족과 함께 식사하는 것은 우리가 스트레스를 완화시킬 수 있게 한다. [설명] 설명하자면, 좋은 분위기에서 가족과 의미 있는 대화를 나누고 고민을 나눌 수 있어 마음을 편안하게 하고 마음을 정리하는 데 도움이 된다. 이것은 학교에서 복잡하고 스트레스를 주는 문제에 대한 새로운 해결책을 가져다 준다. 그러므로 가족식사를 하는 것은 힘든 현실에서 벗어날 수 있는 가장 좋고 효과적인 방법 중의 하나이다. [예시] 예를 들어, 작년에 내 여동생은 고등학교에서 과도한 숙제로 극도로 지치고 스트레스를 받았다. 그러나, 그녀가 토요일마다 가족식사를 식당에서 한 이후 스트레스를 많이 받는 학교 공부로부터 잠시나마 안도의 시간을 가졌다. 구체적으로 말하면, 그녀는 학교에서 문제와 걱정을 공유했고 부모님으로부터 진실하고 따뜻한 충고를 받았다. 이점이 그녀를 기분 좋도록 만들었다.

본론 2
[근거(이유)] 게다가, 가족과 식사하는 것은 미래 취업에 도움이 된다. [설명] 구체적으로 말하자면, 어린 가족 구성원들은 부모님과 함께 식사를 함으로써 좋은 매너와 공손한 대화 기술을 배울 수 있다. 현대 사회가 점점 더 경쟁적이고 세계화됨에 따라, 오늘날의 회사들은 그러한 자질을 가진 직원들을 찾고 있다. 그러므로, 이것들은 경쟁이 치열한 노동 시장에서 일자리를 위해 싸우는 데 중요하다. [예시] 예를 들어, 한국의 한 회사의 최고 경영자인 나의 아버지는 종종 나에게 면접이 사람들을 고용하는 데 가장 중요한 요소라고 말한다. 면접에서 그를 비롯한 면접관들은 지원자들의 열정과 매너를 주로 살펴본다. 왜냐하면 공손함(예의)은 동료들 간의 갈등을 줄이는 데 도움을 주기 때문이다. 이것은 주기적으로 가족식사 하는 것은 사람들, 특히 아이들이 미래를 대비하는 확실한 방법이라는 것을 의미한다.

결론
[상대 입장] 인정하건대, 몇몇 사람들은 오늘날 사람들은 너무 바빠서 가족들과 함께 식사를 할 수 없다고 주장할 수도 있다. [요약 및 재주장 (내 입장)] 그러나 정신건강과 취업 관련된 아이디어들을 기반으로 우리는 가족과 식사하는 것이 우리에게 유익하다는 결론을 내릴 수 있다.

ⓦ share a meal 식사하다   meaningful adj. 의미 있는   conversation n. 대화   atmosphere n. 분위기, 대기   family meal n. 가족식사   polite adj. 예의 있는   conversation skills n. 대화기술   politeness n. 예의, 공손함   conflict n. 갈등

Q11. 우리는 성공하기 위해서 비판을 받아들여야 한다.

≋ Brainstorming

〈본론 1〉 건강 Storyline

근거(이유)	비판을 무시하면 → stressful하고 건강문제를 야기한다.
설명	좋은 의도로 비판을 한 사람들이 상처받고 무시당하는 느낌을 받게 만든다. → 스트레스 증가 → 스트레스는 면역체계를 약화시켜 질병을 야기한다.
예시	의사인 삼촌의 많은 환자들이 스트레스로 고통받고 있다. → 이런 점에서 볼 때 비판을 받아들이지 않는 것은 unhealthful하다.

〈본론 2〉 동기부여 Storyline

근거(이유)	비판 수용 → 한 사람의 삶에 있어서 동기부여 해준다.
설명	다른 사람들의 객관적 판단을 통해 우리의 약점을 파악할 수 있다. → 이런 점이 촉진제가 됨 → 그래서 일 또는 공부를 열심히 하게 됨
예시	1단계: 게으르고 일에 흥미를 잃었던 brother (직장인) 2단계: 동료들의 비판을 수용한 이래로 변화하게 됨 + 일을 열심히 하게 됨 3단계: 자신의 의사소통 및 시간관리에 문제가 있었던 것을 알게 되었기' 때문에

서론

도입	Some people believe that it is unnecessary to take all criticism of others.
주장	However, contrary to this idea, it seems to me that accepting criticism is a key factor for success.
근거 소개	The concepts of health and motivation will support my argument.

본론 1

근거(이유)	First of all, ignoring negative feedback is too stressful, and this contributes to health problems.
설명	To be specific, it can cause people who give criticism with good intention to feel hurt and ignored. This situation will stress them out. In fact, stress is one of the primary factors of illnesses because it weakens the ability of the immune system in fighting diseases.
예시	For example, my uncle, a doctor at a general hospital in a city, sometimes tells me that many of his patients suffer adverse health effects from stress. In particular, people who cannot deal with the feeling of being ignored at work or school come to him for stress-related ailments and disorders. They generally have headaches, obesity, or insomnia. In this sense, ignoring criticism is unhealthful for others who offer it with positive intention.

본론 2

근거(이유)	In addition, taking criticism can increase one's motivation in life.

설명	To explain, we can identify our weaknesses through others' objective judgement. This can be a facilitator which motivates us to improve ourselves. We will make more effort, concentrate more, and feel more responsible for what we do. Therefore, this aspect will lead to better outcomes at work or school.
예시	For instance, my brother, an office worker, used to be lazy and lost interest in his job. However, since he listened to coworkers' comments on his work, he has changed little by little. He started to spend more time working and had enthusiasm for his job. This was because he found out that he had some problems with communication and time management.

결론

상대 입장	Admittedly, some might argue that receiving all criticism is too stressful.
요약 및 재주장 (내 입장)	However, based on the ideas related to health and motivation, we can conclude that accepting negative comments is beneficial.

해석

서론
[도입] 어떤 사람들은 다른 사람들의 모든 비판을 받아들이는 것은 불필요하다고 믿는다. [주장] 하지만, 이런 생각과는 달리 내가 보기엔 비판을 받아들이는 것은 성공의 중요한 요소이다. [근거 소개] 건강과 동기부여의 개념이 나의 주장을 뒷받침할 것이다.

본론 1
[근거(이유)] 우선, 부정적인 피드백을 무시하는 것은 너무 스트레스를 주고, 이것은 건강 문제를 야기한다. [설명] 구체적으로 말하자면, 그것은 좋은 의도로 비판을 하는 사람들을 상처받거나 무시당하는 기분을 느끼게 야기할 수 있다. 이 상황은 그들에게 스트레스를 줄 것이다. 사실 스트레스는 질병과 싸우는 면역체계의 능력을 약화시키기 때문에 질병의 주요 요인 중 하나이다. [예시] 예를 들어, 도시에 있는 종합병원의 의사인 나의 삼촌은 때때로 그의 환자들 중 많은 사람들이 스트레스로 인한 건강상의 부작용을 겪는다고 말한다. 특히 직장이나 학교에서 무시당하는 기분을 감당할 수 없는 사람들이 스트레스 관련 질환과 장애로 그를 찾아온다. 그들은 일반적으로 두통, 비만, 또는 불면증을 가지고 있다. 이런 의미에서 비판을 무시하는 것은 긍정적인 의도로 그것을 제공하는 다른 사람들의 건강에 좋지 않다.

본론 2
[근거(이유)] 게다가, 비판을 받아들이는 것은 한 사람의 삶에 동기부여 되도록 해준다. [설명] 설명하자면, 우리는 다른 사람의 객관적인 판단을 통해 우리의 약점을 확인할 수 있다. 이것이 우리가 스스로를 개선하도록 동기를 부여하는 촉진제가 될 수 있다. 우리는 더 많은 노력을 하고, 더 집중하며, 우리가 하는 일에 더 많은 책임감을 느낄 것이다. 그러므로, 이러한 측면은 직장이나 학교에서 더 나은 결과를 이끌어 낼 것이다. [예시] 예를 들어, 회사원인 내 남동생은 한때 게으르고 일에 흥미를 잃었었다. 그렇지만, 그가 그의 일에 대한 동료들의 의견을 들은 이후로, 그는 조금씩 달라졌다. 그는 일하는 것에 더 많은 시간을 쓰기 시작했고 직업에 열정을 가지게 되었다. 그 이유는 그는 그가 의사소통과 시간 관리에 약간의 문제가 있다는 것을 알게 되었기 때문이다.

결론
[상대 입장] 인정하건대, 몇몇 사람들은 모든 비판을 받아들이는 것은 너무 스트레스를 야기한다고 주장할 수도 있다. [요약 및 재주장(내 입장)] 그러나 건강과 동기부여 관련된 아이디어들을 기반으로 우리는 부정적인 견해들을 받아들이는 것이 유익하다는 결론을 내릴 수 있다.

Ⓦ take criticism 비판을 받아들이다 accept v. 받아들이다 key factor n. 중요한 요소 ignore v. 무시하다 negative adj. 부정적인 good intention n. 좋은 의도 feel hurt 상처받다 feel ignored 무시당함을 느끼다 weakness n. 약점 identify v. 확인하다, 발견하다 objective adj. 객관적인 judgement n. 판단 comment n. 견해, 비판 find out ~를 알아내다 time management n. 시간 관리

Actual Test 실전모의고사

Q1. 통합형 문제

리딩 해석 로아노크 섬은 아메리카 대륙의 첫 번째 영국 식민지였던 16세기 로아노크 식민지의 터였다. 1587년 영국의 식민지 개척자들이 도착하여 로아노크 섬에 정착하였다. 이 식민지는 실종을 둘러싼 미스터리로 가장 잘 알려져 있다. 식민지 개척자들의 지도자는 물자를 얻기 위해 영국으로 돌아갔다. 그러나 지도자가 영국에서 물자를 가지고 돌아왔을 때 로아노크의 정착민들은 모두 사라졌다. 비록 아무도 왜 로아노크 식민지가 사라졌는지 확실히 알지 못하지만, 많은 연구자들은 다음과 같은 이유로 그들이 크로아티아 섬으로 이주했다고 믿는다.

우선, 첫 번째 증거는 '크로아탄'이라는 조각된 낱말이다. 단어 '크로아탄'은 식민지의 나무 울타리 기둥 위에 쓰여져 있었다. 그 지도자는 정착민들과 약속을 했고 어떤 이유로든 식민지를 떠나야 한다면 어디로 이주할 것인지를 알려주기 위해 정착민들에게 표식을 남기라고 명령했었다. 그러나 지도자는 항해 도중 배가 파손되어 크로아탄 섬까지 갈 수 없었다.

둘째, 크로아탄 섬에서 반지와 금화 같은 유물이 발견되었다. 이 유물들 중 많은 것들이 관련 기간 동안 영국에서 사용되었다. 이것은 로아노크 정착민들이 로아노크 식민지를 떠날 때 금과 같은 귀중품을 가지고 왔을 것이기 때문에 이치에 맞을 것이다.

마지막으로, 일부 크로아탄 섬의 원주민들은 유럽인들처럼 더 밝은 머리와 파란 눈을 가지고 있었다. 이러한 신체적 특성은 로아노크 정착민들이 사라진 후 크로아탄 섬에 도착한 유럽 정착민들에 의해 발견되었다. 다른 아메리카 원주민들은 그런 신체적 특징을 가지고 있지 않았다. 따라서 다른 피부와 눈 색깔은 원주민이 로아노크 식민지 개척자들의 후손이라는 증거가 될 수 있었다. 원주민에 대한 이러한 설명은 잃어버린 식민지 주민들이 크로아탄 섬으로 이주했다는 단서가 될 수 있다.

W colonist n. 식민지 개척자, 식민지 주민 settle in 정착하다 supplies n. 저장품 know for certain 확실히 알고 있다 colony n. 식민지 voyage n. 항해 descendant n. 후손 account n. 설명

🔊 MP3 22

강의 스크립트 Well... nobody knows why the colonists disappeared from Roanoke Island and it still remains a mystery. Even though your reading passage states the colonists moved to Croatan Island, there is still no proof and no one can know for certain what happened to the colonists.

First, about the carved word left in the Roanoke colony... We should first think about why the colonists had to move to a different area instead of staying in the colony. The main reason would be for food, right? Well, in that case, even if the colonists were to leave the colony, they would go to the inland not the island because there is more food in the interior country than on the island. Thus, it is highly unlikely that the colonists moved to the Croatan island, even though the word 'Croatan' was carved.

Second, as for the artifacts like a gold ring and coins... um... the artifacts themselves are proof that the settlers didn't go to Croatan Island. The ring that was found in Croatan belonged to a man who was not one of the colonists. The man had left for England before the leader left to get supplies. So, how did the ring and coins get there? These things could have been a result of trade. It is noted that the English traded with Croatan Island after the colonists of Roanoke disappeared.

Finally, about the native people on Croatan Island. It is true that they had lighter hair and blue eyes. However, this account was discovered a hundred years after the disappearance of the Roanoke colony. England during that time sent many settlers to the New World. Therefore, the European physical features could have resulted from some of these new settlers. They married natives in Croatan Island. So, the argument that the physical characteristics are a result of intermarriage between the colonists and Croatan native people seems unlikely.

W account n. 설명, 이야기 inland n. 내륙 belong to ~에 속하다 supplies n. 생필품 native adj./n. 원주민(의)

강의 해석 글쎄요... 식민지 주민들이 왜 로아노크 섬에서 사라졌는지 아무도 모르고 아직도 수수께끼로 남아 있어요. 비록 여러분의 리딩 지문에서 식민지 주민들이 크로아탄 섬으로 이주했다고 쓰여 있지만, 여전히 증거가 없고 식민지 사람들에게 무슨 일이 일어났는지 아무도 확실히 알 수 없어요.

첫째, 로아노크 식민지에 남겨진 조각된 단어에 대해서... 우리는 식민지 개척자들이 왜 식민지에 머무르지 않고 다른 지역으로 이주해야 했는지에 대해 먼저 생각해 보아야 해요. 주된 이유는 음식 때문이겠죠? 그렇다면 식민지 개척자들이 식민지를 떠나더라도, 그들은 섬보다 내륙 국

가에 더 많은 음식이 있기 때문에 섬이 아닌 내륙으로 갔을 거예요. 따라서 비록 '크로아탄'이라는 말이 새겨져 있지만 식민지 주민들이 크로아탄 섬으로 이주했을 가능성은 거의 없죠.

둘째, 금반지와 동전 같은 공예품들은… 음… 그 유물들 자체가 이주민들이 크로아탄 섬에 가지 않았다는 증거가 될 수 있어요. 크로아탄에서 발견된 반지는 식민지 개척자 중 한 명이 아닌 사람의 것이에요. 그 남자는 지도자가 물자를 가지러 떠나기 전에 영국으로 떠났어요. 그렇다면, 반지와 동전은 어떻게 그곳에 도착했을까요? 이런 것들은 무역의 결과일 수도 있어요. 로아노크의 식민지 개척자들이 사라진 후 영국인들이 크로아탄 섬과 교역을 했다는 점에 주목해요.

마지막으로, 크로아탄 섬의 원주민들에 대해서. 그들이 더 밝은 머리와 파란 눈을 가졌던 것은 사실이에요. 그러나 이 이야기(설명)는 로아노크 식민지가 사라진 지 100년 만에 밝혀졌어요. 그 기간 동안 영국은 많은 정착민들을 아메리카 대륙으로 보냈어요. 따라서, 유럽사람들의 신체적 특징들은 이러한 새로운 정착민들 중 일부로부터 비롯되었을 수 있어요. 그들은 크로아탄 섬의 원주민들과 결혼했을 거예요. 그래서 그 신체적 특성은 식민지 사람들과 크로아탄 원주민들 사이의 결혼의 결과물이라는 주장은 가능성이 없어 보여요.

Note-taking

읽기 노트

주 제: Roanoke colonists — moved to Croatan Island

근거 1: word 'Croatan' on fence posts
- A mark — where to move

근거 2: gold coins and rings found — used in England
- settlers — brought valuables

근거 3: native inhabitants
- lighter hair + blue eyes
- descendants of Roanoke colonists

강의 노트

반 론: Reading — wrong

근거 1: reading — X
- left the colony for food
- go to inland — X island

근거 2: reading — X
- ring owner — colonist X
- a result of trade

근거 3: reading — X
- accounts — hundred years after disappearance
- many new setters → the new world
- resulted from other new settlers

Writing

The lecturer objects to the points mentioned in the reading passage made about the Roanoke colony. The speaker states that the notions in the passage have flaws.

First of all, the speaker says that the claim about a carved word is wrong. The primary reason for the migration must have been food, but more food in the mainland was available than in the island. Therefore, the colonists had no need to go to the island. This casts doubt on the author's claim that the word "Croatan" carved in a wood post in the Roanoke island showed the new destination of the colonists leaving there.

Second, the lecturer points out that the assertion regarding artifacts is mistaken. The man who possessed the ring was not one of the Roanoke colonists. Also, Croatan people could have got the ring and coins through trade with England. This goes against the writer's view that a lot of artifacts such as gold coins and rings were found on Croatan Island and the artifacts were traced to England.

Finally, the professor contends that the opinion concerning lighter hair and blue eyes is flawed. The fact that Croatan people's hair and eye colors are similar to those of Europeans came to light long after the Roanoke colony disappeared. Back then, many England people moved to the New World, so probably the features came from marriages between other English settlers and native Croatan people. This is in direct opposition to the author's assertion that, since some native people in Croatan Island had European physical traits, they were more likely to be descendants of Roanoke colonists.

해석 강의자는 로아노크 식민지에 대해 쓴 읽기에 언급된 요점을 반대한다. 화자는 그 리딩의 생각들에 결함이 있다고 말한다.

우선, 화자는 조각된 단어에 대한 주장이 틀렸다고 말한다. 이주한 주된 이유는 음식이었을 텐데, 섬보다 본토에서 더 많은 음식을 구할 수 있었다. 따라서 식민지 주민들은 그 섬에 갈 필요가 없었다. 이것은 로아노크 섬의 나무 기둥에 새겨진 '크로아탄'이라는 단어가 그곳을 떠나는 식민지 사람들의 새로운 목적지를 보여준다는 저자의 주장에 의문을 던진다.

둘째, 강사는 유물에 관한 주장이 잘못되었다고 지적한다. 그 반지의 소유자는 로아노크 식민지의 한 사람이 아니었다. 또한, 크로아탄 사람들은 영국과의 무역을 통해 그 반지와 동전을 얻을 수 있었을 것이다. 이것은 크로아탄 섬에서 금화와 반지 같은 많은 유물이 발견되었고 그 유물이 영국으로 추적되었다는 작가의 견해와 배치된다.

마지막으로, 교수는 더 밝은 머리와 파란 눈에 대한 의견은 결함이 있다고 주장한다. 크로아탄 사람들의 머리카락과 눈 색깔이 유럽인들의 머리 색깔과 비슷하다는 사실은 로아노크 식민지가 사라진 지 오래 후에 밝혀졌다. 당시 많은 영국인들이 아메리카 대륙으로 이주했기 때문에 아마도 그 특징은 다른 영국 정착민들과 크로아탄 원주민들의 결혼에서 나왔을 것이다. 이는 크로아탄 섬의 일부 토착민들이 유럽의 신체적 특징을 가지고 있었기 때문에 로아노크 식민주의자들의 후손일 가능성이 높다는 저자의 주장에 정면으로 반하는 것이다.

Q2. 독립형 문제

다음 진술에 동의하는가 동의하지 않는가? **우리는 항상 남들에게 예의 있어야 한다.** 구체적인 이유와 예시를 사용해서 당신의 의견을 뒷받침하시오.

아웃라인

문제 유형: 찬반형   **주제대상**: we, people

논리흐름
찬성: 항상 예의 있으면 좋은 점 & 무례할 경우 문제점
반대: 때때로 무례할 수밖에 없는 이유 & 항상 예의를 신경 쓸 때 안 좋은 점

주장: 항상 예의 있어야 한다. (찬성)

근거 1: 무례하면 다른 사람들의(상대방) 건강에 좋지 않음
근거 2: 항상 예의 있으면 취업에 도움된다.

〈본론 1〉 건강 Storyline

근거(이유)	무례하면 → **stressful**하고 건강문제를 야기한다.
설명	다른 사람들을 상처받거나 기분 나쁘게 만든다. → 스트레스 증가 → 스트레스는 면역체계를 약화시켜 질병을 야기한다.

예시	의사인 삼촌의 많은 환자들이 스트레스로 고통받고 있다. → 이런 점에서 볼 때 무례한 것은 unhealthful하다.

〈본론 2〉 취업 Storyline

근거(이유)	예의 있으면 → 미래 취업에 도움된다.
설명	사람들은 예의 있는 사람들을 좋아함 → 예의 있으면 더 많은 사람들과 교류 가능 → 회사에서 필요한 사회성을 키움 → 요즘 회사들이 그런 능력을 필요로 한다.
예시	아버지 회사에서 면접 시 사회성을 중요하게 여김

✎ Writing

Some people believe that people do not have to be kind to a rude person. However, contrary to this idea, it seems to me that there is no reason to be impolite to others. The concepts of health and a job will support my argument.

First of all, being rude is too stressful, and this contributes to health problems. To be specific, it can make others feel bad and hurt. This situation will stress them out. In fact, stress is one of the primary factors of illnesses because it weakens the ability of the immune system in fighting diseases. For example, my uncle, a doctor at a general hospital in a city, sometimes tells me that many of his patients suffer adverse health effects from stress. In particular, people who cannot deal with rude people at work or school come to him for stress-related ailments and disorders. They generally have headaches, obesity, or insomnia. In this sense, being impolite is unhealthful for others.

In addition, being polite is helpful for one's future career. To explain, people like polite people, so if we talk and act politely to others, we will develop social skills, having more chances to interact and socialize with many people. As modern society has become increasingly competitive and globalized, today's companies are looking for employees having such qualities. Therefore, these are important to fight for jobs in highly competitive labor markets. For instance, my father, the CEO of a company in Korea often tells me that a job interview is the most important component in employing people. In the interview, he and other interviewers mainly look at the applicants' passion and social skills. This means that being courteous is a sure way for people to prepare for the future.

Admittedly, some might argue that it can be stressful if we always care about what others think, get patient, or speak gently. However, based on the ideas related to health and career, we can conclude that being polite is beneficial to us.

해석 어떤 사람들은 사람들이 무례한 사람에게는 친절할 필요가 없다고 믿는다. 하지만, 이런 생각과는 달리 내가 보기엔 다른 사람들에게 무례할 이유는 없다. 건강과 취업의 개념이 나의 주장을 뒷받침할 것이다.

우선, 무례한 것은 너무 스트레스를 주고, 이것은 건강 문제를 야기한다. 구체적으로 말하자면, 그것이 다른 사람들을 기분 나쁘게 하거나 상처를 줄 수 있다. 이 상황은 그들에게 스트레스를 줄 것이다. 사실 스트레스는 질병과 싸우는 면역체계의 능력을 약화시키기 때문에 질병의 주요 요인 중 하나이다. 예를 들어, 도시에 있는 종합병원의 의사인 나의 삼촌은 때때로 그의 환자들 중 많은 사람들이 스트레스로 인한 건강상의 부작용을 겪는다고 말한다. 특히 직장이나 학교에서 무례한 사람들을 감당할 수 없는 사람들이 스트레스 관련 질환과 장애로 그를 찾아온다. 그들은 일반적으로 두통, 비만, 또는 불면증을 가지고 있다. 이런 의미에서 무례한 것은 다른 사람들의 건강에 좋지 않다.

게다가, 예의 있는 것은 미래 취업에 도움이 된다. 구체적으로 말하자면, 사람들은 공손한 사람을 좋아하기 때문에, 우리가 다른 사람들에게 공손하게 말하고 행동한다면, 우리는 많은 사람들과 교류하고 교제할 수 있는 기회를 더 많이 가지면서 사회적 기술을 발전시킬 것이다. 현대 사회가 점점 더 경쟁적이고 세계화됨에 따라, 오늘날의 회사들은 그러한 자질을 가진 직원들을 찾고 있다. 그러므로, 이것들은 경쟁이 치열한 노동 시장에서 일자리를 위해 싸우는 데 중요하다. 예를 들어, 한국의 한 회사의 최고 경영자인 나의 아버지는 종종 나에게 면접이 사람들을 고용하는데 가장 중요한 요소라고 말한다. 면접에서 그를 비롯한 면접관들은 지원자들의 열정과 사회성을 주로 살펴본다. 이것은 예의 있는 것은 사람들이 미래를 대비하는 확실한 방법이라는 것을 의미한다.

인정하건대, 몇몇 사람들은 만약 우리가 항상 다른 사람들의 생각을 신경 쓰고, 참고, 정중하게 말한다면 이것은 스트레스를 줄 수 있다고 주장할 수도 있다. 그러나 건강과 취업 관련된 아이디어들을 기반으로 예의 있는 것이 우리에게 유익하다는 결론을 내릴 수 있다.

W rude adj. 무례한   politely adv. 예의 있게   interact with ~와 교류하다   courteous adj. 예의 있는   patient adj. 참는   gently adv. 다정하게, 부드럽게